Karl Koch: Der Baumtest. 3. Auflage
Der Baumzeichenversuch als psychodiagnostisches Hilfsmittel

バウムテスト

心理的見立ての補助手段としてのバウム画研究

第3版

【著】カール・コッホ

【訳】岸本寛史
中島ナオミ
宮崎忠男

【序文】山中康裕

誠信書房

Karl Koch:
Der Baumtest: der Baumzeichenversuch als psychodiagnostisches Hilfsmittel
3. Auflage

Verlag Hans Huber, Bern, 1957

『バウムテスト』ドイツ語原著からの初邦訳版への序文

山中康裕
(京都大学名誉教授・浜松大学大学院教授・医学博士)

1

　嗚呼，やっと「Baumtest（バウムテスト）」の分野では久しく待望の，コッホのドイツ語原著第3版の邦訳が世に出ることとなった。まことに嬉しい限りであり，感慨無量でもある。これは，まさに長いこと待ち望まれた書物である。この出版が，版権の関係やら，邦訳権の問題やらで難航し，やっと成立したことにまず快哉を叫びたい。岸本寛史君をはじめとする訳者らの長年の辛苦に，まず，深い敬意と，満腔からの讚嘆の意を表したい。

　そもそも，「1本の木の絵」を描くだけで，その人の人格や性格はおろか，隠された潜在性や，将来の可能性まで見抜くことのありうるこの方法は，まことに驚くべきことである。無論，本書にあるごとく，その1949年の発見は，コッホ以前の，たとえば1928年のエミール・ユッカーらに遡るが，そうした文献学的なことより何より，この方法の簡便さと，診断力の的確さと深さに感嘆させられるのは，おそらく筆者だけではあるまい。

　それは，少しでもこの方面の仕事に手を染めて，バウムをクライエントに描いてもらったことがある人なら，すぐにそれと知られることなのだが，この40年もの間，誤訳や誤解が多く，しかも，そのはしがきで「各方面からの助言と批判を期待する」と言っておきながら，筆者自身や訳者らを含む幾人かの人たちからの幾たびかの指摘や意見にもかかわらず，一切ノーコメントで，初版のまま，全く修正も，謝罪もしてこなかった英語版からの翻訳書の訳者らや出版社に，われわれは混乱させられ，随分と困惑して来たからである。無論，前訳書（それが，ドイツ語初版からの直訳ならまだしも，間違いだらけの英訳からの重訳だったからだが）の，本邦初訳における幾多のご努力には当然ながら，それ相当の敬意を払うものではある。しかし，学問というものは，一旦間違いに気付いた時点ですみやかに訂正していかねばならぬ宿命を帯びており，その間違いが幾多の更なる間違いを再生産して，結局何をしているかわからないところまで追い込んでしまうこともあるので，尚更なのである。

いちいち指摘し出したらきりがないので，一つだけ言うと，その誤訳の最たるものは，従来，「T型幹」と訳されてきていたタームそのものの間違いである。この訳語だと，当然読者は「T字型」の木を予想してしまうだろう（当時の訳者たちは，おそらく添えられた図版から，地面線を入れた「逆T字」を見ていたフシがある）。しかし，ここで問題とされている木は，決して「T字型」などではない。この訳語が出てきた背景には，原著者コッホ自身が，「T-Stamm」という略語で書いていることにも起因するが，この略語は，本来「Tannenstamm」と書くべきものの略語なのである。断じて，「T型幹」ではありえず，しいて訳せば「もみの木型幹」ないしは「もみ型幹」と訳すべき言葉であろう。こういう間違いが起こったのは，元来ドイツ語版からの，もともと誤訳だらけの英訳版によったからではあるが，日本語版を出すときに，「日本におけるバウムテスト」という項目をわざわざ付録に付けて，たとえばグリュンヴァルトの「空間象徴論」を，よりにもよって，ドイツ語版から引用している（それも，その使用にあたってとても慎重な原著者の配慮や，深い哲学的・臨床的思索などには一切触れずに）のに，こうした根本的な点に全く触れていないことにこそ問題がある。

　第一，著者名が，本来何語版であろうと，原著者は Koch, K. つまり Karl Koch カール・コッホであるのだから，そう表記すべきなのに，C. コッホ，つまり，Charles Koch としていることなど，許せない問題が多すぎた（これも英語版に起因する）。無論，筆者とて，もうわずらわしいからいちいち原語を添えないが，たとえば，ドイツ語のカール・デル・グローセ（カール大帝）が，フランス語ではシャルル・マーニュ（マーニュは大帝の意だが，まるでここまで名前であるかに思う人すらある），英語圏ではチャールズ・ザ・グレート，スペイン語ならカルロス大帝などと言うように，それぞれの言語圏で呼称の仕方がまるきり変わってしまうことは無論承知している。しかし，学問の世界ではそういう表記法はとらない。とくに，このようにファーストネームの文字が変わってしまう場合，同一人物であるか否かがわからなくなってしまうではないか。

2
　本書は，原著者コッホの第3版であり，彼の死は，この著が出て1年後であるので，本書は間違いなくその決定版であり，最終版である。かつて，中井久

夫氏に，氏の天才的発明である「風景構成法」の普及のための書を筆者にゆだねられたとき，ふと漏らされた言葉が，現実味をもって甦る。つまり，「ロールシャッハは，その発明はともかく，その普及まで自分一人でしてしまったので，早死してしまったんだよ。そういうことは後進に任せるべきなんだ」と。何と，これはバウムテストにおいても真実だった。しかも，ロールシャッハもコッホも奇しくも同じスイス人である。ロールシャッハは1922年に38歳で世を去っているし，コッホも，この書を公にした直後，52歳で1958年に亡くなった。

3

　コッホ自身も，たしかに，ここで指摘する方面の傾向は持っていて，前訳者らが推進した「発達テスト」の側面も，無論とても大切な方向性の一つではあるが，バウムの本質は，そこにはない。実にその本領は，真に臨床的な「心理診断学的」部分にあることは言うまでもない。しかも，これは鑑別診断とか，弁別のための診断などではなく，かれらの内的な可能性や潜在的な能力などを，けっして侵襲することなく，そっとみていくことそのものについての洞察的な見方についてなのだ。このことは，訳者らが最も意を注ぎ心血を注いでいるところでもあるので，その「あとがき」なり「解説」なりが書かれるであろうからそれを読まれて，本書をじっくり味わってほしいと思うものである。そうすれば，従来の訳本からでは決して至れなかった，このテストの神髄に近づくことができるであろうと思うからである。
　さて，本書を読まれれば，たとえば，その施行と解釈とに関して，コッホが詳しく述べているように，クライエントが描いていく過程を具(つぶさ)に見守り，その解釈にあたっても安易な当て嵌めをせず，慎重に，その表現そのものに添って，その意味するところを考えていく，深い，思索的かつ真の意味でいう臨床的態度がにじみ出てくるのを実感されるであろう。この態度は，実は筆者自身この40年以上にわたって，バウムにおいて一貫してとってきた態度でもある。

4

　今や，世間，とくに医学や心理臨床学の世界では，evidence based とか，統計的・科学的根拠がどうとかこうとか，かまびすしく述べたてているが，根源的・根本的なことを忘れていないか。元来，人間は，一人ひとりが外的宇宙

（macro cosmos）とも匹敵する，内的宇宙（micro cosmos）を内包しており，一人ひとりが，かけがえのない「実存」（existentia）なのである。実存している人間のほかならぬ「表現」（verbum, significatio, Ausdruck, expression）に，つまり，その一挙手一投足に，かれの渾身の「意味」（significatio, Sinn, meaning）が込められていることを，いかにして理解していくかこそが根本なのだ。コッホの「世界樹」や「宇宙樹」にいたる神話学的・ヘルメス学的思考の跡には，耳目をそばだてさせるものがあるし，あの時代に既に，世界のバウムに関する臨床的な仕事にもしっかりと目を向けているのである。それらに一切触れることなく，バウムに相対することは不可能なのだ。

5

　ここは個人的なことを語る場ではないので最小限に控えるが，筆者のバウムとのかかわりは実に筆者の40年以上にわたる全臨床経験とそっくりそのまま重なるといって過言ではない。やはり，たった一つに限って述べれば，たとえば，本書に出てくるWittgenstein指数であるが，その提唱者，オットカール・ヴィトゲンシュタイン博士は，私が生まれて初めて国際学会で発表した「写真療法事例」（『少年期の心』の詰まり過ぎ誠事例）を，エントリー時点では英語であったのに，ご自身でドイツ語に翻訳して下さり，「これは大変に興味深いからドイツ語で発表しなさい」と言って下さったご本人であった。それは1977年フロイデンシュタットであったDGPAつまり，ドイツ語圏表現病理学会であったから。奇しくも，中井先生が，かの「風景構成法（LMT）」を発表されたと全く同じ時同じ場なのである。あのときの心やさしい会長さんがヴィトゲンシュタイン伯爵その人であった。

　さて，筆者がバウムにかけてきた思いの一端は，たとえば筆者の編んだ『バウムの心理臨床』（創元社）や著書『こころと精神のはざまで』（金剛出版）など幾多の書物にすでに書いてきているので，興味ある向きは御参照願えれば幸甚である。とまれ，本書の出版に際し，その満腔の喜びと，訳者らこの本を世に出して下さった幾多の人々への感謝と，この本を読んで下さる幾多の読者たちの，臨床での正しい活用を期待して筆を措く。

　　　　　　　　　　　　　　　2010年6月30日　宇治の草庵にて

第 2 版への序

　職業コンサルタントのエミール・ユッカー Emil Jucker の提案から生まれたバウムテストは，初版に見られた多くの不備にもかかわらず，すぐに多くの賛同者を得た。その結果，明らかに特にふさわしいテスト主題があることがわかり，被験者にとっては取り扱いが容易であることがわかった。残念ながら，今日ではテストを公刊するにあたって，同時に，警告を行わねばならない。これを本当に役立てたいのであれば，資格のない者が，それ自体は優れた道具を乱用しないようにせねばならない。
　しばしば見かけるのだが，心理学者でさえ勇気と軽率をはき違えている。さらに，心理テスト，特にバウムテストについては，ある程度使いこなせるようになるのに，1年では足りないくらいの真剣な努力と訓練とが必要であるということを知らない。多くの所見作成者が難解な所見を書くことで自衛策を講じ，そうして無理やり仕上げている。この二つの態度については，第2版が十分にこたえてくれる。──新たな点として，普通のテストにはあまり見られないと思うが，木の文化史からいくつかの側面に言及した。これは完全性への要求を掲げたものではないし，私が書いたものというよりはむしろ，文献の抜粋を集めて記したものである。
　スイス財団から応用心理学に財政的な援助をいただいたことについて，この場で心から感謝を申し上げたい。それによって，約4400枚のバウム画を統計的に把握することが可能となり，さらに，58の指標の出現頻度を，幼稚園から学校を卒業するまで，そして成人へと至るいくつかのグループについて調査することが可能となった。そして，標準児童と発達遅滞の発達系列がまとめられた。チューリッヒ市の校医ドイヒラー Deuchler 博士，学校育成団体理事のレーナー Lehner 氏とナター Nater 氏，ならびに，チューリッヒ市幼稚園委員会の M. フリシュクネヒト Frischknecht 理事長の援助とご厚意のおかげで，教員の好意的な援助を得てチューリッヒ市の様々な学校の調査を実施することができた。
　アリス・ヴェガー Alice Waeger 女史が描画資料の入手を担当してくれた。フ

リブール市とベルン市の養護学校，ならびにアールガウのブレムガルテンにある聖ヨセフハイムでは，哲学科の大学生ビート・インホフ氏がフリブール大学（デュプラッツ Dupraz 教授とモンタルタ Montalta 教授）の教育研究施設の援助を得て実施した発達遅滞の描画資料の使用を許可していただいた。彼らとその他快くお手伝いいただいた方々，とりわけ，自分の仕事と自分自身とを見事に「投影」してくれた大小の描き手のみなさんに心からの感謝を申し上げる。

　ハンス・フーバー氏には，小著の入念な装丁と寛大な忍耐に感謝申し上げたい。印刷の直前に，ドイツ語とフランス語を話す精神科医が，精神疾患患者の資料の改訂に関心を表明した。いくつかの慎重な指摘を行い，今示すことのできる結果を示し，発達遅滞と退行現象の調査を行ったが，これらを超えてその先に進むことが次に実現すべき目標となる。

　バウムテストに関する私個人の経験からは，特に，情動面〔／情緒面〕（affektiv）の成熟，または情動面の発達阻害の確定に有用である。筆相学への貢献は，このテストの本性に応じて，きわめて明瞭に，まさにこの点をめぐっている。ついでながら，バウムテストと取り組むことは，筆跡における筆相の理解のよい入門となる。

　　ルツェルン，1954 年 1 月
　　応用心理学研究所

著　者

第 3 版への序

　『バウムテスト』の新版は，前版をごくわずか訂正し補足したものである。危険を冒してまで空間象徴を分化させることは，必要なことのように思われるが，あちこちで躓きの石となる。この領域ではしばしば証明されていること以上のことが主張され，ほとんど唯一の例外は，象徴思考に精通した人，表現の外見が多義的であることに矛盾を感じない人と出会うときだけという状況なので，もしこの，実り多き，しかし充分に論じ尽くされているとはいえないテーマが議論されるのであれば，それはたぶん悪いことではないだろう。

　他の調査方法との比較がしばしば求められるが，その可能性については，今回は，ヘルマン・シュテッデリ Herman Städeli の業績から抜粋して公開した。同じ線上で，神経症者の徴候が扱われている。同じ主題に通じる最も驚くべき発見の一つは伯爵ヴィトゲンシュタイン博士 Dr. Graf Wittgenstein によるものだが，端的にいえば，その主導者の特別な論文に先んじようとするつもりはない。リオ・デ・ジャネイロのエルソ・アルーダ Elso Arruda の大部の教授資格論文は，精神医学におけるバウムテストに関するものだが，残念ながら，管理上の理由からしばらくは利用できない。

　統計的な基盤は，チューリッヒ市の学校と幼稚園，ベルンとフリブールの養護学校，ブレムガルテンの聖ヨセフハイム，ならびに二つの工業会社での調査に由来する。統計の結果は，慎重に，よく考慮して，それが示唆するところを受け取るべきである。

　そのほかの点としては，一つのテストに，その性質に即して与えられること以上のものを求めるべきではない。どんな質問にも，一つのテストだけで答えようとしてはならない。一つのテストに対する反応性は一様ではないので，当然ながら〔他の方法による〕補足が求められることになる。

著　者

目　次

『バウムテスト』ドイツ語原著からの初邦訳版への序文（山中康裕）　i
第 2 版への序　v
第 3 版への序　vii
凡例　xv

第 1 章　木の文化史から ─────────────────── 1

　　　　世界樹　3

第 2 章　バウムテストの理論的基礎 ──────────── 19

　第 1 節　テスト状況　21
　第 2 節　木と人間　22
　第 3 節　投影　25
　第 4 節　十字の象徴的意義　28
　第 5 節　図像鑑賞の図式　39
　第 6 節　木の形態　42
　第 7 節　獲得徴候と関連徴候　45
　第 8 節　ヴィトゲンシュタイン指数　50

第 3 章　バウムテストの発達的基礎 ──────────── 55

　第 1 節　描画表現の発達　55
　第 2 節　早期型　68
　第 3 節　統計的基盤　70
　　　　1. 一線幹　73
　　　　2. 一線枝　74
　　　　3. 二線枝　76
　　　　4. 直線枝　78
　　　　5. 水平枝　79

        6. 十字型　79
        7. 空間倒置　80
        8. 日輪型や花型　81
        9. 低在枝　81
        10. 枝が無くて上端が閉じた幹，あるいは貧弱な枝のある
            上端が閉じた幹　84
        11. 幹上直　85
        12. 幹下縁立　12
        13. まっすぐな根元　86
        14. 〔その他〕　88
        14. 多数の木を描くこと　88
    第4節　大きさの比率　89
        1. 幹と樹冠の平均高　91
        2. 幹と樹冠の高さの平均偏差　92
        3. 幹高-樹冠高比率の中央値　93
        4. 百分率で示した幹高／樹冠高比率の全体　95
        5. 上の長さ（樹冠高）の強調　97
        6. 下の長さ（幹高）の強調　97
        7. 樹冠幅　102
        8. 樹冠高　102
        9. 標準バウム　103
        10. 左利きと右利きの描画　103
        11. 描画空間（紙面）の影響　104
    第5節　発達系列の意味について　104
        1. 早期型の理解　104
        2. 退行に関する論考　111
        3. 退行徴候　113

第4章　図的表現に関する実験 ──────── 115
    第1節　具体的事物に縛られない線　115
    第2節　催眠下での実験　117

第5章 指標の理解 ——————————————— 147

1. バウムテストの教示形式　147
2. 変法　147
3. 材料　148
4. 全体の印象　148
5. 根　151
6. 幹の根元　154
7. 半モミ型幹，モミ型幹（果物の木にみられるモミ型幹）　156
8. 幹の輪郭　160
9. 幹の波状輪郭　161
10. 拡散し分散した幹の輪郭　161
11. 幹の瘤や凹み　161
12. 幹の表面（樹皮）　162
13. 傷のついた，かさぶた状の，ざらざらした，ひび割れた表面（樹皮）　163
14. 描線の表現　165
15. ふくらみとくびれ　166
16. 先太りの枝，平行な枝　168
17. 球形樹冠（閉じた形／平面）　170
18. 皮を被った樹冠の枝　173
19. 雲状の丸い形で包まれた枝先　173
20. 樹冠に描かれた弓状の線　174
21. シュロの葉の形の枝　174
22. 格子状の垣で育ったバウム（整枝法）　174
23. 中心化　176
24. 一線枝の放射状樹冠（遠心性）　177
25. 同心円型の樹冠（聖体顕示台型）　178
26. 管状枝（開いた形）　178
27. 散在している管状枝　185
28. カール状樹冠（動かされること）　186
29. もつれた線の樹冠（型の崩れ）　187
30. 枝の整合性　189
31. 枝（と幹）にみられる不連続線　189

32. 幹上直，枝先直　190
33. 積み重ね型，建て増し　194
34. 直交分枝（早期型）　196
35. さまよい　198
36. 歪曲　201
37. 規則性　201
38. ステレオタイプ　202
39. まっすぐで平行な幹　204
40. まっすぐで角ばった形　205
41. 丸い形　206
42. 暗く塗ること　206
43. 暗く塗られた幹　207
44. 陰影手法の樹冠　210
45. 暗く塗られた枝　211
46. 暗く〔濃く〕塗られた実と葉　212
47. 黒──永遠の沈黙　213
48. 上に伸びること‐下へ落ちること　214
49. 拮抗状態　217
50. 相互にずれた括弧　217
51. 逆向きの分枝　217
52. 線の十字交差（枝の十字交差）　219
53. 右側の強調，左側の強調，左右均等　219
54. 左へ流れること，右へ流れること　222
55. 左への傾斜と右への傾斜　223
56. 杭，留め杭，幹の支柱，副え木をされた枝　225
57. 切断された枝〔／鋸で挽かれた枝〕　227
58. 三次元（正面〔に突き出た〕枝）　229
59. 正面の枝の切断面（目）　231
60. 空白の空間　231
61. 平坦化した樹冠，平板化した樹冠　232
62. 洗練（豊かで細かな枝分かれ）　233
63. 変質した形　234
64. 主枝から分枝への移行（均衡をとることと分化）　235
65. とげの形，短刀の形　235

66. 本来の形ではない形　235
67. 交替指標　236
68. 配置　237
69. 風景　238
70. 地面線　244
71. 幹の根元の下の地面線　245
72. 丘と島に立つ幹　245
73. 付属品　246
74. 人間の形にすること　250
75. 花　252
76. 葉　253
77. 実　256
78. 空中の実　264
79. 落下中の，あるいは落下した実，葉，枝　265
80. 芽　268
81. 境界線上のケースの扱い　268

第6章　臨床事例 ―――――――――――――― 273

事例 A　273
事例 B　280
事例 C　283
事例 D　285
事例 E　288
事例 F　291
事例 G　296
事例 H　302
事例 I　306
事例 K　208

文献　311

カール・コッホについて　315

訳者あとがき
    1（岸本寛史）　317
    2（中島ナオミ）　322
    3（宮崎忠男）　327

付録：
    バウム統計表　330
    58指標の出現率表について　344

人名索引　353
事項索引　355

凡　例

〈括弧・補注について〉
・本文中の（　）はもともと原著にある，もしくは原語を補う場合に用いている。
・本文中の〔　〕は訳者による補足・補注である。
・脚注のうち＊は原注，1），2）など数字が振られているものは訳者による補注である。

〈見出しについて〉
　章立て，節の見出しなどについては，原著では，節の小見出しと章の見出しが同列に並んでいるなど，統一がとれておらず，不適切な箇所もあるため，訳者の判断で変更した。主な変更点は以下のとおりである。

1) 章と節に番号を振った。
2) 第2章の見出し「概論」を「バウムテストの理論的基礎」に変更した。
3) 第3章の見出し「発達テストとしてのバウムテスト」を「バウムテストの発達的基礎」に変更した。「大きさの比率」「発達系列の意味について」は原著では章の見出しであったが，第3章に組み込むのが適切と考えて節の見出しにした。
4) 第3章第5節第1項の見出しはもともと原著になかったため，訳者が「早期型の理解」という見出しを補った。
5) 第5章の見出しは原著では「バウムテストの教示形式」になっているが，章見出しとしては不適切であり，これを節の小見出しとして，「指標の理解」という新たな見出しを設けた。
6) 第6章「臨床事例」の部分では，アルファベット順で考えると事例Jが抜けているが，事例Jはもともと原著にも掲載されていないことを了承されたい。

〈文献について〉
　原著の文献は必ずしもアルファベット順になっておらず，さらに第1章「木の文化史」の文献だけが独立して最後に付されているが，見にくいため，読者の便宜を考えて，文献をアルファベット順に並べ替え，一つにまとめた。

〈訳語について〉

Figur は「図像」，Bild は「図」，Tafel は「図表」，Tabelle は「表」と訳した。

Ast は「主枝，大枝」，幹から直接出ている枝，枝一般をさす場合は単に「枝」とし，Zweig は「分枝，小枝」とした。

Normale は「標準児童」と訳した。「正常児童」とすると正常／異常という軸をそこに持ち込むことになるが，あくまで統計における「標準」を意味するので，それを強調するためにこの訳語をあてた。

Debile は「軽度発達遅滞者」〔以前の「軽愚」を指す言葉〕，Imbesille は「中等度発達遅滞者」〔以前の「痴愚」を指す言葉〕と訳した。現在では「知的障害者」が一般的に用いられる言葉だと思われるが，「遅滞」がしばしば議論の焦点となっていることと，Koch は知的な遅滞だけでなく情緒的な遅滞も念頭に置いていたことを考慮に入れて，「発達遅滞」という訳語にした。この訳語については異論もあるかと思われるが，本文を読んでいただければ，Koch が差別的な視点でその遅れを焙り出そうとしたのではなく，描き手を理解するためにバウムを役立てることに腐心していたことがわかっていただけると思う。

Primarklasse は「初等学校」，Volksschule は「国民学校」，Sekundarklasse は「第二学校」，Mittelschule は「中学校」と訳した。これらの詳細については本書 73 ページの本文中に説明があるので参照されたい。

Angelernte Arbeiter は「半熟練工」，kaufmänisch Angestellten は「商店員」と訳した。これについては本書 72 ページの脚注も参照されたい。

年齢の表記については，本書 57 ページの脚注を参照されたい。

Handschrift は「筆跡（学）」，Graphologie は「筆相学」と訳した。Klages（1926）は Handschrift について「個人の書字運動の不変的で具体的な結果である」と述べ，書字運動に表れてくるその人固有の特徴の結果であると定義している一方で，Pulver（1949）はこれを踏まえて，Graphologie について「文字がその形の質とか目に見える状況において働きかけてくる」ことについて研究するのが Graphologe（筆相学者）と述べている。ここからもわかるように前者は筆の動きに焦点が当たっているのに対し，Graphologie という場合，文字を一つの絵とみなしてその特徴を読み取るというニュアンスが含まれ，両者は区別されているため，上記のように訳し分けた。

Psychopathie は「精神病質」と訳した。この語は，もっぱら犯罪性，非道徳性と同義の，いわば差別用語になってしまったため精神医学の領域では使用されなくなり，DSM-Ⅳ では反社会性人格障害などに内包された概念だが，当時の社会的文脈を考慮して，そのまま「精神病質」と訳した。

〈アフリカ人に関する記述について〉

　Koch は 22 名のローデシア（アフリカ南部，現在のジンバブエ）のミッションスクールの生徒のバウムも解析して統計表に加えているが，一部の記述については第 9 版から削除されている。本書では削除された箇所を明示して，第 3 版の記述を残した。Koch は自国（スイス）の生徒のバウムとアフリカのミッションスクールの生徒の描くバウムの違いにかなり強い印象を得たのではないかと思う。それで，件数は少ないがあえて統計表に掲載して，比較文化的な考察を試みたのであろう。

　Koch が「ローデシアからきた黒人の絵が稚拙だとして知的遅れを指摘している」という批判もあるが，本書 86 ページでは，「遅滞がむしろ情動面にある」と述べて，Koch が単純にバウムから知的な遅れを指摘したりしていないことは明らかである。そもそも，Koch はバウムだけで知的な遅れを指摘できるとは考えておらず，バウムを鑑別のために用いることを随所で戒めている。あるいは，本書 75 ページの記述を見ると，アフリカ人は全く正常であることをきちんと認めたうえで，一線枝の表現の割合が多いことから発達の流れとは異なる，原初的な段階を読み取ろうとしている。これは差別的な記述というよりは，違いがどこにあるかを丁寧に考えていこうとする試みではないだろうか。Koch の意図を訳者なりに読み解くとすれば，自国民とアフリカ人のバウムとを比較しながら，標準とは何か，正常とは何かという本質的な問いに取り組もうとしたのではないかと思われる。いずれにせよ Koch のもともとの意図を伝えることが大切であると考えて，第 9 版以降に削除された箇所についても残すことにした。（Debile を「軽度発達遅滞」として「軽度知的障害」と訳さなかったのも，Koch が「知的遅れ」をバウムで指摘しようとしていると安易に受け取られるのを避けるためである。それが Koch の本意ではないことは本書を読んでいただければわかるだろう）。

〈表について〉

　付表 1 〜 5 は原著のオリジナルの表であるが，計算尺を用いて数値を算出しているため，計算による正確な数値と多少の誤差がある。すべての度数が与えられているため，再計算を行って数値を訂正したのが付表 6 である。なお，オリジナルの付表 1 〜 5 の中で，転記ミス，計算ミスなどで数値に大きな誤りのある箇所については，網かけで示した。単純な網かけは巻末表に訂正のあるもの（ただし，27.8% を 28.0% に訂正するといった軽微な訂正はいちいち拾っていない。数値に大きな訂正のあるもののみ網かけで示してある。付表 6 が再計算による正確な数値を示すものと受け取っていただきたい）。網かけの内数字が太字の斜体の箇所は

巻末表の数値は正しいが，本文中の数値に誤りがある箇所である．本文中の表で，数値に大きな間違いがある箇所については本文の表中に†の印を入れてあるので，正しい数値は巻末の付表6を参照していただきたい．表の数値の訂正についての詳細は，巻末の中島の〈58指標の出現率表について〉を参照されたい．

〈テキストについて〉

　コッホのドイツ語原著は初版（1949年，88ページ），第2版（1954年，239ページ），第3版（1957年，258ページ）の3種類がある．コッホは1958年に亡くなっているので，第4版以降のテキストは基本的には第3版の非改訂版であるが，第9版からアフリカ人に関する記述の一部が削除されている（本書xviiページを参照）．第3版は第2版に加筆修正を加えたものだが大きな変更はない．これに対して，初版と第2・3版とは分量的にも内容的にも大きな変化がみられる．1970年にわが国で出版された林らによる邦訳本は英語版からの翻訳で，英語版はドイツ語初版の翻訳であるが，英語版には誤訳が多く，さらに第3版のダイジェストと誤って紹介されてきた経緯があり，注意が必要である．本書は第3版の翻訳である．

（岸本寛史）

第1章　木の文化史から

　木は人間の根源的な事柄（Urding）に属するものである。木の象徴は聖書の最初で最後の象徴であり、ここからキリスト教における木の精神的な解釈の世界が開けている。創世記1章29節に曰く、「神は言われた、全地に生える種もつ草と、種もつ実をつける木とを、すべてあなたたちに与えよう。それがあなたたちの食べ物となる」。創世記2章9節に曰く、「主なる神は、見るからにすばらしく、食べても美味しいあらゆる木を地に生えいでさせ、また園の中央には、生命の木と善悪を見分ける木とを生えいでさせた」。同10節に曰く、「エデンから一つの川が流れていた。園を潤し、そこで分かれて四つの川となった」。創世記2章16節と17節に曰く、「主なる神は人に命じて言われた。園のすべての木からとって好きなように食べてもよい。ただし智恵の木からは、決して食べてはならない。食べるやいなや、あなたは必ず死ぬ」。――聖書の最後を締めくくる黙示録22章2節に曰く、「川は都の大通りの中央を流れ、その両側には生命の木があって、年に12回実を結び、毎月実をみのらせる。そしてその木の葉は諸国の民の病を癒す」。

　原罪は、人間が神の戒めを破り、楽園状態から善悪を認識する世界へと踏み出すときに生じたが、それが繰り広げられたのも木を巡ってである。さらに聖書では、木はしばしば、人間の比喩になる。詩篇1章3節に曰く、「その人は、流れのほとりに植えられた木のように芽吹き、時が巡り来れば実を結び葉もしおれることがない木のように芽吹く。その人がすることはすべて、繁栄をもたらす」。あるいは新約聖書マタイによる福音書3章10節に曰く、「斧は既に木の根元に置かれている。だから、良い実を結ばない木はみな、切り倒されて火に投げ込まれる」。同7章16-20節に曰く、「あなた方は、その実で見分けられる。茨からブドウが、アザミからイチジクが採れるだろうか。そのように、すべて

良い木は良い実を結び，悪い木は悪い実を結ぶ。良い木が悪い実を結ぶことはなく，また悪い木が良い実を結ぶこともできない。良い実を結ばない木はみな，切り倒されて火に投げ込まれる。このように，その実によってあなた方は見分けられる」。始原と終末の間，楽園にある生命の木と，新たなる天上にある生命の木との間に，古代キリスト教徒がみたものは，ただ一つの生命の木であり，アダムの末裔の運命もその木の上で，十字架の上で，決せられることとなった。そして彼は，秘儀を見る眼差しでこれらの木々を唯一の像の中に見る。楽園の木は，十字をあらかじめ説明するものに過ぎず，この十字が世界の中心であり，人間救済のドラマに他ならない。それはゴルゴダから天に向かって聳え立ち，宇宙を包括している。その根元に洗礼の秘儀を示す四つの川が流れ，その秘儀を通して，アダムの子孫が常緑の生命の木の権利を手に入れた（フーゴー・ラーナー Hugo Rahner）[1]。

ユダヤ-キリスト教の救済史では，木の象徴が中心的な役割を果たしているが，それと並んで，木は，古代の象徴全般にも属している。ジャン・プシルスキ Jean Przyluski[2] はこう述べている。

> 泉や雨などあらゆる水が目に見えない神性によって配分されたものだとすると，いったいどのような形の中に，この神から分け与えられたという本質が表れているだろうか。古い象徴の二つは，聖なる石と聖なる木である……。最古のイオニア人たちは，紀元前11世紀には，木の形の中に女神の姿を見分けることができたという。冬になると死んだように見えた木が，発芽の時期になると葉を茂らせるのを見て，妖精(ニンフ)がときどき成長の行為を休んでいるのだという考えが見事に浮かんできたのであろう。カリマコスは，アマゾン族の女性が樫(かし)の木にアルテミスのクソアノン〔古代ギリシアの原始的木彫神像〕を発見する様子を記している[3]。デニスの地誌によると，切り株の周りに最初の聖所が置かれている。とはいえ，落葉樹ではなく，針葉樹の方が好まれたのは，その常緑の葉をもつ木の方が女神が宿っていると連想させたからだろう。神聖な糸杉の森は，オルトギア〔デロス島の古名〕では女神のものである[4]。クレタでも，糸杉

---

1) 1900年ドイツ生まれ。インスブルックで古代教会史，教父学，教義史を教える。キリスト教的ヒューマニズムの唱導者。エラノス会議の主な講演者の一人。
2) 1885-1944年，フランスの東洋学者。
3) 前305-240年，ギリシアの文学者，詩人。アレクサンドリア図書館で目録を完成。
4) 31ページ脚注2)を参照。

はレアの儀式と結びついていた。糸杉から作られた神像も同じく、クセノポンがシロンテのアルテミス神殿に捧げた彫像であった。――さて、力の大小が水の神の間に従属関係を生み出したという考えを、植物界に適用してみよう。あちこちに、大きさや豊かさという点で他の木とは際立っている聖なる木と出会う。そのような神話的な木はどこで見つかるだろうか。明らかに、小さな丘の上であり、というのも丘の上は雨の水と泉の水とに同時に浸されるからである。それゆえ、実りをもたらす作用を描写するのに適切な、ある一般的象徴が、天の水と地の水とによって与えられる。この象徴とは山である。それは天と地を仲立ちするもののように見える。それゆえ、インド、メソポタミアから地中海に至るまで、高みは、偉大なる女神の居住地としてふさわしいものとされてきた。山は、そこから神的な木が突き出ているものとして、様式化され図式化された。山と木は融合して、ある種の途方もない支柱となり、地面とともに土台として天を支える。〔古代の〕天文学者が宇宙軸を見出したこの高い柱から、天の水が滝のように流れ込み、そこが世界のすべての川の源泉となる。こうして、局所に限定されていた聖なる木の神話が、世界にまたがる神話へと拡大する。丘の上のただ一本の木というイメージが、天と地とをつなぐ世界軸という考えに通じ、それは一種の水の城であり、そこから川が四つの天の方向に流れ落ちていく。

世界樹

「インドアーリアで強調される有機的形而上学は、世界樹（J. W. ハウアー J. W. Hauer）の象徴に最も明白に見られ、それが胚としての原自己から上に伸びている」。ここでチャーンドーギヤ・ウパニシャッド第6篇第12章の一節が思い出される。師が弟子に自己の本質について問い、榕樹の実を持ち来れと促し、次にそれを目に見えないほど微細な粒になるまで割れと言い、その粒〔の中の空間に存するアートマン〕からかの偉大なる木が育つという。それについてこう書かれている、「それが宇宙全体であり、永遠の現実であり、自己であり、そしてそれが汝、シュヴェータケートゥ〔弟子の名〕である」と。この基本的な教えは、そこから世界が育つという胚としての原自己に関するものだが、それ

---

1) クロノスの妻でゼウスなどの母。
2) 辻直四郎『ウパニシャッド』（講談社学術文庫、1990年）を参考にした。

は特に，アタルヴァ・ヴェーダの〔第10篇〕7章と8章のスカンバ Skambha〔支柱〕の歌で，並外れた形而上的感動を与える形に仕上げられている。それゆえ，世界樹の象徴がリグ・ヴェーダ第10篇第90章の原人間の象徴と混ざり合っていたとしても驚くに当たらない。原人間が目に見える形になったものとしての世界と，原自己から成長した木としての世界と，いずれも，根源においては同一のものである。形を与えられたものはすべて，有機的な展開であり，時々刻々と原自己が浸透し，溌剌とした現在の創造エネルギーを永遠の自己に加えていく。「それ（世界）はかのイチジクの木であり，根は上に向かい，枝は下で〔地面を〕掴む。それは光であり，ブラフマンであり，不死である。世界全体がそれを支えとしており，これを超えるものはない。これがまさに，あれに他ならない（すなわち，あの想像と言語を絶するもの，どんな名前も与えることができないものである）」カタ・ウパニシャッド第6篇第1章。

　イグドラシル（Yggdrasil oder Yggdrasils askr）という名前は，エッダの「ヴェルスパー〔巫女の予言〕」と『グリームニルの歌』においては世界樹のことを意味していて，常に緑を保ちながらウルズの泉の上に立ち，その枝から生じた露が谷間に落ちる。イグドラシルという言葉は，「イグの馬（Ross Yggs）」という意味であり，イグとはオーディンであり，「オーディンの乗り物であるトネリコ」を指す。それはあらゆる木の中で最大の巨木である。その木について記述しているのはゲルマン人だけだが，それによると，その木は三つの根を持ち，一つはヘルの国〔冥界・地下世界〕に，もう一つは霜の巨人の国に，三つめは人間の世界に見出されるという。その根を，毒蛇と龍のニーズヘグが齧り，その芽を4頭の鹿が齧り，その枝には鷲が座り，その言葉を小リスのラタトスク（齧る歯）が，根元にいる龍に伝える。

　スノッリのエッダは，世界樹のトネリコのイメージをさらにわかりやすく説明しているが，それによると，それぞれの根には泉があるという。ニヴルヘイ

---

1) 原語は nyagrodha（インド菩提樹）。
2) トネリコの巨木と考えられている。askr とはアイスランド語で "偉大な火の炎"（アト・ド・フリース著『イメージ・シンボル事典』大修館書店，1984年，31ページ）。
3) 『古エッダ』の冒頭の詩。世界の起源から終末，さらに新しい世界の再来について述べている。
4) 神々の一族アースの最初にして最年長の神，「すべての神々の父」（J. ブロス著『世界樹木神話』八坂書房，2000年より）。
5) Snorri Sturluson（13世紀アイスランドの学者）の散文による詩学入門書。『新エッダ』『散文エッダ』と呼ばれる。

ム〔氷寒，暗黒の地獄界〕，すなわちヘルの国にはフヴェルゲルミルという泉が，そして霜の巨人の国にはミーミルの泉があり，3番目の根には，ここ〔『新エッダ』〕では神々アースの国に置かれているが，ウルズの泉がある。そしてそのそばには裁判官がいて，裁判が行われる。ここにはノルネ〔運命の女神〕もおり，彼女たちが，腐らないように泉の水をトネリコの木にかける。ミーミルの泉は，「ヴェルスパー」第47章の記述から推察すると，父の死後それを受け継いだミーミルの息子が所有している。それゆえ，世界樹はミママイドル[1]（Mimameidr）とも呼ばれる。フヴェルゲルミルはララドル（Laradr）の木のそばにあるが，その枝はオーディンの広間の上に広がっていて，イグドラシルの木と同一のものであろう。

　世界樹という考えは中世では広く知られたものであった。コルマールKolmarの歌謡筆写本[2]にはこうある，「ある高貴な木が庭に生え，すばらしい木に成長した。その根は地獄の底を突き抜け，その梢は天に達した。そこで神はその木にいっぱいの実をつけさせようとし，最初の実は既にその庭に満ち溢れた」。

　この考えは北方にも及び，特にスカルド〔9-14世紀の北欧宮廷詩人〕によって，ウプサラの聖所にある常緑のイチイの影響を受けて，さらに広がっていった（ゲルマン考古学事典，第4巻，573ページ）。

　ミルチャ・エリアーデMircea Eliadeの『宗教の心理と歴史』の記述によると，中心象徴の最も広く知れ渡ったヴァリエーションの一つは，世界樹である。それは宇宙の中心にあって，軸として三つの世界を支えている。未開人の信仰と同じく，ヴェーダのインド，古代中国，ゲルマン神話はいずれも，その形態は異なるとはいえ，世界樹を認識しており，その根は地獄まで達し，その枝は天まで届く。中央アジアと北アジアの神話では，その七つもしくは九つの枝が七天もしくは九天，もっと正確に言えば，七つの惑星の天を象徴している。一般的に，宗教史の中で出会う聖なる木や儀式の木の多くは，世界樹の元型の不完全な複写に他ならない。すべての木は世界の中心にあり，宗教儀礼の前ある

---

1)　イグドラシルを意味する北欧の古語。
2)　1460年ころ，マインツ（Mainz）で書かれ，以前はフランスの上エルザスのHaut-Rhin県のコルマール（Colmar）市の靴屋の組合が持っていたが，いまはミュンヘンの州立図書館にある。900の歌が入っていて，105にはメロディーがついている。宮廷恋愛詩から町の職人歌人の歌までおさめられている。昔の五線の楽譜で書いてある。ゴシックの合唱の記譜法。

いは最中に捧げられるすべての儀式の木や柱は，魔術的な仕方で世界の中心に移される。

儀式の木と世界樹の融合は，北アジアおよび中央アジアのシャーマニズムにおいては，より明白である。そのような木を昇ることは，タタールのシャーマニズムでは昇天を象徴している。木に七つから九つの階段を作り，それを登ることで，シャーマンは確かに天に昇ったと主張する。シャーマンは同伴者に，通過していく天の各階で見ることをすべて説明する。第六天では月を見て，第七天では太陽を見る。第九天でようやく最高の存在バイ・ウルガン Bai Ulgan の前に立ち，それに聖なる馬の魂が捧げられる。

シャーマンの木は世界樹の子孫に他ならず，宇宙の中心に聳え立ち，その頂上に最高の神が住む。シャーマンの木の七つもしくは九つの段階は，世界樹の七つもしくは九つの枝にあたる。シャーマンは他の魔術的関わりによって世界樹とつながっていると感じている。イニシャルドリームによって将来のシャーマンが選び出され，世界樹に近づき，神の手からこの木の3本の枝を受け取り，それがドラムの釜として使われる。……そのドラムが世界樹と同じ木材から作られているのを考えれば，シャーマンが打ち鳴らすドラムの音の象徴的宗教的価値を理解できる。そしてドラムが鳴り響くなか，シャーマンは忘我状態に陥り，世界樹のすぐ傍に移ったと感じるのである。

七つもしくは九つの天を突き抜けて上昇することには，同時に変容の象徴がある。

自然が死と再生を年毎に繰り返すという太古からの神秘，成長，生物の生成と消滅を，人間は一つの象徴へと凝縮した。その象徴のもとでは，自然に生じる出来事，知覚可能なものは半面に過ぎず，他の半面はその背後にあるもの，しばしばあちら側の，死を超えて聳え立つ意味を指している。太古の秘儀の名残として母権的宗教儀式が残っているが，そこでは，神的な女性とその男性パートナーが中心となっている。植物にまつわる原初的習俗が祭儀の伝説を生み，ついには神秘の儀礼，太古の植物の祭儀と豊穣儀礼になった。太母は常に新たに湧き出る自然の力を体現している。木は繰り返し実をつける働きを持っていて，実り多き生命の象徴であり，まさしく命を与えるものである。ギリシアの伝承によるとトネリコは青銅器時代の人類の母であり，北欧の神話では，アスクル Askr（トネリコ）は原父である。北欧神話で神が生命を与えた素材は，ト

レ trê＝木材，すなわち木，と呼ばれている。世界樹のトネリコ，イグドラシルの材木の中には，世界終末のときに一組の人間の夫婦が身を隠し，そこから新たな世界の種族が生まれ出た。世界樹のトネリコは，世界終末のときに，守護する母となり，儀礼の木，生命の木となる。

　木の実は同様に，豊穣の象徴という意味を持つようになる。りんごはそのようなものとして古代において重要な役割を果たし，それは北欧説話においても同様であった。おとぎ話や説話では，りんごを食べることが待望の豊穣をもたらすものとされた。どんな象徴でも二重の意味が語られるが，りんごは死をもたらす食べ物でもあり，特定の時期にそれを食べると災いがもたらされるとされた。死の床にある病人が死ぬ直前にりんごを食べると，神聖な最後の晩餐を受けられず，劫罰が下される。こうして迷信に成り下がった象徴であっても，生命の木や楽園の死の木と対応するところは多分にあり，その実は永遠の生命を保証すると同時に死をもたらすとされた。木は生命の供給者であり生命の泉であるが，死んだ木の墓（であり木が埋葬される墓）でもある。死者は母に再生をゆだねる。象徴の相対立する意味が最も強く凝縮されているのはキリストの十字架であり，それは生命の木と同時に死の柱でもある。象徴の両義性はいつも二つの側面を指し示しており，知覚できるものと精神的なもの，命あるものと死せるもの，こちら側とあちら側，要するに，対立物を一つにつなぐような何かを指している。象徴とは人間が作り出すものではなく，人間に与えられるものである。ルートヴィッヒ・クラーゲス Ludwig Klages が繰り返し表現指標の二重性を指摘するとき，根源においては，とりわけ象徴の独自性が引き合いに出されている。現象の理解に関わる心理学は，そのような所与の事実を無視することはできず，それを基礎の一つとして認めなければならない。

　王位のしるしとしての十字架付宝珠は，明らかに豊穣の象徴とみなされる[1]。笏（＝生命の木）が王権の象徴であるのと同じである。

　とはいえ，ほとんどすべてのインド・ゲルマン民族は，太古には，人間の手になる神殿，祭壇，神像を持っていなかった。神に犠牲を捧げたのは山頂においてであり，石や木の幹，生きている木，森の中に，自然を超えたものがあると考えた。リトアニア・スラヴ民族の間では，15世紀に，聖なる木や森に尊敬

1）　Reichsapfel，文字どおりには王国（Reich）のりんご（Apfel）。りんごからの連想。

が払われたという記録がある。個々の木がペルクーン[1]（雷神）に捧げられた樫である（アウズラス Auzulas）。カウナスには今日でもペルクーンの並木道という大きな樫の森がある。リトアニアではヘンルーダ[2]崇拝が今も残っているが，それは小木で，純潔な女性の象徴とされている木である。とりわけ，融合した木（ルンブータ Rumbuta とかロモベ Romove など，高所の聖地からその名が取られているもの）は尊敬を集めている。一人の〔背の高い〕トウヒ男[3]と多数の森男，森女[4]がいるが，それをみると，リトアニアと中世ヨーロッパの伝承の人物との間にさほど隔たりがないことが示唆される。森の小男，特に根つきのモミで武装した山男（ルツェルンの紋章の盾ホルダー）は，少なくともスイスの説話世界や今なお生き続けている慣習からかけ離れたものとは考えられない。

　西スラブ人は神像と偶像でよく知られていて，中央ヨーロッパの手本となった。しかしここでも，古代の樹木崇拝が民族の感情に根を下ろした。オットー・フォン・ブランベルク Otto von Bramberg によると，四つの寺院については落ち着いて取り壊されるのを見守り，あるいは手を貸したりしたが，近くに立っていた枝を広げた樫の木が切り倒されそうになると，それに反対した。ゲルマン人の場合は，樹木崇拝における神への尊敬は，既に聖なる樫の木を通じてよく知られており，聖ボニファティウス[5]はガイスマール Geismar[6]でその一つを切り倒した。オセールの西洋梨の木が異教徒の尊敬を集めたことも確かめられている。ガリア〔フランス〕とブリタニア〔イギリス〕では，聖なる森がしばしば現れている。それに劣らず，南欧でも樹木崇拝は根を下ろした。ギリシアではドドナのゼウス神託所[7]，ローマではカピトルの丘のジュピター神殿で捧げられたような，太古の崇拝を想起すればよい。前者は聖なる木の実質を頼みとしている[8]。シリウス・イタリクス Silius Italicus のいうように，木には聖なる力がある。その声は，樫のざわめきに鳴り響く。アーリア人，特にインド人において

---

1) リトアニア神話，北欧のトール Thor（雷，戦争，農業をつかさどる雷神）に相当する。
2) ミカン科の多年草，高さ 30 cm。
3) 唐檜，マツ科の常緑針葉樹，高さ 30 m。
4) 森を人間に見立てている。
5) 672 頃-754 年。ドイツ人の使徒と呼ばれた。
6) フランス中北東部。
7) 古代ギリシアのエピルス地方にあった町。最古のゼウスの神託所があった。
8) ドドナの神託は，風に鳴る木の枝の響きを神官が解釈して告げられたことを指すと思われる。

は，樹木崇拝が果たした役割はわずかである。ヒレンブランツ Hillenbrandts の『ヴェーダ神話学』によると，リグ・ヴェーダに遡っても，樹木崇拝の痕跡はほとんど見つからない。ヴァナスパティ Vanaspati（森の主人）とアラニアーニー Aranyans（森の女神）の名が挙げられる。エミール・アベク Emil Abegg が『インド心理学』（ラッシャー出版，チューリッヒ，1945 年）64 ページに書いているように，

> サーンキヤ哲学は植物を朦朧状態の意識（antahjnâna）とみなし，'被造物の飲食の座'，心が放浪している段階とみなす。一方，古典的サーンキヤ哲学の文献は植物を感覚や触角がないものとしているが，マハーバーラタのサーンキヤ哲学の章は植物にもそのようなものがあるとみなしている。木の葉が暑さで枯れるのだから，植物には知覚（sparça）があるはずだし，風や森林火災や雷雨の轟音で花や実が傷むのだから，木は聴覚を持っているはずである。木にまきつく蔓植物は，視力と同時に自由に動ける能力を使っているはずである。木（サンスクリット語で pâdapa というが，それは '足で飲むもの' を意味する）が根で水分を吸収するという事実は，それが触覚（karma-indriya）を持つことを示している。魂が吹き込まれること，命（jîva）を授かることは，切り取られた植物が新たに芽を出すことによって示される。ここで，生命力で満たされた木というウパニシャッドの比喩が思い出されるだろう。

インド人が木に聴覚があるとみなしたのと反対に，古代の聖職者は，ドドナのゼウスの樫の木のざわめきから神の声を聴き取って，それによって予言した。ドイツの民間信仰では，木はしばしば予言するものと考えられた。枯れた木については，伝承によると，その木が緑になることは世界戦争が起こることを予言するものである。木は歌い語る。そのことは，民間信仰や神話だけが伝えているのではない。詩人も森の言葉を理解するし，多少なりともファンタジーをもつ自然を愛する者は誰でもそうだろう。

木と建築はどこかしら対になっており，木は建築の手本である。柱は木の幹であり，ゴシック様式の柱は柱頭が葉で飾られている。聖なる森から，古代に犠牲が捧げられた場所から，柱に支えられたギリシアの神殿や，柱が森のように群立するゴシック様式の教会が生まれた。2 本の柱（木）が神殿の前に立っていて，ウィーンのカール教会に見られるように，楽園の木の象徴としての

柘榴が載せられている。ファティーマの母なる神は樫(かし)に現れる。同じような話を様々な神話が示しているが、ヘーローは母なる幹に閉じ込められ、死せるオシリスは柱に、アドニスはミルテの花（Myrthe）に閉じ込められた。多くの石造の神殿で、樹木崇拝はなお続いている。レールマン Edv. Lehrman によると、古代ザクセン〔ドイツの歴史的地域名〕のイルメン聖柱は、「大きな五月柱」に他ならない。木は力の運び手であり、様々なやり方で敬意が払われてきたが、ギリシアのように、木に香油が塗られたり、ドイツ人がしたように、戦争捕虜がその枝に吊るされたりした。後世、この力は、神あるいは悪魔として人格化されて、いずれも木の所有者あるいは住人と見なされ、その意思は枝のざわめきによって人間に知らされた。それらに犠牲も捧げられた。あらゆる緑樹の下での犠牲は、全世界に広まった風習である。木と並んで他の植物も、治癒力、魔力があると見なされ、聖なるものとされ、崇められた。

　木は魂の座とみなされる。死者が森に隠れるという慣習が、その考えを生むきっかけになった場合もおそらくあっただろう。伝承では、霊（Geist）は木に封じられ、魔女は樹皮と木との間に捕らえられる。木に魂があるという直観が、きこりが木を伐採する前に、切り倒そうとする木に赦しを請うという習慣をもたらしたのだろう。斧によって傷つけられた木から血が流れ出す。木の精（Baumgeist）に捧げられた犠牲について古代の贖罪の書で言及されている。人間が木から生まれたという神話も知られている。民間伝承では、木から幼子が生まれてきたとするものもある。産婆が特定の中空の木に行って子どもを取ってくる。新しい子どもが生まれたときに小さい木を植えるという習慣もよくある。木の成長とともに子どもも成長する。家族の木や守護樹に起こることは人間にも起こる。特にスカンジナビアでは、家族の守護樹木が広まっている。スウェーデンの守護樹木（Vårdträd ヴァルドトラド）には、ほとんどが菩提樹とトネリコだが、家の守護霊の住みかがあると信じられていて、人間がどんな病気をしても助けてくれると考えられた。個々の家と同じように、町全体がその守護樹木を持っていて、その木に、血を流した供物や血を流さない供物を捧げた。ひょっとした

---

1) ポルトガル中部リスボンの北北東にある村。聖母マリアの聖堂があり巡礼者が多い。
2) アフロディーテの女神官。
3) 彩色して花・リボンなどで飾った柱。五月祭にその頂部にくくられたテープをもって周囲を回りながら踊る。

ら，村の菩提樹は，この守護樹木の子孫かもしれない。木は運命の木にもなる。木の中の人間が小妖精(エルフ)の精になった。そしてこのことが起こると，このエルフの精は，それが居座っている木の幹と一緒に歩き回ることができるようになった。ここから，北ドイツの船の精の〔難破を警告するという〕伝承も説明される。それは船の帆柱に使われる伐採された木の幹の中から現れ，船員から浄財と供物が与えられると，今度は船の守護霊となる。ボヘミアでは，クリスマスの食事が終わると木に食事が与えられる。「木々に聖夜を運ぶ」。皇帝の森のふもとで言う，「ほら，ザンパ Zampa, そこに食事があるよ，私たちのことを忘れないでおくれ」。タホフのハルス[1]では，少女たちは，食べ残しを木の下に捨てるときに愛の呪文を唱える。供物が豊穣に転換されるはずであり，特に果樹ではそうである。木は新たな生と豊穣を授けるものである。春になると，様々な儀式のもとで，森から人間の住むところに持ちこまれる。村では五月柱が立てられ，求婚者は少女を部屋の前に立たせ，あるいは動物を家畜小屋の前において，木の豊穣が被造物たる人間の側に移るようにする。リトアニアでは，聖霊降誕祭に，白樺の若木が，教会の前だけでなく家の前にも置かれる。生命の若木の鞭（Lebensrute）で打つのも豊穣の象徴である。若い，緑の白樺の小枝で，少女，結婚式の花嫁，メスの家畜や畑を打つことによって，小枝の生命力が，それらに新鮮な生命を呼び覚ますのである。

　クリスマスの時期に家に持ち込まれたヤドリギの小枝は，健康をもたらす生命の若枝（Lebensrute）である。冬に花を咲かせる小木を家に持ってくることにも同じ意味がある。1870年代までは，シュヴァーベン[2]ではクリスマスツリーの代わりにバルベーラ[3]の木が置かれ，りんご，西洋梨，クルミ，レープクーヘン[4]，マルチパン[5]などで飾られた。別の場所ではモミの小枝は，大きなバラや白い紙のバラで飾られた。ブラント Brant（1494）の『愚者の船』によると，家にモミの小枝を差し込まないと，年の最後を迎えられないと考えられていた。これはおそらく，真冬祭の儀式の核心と，つまり，神性や死の訪れ，そしてそれを豊饒性に転換し保持することと関連がある。17世紀のドイツとスカンジナ

---

1) チェコ・プルゼニ州の一郡。
2) ドイツ南西部の地方。
3) 赤ワイン用ブドウ。
4) 蜂蜜と香料を入れたクッキー。
5) アーモンド入りの甘い菓子。

ビアでは，真冬の木，いわゆる冬の五月柱は野外に置かれた。スウェーデンの七月の木は，一部は，ドイツの五月の木のように，枝を切り落とされ，一部は，支えとなって，その先端に亡くなった人の像が備えられた。生命の若枝，あるいは五月の小枝は，しばしば贈り物にされた。古代ローマでは新年に祝福の小枝を贈った。既に16世紀に，贈り物の木と幼児キリスト[1]との結びつきができていた。そのプレゼントは確かに昔の聖ニコラウスの贈り物にまで遡るだろう。ストラスブールで1605年に初めて記録に出てくるクリスマスツリーは，果実，菓子，様々なピカピカした飾りで飾られていて，祝福の小枝の贈り物や，木に吊るされた捧げものを思い起こさせる——そして，中央アフリカの未開民族では今なお，捧げものとしてふつうに残っており，それによって樹霊は悪意を逸らし，殺した猟獣の報復から守られる。聖ニコラウスの同伴者が，言うことを聞かない子どもに持ってきて脅す若枝は，むしろ，本来は生命の若枝であるように思われる。それが悪く解釈しなおされて，聖人をいくぶん不安をもたらす人物に変えてしまったのだろう。若枝と似たような解釈が箒についてもいえる。箒は生命の若枝である。日本では，箒に対する言葉「ははき」は「母-木」，すなわち「母なる木」と解読されるが，それによって，生命の木の概念の圏内に近づく。カトリック教会は，厄災いや天災から守るために，神の恵みを，枝の主日を聖別する椰子の羽箒（Palmwedel）の象徴で与えるが[2]，それも理にかなっている。

　占い棒（Wünschelrute）はハシバミの小木あるいは白樺の二股木であり，棒を持つものが媒体〔霊媒〕として使用した。そのような棒が振り回される力の強さを一度でも体験したことがあるものなら，その棒にはとりわけ生命力が負わされていることがわかるだろう。二股木（すなわち巨大な占い棒）は稲妻を呼び寄せるので，逃げる人には落雷を警告するものとなる。そのような二股のものを通り抜けることは，魔女の助けとなる。木股は，落雷によって自然にできたものであっても，人為的に作られたものであっても，木を聖なるものにする。いくつかの小枝が巻きついて一つになったものは，魔女の輪と呼ばれ，安全を保障してくれるものとなる。二股枝は，民間医療的な意味を持つ。だから

---

1) Christkind：幼児キリスト。子どもたちがクリスマスプレゼントを持ってきてくれると信じている。南部オーストリアではクリスマスプレゼントの意味もある。
2) Palmsonntag：過越しの祝いの直前の日曜日。

病人は木の股あるいは割れ目の間を通り抜けるか，這って行くか，あるいは押し分けて進まなければならない．子どもや大人だけが治癒されるのではなく，動物もそうである．割れ目が人工的に作られたものである場合には，それはもう一度閉じられねばならない．木股や二股枝はまさに生まれ変わりの助けとなるが，それはまたしても豊穣の信仰に由来するものである．リュッツォの二股枝をもつ木の効果は，足を開いた女性と形が似ているところにあるとされている．いわゆる『二股枝のレオンハルト』，ザルツブルグのタムスヴェークのレオンハルトの犠牲〔として使われた〕蝋人形（グラーツ民族博物館）は，二股の大枝にいる聖レオンハルトを表現している．聖レオンハルトが果たす特別の役割として，出産の守護者もある．彼は大てい医者と見なされた．木の象徴と性の象徴との関係は，特に出産の比喩（木の二股に分かれた根元を這って潜り抜けること）によって，明らかだが，厳密に受け止めるなら，またしても，おしなべて生殖あるいは豊穣の象徴に属している．病気を木に杭で打ちつけて留めることも民間医療の一種である．木っ端，木片，割り木などは，健康をもたらすものと見なされ，特に歯痛の処置に用いられた．稲妻に当たった木の破片は痛風に効くとされ，それを鋤で折って雑草除去に用いたり，あるいは身につけて大きな「力」を得ようとしたり，あるいは命中率を上げたり防弾用になったりした．このように，木に内在する力を人間に移した――これは未開民族の「神秘的融即」にほかならない．病人が持っているものを木に打ちつけて，病気が木に移るようにもした．痛風に対しては痛風の木が置かれ，その木が育つとともに病が取り去られると考えられた．

　生命を与える実を持つ木や健康をもたらす葉をもつ木についてはしばしば言及される．

　　　　錬金術の一連の12の作業法は'哲学の木'として表現されるが，それは生命の木の構造と同じく，錬金術的な変容の位相を象徴化するものである．(C. G. ユング C. G. Jung)

木は，あらゆる生物に変わるという固有の特質も持っている．
　木の巻きつきも豊穣の象徴に属する．豊穣の魔法と悪霊に対する防御とが，巻きつくという身振りに相互に流れ込んでいるのかもしれない．

木に特別の祭が当てられていることは驚くにあたらない。特にイスラエルでは，2月14日に木の誕生日が祝われ，その日，木は大地から再び新しい力を取り込むとされている。

文字はほぼ自然な形で木の象徴を利用している。表意文字は特に示唆に富んでいる。果樹園を意味するシュメールの表意文字は，2本の波線の上にモミの木に似た2本の木をのせて表現されている。木と木材を表す古代中国の表意文字は，垂直な線の上に2本の上に向かってカーブする曲線と，根を象徴する2本の下に向かってカーブする曲線が重ねられた形で示されている（ヤン・チヒョルト Jan Tschichold『植字工のための文字学，文字演習，スケッチ』バーゼル，1942年）。アンニャとゲオルク・メンデルソン Anja und Georg Mendelson（『筆跡における人間』ライプチッヒ，1928年）には，ヴォイレ Weule の『文字』から引用して，ユカギール族の少女の手紙が公開されているが，それは白樺の木に刻まれた絵文字だった。そこでは，人間を表現する文字は，例外なく，木の形，それも特にモミの木の形をしている。樹皮に書くことを求めるのは，木が多彩な構造を示すようなわれわれの緯度では，通常，あまり合理的なやり方ではない。パリの人類博物館には，インケタル族による，メキシコの絵文字が描かれている。根と3本の枝をもつ木の絵が木を表す記号である（Quauhitl）。その同じ木の，幹の中央左側に溝の形をした切れ込みが入ると，地名となり（Quauh-Titlan），その同じ象徴が，つまみのある棒が左側に水平に置かれて切り込みが入ると，言葉を表す（Quahnahag）が，それはおそらく，語りかける木のことを想起させるだろう。ギリシア語のプシーΨは，純粋な木の象徴であり，ラテン語の大文字のタウ T は十字の形から転用されたもので，それゆえ，またしても，木の象徴に類似するものである。

木は，これまで見てきたように，常に何かの比喩であり象徴であって，生み出すこと，とりわけ，豊穣〔みのり多きこと〕の象徴である。木は魂の座であり，神々の座であって，ギリシアのドリュアス（木の精）は，それぞれの木に宿っているとされた。象徴の意味の解釈は変化を被ってきただろう。象徴それ自体が既に言葉であり，神話においては原初の強烈な言葉であって，あちこちの民

---

1) かつてシベリア北東部のレナ川以東の広大な地域に分布し強大であったモンゴロイド系民族。多くの部族に分かれていた。コリマ川の南部支流沿いおよび下流域に残存しており，トナカイの狩猟・飼育を主な生業とする。独特の絵文字が使用されていた。

族の習慣の中で，純粋に残っているところもあれば，迷信にまで変わり果てて残っているところもある。とはいえ，常に，木は人間的なもの（と人間の形）の象徴でありつづけ，それどころか，人間の自己生成の象徴であり，十字の形による宇宙の象徴であると同時に神的なものの徴でもある。C. G. ユング C. G. Jung は，その主要な関心事である，人間の意識を示すものや自己へ至る道として，木の象徴を指摘した。特にこれについては，1942 年のエラノス年鑑の彼の論文「メルクリウスの精霊」で適切に述べられている。出発点として，彼はグリム童話の『ガラス瓶の中の精霊』を取り上げている。貧しい若い男が，森の中で「ここから出してくれ，ここから出してくれ」という声を聞く。古い樫（かし）の木の根元に，男はしっかりと蓋のしまったガラス瓶を見つけ，明らかにその中から声が聞こえてきていた。

　ここで C. G. ユングの言葉を抜粋しておこう。

　　……森，暗く不透明な場所。水の深いところ，大海，知られざるものやなぞに満ちたものが保たれているところ。森は無意識の適切な比喩である。木は森を作る生き物といえるが，その木々の中で，1 本の木が特に大きくて目立っている。木々は海の魚のようであり，無意識の生き生きとした内容である。その中に，特に重要な内容が見つかる。それは‘樫（かし）’として特徴付けられるものである。木々は個別性（Individualität）を持っており，それゆえしばしば人格（Persönlichkeit）の同義語にもなる。バイエルンのルートヴィッヒ 2 世は，公園の特に印象深い特定の木々に敬礼させることで，それらの木々に対する尊敬の念を表した。古い樫（かし）の大木は，いわば森の王である。それは無意識の内容の中心的なタイプを示しており，強い人格によって目立っている。それは自己（ゼルプスト）の原型（Prototyp）であり，始原の象徴，個性化の目標の象徴である。樫は人格のまだ無意識なままの核心を示すものだが，それが植物によって象徴されていることから，まだ深い無意識の状態にあることが示唆される。そのことから，童話の主人公は自分自身のことについては極めて無意識であることが推論される。それは，‘眠った状態’，‘盲目の状態’，‘目隠しをされた状態’にある。それは，ある錬金術冊子の図版に見られるとおりである。それはまだ目覚めていないもの，自分自身に無意識なものであり，すなわち，自分の未来のより広大な人格，自分の‘全体性’をまだ統合していないものである。あるいは神秘主義の言葉で言えば，まだ明かりに照らされていないもの，となる。われらの主人公にとって，木もまた一つの大きな秘密なのである。

秘密は樹冠ではなく，木の根に隠されている。それは人格である，あるいは人格を持つので，人格の最も現代的な特徴，すなわち声，言葉，意識的な意図を持つ。それは主人公の男によって解き放たれることを求める。それは自身の意思に反して捕らえられ，閉じ込められ，しかも，大地に，木の根の間に捕らえられている。根は無生物の世界，地下の鉱物の領域に広がるものである。心理学的に言い換えれば，自己が，身体（＝大地）に，特にこの化学元素の中に根を下ろしているということになるだろう。童話の中で注目されるこの発言も，無生物の大地の領域に根を下ろして生きている植物の驚異と比べれば，全く驚くにあたらない。錬金術は元素（すなわち四元素）を，根本（radices）（根，Wurzeln）と記述し，そこに，最も重要で中心的な象徴である，個性化過程の目標象徴を表す賢者の石の構成要素が見出される。

精霊と木の関係

しかしながら，メルクリウスの精霊について考察を進める前に，それ自体重要な事実を強調しておきたい。すなわち，それが閉じ込められて置かれていた場所は，どこでもよいわけではなく，本質的なものの下，つまり樫という森の王の下であり，心理学的に表現するなら，悪の精霊が自己の根に，個性化の原理の隠された秘密として，閉じ込められていたということになるだろう。それは木あるいはその根と同じものではなく，人工的にそこに運ばれてきたものである。自己を表現する樫の木が，ガラス瓶の精霊から出て育ったものだと考える理由はこの童話には一切見当たらず，むしろ，既に存在していた樫の木が，中に隠されるべき秘密にとって適切な場所であることを表している，と考えるのが良いだろう。たとえば宝は，外的に目印となるものがあるようなところに好んで埋められるか，目印がなければ，後でそのようなものをもってきておくだろう。そのような話を展開させる上で，しばしば，楽園の木が重要な見本となるが，楽園の木も，その中にたち現れてきた楽園の蛇の声とは一致しない状態にある。しかしこれに対して，これと同じ神話的なモチーフが，未開民族に見られる特定の心的現象と何の関係も持たないわけではないという事実を見過ごしてはならない。そのような場合，それとかなり類似しているのが，いわゆるアニミズム的な古い観念であり，すなわち，特定の木が，魂的な，生きたものの性質を持つ，あえて言えば，人格を持ち，それゆえ，たとえば人間に対して命令を与えるような声を持つこともある。アマーリー・トールボットAmaury Talbot（『茂みの影で』，ロンドン，1912年，31ページ以下）は，ナイ

ジェリアからそのような一例を報告している。現地の兵士がオジ Oji の木が自分を呼ぶ声を聞き，それを聞いて必死に兵舎から飛び出して，木のところに急いで行った。審問に対して彼は，木の名前を間違えたものは誰でも，折に触れて，その声を聞くと述べた。この場合，その声は，間違いなく木と同一のものである。この魂的な現象を考慮に入れると，原初的な本来の木と守護霊（Dämon）とは一つの同じものであり，その区別それ自体は，二次的な現象であって，より高次の文化的あるいは意識的な段階で生じてくるものである，と推測される。原初に生じたことは自然の神のようなもの，戦慄そのものであり，道徳とは無縁である。そして二番目に生じたことが，区別であり，それによって自然なるものが分裂し，まさしくそのことによって，高次の分化した意識として立ち上がる。その上で，おそらく三番目の現象に，それゆえにさらに高次の意識段階に匹敵するのが，道徳的な質の評価であり，その声を，呪縛された悪霊であると説明する。この第三段階が '上なる' かつ '善なる' 神への信仰によって特徴付けられることは自明の理であり，その神が敵対者を十分に片付けたとは言えないものの，〔瓶の中に〕捕らえておくことでしばらくの間無害なものにしていたのである（黙示録 20 章 1–3 節）。

　〔われわれの〕現在の意識段階では，木の守護霊が存在するなどとは考えることはできないので，現地人が体験したのは幻覚であり，つまり彼が聞いたのは自分の無意識の声であって，それが木に投影されたのだと主張するより他ない。この言い方が正しいなら，そしてこれ以外に今日のわれわれがそれを言葉で適切に表す方法を知らないが，上述の二番目の意識段階が，客観的な対象としての '木' と，そこに投影された無意識の内容とを区別することを行うのであり，それによって，解明〔照明・啓蒙〕の行為が成し遂げられる。それから三番目の段階が，さらに高みに手を伸ばして，対象とは切り離された心的な内容こそ，'悪' という属性があると見なす。そしてようやく，四番目の段階，つまり現在のわれわれの意識段階は，解明のさらに先を行き，'霊' の客観的な存在を否認して，現地人はおよそ何も聞かず，単なる幻覚だと思って，何かを聞いている，と主張するのである。

　……それによって，悪い霊など存在しないのだと認識される……。ついに第五段階で，それでも何かが起こったのだ，と考えるようになり，その心的な内容は既に木ではなく，木の中の精霊などでもなく，精霊などというものではおよそなく，それでも無意識の中から立ち現れてきた現象であり，心に何らかの現実性を認めようと考える限りは，その存在を否定することはできない，ということになる。もしそれを認めないというのなら，神の無からの創造という，

現代人の知性にはすこぶる不快に思われる考えを，さらに広げなければならなくなる。蒸気機関車も，自動車もラジオも世界のすべての図書館も，すべてが，想像を絶する偶然の原子の集合体が起こしたことだとでもいうのだろうか。そういったとしても，それは神の創造を集合体と言い直したものに他ならないのではないだろうか……。

　読者は，象徴の歴史に関するこの短い脱線を，本書の各所で補足されるとはいえ，テスト心理学の沈着冷静な言葉には，あまりにも無礼なものと感じるかもしれない。象徴思考と象徴理解は，表現の学問から取り去ることはできない。心理学的な思考を，頻度曲線を読むだけでよしとする者は，当然，比喩や対立についての思考や，宇宙的かつ魂の空間についての思考を扱うことはできず，一つの表現がこれと同時にその逆のものを意味することがありうることも決して理解することができない。以下のことは心理学に独特なことである。すなわち，心理学においては，一歩前に踏み出せば，同時に一歩戻ることになり，原初あるいは原初的なものへと歩みを戻すことになる。古いものに偉大なる真実かつ本物の内容があると認める傾向がわれわれにはあるというだけではなく——原初的なものは，同時に永遠に新しく，永続するものでもある。

原注：1955年にチューリッヒのラッシャー出版から C. G. ユング C. G. Jung の『意識の根について』という本が出版され，その355ページから496ページに「哲学の木」という論文が掲載されている。豊かな図版があわせて示されているこの論文は，樹木象徴を深層心理学的に取り扱い，擬人化との関連で，テスト心理学には条件付きで利用できる新たな側面を示している。

第2章　バウムテストの理論的基礎

> 私はシナノキの下にあるベンチに座り，横になって上方を眺めながら，樹冠の際限ない驚嘆すべき豊かさをしげしげと見ていた。その正午から私は，木を描く人には誰であれ，多大なる畏敬の念を持ってきた。
> ——カール・シュピッテラー『幼年期の思い出』
> （1914年，ディーリッヒス，イェーナ）より

　バウム画を心理診断の補助手段として用いるという考えは，チューリッヒ州，フェグスヴィルのリュッティ在住の職業コンサルタント，エミール・ユッカー Emil Jucker に由来する。彼の助言に従って，多くの職業コンサルタントがバウム画を使用してきたが，方法論の改訂が試みられたのはその後ずいぶん経ってからのことである。絵は，たいてい，直観的に解釈された。ユッカーが私に個人的に打ち明けてくれたことだが，彼はバウムに偶然行き当たったのではなく，「文化の歴史，とりわけ，神話の歴史を十分に考察し，長期にわたる研究の末にバウムと出会った」のだという。以下の彼の考えには，テストが生み出されてくる経緯の特徴がよく表れている。

> 　年来，おそらく1928年ごろから私はこのテストを，テスト本来の評価をせずに施行してきたが，それは，少しずついくつかの経験的観察の大体のところを確かめるためであった。むしろ，本質的には，被験者の問題がはっきりしている部分を，純粋に直観に基づいて指摘するという形で，バウムテストを役立ててきた。私は自分の知識と能力の限界をよく知っているので，職業選択の診断に際して，一般の人にも，とりわけ被験者自身にも自ずと理解できるような，あるいは少なくともわずかな助けがあれば理解できるような，補助手段を探し出すことで長らく満足してきた。と同時に，人格全体を，その存在の深い層において把握する必要性，もう少し控えめにいえば，せめて漠然と察知する必要性も当然感じている。それで私は，バウムテストを選んだのである。

　ユッカーの関心は少なからずわれわれの関心と重なるが，ここで関心が高まっているのは，他のものより短時間のうちに人格像を浮き彫りにし，それを従来の方法よりも生き生きと詳しく記録することが求められるからである。職

業適性の調査は，急いてはよい結果が得られず，良質の補助手段を用いることで良好な結果が得られる。そのような手段を調べる中で，人の印象に残るものであっても，長期の吟味に耐えられなかったり，期待はずれだったりすることがある。あるいは，私の個性には合わないことがわかっても，専門講座では優れた方法として価値あるものとなることもある。ふつうは数カ月，多くは１年間に及ぶ試みの後にようやく，診断的補助手段として有用かどうか判断しようと心を決めることができる。バウムという主題との出会いは，そのような試みにほとんど耳を貸させなかった。人はそこに表れたものを前にして驚いたり，しばしば衝撃を受けたりする。そして，真実にして不可解だという感じが残る。確かにこの二重の印象は象徴にふさわしい。象徴とは，ありのままを見せながら同時に隠すものだから。バウムの絵と直観で取り組むことは，魅力的であると同時に不十分なことである。方法のかけらすらない〔からである〕。しかし，着想はすばらしい。水脈を探し当てる占い杖のように印象に残る。そこで，方法論の最初には，「それは何を意味するのか」という問いがくる。今一度いえば，その外観は何を意味し，次いで，あれこれの指標は何を意味するのか。現象学的に言えば，その答えは，バウムの絵それ自身の本性から生じるものでなければならない。たとえば，円という形は，境界で囲われ，閉じていて，周囲から分離したもの，と自然に記述されるだろう。たくさんのバウムの絵を静かに眺めていると，バウムとの〔心的な〕距離が近くなる[1]。次第に，その本質が見えるようになるが，それは依然として直観のようなものである。構造が明確に見えるようになり，識別が可能となり，指標を弁別できるようになる。それとともに，筆相学や表現の科学全般との類似性が現れ，それと関連させることはできるが，同時に再考が求められる。当初はわからない部分をそのまま持ちつづけ，どう理解したらいいかという問いを，何日も，何週も，何カ月も，何年も，見え方の成熟過程がある地点に達するまで，問い続けていると，秘密に関わる何かが自然と姿をあらわしてくる。それもしばしば，稲妻に打たれたかのようにひらめいたり湧き出てくるので，要点を外さない限り，成果を拾い集め仕分けすることが可能となる。このような発見の過程が，体系的に収集されたデータの統計的手法による比較で始まるにせよ，あるいは，本当の「思いつ

---

[1] 直訳は「対象のことを熟知するようになる」。

き」を書きとめたメモ書きの利用で始まるにせよ、ずいぶん時間をかければ習得できることが多いとはいえ、素質と訓練という問題は依然として残る。ここでは、催眠の試みも含めて、ほとんどすべての手法が同時に働いている。教えることができるのは、方法論だけである。その助けを借りて、自分で理解するより他にない。〔バウムの〕外観は、直感によって入ることもできるが、ロシアの偉大な演出家、スタニスラフスキー Stanislawski の次の言葉も当てはまる。これは、彼がモスクワの芸術劇場の門下生によく言ったという言葉である。

> インスピレーションが働いているときには存分に演じることができる。しかし、インスピレーションは、いつも訪れるとは限らない。だからテクニックが必要となる。テクニックを十分に習得すれば、インスピレーションが働いているかどうか、観客に気づかれることはない。

　診断を行うものには、その力のやりくりが求められる。方法論は労力と時間を節約する。方法論に基づいた作業が直感を呼び起こす。以上のことは、テストの使用を急ぎすぎる人は特に、銘記しておかねばならない。
　もしバウムテストが心に強く働きかけるとするなら、それは、当然のことながら、その方法論というよりも、〔描かれたバウムの〕外観と現実との間に、なるほどと思えるような対応関係が認められるからである。

第1節　テスト状況

　テストの受け入れは極めてよい。1枚の紙と1本の鉛筆を差し出して、「果物の木を描いてください」[1]と求めることが、最小限必要なことであり、物質面でこのテストに求められるものである。被験者は、描画能力を調べられていると考えて、先入観を持たずにテストに臨む。しかし、その目的には、このテストは、あまり役立たない。木を描くことは、描画テクニックの点から言えば極めて難しい課題である。多くの診断的補助手段は、その意図がわからないので何

---

1)　日本では「実のなる木を描いてください」「実のなる木を1本描いてください」「1本の木を描いてください」などの教示がよく使われるが、コッホの教示は「Obstbaum（果樹）を〔1本〕描いてください」である。72, 147 ページも参照されたい。

か裏があるのではと，被験者が不信感を抱いてしまうが，バウムの場合はそれもない。うまく描けないからと強くためらわれることもあるが，励ましの言葉をかけると描かれることも多い。描画を拒まれることは極めて稀だが，その前に良好なコンタクトをとっておく必要がある。高齢の方ですら喜んで描かれる。意識的な批判を逸らすために，あらかじめ課題を与えて被験者に負担をかける，という必要もないので，利用できる自然な表現としては，最大限のものを引き出せる。もちろん，多少はまじめな新聞記者のおかげでこの方法論がよく知れ渡ることになり，多くの被験者が，何が問題なのかを知ることとなったが，それでも，関心を持って取り組まれている。一番支障があるのは庭師で，というのも，庭師は木を相手に仕事をしているからである。しかしながら，テスト状況をうまく整えたとしても，人格全体が投影されるとは思えない。バウムの結果は，人格の全体像に届くことはまずないが，貴重な貢献をしている。他の診断法と一緒に用いることに本来の価値がある。その結果は単独でも価値あるものだが，他のテスト結果の解釈の内容にいろいろな角度から光を当てることができるという点でも，重要である。比較的短時間にデータを集めることができ，他の方法の位置付けや他の方法で得られた結果も明確にしてくれる（と同時にそこからそれ自身の結果も明らかになる）という，まさにその事実こそ，結果それ自身の価値について触れなくとも，診断的に価値の高いことのように思われる。

第2節　木と人間

木は，一本一本が集まって森という社会を形成するので，その社会的な現象は，人間と，あるいは人間社会との類似を想起させる。これについては，アフリカ探検家，ヘンリー・モートン・スタンリー Henry Morton Stanley が，その著書『暗黒大陸横断記』の中で，巧みに記述している。[1]

　　平均すると，森にはさまざまな情景が入り乱れている。そこでは，もしかすると木々が一つの集団を作っているのかもしれない。色は灰色で，薄明の教会

---

1) 1841-1904年。アメリカの探検家。イギリス生まれ。1871-72，74-77年，リヴィングストン救助のためアフリカ奥地を横断。（広辞苑より）

の柱のように荘重な雰囲気を漂わせている。そこに1本の，枯れて真っ白になった裸木が総司教のように聳え立ち，その周りに新たな教区が生まれている。若木はそれぞれ上に向かって伸びており，日の光を浴びながらその一帯にも子孫が育っている。そこも，かつてはその男〔司教〕が〔先代から〕受け継いだところだったのだ。ここには，〔人間と〕同様に長子相続の原理が働いていることがみてとれる。

　怪我，病気，腐朽，先祖代々の悪弊，老朽，あるいは種々の災害によって死がもたらされ，森は間伐される。そうして，役に立たないもの，弱いものが除かれていく。人間の場合とちょうど同じだ。森の巨人たちの中でも，一人飛びぬけて高い，傲慢なアナクの子孫（Enakssohn）のようなボスを取り上げてみよう。彼は他の仲間よりも頭一つ高く聳え立ち，彼らの君主のようで，みなを見下ろしている。しかし，その高慢さが稲妻を呼び寄せることとなり，根まで砕かれることとなる。彼は稲妻に倒れ，沈む。その巻き添えを食ってさらに1ダースの木々が傷を負った。そういうわけで，辺りには，腫瘍のようなこぶや，頭のように腫れ上がった部分や，ひどく傷んだ幹をたくさん見ることができる。さらに，木々にはしばしば植物が寄生して，半ば窒息しそうになりながらも生きながらえているが，その強烈な一撃の深い傷口は枝まで辿ることができるほどである。またある一群の木々は，他の種〔の木々〕の強い妬みのために病気がちとなり，まだ成熟しない年で死んでしまう。また他の木々は，重い木がその上に垂れ下がって斜めから押さえつけられたために，幹が強く曲がったまま成長している。また別の木は，嵐で枝がぼろぼろとなって傷つき，そのために小人のようだ。あるいは，ねずみが齧って傷んだもの，象が踏み倒して捻じ曲がり，その痒い皮膚をこすりつけられてぼろぼろになったもの，さらには，アリに内部を蝕まれているものもある。いくつかの木々は虫についばまれ，こぶのように腫れあがり，ゴムの樹脂が滲み出て滴り落ちている。大小の遊牧の民が，自分の斧や槍や小刀を試した傷が幹に何重もついている。衰退と死とがめまぐるしく移りゆく様を見ることが出来るのは，人間の場合と同じである。

　森は人間の生の典型である。森を見るといつも，そこでは，人間の場合と同様，衰退と死と生とが等しく動いているという印象を受ける。それをじっくりと見ていると，文明世界のどこかの風景を何かしら思い出させるような特徴があることに，いつの間にか驚かされている。森を見ていると，ある朝のことを思い出した。そこに行くと，朝7時半から8時半ごろには，ロンドン橋の上は人の波でごった返していて，青白い顔をした働きすぎの人，成長が遅れている人，仕事で背中が曲がった人などが，悲しい生存競争に向かって歩いているの

を見ることができる。ここで森を眺めていると，青春時代，壮年時代，老年時代が忠実に再現されているのに気づく。ある者は早く老けて白髪となり，甲状腺腫の者もいれば，病気に苦しんで弱っている者もいる。椅子をもっている者もあれば，飢えに苦しんでいる者もある。空気と日光不足のために青白い顔をしている者もいれば，痩せ衰えた体を隣人に見られて驚かれている者もいる。他人にもたれかかるようにして倒れ，病院から抜け出してきた不治の病に侵された病人かと心配すれば，それでも立ち上がって周囲を驚かせている。幾人かは，既に亡くなって，土の下に埋葬され，家族みなが育ったその場所は，藪となり，寄生植物が生い茂り，あるいは虫の集団に食い荒らされたりしている。驚きのあまり萎縮して，白くなった者もいれば，稲妻で引き裂かれたり，首をはねられたりした者もいる。キリスト教徒が南半球に進出する数百年前に既に生を受けた老練の者もいるが，その芯も命も，衰弱している。それに対して，多くは，見た目も優雅にして端正，力強く青春を謳歌する自信あふれる元気な若者とか，あるいは，落ち着いて静かに内省する白髪の老貴族といえよう。こうして，生存競争が際限なく続くよう定められている，という厳然たる事実を垣間見ることができる。人は森に，殉教と自殺以外の，あらゆる人間的な性質を見出すことができるだろう。というのも，犠牲は木の本性（Natur）にはないからで，それらが聞きいれる二つの要求は，'服従は犠牲よりもよい'，'生きて増やせ' である。

　森には秘密が隠されており，森林学の指導者を持たずとも，時がたてばそれを知るようになる。

本来は，バウムテストの発明者はスタンリーだと言わねばならない。それは，ロールシャッハテストの先駆けをレオナルド・ダ・ヴィンチ Leonardo da Vinci に見て取ることができるのと同じ意味においてであるが。ヘルマン・ヒルトブルンナー Hermann Hiltbrunner は，木と人間の類似性を，さらにはっきりと見抜いている。

　木の姿と人間の姿との間には一つの関係があり，木の植物性は，直立姿勢を維持した形態を保つという点で人間の姿勢と極めて類似していて，木との銘記すべき出会いは，まさに自分自身との出会いである，と言えないだろうか。……しかし，違いはどこからくるのだろう。そして，どういう根拠から，〔木の〕植物性と，人間の動物性との対比が求められるのだろうか。植物は開放系である，

という点に注目されたい。すべてが外に向かって運ばれ，すべてが表面で生じ，樹皮の下や発芽軸の先端で形成される。ほかのどんな植物と比べても，木の断面，あるいはその幹の横断面ほど，このことを徹底的に明らかにするものはない。木の一番新しい，最も外側の部分だけにある導管が，そのことをよく示している。それに対して，人間と動物の体は，閉鎖系であることがわかっている。その中では，すべてが内に向かって運ばれ，中心の器官によって栄養を与えられ制御される。存在の植物的側面（Pflanzliches Sein）とは，それゆえ，生命の外向きの動きを意味し，成長帯は中心から絶えず外に向かって広がっていき，中心は機能を失って，ほとんど象徴的な意味しか持たなくなる。これに対して，存在の動物的側面（Tierisches Sein）とは，物質的な生命が内向きとなり内側に移されて，身体で，あるいは身体の内部で凝縮されることをいう。そして，あらゆる臓器のいたるところで，生涯にわたって同じ力の流れに捉えられ，血液が行き渡る。とすると，すべての臓器において，中心との関係を生じさせ中心を指向させているもの，そのようにして求心的な機能を可能にしているものは，生来備わっていて，既に若いときに完成しており，いわば成長を終えているも同然という状態であるはずだ。これに対して，植物は，根本的には，決して成長を終えることがない。最後まで同じように若い。自然に枯死するまで成長を続け，芽を吹く可能性は状況にもよるが最後まである。木にも，このような性質をはっきりと認めることができる。その成長はとどまるところを知らず，齢を重ねてもさらに成長を続け，高さや太さに成長が見られなくなっても，なお生き続け，つぼみをつけ，年毎に，あるいは針葉樹のように3年毎に，装いを新たにする。

第3節　投影

木の絵としては，木は，投影の担い手以外の何ものでもない。木という対象は，像を反射する鏡のようなものだが，内面を映写する〔点が普通の鏡とは違う〕。もっとも，木という対象は，字の手本のような型を練習することはほとんどないが，その形は経験から十分に思い浮かべることができ，基本的には，間違えようのない構造と形態で特徴付けられている。投影の壁としての「木」は，多少とも，描き手の何かを引き出す性質をもっていて，それゆえ，描き手に喚起されるイメージは，たしかに主観的に形作られた表現として立ち現れるが，そのイメージは，客体〔実在する木の像〕とも融合してい〔るので，主観的とも客

観的ともいえ〕る。〔バウムという鏡に〕映された画像は，客観世界の断片（アルフォンス・ローゼンベルク Alphons Rosenberg）を含んでいるが，そこには心の空間図式との内面的な類似性もある。内界を外に投影することは，決して意識的な意思の所産ではない。意図されているのは本来，対象の描写（Darstellung）に過ぎないが，外的な対象は，ロールシャッハ・カードのように既定の形をもつわけではなく，主観的な表現として，つまり，心の中に映されて，〔主観と〕渾然一体となっているからである。にもかかわらず，投影は，意思されたものではなく，受身的に，自然と生じる。〔投影では〕内的な現実が写し取られるが，意識してなされるのではない。〔バウムという〕対象は，〔投影の〕留め金であり，留め金がなければ，何も掛けることができない〔ように，バウムのような留め金がなければ，内的現実もどこにも表現の足場を見出せない〕（ローゼンベルク Rosenberg）。

　それにもかかわらず，〔バウムで描かれるイメージでは〕外的対象の描写と，主観的な表現（Ausdruck）と，そのいずれが優勢であるかという問題が残る。た

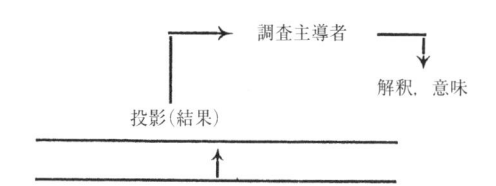

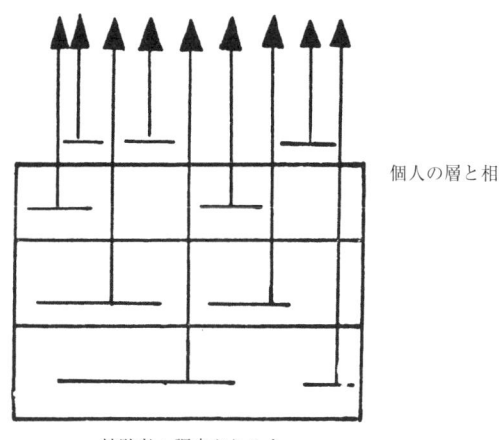

しかに，それは，絵の才能によっても違うし，学校で習った手本への意識的な依存度の違いにも左右される。別のバウム，あるいは似たような別のバウムを描くように頼んだとしても，同じである。被験者の反応も多様で，その課題に関心をもって取り組む者もいればそうでない者もいる。さらに，全体がそこに呼び出されることは決してない。〔木という〕対象は，深層も表層も映し出すことができるが，あちこちが島状に表現されるので，隠れたままの場所も残る。投影において，「人間全体」が現れるかどうかは，その可能性は，あるかもしれないが，極めて疑問である。

　これに関して，ハイス Heiss は，次のような指摘をしている。映し出されたテスト結果は二つの要素からなる。すなわち，衝動的・情動的な傾向と，内的精神がそれに形を与える作用とである。後者は制御意識から生じるが，この制御意識が，衝動的無意識的な要素を意識まで持ち上げて，それを表現させる。こうして，投影の直接の核と，それに形を与える意識の強い作用との混合したイメージが生じる。

　基本は，与えられた素材，ここでは木という題材が，被験者の個性に従ってその形を変えるという点を確認しておくことである。内的な事象が外に移されて，そこで形を得る。さらに，表現の動きが入ってくるので，そしてそれもまた内的なものを表現しているので，投影のことを考慮から外しても，単純にはいかない。しかしながら，形と動きの対比，あるいは，人相学（Physiognomie）と表現学（Ausdruckskunde）の対比のような相貌の学問にみられる対比を親戚関係にまで高めれば理解可能となる。（形を）見ることと（動きを）読むこととの関係は，象形文字をみてその意味を理解することと，筆記体〔の筆の運びから心理を読み取ること〕との関係と似ている。内面を表現するものとしての筆の運びは，常に文字の図像形態を空間象徴的に理解することと結び付いている。同じ意味で，バウムの絵の中で図像的に利用できる表現の動きでバウム形態の空間象徴と結び付けられる部分は比較的少ない。木の形態は，本来その幹が地面線のような特色を持っていて要となっており，その静的な印象は，手書きの際に右に流れるという筆の運びの動的な印象よりも優勢である。木の姿勢の垂直軸は，その間違えようのない上下の方向性と一緒になって，文字のように，描かれるたびに柔軟にバランスを保つ。その一方で，左右の方向性は，体の左右と同じように，取り違える可能性がある。〔バウムと〕身体の形態との比較は，

人相学を想起させるが，あまりしっくりこないのは，正面像と側面像の区別がつかないからである。バウムの絵においては，何が正面で，何が側面なのかはっきりしない。それゆえ，行為の顔（横顔）と存在の顔（正面像）（ピカール Piccard）とが，互いに分けられないまま流れていく。

第4節　十字の象徴的意義

　バウムの基本図式は十字である。それは外から持ち込まれた投影ではない。上下左右の四方に伸びた手を持つ十字は，木の形態にも，腕を伸ばした人間の形態にもふさわしい。十字型という同一のシンボルが〔木と人間の〕両方の基礎をなしているので，それは，〔木とか人間といった〕個々のものを超えた何かである。シンボルにおいては，感覚・知覚可能なもの，具体的なもの，形を持つものだけでなく，何か精神的なものも同時に表現されている。象徴は，感覚世界と精神世界との類比（アナロジー）に基づいて見出される（アルフォンス・ローゼンベルク Alphons Rosenberg）。それは多義的で，本来，両義的（アンビヴァレント）なもの，つまりマイナス記号とプラス記号とを同時に含むものである。根源的な事柄（Urding）としての木は，それ自体，実り多いことの象徴であるが[1]，この自然崇拝と理解されるような象徴も，そもそもの最初から，十字象徴を含んでいる。それを診断図式との分岐点まで追及していくことも魅力的なことだが，それがより高い秩序の中で具体的なもの，感覚的なものと結び付けられ，心の宇宙，心の力の場が与えられるという予感が得られる限りにおいてのことである。近いものと遠いもの，小さいものと大きいものが，一つになって見え，外見上の矛盾も是認されているので，心理診断にちょうど適切な広さが与えられると同時に，重箱の隅をつつくような詮索からは守られている。十字象徴は，表現学では新しいものではない。筆相学では，フランス人女性デュパルシィ・ジャンヌ Duparchy-Jeannez が，ほぼ最初に，〔十字型をした〕座標を補助線として文字の中に置くことを[2]，控えめに行ったが，実際には，補助線を置く意味についてはよく知られていなかった。マックス・プルファー Max Pulver の優れた学識は，当時ほとんど一般には知られていなかった神話の歴史から得たものだ

---

1)　Fruchtbarkeit：果実をたくさんつけること。転じて，多産，豊穣。
2)　Achsenkreuz（座標系）：Achse（車軸）＋Kreuz（十字）。

が，彼は，そこから発見した文字フィールドの空間象徴に関するイメージを記述して，いわゆる領域理論を生み出した。これは，十字の解釈以外の何ものでもない。

迷信の底辺においては，十字は魔よけの身振りとされている。十字に交差して差し込まれたナイフや針，指をフォーク状に広げたポーズは，いずれも，不幸をそらすものとされている。十字に差し込まれた，あるいは置かれた枝や箒は，魔法の効果を持つとされ，一部では，禁止の記号，封印の記号であった（その名残を，今日では，道路交通標識に見ることができる）。

十字は，対立物の結合の象徴であり，男性性と女性性とを併せて全体性に至ることの象徴である。十字においては，すべてが一つになり，同時に，止揚されて新たな一つのものが生まれる。十字の多義性は，それが生き生きとしたものであることを表している。誰にでもわかるような象徴は，精神的に思考された内容を十分に示唆したり，くみ出したりすることは，決してできない（ここでは，フーゴー・ラーナー Hugo Rahner の業績に従う）。象徴には，目に見えない背景がある。それは，体型を示すと同時に隠す衣服のようなものといえるだろう。象徴は，このような〔二重の〕意味を持つが，こういった性質は，象徴の向こう側の輝きを隠すために，そしてそれを開くために，まさに必要不可欠のものであり，そうして目が養われていくのである。

キリスト教神秘主義の照明体験から生じた敬虔なる洞察は，〔地上では〕世界の創造主・ロゴスが磔となって死を迎えた十字架に端を発し，上方の星空ではヘリオスとセレネがその周りを巡航している十字星に端を発している。その洞察は，最深の構造，世界が形成される宇宙的な構造に及び，人間の体型の法則的必然性に迫るのみならず，人間が利用する日常的事物の形式に迫っている。つまり，いたるところ，すべてのものに十字の形態が浮き彫りとなって見えてくる。十字型は，彼ら（キリスト教神秘主義者）にとっては，第一に，神（最初から息子が磔となる十字架をひそかに見据えていた者）が世界に刻印した基本図式であり，世界を構築する法則である。天の二つの大円である赤道と黄道とは，天球をカイ χ（ギリシア語のアルファベット）字型に切り取ると同時に，それに沿って星空のドーム全体が見事なリズムで振動していて，キリスト教徒の目には天の十字型と映る。十字という些細な記号は，宇宙で生じるすべてのことを目に見える形に示してくれる純粋表象である。というのも，すべての事

物の本性は，十字架をめぐって生じる世界救済のドラマの中に写し取られていて，パウロの言葉に見られる大胆で広範な思想（エフェソの信徒への手紙，3.18）によると，古代キリスト教徒は，互いに交差する十字架の木の四つの次元に，宇宙の四つの次元が神秘主義の象徴のごとく暗示されているのを見た。十字型は，〔神の〕独創的な仕事の再現であり，聞いたこともない何か，ほかならぬ神秘の，概観であり，簡単な記号，わかりやすい象徴である。

グレゴル・フォン・ニサ Gregor von Nyssa は十字型を，天上と地下に刻印された宇宙的な鋳造印として賞賛している。

さらに，特に東方正教会の信仰においては，十字の神秘の宇宙的な理解が広く行き渡っている。「おお，十字よ，汝宇宙の調停者よ」と，ある賛辞に曰く，「汝大地を広く取り巻き，汝は天高く，地下深く，創造物を結び付ける絆，目に見えるものすべて，人が住むところどこにでも行き渡るものよ」。

　　　十字架象徴は，天空機械を一つにまとめ，大地の土台を固め，そこに架けられた人間を生に導く。（フィルミクス・マテルヌス Firmicus Maternus）

　　　我は汝の神秘を知っておる。十字架よ，汝は，そのために，建てられたのだ。不安定さを固定するために，世界に固く打ち込まれたのだ。汝は，天まで届き，天上から啓示されるロゴスを予示している。汝は右に左に広がり，敵の恐ろしい力を撃退し，世界を作る。そして地下ともつながっている。こうして，汝は地上にあるものと地下にあるものを，天上のものと結び付けるのだ。（外典，アンドレアスの書 Andreasakten）

　　　すべてのもの，宇宙にあるものを見よ。これら十字の形なくして，取り扱うことも存続することも果たして可能であろうか。海も，帆の支柱のトロパイオン Tropaion がなければ，横断できないではないか。それがあればこそ，船も無傷でいられるのだ。大地も十字〔型をした鋤〕なくしては耕すこともかなわない。溝を掘るものも，職人も，十字の形をした道具なくしては仕事を仕上げることができない。人間の体の形も，十字という形によって，理性のない動物とは別のものと区別できるのだ。人間は直立し，手を広げ〔て十字の形をと〕ることができるのだから……。（ユスティヌス Justin）

原始キリスト教象徴神学の基本的教義の考え方では，旧約聖書の神が啓示し

たことはすべて，「生命の木」（創世記, 2.9）から始まり神の人間に対する知恵にいたるが，その中にこの生命の木が体現されている（箴言, 3.18「彼女（＝智恵）を捉える人には，命の木となり，保つ人は幸いを得る」）。しかしそれは，受肉された知恵の十字架上の死に来るべき救済が実現するという洞察の中に語られるだけである。楽園にある生命の木と，新たなる天上にある生命の木との間に，古代キリスト教徒がみたものは，ただ一つの生命の木であり，アダムの末裔の運命もその木の上で，十字架の上で，決せられることとなった。楽園の木は，十字をあらかじめ説明するものに過ぎず，この十字が世界の中心であり，人間救済のドラマに他ならない。生命の木にまつわる一連の聖者伝からは，重病のアダムの物語に言及しておくべきだろう。アダムは，息子のセトを楽園に使わして，生命の木の不死の果実を取りに行かせた。しかし楽園の監守たる天使は，三つの種しか渡さなかった。この三つの種から，3種類の木が生えてきた。シーダー[1]，カサマツ，糸杉[2]の三つである。それは死せるアダムの口から生えた。この不思議な話は，類話が豊富だが，旧約聖書全体にわたって保持されていて，その木から獄卒がキリストを磔にする十字架を作るまで続くのである。

十字は生命の木であると同時に，光を運ぶものでもある。それに関して，今日でもなお続いている，司教に洗礼水叙階を行うローマ風礼拝式では，ギリシア文字プシー ψ の形に水をかけるが，それは，何か理解できない古代ギリシアの風習の名残と関係があるのではなく，単純に，生命の木の象徴記号である十字と関係がある〔ψ が十字の形をしていることを指す〕（フーゴー・ラーナー Hugo Rahner「キリスト教神秘主義と異教神秘主義」，エラノス年鑑，1944年，Band 11, 347-348ページ）。

十字は，犠牲を打ちつける杭でもあり，キリスト自身も十字架上で犠牲になった。この犠牲の意味と十字を背負うという宿命の意味については，C. G. ユング C. G. Jung が述べている。

> 神が人間として生まれ，人間を聖霊の共同体に統一しようとしたとき，世界を現実にもたらさなければならないということで，恐ろしい試練に苦しむこと

---

[1] マツ科シーダー属の常緑樹。ヨーロッパでは特に地中海沿岸が産地として有名。
[2] 地中海沿岸地方原産のヒノキ科の常緑樹。墓地に植えられて悲しみの象徴とされるが，本来は不死や楽園を表した。

となった。それは苦難であり，彼自身が十字である。世界は神の苦しみであり，それぞれ個々の人間は，ただ暗黙のうちに一つの全体である。そして，自分が十字架を背負う者に他ならないことも十分知っている。しかし，十字架を背負うという永遠の約束こそ神の慰み主である。

十字は，絶対的対立物を〔弁証法的に〕総合するので，自己の象徴といえる。ゲープハルト・フライ Gebhard Frei 曰く，

> 自己は人間の目標である。人は，全体にならねばならない。全体的人間となり，被造物にふさわしく本能とも精神とも意味あるつながりをもたねばならぬ。ここに，十字の人間的神話的な意味が存在する。神の十字，すなわち，精神と肉体との間に広がるものとしての十字を認めねばならない。肉体と精神との間に，天と地との間に，過去と未来との間に，私と共同体との間に広がるもの，それが十字である。それらの力の緊張の間にわれわれは生きており，これらの多様性の間に均衡をとり，これらの対極的な対立に直面しようと苦闘しているが，このようにして生じる意味ある結合に，われわれの目標である自己を見出すことができるだろう。

マックス・プルファー Max Pulver は，彼の領域理論の空間図式として十字を用いた。彼は十字の横木の水平方向に文字の帯（Schriftband，筆跡基線）を置き，縦上線とはその帯から上に向かって伸びる方向を，縦下線とは十字の横木から下を指すものとした。こうして，十字の中心 C とその左右から成る中間帯から，上部領域 O と下部領域 U が生じ，次のような解釈図式となる。

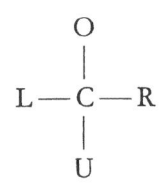

$$
\begin{array}{c}
O \\
| \\
L\!-\!C\!-\!R \\
| \\
U
\end{array}
$$

C-L　：感覚領域における，自分との関係づけ，過去との関係づけ。内向。過去，「棚上げにされたもの（Aufgehobenes）」，忘れられたもの。

C-R　：感覚領域における，周りの人との関係づけ，未来（あるいは目標）と

の関係づけ。外向。未来，到達目標，要求されるもの。

意識の形式による解釈分類：
O　　　：個人を超えた意識，知性の形式や形。
L-C-R：個人の日常的意識，経験的な自我領域。
U　　　：下意識，より深いところにある無意識。

意識の内容による解釈分類：
O　　　：知性的，精神的，倫理的-宗教的領域。精神的感覚。
L-C-R：知覚的，利己主義-利他主義，意識の内面生活，心情的状況的感覚。
U　　　：物質的，身体的，性愛的-性的，集合的象徴の産物，夢とそれに似た状況。

　この局在図式（Topographie）は十分だろうか，プルファー Pulver の領域理論に示されるように，異なる意識領域の場所を図式的に規定することで十分だろうか，と疑問に思われるだろう。投影図式は，プルファー Pulver が，いわゆる i 領域，小文字高を挿入することによって，座標軸〔車軸十字〕の〔上下という〕二つの方向性からさらに〔三つに〕細分化することとなった。それによって彼は，精神（Geist）と心（Seele）と体（Leib）という古くからある三分化を，文字観察に〔も適用できることを〕発見したのである。すなわち，上方は精神の領域に，小文字高は心の領域に，下方は身体の領域に相当する。垂直方向の三分化は，文字の構造とは非常によく適合しているが，他の表現材料や投影材料に容易に転用させられるものでは決してない。
　既に文字の中に，垂直か水平かという一義的な方向性ではなく，羅針盤の方位のように対角線の方向性が存在している。ヘルツ Hertz も領域の細分化を行っているが，筆相学とは出自の異なる研究に依拠しているように思われる。
　この図式は，多様な経験を基礎としていて，創案者の立場からはその正しさははっきりしているかもしれないが，十字象徴と同様に統制〔研究〕が難しく，具体的な次元では，アルチュス Arthus の村落テストに用いられる投影図式との対応関係はわずかにとどまる。この村落テストというのは，実際の（家，教会，工場，木々，人間，橋などの）ミニチュアを用いて，たいてい長方形のテーブ

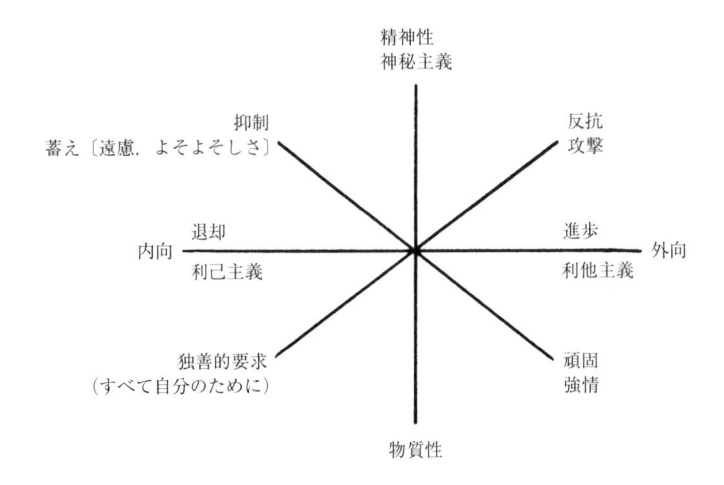

```
                    精神性
                    神秘主義
                       │
        抑制           │           反抗
  蓄え〔遠慮，よそよそしさ〕        攻撃
           ╲           │           ╱
             ╲         │         ╱
        退却    ╲      │      ╱    進步
  内向 ─────────────────┼───────────────── 外向
        利己主義 ╱      │      ╲  利他主義
             ╱         │         ╲
           ╱           │           ╲
      独善的要求        │           頑固
  (すべて自分のために)   │           強情
                       │
                     物質性
```

ルの上に，村のイメージを具体的に作ってもらい，特定の意味にふさわしい領域がどこであるかを被験者と話し合って標示してもらい，それを繰り返すことで，被験者の証言を裏付けていくというものである。

　村落テストの図式の利点は，経験的な図式に比べて，その基礎付けに作為性が少ないという点である。ドイツ生まれやフランス生まれの多少とも優れた構成図式に触れる必要がないのもよい。というのも，それらを実証することなどほとんどできないし，配列の有力な要因もおよそ判定のしようがないからである。人間の身振りを詳細に観察してみるといい。すると，その動きは，全く自然に，羅針盤のあらゆる方向に向かい，十字の図式のあまりに単純な方向だけではすまないことがわかるだろう。少なくとも，原初が左側，未来が右側に，同一平面上にあるという見解は，曲解であることが実験で示されている。置きテスト（Legetest）を手がかりに，空間象徴を実証的に示したのは，美術史家のミヒャエル・グリュンヴァルト Michael Grünwald の功績であるが，この図式は，描写技術という点でも，被験者の自発的な言葉からも，繰り返し，自然なものに感じられることがわかった。ここでは，残念ながらまだ未公刊のこのテストを詳述することはしない。10 の異なる試みがあるが，ここでは一つの試みだけを取り上げてみたい。被験者の前に一枚の（黄金分割の比率の）長方形の紙を，縦ではなく横にして置く。被験者には小さい円盤を手渡して，この小さい円盤はあなた自身を，下にある紙はあなたの人生（Leben）を表している

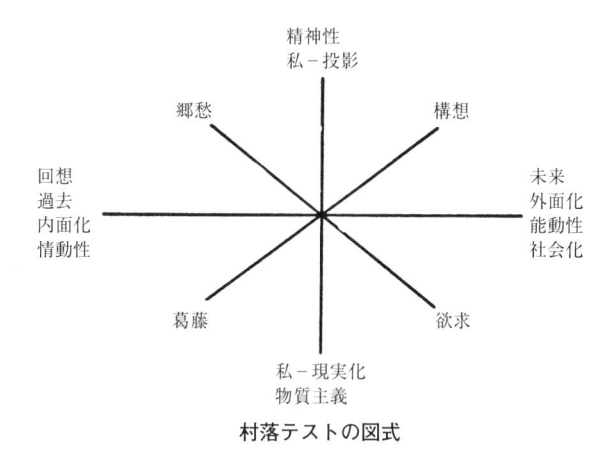

```
                  精神性
                  私－投影
         郷愁              構想
  回想                              未来
  過去                              外面化
  内面化                            能動性
  情動性                            社会化
         葛藤              欲求
                  私－現実化
                  物質主義
```
村落テストの図式

と言う。そして，この円盤すなわち自分自身を，人生において今自分がいると思う場所に置くように指示する。その置き場所は，年齢と円熟度によって全く変わってくる。たとえば，左下から右上にかけての対角線の下3分の1のところに円盤が置かれたものとしよう。この場所の意味を理解するためには，空間の残りの場所の意味がわかっていなければならない。さらに，この円盤はどこから今の位置へやってきたのかという問いと，もし先に進む機会があればどこへ進んでいくかという問いをすると，大体は，一つの線と方向とができる。被験者の大部分が，左下から右上に向かう線となる。この線は，人生線（Lebenslinie）を示すものといえる。置かれた場所の意味については，次のような答えとなった。左下：原初，起源，自分が小さくてまるで子どもだった場所，まだ一人前になっていない場所。右上：それは目的であり，実り多き生命といえるような場所，終末（Ende），成果。右下：衰退し，困窮し，資産もなく，不快で，忌わしく，見捨てられている。左上：王か資産家，不当に気位が高い人，詐欺師，傍にたたずみ，消極的で，傍観者。

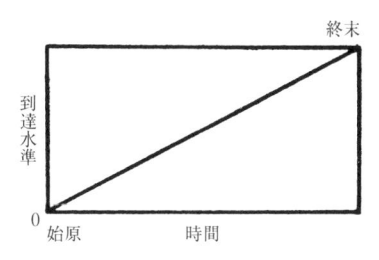

```
             到達水準 ┤                      終末
                     │                    ╱
                     │                  ╱
                     │                ╱
                     │              ╱
                     │            ╱
                     │          ╱
                     │        ╱
                     └──────────────────────
                      0 始原      時間
```

最も単純な図式に還元して，まさに本来の枠であるところの単なる長方形のイメージを想起してもらうと，その長方形の中の各場所で感じる感情に多くの意味が与えられるが，その意味内容については，被験者の80％以上が一致していた。最も単純な形式として，投影空間は一つの座標系に現れる。その座標軸の0にあたるところが始原であり，横軸は時間（右に向かって時間が流れる），縦軸は業績，成果，立場などの到達水準と考えられる。さらに，成果と時間の合力が人生線に相当し，その緯度を見れば，到達された水準が消費された時間に比べて，健全な比率となっているかどうかがわかるのである。

　この人生線は，業績曲線（Leistungskurve）のように見えてくる。それは，始原と終末の間に置かれ，体験されイメージされた人生の軌道（Lebensbahn）の無意識的−意識的投影を表している。ついでに言えば，直線はどこから来てどこへ向かうのだろうか，という問いが思い出される。これは，画家のパウル・クレー Paul Klee が，たぶん初めて意識的に問うたものであり，それに引き続いて昨今では，無意識的にどこからどこへというこの問いが問われている。ほとんど直接的で，ほとんど無媒介に投影が立ち顕れるような図式〔置きテストをさす〕では，身体類似の投影素材の割り込みがある場合〔バウムテストをさす〕よりも純粋な結果となる。結局，身体図式（Körperschema）を投影空間の基礎と

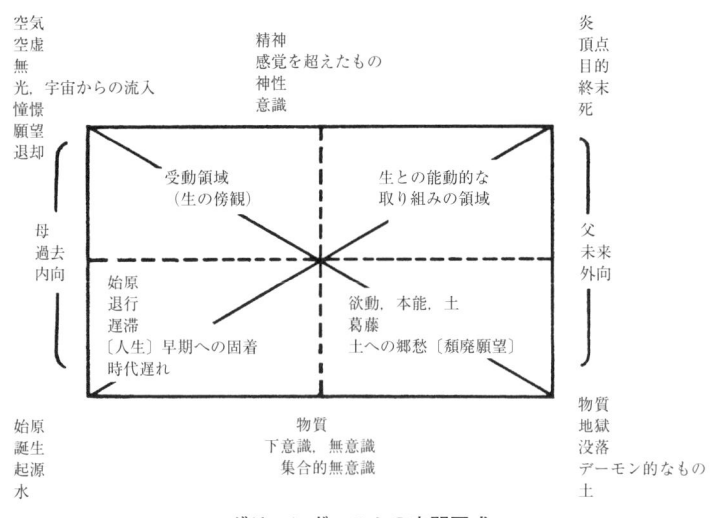

```
空気                精神                  炎
空虚              感覚を超えたもの         頂点
無                 神性                  目的
光，宇宙からの流入    意識                  終末
憧憬                                      死
願望
退却
         ┌─────────────────────────┐
         │   受動領域    │ 生との能動的な │
         │  （生の傍観）  │  取り組みの領域 │
母        │              │               │        父
過去      ├──────────────┼───────────────┤        未来
内向      │  始原         │               │        外向
         │  退行         │ 欲動，本能，土  │
         │  遅滞         │  葛藤          │
         │ 〔人生〕早期への固着│             │
         │  時代遅れ      │土への郷愁〔頽廃願望〕│
         └─────────────────────────┘
始原              物質                   物質
誕生            下意識，無意識             地獄
起源            集合的無意識              没落
水                                     デーモン的なもの
                                         土
```

グリュンヴァルトの空間図式

みなせるのは，極めて限られた条件でのみということになるだろう。というのも，身体（Körper）が置かれるところの空間の方は，図示される形が，ほとんど常に四角形となるからである。グリュンヴァルト Grünwald は，この長方形を，運動領域として理解しようとしたり，エネルギー領域として，あるいは空間感覚領域として理解しようとしている。どこから来てどこへという力動を考えることから離れると，力の場（Kraftfeld）が現れて，局所間の複雑な相互作用の中に置かれることになる。この力の場，この宇宙の中に置かれるものは，文字の形であれ，木の絵であれ，人間の形との比喩によってその意味を考察されることになるが，比喩の対象となる人間も，各人固有の自己に促されて，この空間と関係を持とうと試みるものであり，しかもその空間は外的なものとみなされると同時に内的に抱かれる空間でもある。

　図像 a に示されるバウムは，描画空間の中で少し偏った場所に置かれているが，この配置から，特定の意味が生じてくる。と同時に，〔描かれた〕バウムそれ自身に，固有の形と運動イメージがある。それゆえ，ある意味では，イメージされた空間は〔紙面とは〕もう一つ別のものとして存在する。〔これに対して〕図像 b では，〔描画空間として〕紙面全体が要求されている。〔図像 a のように〕ある領域が過度に強調されたり，ある一部の空間が占有されたりすると，バウムの相貌（Physiognomie）を見る角度が決まるということが生じてくる。それゆえに，外空間とは，バウムが置かれる領域と，バウムそのものが必要とする領域とが重なっている領域であると想定される。目標をしっかりと持っているとか積極的であるといった解釈は，図像 a よりも図像 b の記述にふさわしい。というのは，もし描き

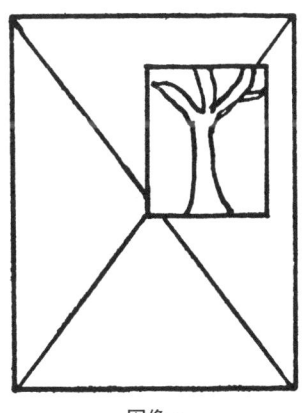

図像 a

図像 b

手と話し合わなければ，図像 a では，バウムが，空間恐怖から右上に置かれたともいえるし，投影の場に自分の地点を置くことを求められて，自分と対峙できる領域に積極的に移動させられた，ともいえるからである。それと同時に，〔解釈をする際には〕表現された動きと形が混在してくることも明らかだろう。

　グリュンヴァルト Grünwald の投影図式は，創案者の講義と私信に基づいて[1]，本書では私がかなり簡素化したが，この図式は局在化の構造を示しており，多面にわたる関係を重層的に内在しうる。あらゆる方位が，周辺から入ってくる方向と周辺に向かう方向を意味する可能性があり，中心から走っていく方向と，中心に向かっていく，あるいは何らかの関連地点に向かっていく方向とがある。

　描画の場（用紙）と生の空間〔描かれるバウムが要求する領域〕とが意識的・無意識的に同一視され一致している限り，グリュンヴァルト Grünwald の空間象徴をバウムの絵に適用することができるだろう。しかし，描画の場が，それよりもずっと広く大きな空間（拡大空間）から切り取られた一部であるような場合は，その〔グリュンヴァルトの図式の〕重要性は減る。ある少女が，求められて描いたバウムについて次のようなことを言った。「この木は，果てしなく広い草原に立っているの」。その結果，用紙によって与えられる境界が取り払われている。空間象徴が空想的なものではなくなるのは，広さ，無限性，無境界性，孤独感，喪失感が意味内容や意義を持つことと境界ある空間に置かれることとがほぼ同義だからである。

　このとりあえず図式的に描写された運動方向を用いると，バウムの絵における図的表現の理解も幾分深まるが，それらは，強い調子で描写される多少とも明確な構図の中に混在している。たとえばすべての斜めの交差〔バツ印〕が同じような意味をもつわけではない。たとえば，直交分枝（Winkelast）〔63ページ参照〕は，図式期の描画に属し，枝十字（Astkreuzung）〔枝の交差〕はたいてい〔方向の〕重なりと考えられ

1）Grünwald のこと。

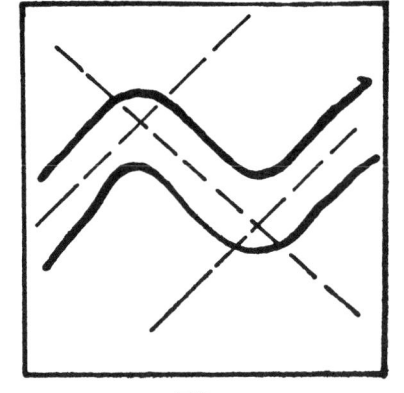

図像 c

るし，図像 c に示されるような枝の方向の突然の変化は，方向を示す軸を延長すれば，だいたいいつも，斜十字〔バツ印〕，正確に言うなら，停止〔遮断〕の交差の象徴を生じさせる。表現から解釈されるようなぎこちなさに対しても，遮断，すなわち心の麻痺という象徴が浮かんでくるだろう。

　十字と斜十字をもつ四角形の空間象徴には元型的な基礎があるだろうか，それはすなわち，観念を配置する力としての元型といえるだろうか，と問うこともできる。C. G. ユングが発見した曼荼羅構造もしばしば，驚くほど似た投影図式として表されるが，彼の場合は，多くのことを一つの中に描写するという試みであった。もっとも，それぞれの曼荼羅は，ある中心の上におかれ，周辺には，自己に属するすべてのものが，人格の全体性を構成する対立物のペアが，含まれている（C. G. ユング）。われわれの空間の観念が集合的無意識に根を下ろしているという可能性は十分ありうる。単純化の〔仕方の〕相違とか，局在を自然に知覚する能力の発達の違いから生じる空間象徴の細分化といったことは理解できる。原イメージ（Urbild）と結びついている彼の人たちがこれを意識的に分化させ，原始的と思われるような外見をした人たちよりも，筆跡や描画に豊かに自分を表すかどうかは，証明はできないが，ありうるだろう。元型的なイメージは，決して現象世界に左右されるものではない。現象世界の方が元型的イメージを相当に吸収してきたのである。学問的には新たな世界像と新たな時間概念とが形成されつつあるという印象のもとで，われわれの空間概念に変化が起こりつつあるのではないかという問いを問うことすらできる。空間図式の意義は確かに相対的なものであるが，それでも，心の風景におけるコンパスとしての役割が掛け値なしにあることは，はっきりしている。

第 5 節　図像鑑賞の図式

　描画空間あるいは紙面に枠・座標・斜十字を置いてバウムの絵〔を眺めてみる〕。枠をおく場合は，幹の根元（Stammbasis）を測量基線と捉えるので，根

---

1)　Vorstellung：イメージ，考え，表象。文字どおりには「予め（vor）置かれている（stellen）もの」。十字と斜十字をもつ四角形（✖という形）は，あらかじめ頭の中にある考えを配置する根源的な型だろうか，という意味。
2)　相対性原理のことを指すと思われる。

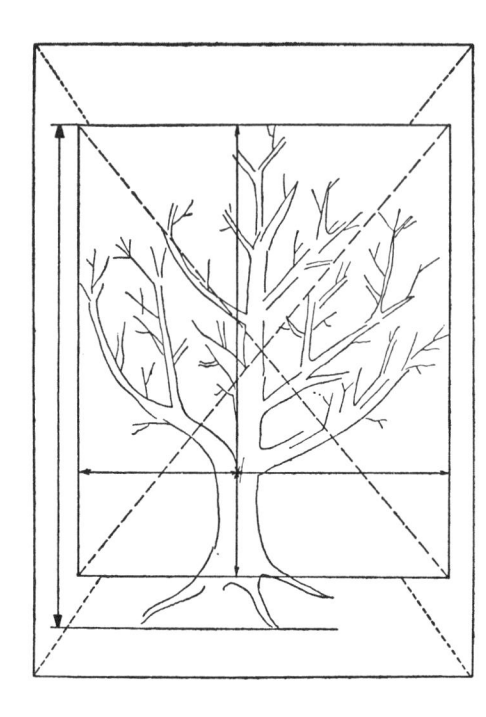

上：
発展，創出，分化
成熟後の体験の痕跡

幹-樹冠移行線

下：
幼少期の体験の痕跡

地面，風景が示唆された，
しばしば根との境界線

は枠の外に属するものとされる。これに対して，ヴィトゲンシュタイン指数（Wittgenstein-Indexes）を計算するときには，根の基部（Wurzelbasis）から樹冠の頂上に至る全体の高さを用いなければならない。

　空間イメージを調べるためには，座標と枠を書き込むことが勧められる。幹-樹冠移行線における幹の中央を座標の原点とする。このようにすれば，幹が傾斜している場合も統一した測定が可能となる。

　上部の領域（樹冠）を意識性と関係づけることは，（一般的にという但し書きがつくが）許容される。ただし，樹冠部の高さがバウム全体の高さの3分の2以下で幹の高さがバウムの高さの3分の1以上ある場合に限る。ヴィトゲンシュタイン指数（50ページ）の計算に用いられる全体の高さには，根線〔根の基ül〕と地面線も含める。

　座標軸と枠を用いると，以下の測定を手軽に行うことが可能となる。バウムの絶対的大きさ，大きさの相対比率（幹の高さと樹冠部の高さの比率），樹冠部の幅，樹冠部の左半と右半，樹冠部の幅と高さの比率，水平線より下の部分，

傾斜位置。空間配置は一般には図式の助けを借りると把握が容易となるが，方向の把握も同様である。時として，幹と樹冠部の明確な区別が全くできない場合もある。幹と樹冠はしばしば，別々に分かれているというよりは相互にずれ込んでいるようにみえることがあり，その場合，計測による比較は必ずしも優先されない。全体の枠を，今一度，破線の十字と 2 本の対角線とで分割する。この配分を空間象徴の図式とすることができる。もちろん，空間象徴の視点のみから解釈することが許されるわけではない。対象の描写と表現とを区別しておくことが大切であることは明らかである。筆跡に固有の「字体」（Wortbild）とか「運筆形態」（Verlaufsgestalt）は，描画にはない。対象の像としてバウムを描写する場合は垂直方向が強調されるのに対し，文字の場合は主に水平方向の動きが求められる。描画に意図せず入り込む独自なもの，個人的なものが表現であり，すなわち，内的なものを意味あるものとして具体的に示すものである。表現とは，描画に何が描かれているかということよりも，描画がどのように描かれているかということと関係がある。空間象徴的な見方は，一つの助けとなるが，あまりドグマ的に用いてはならない。無意識と意識とは，全体として働いており，空間象徴的な位置同定は，現状がどこから影響を受けているのか，あるものがどこへ向けられているのかということを示す。しかし，バウムの絵の下部の領域が描き手の年齢の若い方の層を象徴し，上部の領域が年の多い方の層を象徴するということは確実に言える。さらに言えば，根本，原始，無意識的なものをその下方に，意識されたもの，発展したものをその上方に想定することには，十分意味がある。さらに見過ごしてはならないのは，空間次元を補うものとして，前後の方向性，これはバウム画の多様な描画方法によって示唆されるものだが，あるいは筆圧や描線の途切れがある。また，用紙の縁は境界としての意味を持ち，特に下縁は地面，またしばしば，壁を意味し，人はそこまで下がったり，その壁に押されたり，好奇心をそそられたり，その壁を飛び越えたり，またはそれがないかのように振舞ったりする。

　グリュンヴァルト Grünwald の投影図式は，座標系がその基礎をなしているが，時間と到達水準とが相互に関係していて，バウムの絵には容易に転用（übertragen）できない。縦座標と横座標は，バウムの絵においては，いわば融合して一つの垂線になっているからである。他方，バウムの絵を描画の場に置くという作業は転移（Übertragen）を誘うので，樹冠の描画における表現運動

の強調や抑圧にも同様にグリュンヴァルトの図式を考慮することが許されるが、その転用（Übertragen）が理にかなった形で熟慮のうえ生じる場合に限る。相互に入り組んだ図式を氷結路面上で扱うのは容易なことでは決してない。にもかかわらず〔グリュンヴァルトの図式の〕使用が役に立つのは、「空間図式」という問題に対する従来の視点の行き詰まりに流れをもたらすからである。この問題にはまだなすべきこと、実験によって明確にすべきことがたくさんある。

第6節　木の形態

　根と幹と樹冠が木の主要部分である。根は普通、隠れているか、見えても付け根の部分だけだが、根があることは誰でも知っているし、小さな子どもですらすぐわかるようになる。

　幹は中央部を構成し、左右のバランスを保っている。幹の中心としての機能と、支柱として樹冠を支えているという役目が、幹を木の骨格の中で最も安定した要素としている。さらに枝も幹から出ている。

　幹と枝は「木材」、実質〔中身〕を構成する。幹は中心であり、直立し、真ん中にあり、支えであり、骨格であり、実質をなし、持続してあり、安定してなくなることがない――飾りとしての木の衣服〔葉など〕とは対照的である。何も見ずに木を描画する際、素質に合ったものがより明確に投影されるのは、覆い隠す木の衣服〔樹冠のこと〕よりも、木材の性質を持つ部分〔幹〕の方である。「彼は有能な男だ」（Er ist aus gutem Holz geschnitzt）〔直訳すると「彼は良い木でできている」〕とか、「人柄がよい」（Das Holz ist gut）〔直訳すると「木が良い」〕、「カエルの子はカエル」（Aus schlechtem Holz kann man keine guten Pfeifen schnitzen）〔直訳すると、「粗悪な木材からはよいパイプは作れない」〕など、素質に関連する似たような表現がたくさんある。

　〔木の〕手足ともいえる、樹冠の外層部分は、周囲の環境との接触領域を構成し、内的なものと外的なものとが相互に関係する領域、新陳代謝や呼吸の領域である。ここで枝は洗練される[1)]。と同時に、樹冠は葉という衣を纏い、花や実をつけて、華麗な外観を印象づける。しかし、骨格〔としての幹と枝〕は常に存

---

1)　洗練（豊かで細かな枝分かれ）、233ページ参照。

在するが，花や葉や実は落ちてしまう。それゆえそれらは，不安定な要素であり，短命で移ろいやすい。外見上は最も目立って印象に残る花もそうだ。

> 花は見せかけであり，葉は仮面である。しかし，葉を失った木は飾ることも仮面をつけることもできない。葉が落ちて裸となり，実もつけず，飾りが一切ない姿こそ，ほかでもないこの木の本当の姿を知るためには欠かせない。冬の姿が本当の姿である。そのまま枯れるにしろ一時的な冬枯れにしろ，死を前にして，どこにも気取ったところがない姿を見せるからである。（ヘルマン・ヒルトブルンナー Hermann Hiltbrunner）

樹冠はある平面，ある空間の輪郭を描出する。その中心は幹の縦軸上方にほぼ位置するように見えるが，この心臓部の周りに，一塊となった樹冠部が配置され，この中心から光に向かって触手〔枝〕を伸ばしては中に持ってくる。

樹冠が扇のように一杯に描かれていても，枝がまばらで少ないことも多い。あるいは，この骨組み〔枝〕は，環境と出会う所で綿球に包まれるかのごとく見えなくなることもよくある——また，描き手が幹の上に樹冠を置くときに，聖体顕示台[1]に聖体を置いて命を吹き込むかのように厳かに描いたり，記念碑でも立てるかのように描いたりして右や左にずらすといった遊び心などないこともある。幹の上に置かれる樹冠は，ボールや玉や円のような形が多い。この円は，手のひらをくぼめて弓形にした2本の手が作るように，左右が張り合わされて，中央に中心が置かれて枝が集中するか，中身は空のまま幹の上に置かれるか，時に雲の濃淡のように明暗の差をつけて陰影が施されることもある。樹冠内部の空間では，様態と形態の多様性が飛び交う。ここは最高の表現の場であり，最大の関心を払えば，その中にありとあらゆる人間の表情が浮かび上がってくる〔／人間的な表現がなされる〕だろう。

---

1)

[Monstranz]『クラウン独和辞典』（三省堂刊）より。

木の形態が人間の姿と似ていることは，既にスタンリー Stanley が指摘しているが，確かに議論する価値がある。フェター Vetter は，上方に発芽し下方に根を下ろす植物が，人間の完璧な直立姿勢に現れているものをどれほど多く暗示しているか，また，基本的にも典型的にも水平な動物の体型とはどれほど区別されるかということを，説得力をもって示した。フェターが示すように，

> 水平方向とは生が直接営まれる行為の空間の典型であり，それに対して垂直方向とは事象に支えを与えて形を構成するのに必要な基本的指標であり，同時に表現に意識的態度をもたらす。直立姿勢を取ることによって，人間は，動物が生きているような絶えず動き回る落ち着きのない状態から解放された。体が固定された状態を保つことで，行為することではなく，自分を絶えず意識していくことの意味を感覚的に捉えるようになった。

この意味では，筆跡でも基本線として垂直方向の優位がみられるが，水平方向を行為の指標と受け取ることにはかなり抵抗がでてくる。文字列においては，一つ一つの文字は独立性を失い，連なる鎖の一つとなり，それによって，ただ見るだけのものが読むものとなって時間が導入される。フェターが説得力をもって確認したとおりである。横線を除けば，文字の水平方向の線は，バウムの絵ほどは頻繁には現れないというか，むしろまれである。さかりがついたように右に左に動くことを，直ちに水平方向の運動と同一視することはできない。というのも，その場合，多くは，斜めにも走るからである。

トゥルネル Thurner は，統合失調症形成圏の家族が好んで大きなバウムを描くことを報告している。彼は，単に言葉上の語呂合わせに過ぎないかもしれないが，この事実が，このグループに見られる誇大観念と関係があるのではないかと考えている。これに対して，ほぼすべての内因性うつ病者は，かなり小さな木を描く。——リオ・デ・ジャネイロで出版されたアルーダ Aruda の，精神医学におけるバウム画に関する大著（教授資格取得論文）を利用できるのは，管理上の理由から，本書が出版された後のことになるだろう。

ヘルマン・シュテッデリ Hermann Städeli の学位論文「医学心理学的なパイロット選抜の補助手段としてのコッホのバウムテスト，および類似の方法」でも，神経症をどういう場合に疑うかという問題が調査されている。神経症徴候

として，バウムの重大な構築障害が用いられているが，これは，本質的にはわれわれの言う早期徴候（Frühsymptome）もしくは退行徴候（Regressionssymptome）と一致している。彼はこれらの徴候を，中核徴候（Kardinalsymptome）と呼び，さらに，これに，いわゆる獲得徴候（Auswirkungssymptome）と関連徴候（Hinweissymptome）とを補ったが，これは神経症者が周囲の環境との関係に問題があることを具体的に示すものである。調和の取れたバウムを構築できないことと，環境と調和のとれた関係を築けない点が重要である。69ページの早期徴候の一覧図も参照されたい。

第7節　獲得徴候と関連徴候

a)　木の固定の障害：根の形をした幹の基部。過度に長くて開いた根。貼り付けたような根（根先直），一線根。幹の根元が地面線に直接移行するもの。地面に棒のように刺さった幹。幹の根元が大きく開いて，地面線が描かれていないもの。幹の基部が大きく開いて，基線が高くなっているもの。

b)　幹の形態の障害：平行幹。幹の形をなしていないもの。輪郭だけのもの。

c)　幹から枝を出すときの障害。

d)　樹冠の形態の障害：幹と比べて大きすぎる樹冠。不整合な枝，もしくは樹冠要素。長すぎる，空間を飛び回る枝。歪んだ枝。丸く膨らんで形態をなさない枝。枝先が房縁(ふさべり)になっていたり，鈍くなっていたり，葉のようになっている場合。でか鼻のように膨らんだ枝，もしくは狭小化した枝。形態をなさない樹冠。

シュテッデリ Städeli の業績から，次の二つの表を再録しておく。
Ⅰ 小児神経症，Ⅱ 臨床所見，Ⅲ ロールシャッハテスト，Ⅳ ユングテスト，Ⅴ バウムテスト。

表　臨床的に明らかに神経症が疑われ，多くの小児神経症を持つと思われている者〔シュテッデリの論文より〕

	小児神経症	臨床像	ロールシャッハテスト	ユングテスト	バウムテスト
24	爪噛み（10歳まで），夜尿（12歳まで）	長話と輝くような笑顔の背後に隠れた落ち着きのなさ	色彩ショック，カードVで拒否，不機嫌	非常に多くのコンプレックス反応	幹から離れた不整合[1]な枝*，幹よりも太い枝の撒布，樹冠は灰色，幹は明*
17	爪噛み（8歳まで）	自信のない，血液恐怖症，赤面恐怖症	原初的，不安定な情動	非常に多くのコンプレックス反応，全般的な反応時間の遅延	幹の根元が大，開，地面線の欠如*，幹と枝が暗[2]，樹冠は明，樹冠が形を仕上げられていない*
63	遺尿症（5歳まで），夜驚症（14歳まで）	気分が変わりやすい，落ち着きのない，人見知りする	情動の脆弱さ，不機嫌	多くのコンプレックス反応	曲がった半モミ型幹，幹から離れた不整合な枝*，一線枝*，冠内空白，形が仕上げられていない*
5	診断が確定されていない	自信のない，不安げな，緊張した	色彩ショックが示唆される，不快な気分を伴う不機嫌	多くのコンプレックス反応	原初的なバウム*，幹の根元が大で開，幹の根元より上の地面線*，幹と樹冠の中が形を成していない*，ちりばめられたりんご
21	確定されていない	人見知りする，内気な，劣等感，父親に依存した	赤色ショック，カードIIとIIIの拒否，テスト時間の延長	二，三のコンプレックス反応	放射状樹冠*，樹冠／幹が相互につながっていない*，根先直*
67	遺尿症（10歳まで），学期の始まりに吃音	不安神経症的，情動不安定，赤面恐怖	暗色ショック，全般的な不安症状，コンプレックス解釈	わずかの不確かなコンプレックス反応	細長く高い幹，小さな球形樹冠，主枝が幹から爆発するかのように離れていく*，不整合な枝，一線枝，幹は明，樹冠は強暗
22	確定されていない	自信のない，人見知りする，緊張した，母親との関係に問題のある	反応時間の延長，神経症的収縮（Koartation），不快な気分を伴う不機嫌さ，攻撃的，ぞっとするような内容	多くのコンプレックス反応，二，三の異常な内容	非常に小さい幹，大きすぎる樹冠*，暗黒の幹と黒い枝，幹から離れた不整合な枝*，分枝部における頭の形*，建て増しされたような枝，（西洋梨の木の樹冠の中で）空中に浮かぶりんご，形を仕上げられていない樹冠*

1) 枝の方向性に調和がなく，バラバラな状態を指す．
2) dunkel は暗，hell は明，leer は空白，dunkelschwarz は暗黒，schwarz は黒と訳した．

	小児神経症	臨床像	ロールシャッハテスト	ユングテスト	バウムテスト
27	地下室恐怖, 不安夢(6歳まで)	原初的, 人見知りする, 情動の抑圧	反応時間の延長, 情動の抑圧	未施行	地面に差し込まれたような幹*, 持ち上げられた地面線*, 幹から枝を出すことの障害*, 不整合な枝, 一線枝
33	夜驚症(13歳まで)	人見知りする, 不安, 内気な	色彩ショック, 情動の抑圧, 不快な気分を伴う不機嫌さ, HdとZwの増加	多くのコンプレックス反応	幹から離れた不整合な枝*, 枝全体に見られる入り組みと狭小化, 不整合な枝, 一線枝
40	夜驚症と親指しゃぶり(7歳まで)	幼児的, 柔らかい, 人見知りする, 劣等感, 強迫的傾向	赤色ショック, 暗色ショック	多くのコンプレックス反応	幹の根元が大で, 開, 地面線の欠如*, 全体に黒い幹, モミ型幹, 枝先直, ステレオタイプ
46	爪噛み(15歳まで)	人見知りする, 内向的な, 情動的, 口数の少ない	反応時間の延長, 色彩ショック, カードⅥで拒否	多くのコンプレックス反応	黒い島に差し込まれた幹*, 幹の根元の広がり, 開*, 継ぎ足された一線根, 幹から離れた不整合な枝*, 不整合な枝, 放射状枝, 一線枝, 灰色の中に灰色で描く*
54	1年生になってもRが言えない, 睡眠障害(13歳まで)	未熟な, 自信のない, 強い人見知りをする, 劣等感	暗色ショック, 神経症的収縮, 背景融合	二, 三のコンプレックス反応	小さな幹, 力強い樹冠*, モミ型幹, 幹から離れた不整合な枝*, 不整合な枝, 一線枝, ステレオタイプ, 強暗の画*
	臨床的簡易診断によって既に神経症だけは強く疑われている, 小児神経症の候補者				
73	遺尿症(11歳まで), 歯ぎしり(10歳まで), 悪夢にうなされる(12歳まで)	試験時の昏迷, 赤面恐怖, 自己卑下, 兄弟と係属中, 圧力がかかると譲歩する	反応時間の延長, 神経症的な収縮, 非常に多くのDd	特に目立つ所見なし	幹の根元が大で, 開, 幹の上にある地面線*, 平行幹, 一部の枝が幹よりも幅が広い*, 房状に分かれた枝先, ぶざまな, 形を成していない枝先, 幹と枝の区別がない(助けを請うような, 高く持ち上げられた手のような外観)*
58	遺尿症(12歳まで), 爪噛み(現在まで)	試験時の昏迷, 赤面恐怖, 父親に依存した, 強い人見知りをする, 不機嫌	神経症的な収縮, 色彩カードにおける過剰な補償(形体不良, Dd, 色彩なし)	多くのコンプレックス反応	モミ型幹, 幹から離れた不整合な枝*, 葉が茂った木で枯葉はほとんどない*, しみのような形の陰影付けによる枝の詰まり, 一線枝, 切断枝, 房状に分かれた枝先

	小児神経症	臨床像	ロールシャッハテスト	ユングテスト	バウムテスト
23	身体的精神的発達においてつねに双子の姉妹に遅れをとっている	人見知りをする、自信のない、不機嫌、自己卑下	反応時間の延長、わずかな反応、神経症的な収縮、低いF+％	多くのコンプレックス反応、二、三の異常な内容	強く根を張った、非常に若々しい幹*、モミ型幹、幹から離れた枝*、枝全体に見られる入り組みと狭小化、房状になった枝先、濃い線描*
56	遺尿症（6歳まで）	試験時の昏迷、人見知りをする、幼児的	神経症的な収縮、色彩ショック、カードXで拒否	多くのコンプレックス反応、二、三の異常な内容	原初的なバウム*、モミ型幹、地面線と無関係に立つ幹、形を成していない幹*、ステレオタイプ、硬い、生き生きとしていない線描*

* Städeli によって新たに標示された指標（『バウムテスト』の初版と比較して）。

　シュテッデリ Städeli は，神経症が疑われる被験者で，バウムテストを拒否したものは一例もなかったと報告している。注目されるのは，彼が，ロールシャッハテストとバウムテストとが，互いに補完的であるということも発見したことである。つまり，ロールシャッハで強い神経症傾向の所見が見られる者にはバウムテストで神経症徴候はさほど多くないことがしばしばあり，その逆もよく見られることを見出した。ロールシャッハテストとユングテストの両方でコンプレックス回答が一致してみられる場合，若干のケースにおいてバウム画にコンプレックスのようなものが表現されるのが見えることがある。たとえば，自己価値が低い傾向にある被験者が描いた，若くて，強く根を下ろしたバウムは，周囲が強調されているために色褪せて見える。あるいは，やはり自己価値が低い傾向にある被験者が描いたバウムは，いくつかの萎れた葉も含めてすっかり葉を失い，萎れた葉が落下して地面を覆っている。別の被験者は，助けを祈るような手で，全く人の手が加えられていない木の枝を想起して描き，自らの神経症的な孤立無援を描写している。しばしば目立つ点として，調子が乱れる傾向にある被験者，かつ／または，ロールシャッハテストで濃淡ショック（Dunkelschock）を示す被験者には，濃い樹冠と淡い幹，あるいはその反対の淡い樹冠と濃い幹というバウムが見られる。

　彼はまた，未熟な（primitiv）神経症的な傾向のある者は，バウムでも均整の取れていない未熟性が顕わになるのに対し，原始的な（primitiv）正常者はもっと分化した調和の取れたバウムを描くことができることも示した。

シュテッデリ Städeli の論文はさらに，神経症的傾向のある者だけでなく，過去に小児神経症を患った者でも，病的な幹指標（草の束に覆われた幹の根元，丘に隠された幹の根元，凹みと瘤のある幹）がみられたのに対し，実際に神経症を患っている者にはそのような幹指標がみられなかったことを確認している。草が生えてしまったとか，育ちすぎた（es sei über etwas Gras gewachsen, also ausgewachsen）〔とっくの昔のことだ，という意味を表す慣用表現〕という言い方は，神経症を克服したものにふさわしい。興味深いのは，成熟している正常な被験者が，バウムテストでは，発達過程における心的な障害を加工して描いたのに対し，重い神経症を現に患っている者は，その障害を描画的には表現していない，という点である。

　自我中心的で，自己顕示欲が強く，表面だけ社交的な被験者が描くバウムには，見た目のよい見事なバウムの外観と，その内的な構造・比率あるいは地面や周囲に対する関係との間に明らかな懸隔がある。このコントラストは，同じ様に他の精神病理的なイメージでも特徴的に見られる。

　性愛に問題のある内気な被験者では――ほとんど病理的といえるような――ある症候が目立つ。第一に，むらのない，ほとんど均質な，少なくともコントラストに乏しい，濃密な描画テクニック。第二に，確かに樹冠の内部はきれいに形が整っている印象を与えるが，内容的にも均整の取り方にも障害が見られる（奇妙な造形や輪郭の樹冠，歪んで乱雑な主枝）。第三に，幹の変形がみられ，モミ型幹（T-Stamm）になったり，あるいは，幹から枝が爆発するかのように出たりする。さらに，種々の葉叢冠のバウムが描かれるにもかかわらず，実が全く欠如している。（調査資料（82 例）の 3 分の 1 で実が目立ったが，性的に抑止ができない被験者の葉叢冠のバウムには，実が描かれたバウムは一例もなかった）。

　全体としてこの研究は，中核徴候（早期型）は，精神医学的な横断的診断〔鑑別診断〕に何が重要であるかを，いわゆる関連徴候よりも，著しく神経症特異的に指摘することと同時に，バウムの粗雑な退行的構築障害〔中核徴候〕は，縦断的診断〔発達的診断〕の助けとなりうるということを示している。〔実際には〕

---

1) 病的な幹指標としてあげられている "草の束に覆われた幹の根元" に引っ掛けた文章。草が生えるほどだから，それは現在の神経症の指標ではなく過去の既往を示す指標だというわけである。
2) 58 ページ参照。

これに反して、バウムテストだけを用いて、心の健康状態や単独の精神病理的状態像（神経症、精神病質、未熟性など）を満足のいく程度に分類することはできない。それゆえ、シュテッデリ Städeli の研究には少し先走りの部分がある。

第8節　ヴィトゲンシュタイン指数

ドイツの神経科医の伯爵ヴィトゲンシュタイン博士 Dr. Graf Wittgenstein は、バウムテストを集中的に研究して、驚くべき発見をした。彼は、全か無かの法則[1]にしたがって、バウムテストは全体として事実と合致しているか、全くそぐわないか、のどちらかであると考えるところから出発した。最初の私信の中で伯爵ヴィトゲンシュタイン博士は次のように書いている。

> 今しがた描かれたバウムは、描き手の現在の状況だけに対応しうるということを考えれば、バウムにも人生にも表れる一つの物差しが見出されるにちがいない。まず次のやり方を調べてみたところ、私の推測が正しいことが確認された。
> 　ミリメートルで表したバウムの高さ（h）を、年月で表した描き手の年齢（a）に換算する。その際、一つの指数（i）が得られる〔$i = h/a$〕。これをもとに、当該の患者の人生において、重大な意味をもつが半ば忘れられたような日付をバウムに読み取ることができる。たとえば40歳の男性が120mmの高さのバウムを描いたら、指数は3〔120/40〕となる。地面との境界線からほぼ13mmのところで、左側の幹の縁が破断線になっていた（太い主枝が破断している場合もあり、その場合はそれに相当する高さを測る）。そこで、彼に4歳4カ月（13/3 = 4.3、4.3歳 = 4歳4カ月）のときに、女性または母親に関する体験で、何が起こったのか尋ねてみると、患者は蒼い顔をして、まさにその時に母親が亡くなったのだと述べた。もう一つ典型的な症例として、ある女性患者が22.5歳のときに結婚したと述べた。18歳に相当する高さのところで、他の部分と比べて強い運筆で分枝が描かれる一方、22.5歳に相当する高さのところでは、バウムに特別な指標は見出されなかった。これについて尋ねたところ、患者は赤面し

---

1) 生体における反応で、刺激の強弱によって反応が起こるか起こらないかの二通りしかなく、刺激の強さを加減しても反応の大小は変わらないという法則。悉無律（しつむりつ）。

ながら，18歳のときに彼女はある男性に初恋をして，二人の子どもまでもうけた幸せな結婚生活にもかかわらず，その男性のことを忘れられないでいる，と述べたのである．

　この確言は再検討に値する．上述の記載は，バウムの高さ[1]，すなわち，根の基部から頂上までの長さは，人生の物語〔生活歴〕を含んでいて，驚くほど正確に時間的経過の目盛り線の指標となりうる，という推測の裏付けとなる．以下の三つの症例は，ヴィトゲンシュタイン博士の発見と彼によって見出された公式の正しさを裏付けるものである．2, 3年前の心的外傷も，意識しているにせよ忘れているにせよ，過去のこととなっているはずなので，この計算が当てはまるように私には思われる．今後は，バウム画に心的外傷の痕跡なしに幹が伸びている場合にも計算が行われるだろう．

　事例1（52ページの図を参照）：化学工場の営業部門のマイスター候補生．38歳．描かれたバウムの全体高は225 mm．指数は225/38 = 6．右上方に向かって伸びていた幹は，まず，99 mmの高さのところで明らかに屈曲を生じている．99/6 = 16.5歳〔に相当する高さである〕．99 mmの高さから主枝は左方向に方向転換をして145 mmの高さまで伸び，そこで次の方向転換を行う．そこから主枝は垂直上方にまっすぐ延びる．145/6 = 24.2歳〔の高さである〕．被験者はもともと，建築マイスターになって，カナダに移住したいと思っていた．ところが16.5歳のときに，彼の意思に反して強制された仕事につくこととなり，不幸な思いをした（左上方への方向転換）．まさに24.2歳のときに，現在の職場に入り，そこでいわゆる回心をして，仕事に対する考え方が変わり，以前は憎んでいた仕事が突然，楽しみに感じられるようになった．積極的な上向きの発展が始まり，まもなく結婚もして，レンガ積み職人でもないのに，手作りで家を建てた．バウムに描かれている鳥の巣箱は，世帯を構えたことの象徴のように思われる．

　もちろん，左下方にも屈曲が認められるが，それについては特に尋ねることができなかった．というのも，それが描かれたのは，ヴィトゲンシュタイン指数が知れ渡るずいぶん前のことだからである．

---

[1]　全体の高さと思われる．

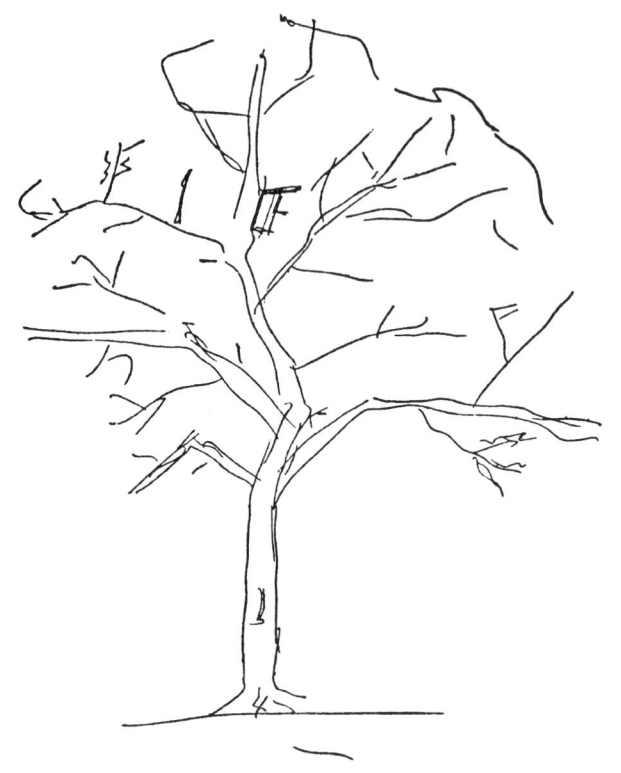

年齢 38　　　　　第1屈曲 99mm　　　相当する年齢＝ 99/6 ＝ 16.5 歳
指数 225/38 ＝ 6　　第2屈曲 145mm　　相当する年齢＝ 145/6 ＝ 24.2 歳

　事例2：次の事例はもう少し判断が難しい。38歳の元画家が，ちょうど24歳のときに，絵具中毒のためにそれまで打ち込んでいた仕事を断念せざるを得なくなった。これは，問診を取っているときにわかったことである。被験者が描いたバウムは，用紙の上縁からはみ出していたので，描かれたバウムの実際に測れる部分の高さは，想定されるバウムの高さとは少なくとも一致していなかった。そこで，鉛筆を渡して，用紙の上端からはみ出ている部分で，バウムの頂上にあたるおおよその位置を示してくれるように頼んだ。この点を基準として，地面との境界までの高さを測った。計算：全体高 265mm/年齢 38（歳）＝指数 7。主枝の鋭い屈曲は 170mm の高さ。170/7 ＝ 24.3 歳。〔実際に〕24歳のときに，仕事を変えている。

事例 3：次の事例を読み解くには独特のテクニックが必要である。19.3 歳の女性が，神経科療養所から，職業相談の目的で送られてきた。彼女は，サナトリウムでもバウムを描くように求められたと述べた。しかし，その検査のときに，樹冠を左から右に向かって丸く描いていたが，ある一点で筆が全く止まってしまって動かなくなり，医者の励ましの言葉で何とか線の続きを描いたのだという。患者は，「自分の物語」を何度も医者に書いて渡そうとしたが，特定の一線を乗り越えることはできなかった，と語った。結局，この物語を話すことはできなかったという。患者が自分の抑制を克服することができないままでいるのは，明らかに，ある心的外傷が妨げているからだと思われた。もっとも，彼女は私の前ではあっさりとバウムを描いた。つまり，彼女は信頼してくれたのだ。身上書を作成しているときに，両親はどうして亡くなられたのですか，と尋ねたところ，彼女はその問いに反応した。「どうしてもそれをお話しなければなりませんか」。それで私は「いえ，話したくなければ話さなくてもいいです」と答えたところ，すぐに，両親の自殺について語られた。私の興味を引いたのは，バウム画において突然筆が止まった場所は，もっと以前の心的外傷を示唆しているのではないかということだった。それで私は彼女に，医者のところで描いたバウムとほぼ同じようなバウムを描き，そのときに筆を先に進めることができなかった場所で止めるように頼んだ。早速そうしてくれたが，その場所に標をつけておかなくてはならなかった。というのも，彼女はよどみなくバウムを描いて，問題の場所がどこかわからないようなバウムに仕上げたからである。バウムの高さは 287 mm だった。指数は 287/19.3 ＝ 15。描線が止まった場所の高さは 191 mm。191/15 ＝ 12.8 歳。描画実験が行われたかのように装った後で，私はただこう言った，「12 歳と 13 歳の間に，何か特別なことを経験されませんでしたか？」……。するとすぐに，患者は，迸る急流のごとく，あふれるように次の話を語った。まさにその年齢でその女性は，性的な暴行の被害を受け，19 歳で自殺未遂をするまでは一切を拒絶していたという。療養所では，2 カ月半の間，彼女から何も聞き出すことができなかった。この例では，被験者が描く様子を見守るところにヒントがある。筆がそれ以上先に進めない場所は，少なくとも，図像的に検出される障害と同様に，重要である。伯爵ヴィトゲンシュタイン博士による発見は，当面は信じがたいと思われるかもしれない。正確に記録する時計が心にあるとは，普通，考えられないので，余計に信じが

たいと思われるだろう。

　本書が印刷される少し前にオランダの同僚から聞き知ったことだが，あるアムステルダムの病院で，ヴィトゲンシュタインとは独立して，以下の研究が進められているとのことである。患者にバウムを描いてもらい，自分にぴったりと合うと思う位置で，それに横線を引いてもらう。この場合も，バウムの高さは患者の年齢に相当する。この横線は，彼に降りかかる，あるいは降りかかった可能性がある何かの起点の位置を標示している。その横線の上部の長さと下部の長さを計算して比較することで，もっと込み入ったことがわかるかもしれない。体系的に検討すれば，驚くほど的確な結果をもたらす可能性はあるが，まだ公にはされていない。この方法の創案者を見つけ出すことはできなかった。

第3章　バウムテストの発達的基礎

第1節　描画表現の発達

　子どもの図的表現の第一段階は，幼児のなぐり描きに見出されるが，それについては既に1926年にミンナ・ベッカー Minna Becker が筆相学的な解釈を試みている。なぐり描き段階の中にも，手のたどたどしい動きが読み取れる長い線から，手首を使った動きが読み取れるしっかりとした線への発達が確認される。なぐり描きは鉛筆による喃語といえる。その後子どもは，自分が描いたなぐり描きに意味づけをするようになり，ふつうは描いた後で，自分が描いた図に名前をつけるようになる。そこからやっと，描画の始まりとともに，絵の中に置かれたものが一つの描きたいものに結び付けられるようになり，こうして本当の描画が始まる。

　ヒルデガルト・ヘッツァー Hildegard Hetzer の3歳から6歳の子どもの研究によると，なぐり描きから描写（Darstellen）への移行は次のように生じる。3歳ではまだ，ほとんど例外なくなぐり描き段階にある。描いた後で自分の作品に名前を付けるのは，せいぜい10％にすぎない。4歳になると，3分の1は描画中に，3分の1は描画前に，できあがりつつある絵の名前を言えるようになる。絵を描きたいという気持ちが最も高まる段階が，5歳の80％に認められ，女児は男児よりも多く，また，社会的階層の高い子どもは低い子どもよりも多く（100％対60％）認められる。6歳になると，描画は，ほぼすべての例で本当の描写となる。

　サンフランシスコのゴールデンゲイト保育学校が収集したアメリカの作品に基づく，一連の大規模な研究によると，以下のイメージができる。1歳半の子どもは線を上下になぐり描きする。その後（3歳までに）円が発達し，十字も

生じ，これらは3歳には既に何かを描くつもりで描かれる。十字の構築，すなわち，型にはまったように交差した線を何度も繰り返して描くことができるようになると同時に，四角形が生じて，さらに，四角形で十字型を表現するようになる。これに続く一段高い段階として，円を直線と結び付けて日輪のような形を描くようになり，4歳までには，この日輪のような形からいわゆる頭足人に発達する。これは，最初の，原始的な人間の描写であり，頭と手足から構成されていて，胴体がない。もちろん，年齢に応じた分類は，描画の才能の違いに応じて大きく変わってくるように思われる。ヨーロッパの資料によれば，頭足人の描写は既に3歳で生じるという。

　J. ヤコービ J. Jakobi は，曼荼羅象徴に従って，四角形や四分割された正方形，円，日輪などの閉じた形を，曼荼羅図と呼んでいる（「儀式的あるいは魔術的な円」，「内的な心像」，「自律的な心の現実と常に補償的な力が働く遍在する同一の現象学」）。「知られざる最内奥の構造と窮極の意味とが存在する，ある種の原子核のようなものがある」（C. G. ユング C. G. Jung,『心理学と錬金術』〔原著〕225ページ）。当然ながら，自然の生物学的な形態と構成要素とは，大部分が，総じて，この究極の図まで遡れるように思われるので，形が形成されるときにどの程度，外にある手本が取り込まれるかという点については，ここでは答えを出さないままにしておきたい。

　これとの関連で，ケルシェンシュタイナー Kerschensteiner の言葉に言及しておきたい。彼は，意味のある線画の最初の段階を図式期と呼んだ。「図式とは，自然に目に入るようなシンボルによって思考内容を表現できるような，視覚的な構築物である。それゆえにシンボルと呼ぶわけだが，というのも，それは，（文字とか数学記号のように）その意味を前もって教えられるものではなくて，子どもが何の助けも借りずにわかり，自然と理解するようになるものだからである」。この言葉は，ヤコービ Jakobi の解釈を先取りしているところがあるといえよう。

　幼児の線画では，描いている間，最初に描こうとしたものを保ち続けることが難しいという特徴がある。それゆえ，突然描く主題が変わったりするということが起こる。そのため，対になっている部分のバランスとか大きさの比率がばらばらで，実際の比率にしたがってというよりもむしろ，子どもが重要と認めるものが大きく描かれる。

子どもが線画を描くときの興味は，差し当たり人間の形に，さらに，動物，家，花，太陽や雲のある風景などに向かい，それから木にも向かうが，木は，たいてい最後に，他のものと組み合わせて描かれる。

　はっきりしているのは，花の方が木よりも先に描かれるようになるということである。花の方が子どもにとって身近な存在である。

　自発的に木が描かれることは普通，3歳[#]以前にはみられないが，例外が問題になる。指示に従って描かれたバウム画については話は別である。そのように促されて描かれた形は，なるほど表現という点では自発的に思われるかもしれないが，自発的な意思で描かれたものではない。診断的な目的のためには，バウム画の幼児的な表現型は幼年期の最初の年齢では重要ではない。描画テーマを優先して，もっと優れた補助手段をどうして犠牲にしなければならないのか，わからない。描画テーマの意味が重要になるのは，もっと後になってからのことである。

　にもかかわらず，早期型の体系的な調査は，最大限に重要である。同一のテーマで描かれた形態の発達に関する知識は，心的な成熟状態を形式的に判断したり，いわゆる発達の遅れとか退行を明らかにしたりするのに役立つこともあろう。もちろん，発達系列について，テストの検定のようなものも生じてくる。このような形で眺められ観察されて得られる指標は，先入見をもたずに見た場合の偶然性とか感動を取り去って，ほとんど，尺度によって判断することになり，そのために，全体をじっくりと眺めることによって得られる直観の価値が無視されてしまう。

　描かれた木の形態は，ある程度，風景とか気候に影響される。図式的な形式化をもつ早期型について，このことはあまり問題とならない。後になれば，風景の中で目立つ木の形が影響力を持つようになるので，おそらく見分けられるだろう。もちろん，ヨーロッパ北部全域では，かなり画一的な形になるように思われるが，南部の形は，イタリア語圏スイスがすぐに思い浮かぶが，ある程

1）　年齢については，4 Jahr と 4 Lebensjahr の2種類の表し方があり，前者は4歳，後者は3歳を表す。Lebensjahr は誕生の日から数える年齢で，日本の数え年に近いが，Lebensjahr は生年を1歳として誕生日がくると年齢が一つ上がるのに対して，数え年は元旦を迎えると年齢が一つ上がる点が異なる。本書では，4 Lebensjahr は単に3歳と表記するが，原著で Lebensjahr が使われている部分を明記するため，#を付しておく。すなわち，訳文中の「3歳[#]」は 4 Lebensjahr の訳である。

度思考の転換が要求される。しかしそれは，原則的に異なる象徴が用いられるからではなく，多くはむしろ，その都度その都度の心的独自性の次元に由来する表現としてその意味を理解しなければならない。

　発達系列や早期型を作り上げる方法は本質的には三つの方法に限られる。第一は，臨床実践で得られる一連の検査材料から，体験の価値が次第に明らかになる。多数の症例をカバーすることはできないが，それ自体，十分な症候学的な知見となるだろう。第二は，年齢の異なる調査系列を取り上げて統計的な処理を行うというものである。これは，間違いなく，ある種の問題を解決する方法となるだろう。というのも，長年にわたって同一人物をその人が描いたもので追跡するという，もっと優れたやり方がそこに含まれているからである。しかしまだ，各年齢層の横断的な結果が得られるにとどまっている。バウム画には比較的多数の変数が含まれるので，統計的な加工が難しく，そのことは，もし課題が意識的に果物の木（Obstbaum）というテーマに限定されなければ生じるであろう多様性を除いたとしても，自発的に描かれるバウムが，枝バウム[1]（Astbaum），葉叢冠バウム（Laubkronenbaum）[2]，混合型（Mischform）[3]，そして学校で習う型の模倣といった様々な形をとる，という事実から理解できる。

　個々の特定の問題を理解するために，催眠状態で描かれた描画を利用した。この方法は正当な根拠があるように思われるし，多大な可能性をはらんでいる。クラーゲス Klages は『筆跡心理入門』の46ページで，催眠における暗示の影響下での筆跡の変化を，図入りで説明し，表現の原則を基礎に置くことの正当性をはっきりと示した。同じ実例が，『表現の動きと形態形成の力』（1923年）という著書の40ページに掲載されているが，催眠の暗示の重要性についての記述はなされていない。そのような試みの妥当性については，留保条件を付け加える必要があるだろう。すなわち，それは，媒体〔被験者〕の適性と，実験主導者の技術や知識に大きく依存する。覚醒状態における描画と比べて，わずかな変動しか生じない可能性もあり，特に疲労が重なるとそうなる。さらに目立つのは，同時になされる特定の時間に関連する指示が十分正確であっても，催

---

1) 樹冠部が枝で表現されているバウム。274ページの図像A，281ページの図像Bなど。
2) 樹冠部が輪郭線で表現されているバウム。286ページの図像D，297ページの図像Gなど。
3) 樹冠部が輪郭線と枝で表現されているバウム。157ページのモミ型幹の図，173ページの「皮を被った樹冠の枝」の図など。

眠下では，表現に関する限り，時間概念は流動的になるということである。催眠においては，媒体はある心的状態に意図的に移るだけでなく，それによって，自在に，異なった「年齢」になれるという可能性がある。

被験者は，その結果のほとんどを本書で公開することを了承してくれたのだが，当初は18歳，しばらくの中断の後21歳のときに実験が行われた。職業は，陸軍仕官中の商店員で，健康優良，性格良好，強い意志を持ち，大きな信頼を得ている。実験主導者の E. ヴィードリッヒ E. Widrig は，被験者を催眠状態にして，あらかじめ取り決めてあった暗示を与えた。実験主導者はバウムテストを信頼している。詳細なテクニックについてここで述べておく必要はないと思われるが，被験者が実験主導者を充分信頼して，両者の間に信頼に基づく理解が存在することが重要であることだけ指摘しておく。

被験者は，絵を描くのが得意ではなく，覚醒状態では，描くことは嫌いだと言っていた。しかし少なくとも，描画の才能は平均を下回らない。

追試のために，同時に取られた記録も公開する。主には質問に対する答えだが，質問自体は，たいていは被験者の答えから自然に生じたり，あるいは，調査の日付（12月8日）の特別な雰囲気の説明を求めるものである。[1]

1. 実験主導者は被験者を深い眠りの状態にして，あなたは2歳です，と暗示を与え，小さい子どもに話しかけるように話した後で最後に，りんごの木を描くように指示を与える。

被験者は，机の上にあるあらゆるものに手を伸ばす。脈絡なく動き，落ち着きがない。紙の上に，上下にすばやくなぐり描きをする（kritzeln）。再び，物を取って落書きをする。激しく，自制もきかずにひっかき線を引く（kritzeln）が，りんごの木が何であるか，何を描いたらいいのかを理解していないことは明らかである（図1）。

2. 暗示：あなたは今3歳です。もう描くことはできますか？「ちいちゃいおうちなら」。小さい家を描く。突然テーブルの上にあるもので遊びだす。懐中時計の方に手を伸ばして「チク，タク，チク，タク」と言う。「かけないよ。……ぼく，かけない」。それから，用紙の右下に小さな木を描く。ちょっとだけ鉛筆

---

[1] 12月6日は聖ニコラウス（サンタクロースのモデルとなった聖人）の命日で，良い子はこの日，聖ニコラウスからプレゼントをもらえるが，悪い子はムチで叩かれるという。

図1

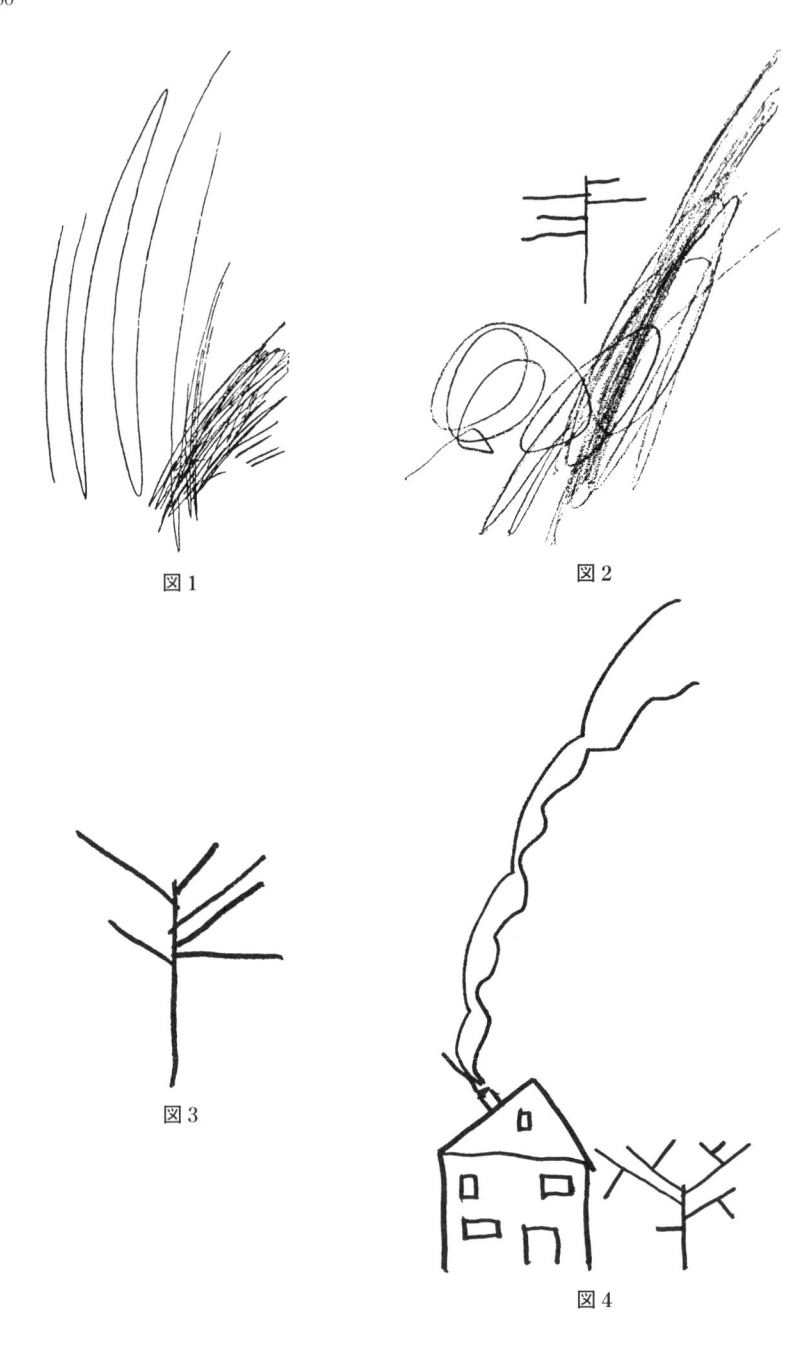

図2

図3

図4

を持ち，強く握り締める。最後に用紙に激しくなぐり描きをする（図2）。

　3. 暗示：あなたは今 4 歳です。……あなたは何歳ですか？「四つだよ。ママが言ったんだ……ぼくが大尉になるって」。小さい木を描いて，それからこう言った。「僕，描けない」（図3）。

　4. 暗示：今 5 歳です。……サミクラウス（聖ニコラウス）は何を持ってきてくれたかな。「サンタさんは，クルミと西洋梨を持ってきてくれたよ。……それ

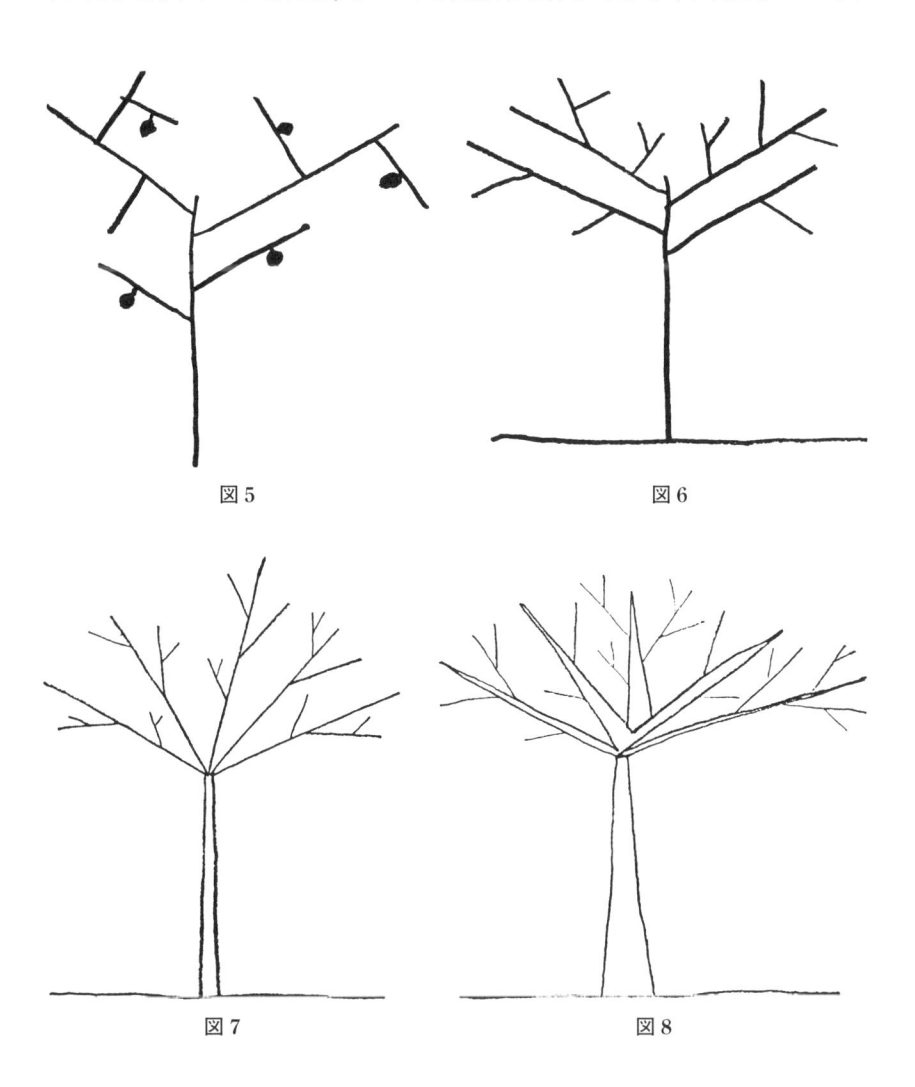

図5

図6

図7

図8

から細長い枝……ママが持ってて，僕，ときどきたたかれる……積み木箱とクリスマスプレゼントをもらって……紙に描くんだ……。ちっちゃなおうちを描いたよ」。もう一度小さな家と木を描くように求めたところ，「またクリスマスプレゼントがもらえるの？」と彼は言う。——鉛筆を強く押し付けるので，その芯が2度折れる。鉛筆の持ち方は非常に短い（図4）。

　5. 暗示：今あなたは6歳です。「字が書けるよ，mとr」。用紙の上部に木を描く（図5）。

　6. 暗示：あなたは今7歳です。「学校に行っているよ。……体操したり腕を伸ばしたりしなきゃならない。それからお話をするんだ」。自分の名前を書くようにという指示には，こう言った。「まだ大文字しかかけないから。小文字はまだ習っていないんだ」。それから注意深く〔姓ではなく〕名前を書いた。何になりたいのかという質問に対しては，「銀行の頭取」と彼は答えた。置いてあった5フランの紙幣を見せても，それがいくらか言えず，お金はいくらあるの，と言った（図6）。

　7. 暗示：今8歳です（図7）。

　8. 暗示：今9歳です。自発的に「描けません」と言った（図8）。

　催眠下で2歳から9歳になるように暗示されたときに得られる，被験者の絵画表現は，当然ながら，広く一般に当てはまるものではなく，個人的な表現に相応するものである。それゆえ，他の被験者は，違う形を描くだろう。しかしながら，その形は，特徴的で，子どもから得られる各段階に非常によく対応するものである。

　図1：2歳ではなぐり描きになる。線は，広めの空間を上下に行き来する部分と，同一の強さと濃度で狭い部分を動いている部分とがある。意味のあるものを描写する能力はまだなく，特に，言われた課題を理解する能力はない。つまり，課題を出すことは，この年齢の能力にふさわしいものでは決してない。

　図2（3歳）：描画空間の右下に，強い筆圧でバウムが描かれている。垂直の一線幹（Strichstamm）と正確に水平に引かれた一線枝には，図式的に描きたくなった気持ちが表れている。早期型としては，この描画は極めて興味深い。というのも，同一の被験者が別の実験で，暗示によってもっと年上の年齢で葛藤状況に置かれたときに，主枝が水平な位置に戻ってきたからである。これは明

らかに退行が引き起こされている（127ページ参照）。なぐり描き段階は，まだ克服されてはいない。被験者は，バウムを描いた後，急速になぐり描きの状態に陥ったが，その中で，循環する動きを示すもう少し進んだ段階に至る。3歳になると，円形，垂直方向と水平方向，さらに十字も生じてくることの正しさをこの実験は裏付けている。

　図3（4歳）：バウム画は，描画空間の中で高い位置に置かれるようになるが，まだ右側に偏っている。一線幹と一線枝は残っているが，枝は，水平なままの一本の例外を除けば，斜め上に向かって描かれている。既に上に向かって伸びる（aufstrebend）傾向がみられることから，より進んだ成熟段階に達していることが明らかであり，最初の図式主義は克服されつつある。

　図4（5歳）：絵を描くことのためらいを除くために，まず小さな家を描いてもらう。その家は，屋根に対して直角に煙突が置かれ，全く子どもっぽい，すなわち図式的な絵に思われる。バウムはいまだ一線幹，一線枝だが，それでも新たな一歩を踏み出している。〔主枝に対して〕直角に置かれた分枝（Zweig）のことである。この型のバウムを直交分枝のバウム（Winkelastbaum）と呼んでいる。それによって分化が一歩進んだ。絵は用紙の中央に寄ってきている。

　図5（6歳）：直交分枝のバウムはいまや，5歳のときよりずっと大きくなるが，これは明らかに，6歳になって心的な生活空間が広がったことと関係している。そのために，分枝に接して実が描かれるようになり，分枝の下側だけでなく上側にも描かれている。実が黒く塗りつぶされていることに注意しなければならない。黒い色は，確かに小さい子どもの場合，強い圧力で描かれることでも生じる。しかし，私は，強い筆圧が重要なのではなく，まず第一に真っ黒く色を塗ることの方が重要であると考える。これは，別の文脈では，早期徴候として知られることになるものだからである。

　図6（7歳）：分枝を持つ一線幹一線枝のこのバウムには，まだ1箇所だけ直交分枝が見られる。残りの分枝は，成長方向に伸びた分枝（Zweige nun in der Wachstumsrichtung）で，主枝に対して斜めの角度で描かれている。さらに別の指標として，地面線（Bodenlinie）が出現している。しかしながら，地面線は，被験者の個人的な色彩の強い指標であり，この被験者では，漠然としていて，方向感覚を喪失していることを示唆する場合を除いては常に見られる。そのことから，描かれた地面線は，地盤を固める（Standfestigkeit，安定）という

意味だけでなく，方向づけという意味をもつこと，いわば，固定点，立脚点であることが示される。とはいえ，7歳という年齢で地面線が描かれることはさほど多くない。この他に，用紙の下端からの描画，根の形成あるいはその兆し，というような表現型の変化が生じるが，これらの指標は，もっと早い年齢で生じる場合もある。

　2歳#から6歳#までは，さらに別の指標も目立つ。上に垂直に伸びた幹線から枝が出ていることである。すべての主枝が幹から側方に向かって分岐するモミ型（Tannenform）の木に倣って，この指標はモミ型幹（T-Stamm, Tannenstamm）と呼ばれてきた[1]。明らかに，モミ型幹には，早期型に類するものが含まれている。

　図7（8歳）：一線枝はまだ見られるが，直交分枝は消失している。これに対して，新たに生じているものがある。二線幹（Doppelstrichstamm）と，幹上端からの樹冠の発展である。樹冠と幹とは，はっきりと区別できる部分に分かれ，それがバウムの構造を規定するようになる。幹上直（Lötstamm）と呼ばれる新たな指標もほどほどに見られる。幹の端が水平な線で閉じられたものである。空間の拡大がここでも見られる。この指標は，8歳という年齢の徴候ではなく，もっと以前から現れるものである。

　図8（9歳）：一線枝が消失しているので，描画の成熟がある程度のところまできたと思われる。幹と主枝は二本線となっている。二線枝（Doppelstrichast）の出現を以って，さしあたり発達がひと段落したことが示される。

　ここで実験は中断される。それから14歳と21歳に跳んだような様子になって，その際，被験者の疲労が重なったために，その結果は徴候的なものになったが，これに関しては，一時的なものであまり重要ではない。

　3歳から9歳までのシリーズを見ると，図式的段階の各指標がどのあたりから見られなくなるかがわかる。その一方で，なお残ったままのものもある。すなわち，直線で描かれた枝の形（gerade Astform）である。これは，条件付きで早期型として，あるいは図式型類似のものとしてとどまるが，次の段階になると徐々に見られなくなり，様々な修飾を受ける。

　この事例の発達段階を要約すると，次のようになる。

---

1)　156ページ参照。

2歳	3歳	4歳	5歳	6歳	7歳	8歳	9歳
上下のなぐり描き	上下のなぐり描き					幹上直	幹上直
	円錯画						
	一線幹	一線幹	一線幹	一線幹	一線幹	二線幹	二線幹
	一線枝	一線枝	一線枝	一線枝	一線枝	一線枝	二線枝
	モミ型幹	モミ型幹	モミ型幹	モミ型幹	モミ型幹	樹冠と幹に分化	樹冠と幹に分化
	水平枝	一部水平枝			成長方向に伸びた分枝	成長方向に伸びた分枝	成長方向に伸びた分枝
	直線	直線	直線	直線	直線	直線	直線
		上に伸びる主枝	上に伸びる主枝	上に伸びる主枝	上に伸びる主枝	上に伸びる主枝	上に伸びる主枝
			直交分枝	直交分枝			直交分枝
				実	地面線	地面線	地面線
				黒塗り			

とはいえ，ここで取り上げた事例の発達系列の分類は，それぞれの指標が，正確に，段階的に消失していくという固定的な見方を与えるものであってはならない。この実験を疑わないとしても，発達がそのような固定した形で生じることはない，と言っておかねばならない。各段階の心的状態は，生きたもので，動きがあり，気分や体験によって揺れるし，過去のこととなったより早期の段階に後戻りすることもある。だいいち，健康な人でも時には2, 3年にわたる期間の中を絶えず行き来しているものであり，急に発達が進んで，より早期の層から離れていくこともある。9歳から12歳の間は，発達の中では最も穏やかな時期のように思われ，真の変化はその前後で生じるようである。

描画の才能が，描くこととその成熟度に及ぼす影響は必ずしも過小評価できない。それを調べるために，2番目の18歳の被験者に，催眠下で4歳になるように暗示する。この被験者は，描画の才能に恵まれていて，絵を描くのが好きで，最初の被験者とは全く対照的である。

最初の被験者（R）が4歳になったときの描画：一線幹，一線枝，モミ型幹，一部水平枝，直線枝，上に伸びる主枝（上向枝）。

これに対して2番目の被験者（F）：二線幹，一線枝，直交分枝，既に目立たなくなった直線枝，軽く曲がった枝。

図1

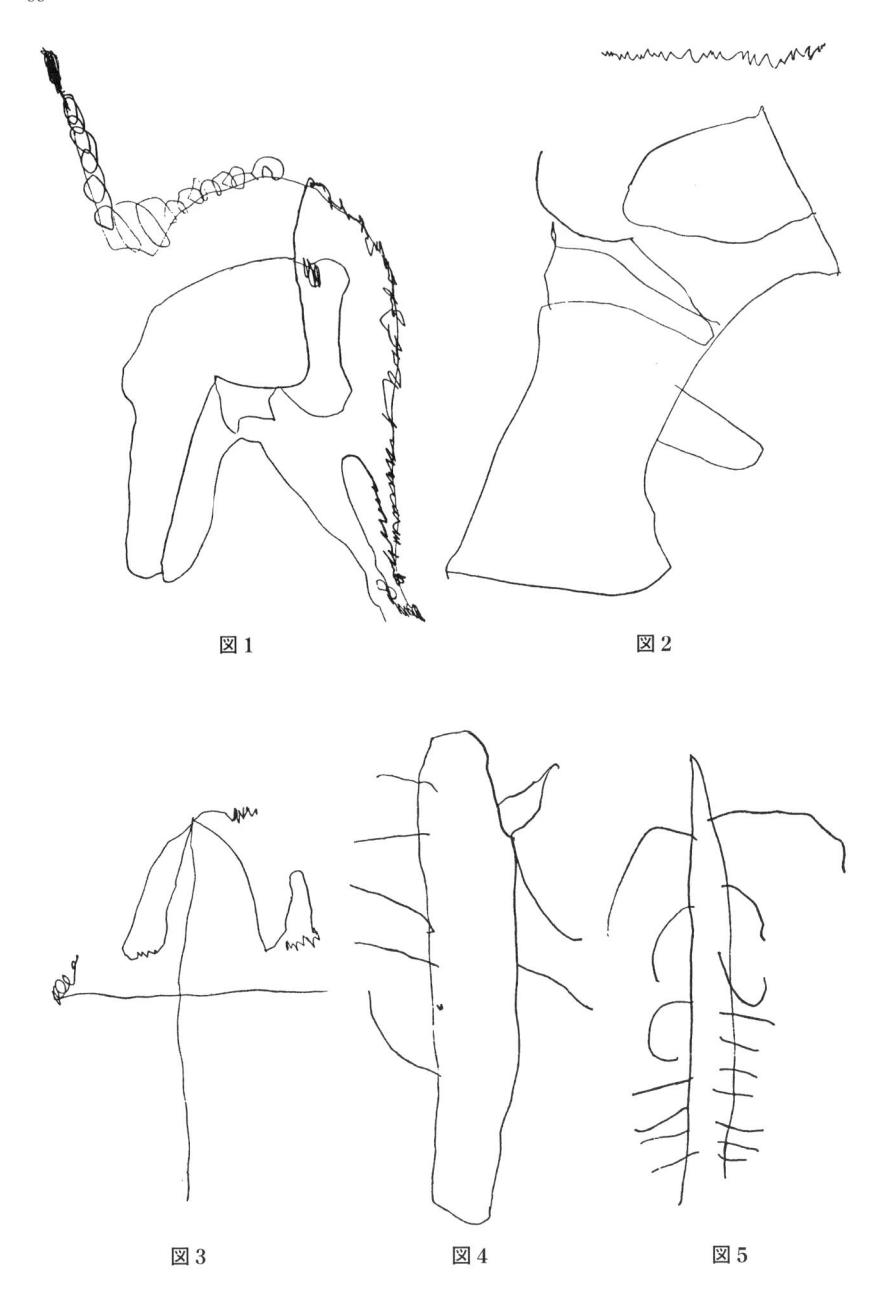

図2

図3

図4

図5

とりわけ絵の才能があるわけではなく，好んで描いたわけではない被験者 R の場合は，8 歳になってようやく二線幹が描かれたが，直交分枝は既に 6 歳でみられる，という比率になっている。

他方，これに先立つ実験で，被験者 R は 4 歳で二線幹を描いていて，葉叢冠（Laubkrone）と結び付け，さらにその同じ実験の中で，直交分枝を持つ一線幹のバウムを描いた，という事実によって，〔これらの指標と発達段階との〕一対一の対応関係は瓦解する。厳密な客観性を要求できないような催眠状態における実験の意義に対しては，異論が持ち上がるかもしれない。しかし，子どもの場合でも，まさにこれと同じ反応の多様性（Variationen）が，いやもしかするとこれ以上に激しい反応の多様性が生じる〔のだから，その異論は当たらない〕。

たとえば，4 歳 9 カ月の女児は，同じ時間内に，次のような型を描いた。

図 1：木とはわからないような絵で，全くのなぐり描きではなく，むしろ一種の遊びという感じ。

図 2：二線幹，一線枝，葉叢の部分がなぐり描きで描かれている。

図 3：木を描くようにと言う前に，その少女は大きな十字を描いて，こう言った。「これは十字なの」。それを描いた後で，幹の上端から出るように，旗がぶら下がっていて，半分さまよっているような線も描かれている。十字の左側の横棒には，くるくるっと描かれた丸い線がある。課題に対する自発的な反応には驚くばかりだ。〔というのも，〕木の原図式としての十字〔が描かれたからである〕。

図 4：一本のモミ。「木の実がいっぱいなっているけど，見えるのは一つだけ」。どっしりとして，上端と下端とが閉じられた二線幹に，細くて貧弱な一線枝が側方に出ている。

図 5：「まだ若いモミの木」。先の尖った二線幹，幹の下端は開放していて，曲線と直線の一線枝が地面まで出ている。

ここで，事実を言い繕ったり，〔データに〕大きなばらつきがあることの議論を避けたりしても，意味がない。もちろん，測定のばらつきは，生のデータにはつきものの不確定性と受け取ることも可能である。続けて同一の形式を示す例を持ってくることはそれほど難しくはないし，そうすれば調査も楽なものになる。しかし，基本的には，描かれた絵に対する理解と同時にそれに対する批

判的見解とを磨くことが大事である。

第2節　早期型（Die Frühformen）

　催眠実験は，最初期の描画の発達に関する概念を与えようという試みであった。表示された図と以下に列挙される項目には，2歳♯から6歳♯の間に生じるような早期型が要約されている[1]。7歳以降では，最も子どもっぽい印象を与える絵は，学校教育の影響と，とりわけ，徐々に生じてくる自然な成熟のために，見られなくなる。早期型は催眠の実験を絶対化したものだという批判があるが，それは事実ではなく，実際には，数百に上る調査の結果を踏まえたものである。

　1〜4　一線幹と一線枝
　1　水平な型
　1, 2, 7　十字型を含む
　1, 2, 6, 7, 13, 14　まっすぐな形（gerade Formen）
　3　直交分枝
　4　成長方向に伸びる枝
　5　さまよった枝のある二線幹
　6　地面まで枝のあるモミ型
　8, 9　花型とヒマワリ型[2]
　10　空間倒置（Raumverlagerungen）
　11　幹の中に葉と実をつけた幹
　12　樹冠がなくて短い枝のある幹
　13, 14　幹上直，水平枝，空間倒置
　15, 16　小さい樹冠のある長すぎる幹
　17, 18, 19, 20, 21　小さい樹冠のある短くて太い幹，すべて幹上直
　22　暗く塗られた幹と枝

---

1) 図には27までしかないが，文中では33まで挙げられている。文中の番号は図の番号と必ずしも対応していないので注意が必要。
2) ここでは原語通りにヒマワリ型と訳したが（Sonnenblumenform），指標名としては日輪型がふさわしい（81ページ参照）。

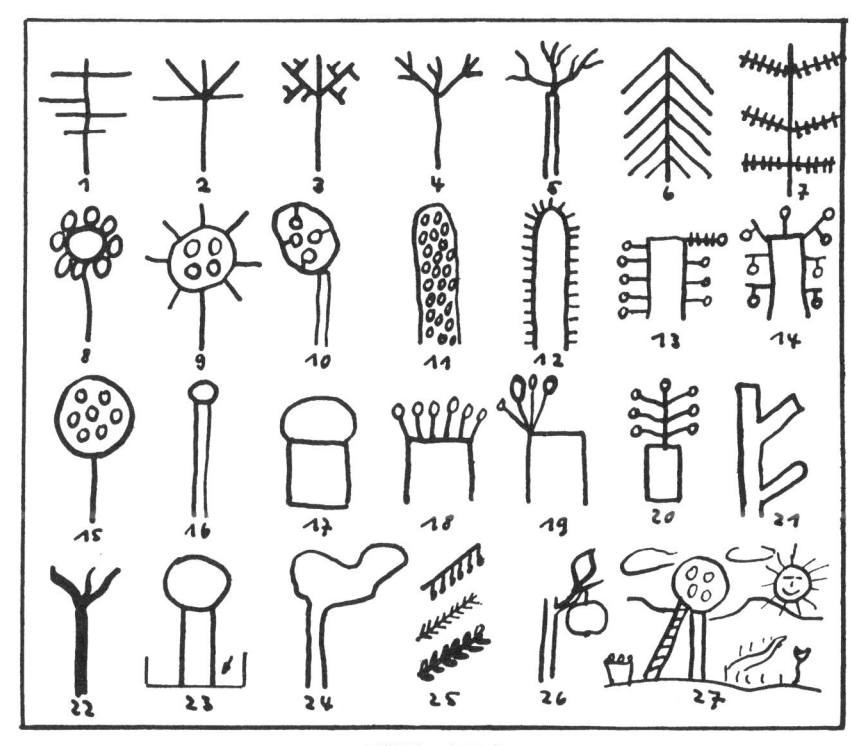

第 3 章　バウムテストの発達的基礎　69

早期型の各図式

23　まっすぐな幹の根元（Stambasis gerade）で幹下縁立〔用紙の下縁から幹が直接出ている〕

24, 25　積み重ね型，建て増し

26, 27, 28　さまよい

29　〔目と手の〕協応の不足（時に，なぐり描き）

30　ステレオタイプ

31　根（条件付でのみ，早期指標）

32　多くの風景

33　大きすぎる実と葉，多数の木を描くこと[1]

---

1)「多数の木を描くこと」は第 3 版で追加された。88 ページ参照。

第3節　統計的基盤

ここで示される表の基礎として用いられた調査資料は，1953年1月から3月に集められたものである。日付の記載は重要である。解釈の際には，季節の影響も考慮しなければならないからである。大雪にもかかわらず，葉や実をつけた木々が，時には収穫を思わせる梯子といっしょに描かれたりする。あるクラスは豪雪の中で描いてもらったが，この場合は，絵の中に直接降雪が描かれたりもした。雪が積もった多くの木々が描かれた一方で，雪が降る様子を描いた絵もあった。ついでに言えば，このような，その場の状況の影響に左右されるのは高学年の生徒で，小さい子どもの方が天候とか時期の影響を受けることが少ないように思われた。チューリッヒ市の学区で行われたものである。

幼稚園の255名の園児。98名の女児と126名の男児については男女別に評価され，それ以外は男女まとめて評価された。一人の園児につき1枚のバウムが得られた。

初等学校(Primarklasse)1年生から8年生，および第二学校(Sekundarklasse)[1]1年生から3年生の男児592名。一人につき2枚のバウム画。それゆえ，1184枚の絵〔が得られた〕。

初等学校1年生から8年生，および第二学校1年生から3年生の女児601名。一人につき2枚のバウム画。それゆえ，1202枚の絵〔が得られた〕。

全体で2641枚の描画が得られた。すべて，標準サイズのA4判（210mm×291mm）の用紙に，中等度の硬さの鉛筆を用いて描かれた。それぞれの学区ごとに実施され，社会的階層の違いにも配慮して，一面的になることを避けている。この試みにおいては，1時間は自由に使えるようにした。学校の規則があるので，そのような試みを任意に延長することは当然ながらできない。しかしその場合，時として2枚目の絵が完成されなかったり（集計からは外れることになる），時間の制約による中断がなければ描かれたかもしれない，いろいろな種類の飾りとかもっと多くの風景が描かれないままに終わってしまうという不首尾な結果になる。全教員には，生徒の絵を訂正したり影響を与えたりしない

---

1)　第二学校の説明は73ページを参照。

ように教示した。アリス・ヴェガー Alice Waeger 女史が，例外なく，この仕事を教示も含めて行ってくれた。彼女は熟練の教師としてそれを理解していて，この試みが行いやすい環境を生み出してくれるとともに，同一の条件が維持されるようにしてくれた。

　軽度発達遅滞者（Debilien）の調査は，フリブール大学（モンタルタ Montalta 教授）の養護教育研究所のビート・インホフ Beat Imhof が，学位取得論文の一環として行ったものである。ベルン市，フリブール市の養護学校，アールガウのブレムガルテンにある聖ヨセフハイムの軽度発達遅滞者 411 名から，822 枚のバウム画が得られた。彼は，7 歳から 17 歳までの各学年に，平均 40 名のバウムテストを行った。これに対して，私の行った標準児童の調査では，一学年平均 120 名である。

　軽度発達遅滞者は 2 本より多い木を描くことが確かに多かった。多くのケースで，表現意欲（Ausserungslust）が旺盛で，10 にも及ぶサンプルが一枚の用紙に描かれたりするが，それは，中等度発達遅滞者（Imbesillen）にも同様に見られる指標である。

　ビート・インホフ Beat Imhof は，この資料を，自分の目的に沿って論文にまとめた後に，私にも自由に使わせてくれた。それゆえ，軽度発達遅滞者に関する記述は例外なく，標準児童の場合と同じ尺度を用いて評価されている。表現された外観〔の評価〕については，経験の違いは間違いのもととなるが，今回は，それは回避されている。

　バスラー作業所（Basler Webstube）には 29 人の描き手による 56 のバウム画を提供していただいた。描いてくれたのは，軽度から中等度の発達遅滞者と呼ばれている発達遅滞の方々である。

　22 名の〔アフリカの〕ミッションスクールの生徒のバウム画も，南ローデシアのウムフェッセリにある聖ベネディクトミッションから提供された。残念ながら数が少ないので，その結果は参考程度ということになる。ついでに，生徒のバウムはすべてインクで描かれたものだが，これは，国家がインクと羽ペンとをただで支給したのに，鉛筆の支給はなかったためである。

---

1) 巻末の表では軽度発達遅滞者のバウムの総数は 962 となる。一枚のバウム画に複数の木が描かれている場合，それぞれを 1 本として検討しているものと思われる。
2) アフリカ南部の旧イギリス植民地。1980 年，ジンバブエとして独立。

大企業からは，598 名の半熟練工[1] (angelernten Arbeiter und Arbeiterinnen) の，598 枚のバウム画が提供された。各年代別グループに分けると，1 グループ約 200 例になる。バウム画は，採用時の職業適性検査として実施されたものが提供された。

別の企業からは，66 名の商店員[2] (kaufmänisch Angestellten) から，66 枚のバウム画が得られた。

この検査が行われたときの年齢構成や性別分布は，〔巻末の〕付録の表に見ることができる。

この資料がうまくいくための条件は，資料の大部分が満足のいく形で描かれることである。とはいえ，投影テストでは，どういう条件が最適で好ましいのか，誰も言うことができないという点は別としても，どんなデータも比較的良好と見なせるほどの感度で反応する。というのも，知ることのできるのはただ外的な要因だけであって，テストに対する考え方はわからないからである。

生徒への教示は次のとおりである。「果物の木（Obstbaum）を 1 本描いてください。紙面全体を使ってもいいです」[3]。2 枚目の木については「最初のとは別の木を描いてください。ただし，最初に枝のない球形樹冠[4]（Kugelkrone）を描いた人は，枝のある樹冠（Astkrone）を描いてください」。

1 枚目とは違う木を描いてもらうことの可能性は，不思議と利用されることが少ない。学校の手本（Schulschema）が目立つ時期がしばらくある。特に，低学年では，一線枝に巨大な縦長の葉をつけた，いわゆる面白いバウム（Witzig-Bäume）がみられる。チューリッヒ市のように教育育成活動が盛んな場所や，学校で絵を描く地域では，〔絵の〕教育を受けたという印象をバウム画から容易に受けるが，他の場所では，それほど型にはまった印象を受けない。このような制限を勘案すれば，指標の出現とばらつきの法則性には，他の場所で得られた結果と比較しても，またしても驚くばかりである。

数値計算，とりわけ，百分率の計算は，ある年齢層やある集団の総数との関連で行われている。したがって，一線枝と二線枝〔のパーセンテージ〕はその合

---

1) 文字どおりには「職業訓練を終えた労働者」。
2) 商店員のバウム画も半熟練工の場合と同様に，採用時の職業適性検査として実施されたものであることが 75 ページに記されている。
3) 本書 21 ページ，147 ページも参照されたい。
4) 75 ページ，170 ページ，285 ページを参照されたい。

計が 100 とはならない。というのも，枝のない球形樹冠も描かれるからである。とはいえ，それぞれの比較集団で，その多さがそれほどはっきりと異なっているわけではないので，相対的な比較は可能となる。百分率の計算に際しては，異なる二つの〔集団間の〕相関の大きさには，手をつけられそうもなかった。

　計算の正確さは，計算尺の正確さ次第である。いずれにせよ，小数点第二位を四捨五入とした。一つの資料だけでも，それ自体既に誤差を含むので，小数点以下をあまり細かく計算しても意味がないし，読みにくくなるばかりである。そうでなくとも，表というのはあまり読む気がしないものだし，そうしたところで詳細な検討がなされるわけではないから。全体の見通しについては，補遺に詳細な表を用意した。そこでは，半熟練工を性別ごとに分けてある。グラフに何か意味があるときはこれを用いたが，反対に，ほとんど示唆するところがない図はコストの関係で省略した。

　表は，一部は，性格学の表と並べて置かれたり，以下に示すように早期型と並べて置かれたりしている。

　年齢と並んで，表の中では標準児童は以下のグループに分けられている。幼稚園（フレーベル Fröbel とモンテッソリ Montessori），初等学校 1 年から 8 年と第二学校 1 年から 3 年。初等学校 7 年と 8 年は，学区外，第二学校に行きたくない者，あるいは，多くは行けない者から構成されている。第二学校とは，国民学校（Volksschule）〔初等学校のこと〕と中等学校（Mittelschule）の中間に位置する。第二学校は，通常，商業もしくは技術職につくための準備である。そのレベルは〔初等学校の〕7 年生か 8 年生より上で，多くが仕事性格（Werkcharakter）をもっている。第二学校への移行は初等学校 6 年生の後，まれに 7 年生の後になる。養護学校の軽度発達遅滞者については，学年別の記載は不要である。なぜなら，通常，はっきりと学年を分けることはできず，しばしば，障碍の重いものと軽いものとをようやく区別できるだけだからである。

1. 一線幹（69 ページ，図 1, 2, 3, 4, 6, 7）（Der Strichstamm）

　幹は垂直の線として描かれる。既に幼稚園入園時〔6歳〕に，標準児童ではこの指標は消失している。それ以前にはしばしば見られるので，純粋に早期型とみなせるに違いない。軽度発達遅滞者は 8 歳でも 42％が一線幹を描いているが，彼らも 15 歳になると，この指標は見られなくなる。一方，中等度発達遅滞

指標：一線幹　　　　　　　　　　　　　　　　　　　　　　　　　　　　　　　　　　表1

学年		K	P1	P2	P3	P4	P5	P6	P7	P8	S1	S2	S3
年齢		6-7	-8	-9	-10	-11	-12	-13	-14	-15	-14	-15	-16
男	%	1.6	0.0	0.0	0.0	1.9	0.0	0.9	0.0	0.0	0.0	0.0	1.0
女	%	0.0	1.9	1.9	0.0	0.9	0.0	0.9	0.0	0.0	0.0	0.0	0.0
合計	%	0.8	0.9	0.9	0.0	1.4	0.0	0.9	0.0	0.0	0.0	0.0	0.5
年齢		-8	-9	-10	-11	-12	-13	-14	-15	-16	-17	中等度発達遅滞	
												(平均29歳)	
軽度発達遅滞	%	42.0	29.6	11.2	6.1	3.6	5.9	5.8	0.0	0.0	0.0	17.8	
初等学校8年卒の半熟練工（男女）								商店員		アフリカ人のミッションスクールの生徒（平均15.5歳）			
年齢		15-16		17-19		+20		19-32					
	%	1.9		0.0		2.6		0.0		0.0			

K：幼稚園　P：初等学校　S：第二学校

者では，大人の年齢になっても，ほぼ18%に見られる。発達阻害，発達遅滞，退行の判断には，この指標は極めて重要である。

2. 一線枝（69ページ，図1〜7）(Der Strichast)

この指標は10歳までは比較的頻繁に見られるが，その割合は，標準児童では60%から20%に，第二学校の生徒では平均10%まで下がる。女児の方が男児より多く描く。他の場合でも，男児に比べ，女児の特色として型どおりに描く段階に明らかに長くとどまることが挙げられるが，そう言ったとしても，女児の方が安定に傾く要素を強く持っているのに対し，男児の方は落ち着かないとい

指標：一線枝　　　　　　　　　　　　　　　　　　　　　　　　　　　　　　　　　　表2

学年		K	P1	P2	P3	P4	P5	P6	P7	P8	S1	S2	S3
年齢		6-7	-8	-9	-10	-11	-12	-13	-14	-15	-14	-15	-16
男	%	53.0	42.5	16.6	17.6	21.5	2.9	21.3	8.8	6.0	1.9	1.0	12.9
女	%	68.0	63.4	66.0	34.5	38.0	17.0	42.0	20.4	33.8	20.0	7.6	7.7
合計	%	60.5	53.1	41.3	26.0	29.2	10.0	26.7†	14.6	19.9	11.0	4.3	10.3
年齢		-8	-9	-10	-11	-12	-13	-14	-15	-16	-17	中等度発達遅滞	
												(平均29歳)	
軽度発達遅滞	%	46.0	57.0	50.0	57.0	55.0	58.0	64.0	52.5	37.0	26.8	62.5	
初等学校8年卒の半熟練工（男女）								商店員		アフリカ人のミッションスクールの生徒（平均15.5歳）			
年齢		15-16		17-19		+20		19-32					
	%	18.4		20.8		32.7		23.0		59.0			

K：幼稚園　P：初等学校　S：第二学校

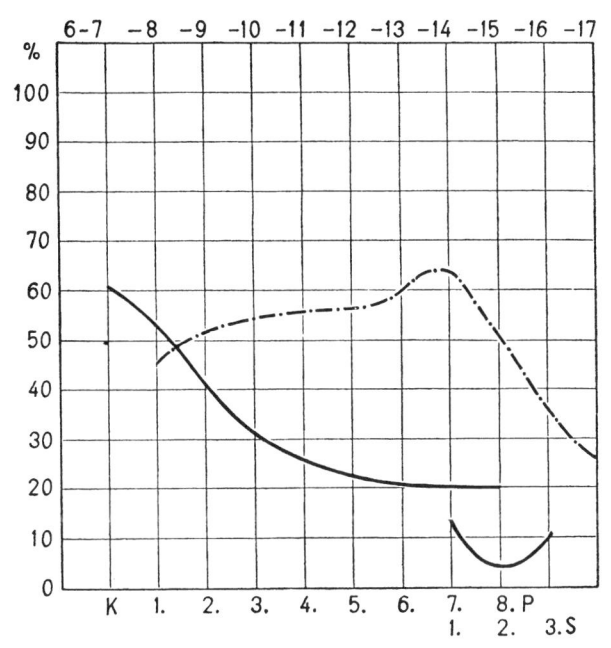

凡例　実線：標準児童，破線：軽度発達遅滞
　　　K：幼稚園，P：初等学校，S：第二学校
　　　グラフの上部には年齢が，下部には学年が示してある。

図2a　一線枝

う性質があるということにすぎない。一線枝は，基準となる表現という点でも，早期型としての固有の性質という点でも，一線幹のようにそれ自体遅滞としての重要性はもたない。軽度発達遅滞者で，〔一線枝の割合が〕14歳になってようやく最大に達するという事実は，それ以前の年齢では，球形樹冠を特に好んで描くことと関係がある[1]。驚くのは，商店員に比較的高い割合で一線枝が見られることである。その割合は23％と，一線枝が平均10％の第二学校の生徒よりも明らかに高い。この場合，次第に未熟になっているとは考えにくい。それは半熟練工の場合にも当てはまる。むしろ，次のようなことを考慮しなければならないだろう。商店員も半熟練工も，適性検査のときにバウムを描いた。そのような検査に対する抵抗は，年をとるとともに増す。木を描くという課題は，状

---

1) 72ページ，170ページ，および285ページの事例Dを参照。

指標：一部一線枝　　　　　　　　　　　　　　　　　　　　　　　　　　　表3

学年		K	P1	P2	P3	P4	P5	P6	P7	P8	S1	S2	S3
年齢		6-7	-8	-9	-10	-11	-12	-13	-14	-15	-14	-15	-16
男	%	3.2	1.8	1.6	0.0	5.8	1.9	4.7	5.5	4.0	3.8	1.9	4.9
女	%	1.0	1.9	2.9	7.1	1.8	1.8	4.5	2.6	13.2	10.7	7.6	8.5
合計	%	2.1	1.6	2.2	3.6	3.8	1.8	4.6	4.0	8.6	7.2	4.6	6.7

年齢		-8	-9	-10	-11	-12	-13	-14	-15	-16	-17	中等度発達遅滞（平均29歳）
軽度発達遅滞	%	0.0	0.0	1.3	0.0	0.0	0.0	0.0	0.8	1.7	0.0	1.8

初等学校8年卒の半熟練工（男女）			商店員	アフリカ人のミッションスクールの生徒（平均15.5歳）
年齢	15-16	17-19	+20	19-32	
%	6.2	3.2	5.6	1.5	5.0

K：幼稚園　　P：初等学校　　S：第二学校

況によっては意味のないものと感じられるし，商店員は，自分が画家を目指しているわけではないことも知っている。重要ではないと受け取られたことが，描画が貧しいものになった要点ではないかと思う。そのために，多少とも本心を明かさないという意識的な傾向が生じたのではないかと思われる。無言に逃げることは，仮面をつけるような印象も受けるが，よい言い方をすれば，つつましさを表すともいえ，心的なものを可能な限り見せようとするのとは対照的である。それとともに，まさに知的な活動が情動的未発達の危険に曝されるということも，否定すべきではない。

　二線枝のバウムに，時折，純粋な一線枝が散見されることがある。統計的な評価によると，軽度発達遅滞者は，標準児童より一度選んだやり方に忠実にとどまる傾向が見られる一方で，標準児童は心的にも統計的なばらつきが大きく，広がりが生まれる〔ので，一線枝の混在もその広がりの一つといえる〕。【アフリカ人は全く正常である〔が，一線枝の割合が高い〕。これは，発達遅滞とは明確に区別することができる原初的な段階の存在を示している。[1]】

3. 二線枝（Der Doppelstrichast）

　二線枝は枝の標準型であり，自然に見られる実際の形ともよく相応している。グラフと表を一瞥するだけでも，二線枝は，標準児童と軽度発達遅滞者との間

---

1)　【　】内の文章は第9版以降削除されている。

に大きな隔たりがあることを確認するには十分だろう。

　二線枝は，一線枝よりも現れるのが遅く，一線枝より成熟した形式である。集団全体としてみる限り，軽度発達遅滞者の発達阻害は明らかである。個々の

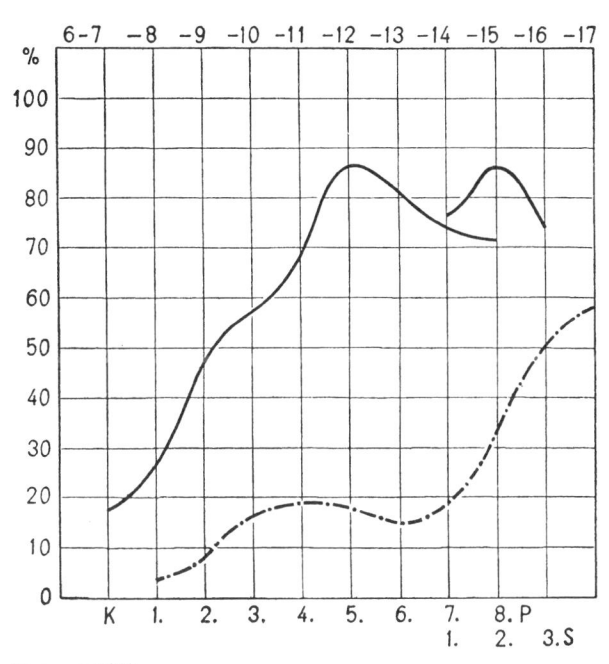

図4a　二線枝

指標：二線枝　　　　　　　　　　　　　　　　　　　　　　　　　　　　　　表4

学年		K	P1	P2	P3	P4	P5	P6	P7	P8	S1	S2	S3
年齢		6-7	-8	-9	-10	-11	-12	-13	-14	-15	-14	-15	-16
男	%	17.4	33.0	73.0	78.5	78.0	97.0	79.0	91.0	81.0	75.0	91.0	77.0
女	%	18.4	15.5	23.4	65.0	56.0	77.0	64.0	74.0	61.0	77.0	84.0	70.0
合計	%	17.9	24.2	48.2	71.7	67.0	87.0	71.5	82.5	71.0†	76.5	87.5	73.5
年齢		-8	-9	-10	-11	-12	-13	-14	-15	-16	-17	中等度発達遅滞 (平均29歳)		
軽度発達遅滞	%	4.3	8.2	17.7	16.0	21.5	14.8	17.4	35.3	52.0	58.5	14.3		

	初等学校8年卒の半熟練工（男女）			商店員	アフリカ人のミッションスクールの生徒（平均15.5歳）
年齢	15-16	17-19	+20	19-32	
%	77.0	73.5	62.0	59.0	41.0

K：幼稚園　　P：初等学校　　S：第二学校

具体的なケースでは，一線枝が知的なものに由来するか，情緒的な遅滞によるのか，退行によるのか，個々の事例で検討する必要がある。描画の才能が全くないという理由だけで，一線枝を描くことはまれである。その場合は，偽っている可能性がある。多くの場合，教師は，個々の生徒についてはよくわかっているので，絵の才能が全然ないためにバウム画の調査を免じるべき生徒のこともわきまえている。それにもかかわらず行われた調査の結果を見ると，これらの絵が不得手な生徒は標準的な絵を描いたのみならず，能力がないことを察知させるような絵を描いたものもほとんどいない，という驚くべき結果となった。それでも，歌がまったく歌えないのと同じように，絵がまったく描けないということは，しばしばある。そのことの背景には，治療が必要なまぎれもない心理的抑制が隠されている。

4. 直線枝（69 ページ，図 1，2）〔まっすぐな枝〕(Gerade Äste)

直線で描かれた枝は，方向を指し示すだけでなく，早期型の図式主義のようなものを含んでいる。まっすぐ，というのは，図式であって，自然に見られる手本〔となる形〕の代わりに，あるいは自由に遊べる表現の代わりに，出てくるものである。この指標は，たいてい，放射状樹冠の中に，あるいは，水平枝，直交分枝，モミ型にみられる。早期型の一覧表をみると，催眠下にある同一の被験者が次々と描いたような発達をするのがわかる。まっすぐな水平枝から，放射状直線枝，直線型の直交分枝へと移行し，そこから，成長方向に伸びる分

指標：**直線枝**　　　　　　　　　　　　　　　　　　　　　　　　　　　　表5

学年		K	P1	P2	P3	P4	P5	P6	P7	P8	S1	S2	S3
年齢		6-7	-8	-9	-10	-11	-12	-13	-14	-15	-14	-15	-16
男	%	34.0	7.1	7.3	3.1	1.0	0.9	0.8	4.4	0.0	1.9	3.8	2.0
女	%	25.4	3.9	14.8	5.3	2.7	2.7	0.9	0.9	0.0	0.0	1.0	0.8
合計	%	28.7	5.5	11.0	4.2	1.9	1.8	0.8	2.7	0.0	0.9	2.4	1.4
年齢		-8	-9	-10	-11	-12	-13	-14	-15	-16	-17	中等度発達遅滞	
												(平均29歳)	
軽度発達遅滞	%	—	21.5	19.0	10.7	14.4	11.8	12.4	3.6	9.4	4.9	32.0	
初等学校8年卒の半熟練工（男女）							商店員		アフリカ人のミッションスクールの生徒 (平均15.5歳)				
年齢			15-16		17-19		+20	19-32					
	%		2.5		0.3		0.5	1.5		5.0			

K：幼稚園　　P：初等学校　　S：第二学校

枝を持つ直線枝になったり，弓状の線で描かれた一線枝になったりする。このような発達は，それぞれのケースで，必ずしも同じように生じるわけではない。なぐり描きから直接弓状の線になることもありうる。

　表によると，幼稚園児の年齢では，直線枝が優勢だが，後の発達段階になると，とくに11歳からはごくわずかになる。軽度発達遅滞者の場合はゆっくりと減少するが，これは彼らの発達の阻害に相応している。その後も，それぞれの早期指標は，いわばしつこく残る。中等度発達遅滞者では，直線枝の割合は32％と高値であり，〔65ページの〕表とよく合う。この指標は，本物の早期型と見なせる。

5. 水平枝（69ページ，図1，13）（Waagrechte Äste）

　付録に掲げた全体のリストの数値はあまりに漠然としていて，推論を引き出すための統計的な基礎としてはふさわしくない。にもかかわらず，この指標は，極めて早期に散発的に観察される早期型なので，成人や青少年に見られた場合は，特別に原始的な状況を，純粋に指し示すものと考えてよい。この指標は直交分枝の前に見られる型としても知られており，そのうえ十字型の要素にもなる。

6. 十字型（69ページ，図1，2，7）（Kreuzformen）

　純粋な十字型は，6歳以降よりも6歳より前の子どもの描画に見られる。中

指標：十字型　　　　　　　　　　　　　　　　　　　　　　　　　　　表6

学年		K	P1	P2	P3	P4	P5	P6	P7	P8	S1	S2	S3
年齢		6-7	-8	-9	-10	-11	-12	-13	-14	-15	-14	-15	-16
男	%	14.3	9.3	8.0	2.7	5.8	4.8	10.1	3.3	2.0	2.9	0.0	1.0
女	%	6.2	10.7	4.3	3.5	2.7	2.7	9.0	2.6	1.5	3.6	1.9	0.8
合計	%	10.2	10.0	6.2	3.1	4.2	3.7	9.5	2.8	1.6	3.2	0.8	0.9
年齢		-8	-9	-10	-11	-12	-13	-14	-15	-16	-17	中等度発達遅滞	
												（平均29歳）	
軽度発達遅滞	%	4.3	12.2	6.3	0.8	1.8	2.2	4.1	2.5	4.3	0.0	32.0	
初等学校8年卒の半熟練工（男女）								商店員		アフリカ人のミッションスクールの生徒（平均15.5歳）			
年齢		15-16		17-19		+20		19-32					
	%	1.1†		0.3†		0.0		0.0		5.0†			

K：幼稚園　　P：初等学校　　S：第二学校

等度発達遅滞者には，しばしばこの型が目立って描かれる。8歳以降に十字型が出現する場合，標準児童では，幼児や中等度発達遅滞者に見られるような図式的なものではなくなる。いずれにせよ，両側の枝を押して平らにすると十字が現れるので，バウムには十字の基本形が見て取れる。

7. 空間倒置（69ページ，図10, 11, 13, 14, 18～20）（Raumverlagerungen）

倒置については既に，ウィリアム・スターン William Stern がその著『幼年期の心理学』318ページで記述している。「空間配置に無頓着で，空間の割り当て能力が欠如しているために，奇妙な空間移動が見られるもので，幼年期では非常にまれなものというわけではない。上と下，垂直と水平，左と右が互いに取り違えられ，子どもは，それを妨げと感じることもなく，それに気づくことすらない」。さらに，倒置は，イメージを正反対の位置に認識することと並行する現象であることが観察された（スターン Stern とハインツ・ブルクハルト Heinz Burkhardt）。子どもは，大人とは違って，ものとその位置を，そのもの自体の視点から，あるいはそのものを取り囲むものの視点から見ている。果実は，伸ばした手のように，上向きや横向きに置かれ，あるいは円形の（樹冠の）輪郭から中に向かう形で描かれる（69ページ，図10）。あるいは葉や実は幹の中に置かれたりする（69ページ，図11）。

表を見ると，そのパーセンテージが目立つのは，幼稚園の年齢だけである。軽度発達遅滞者の場合は10歳になってようやく最大に達し，その後もこの指標

指標：**空間倒置** 表7

学年		K	P1	P2	P3	P4	P5	P6	P7	P8	S1	S2	S3
年齢		6–7	–8	–9	–10	–11	–12	–13	–14	–15	–14	–15	–16
男	%	15.0	1.8	4.0	0.9	1.0	0.0	2.4	2.2	0.0	0.0	0.0	0.0
女	%	21.5	1.9	3.9	3.5	0.9	0.9	0.0	0.9	0.0	0.0	0.0	0.0
合計	%	18.2	1.9	4.0	2.2	1.0	0.5	2.2	1.6	0.0	0.0	0.0	0.0
年齢		–8	–9	–10	–11	–12	–13	–14	–15	–16	–17	中等度発達遅滞（平均29歳）	
軽度発達遅滞	%	4.3	8.1	20.2	6.1	9.8	4.5	7.5	7.3	3.4	9.8	19.6	

初等学校8年卒の半熟練工（男女）			商店員	アフリカ人のミッションスクールの生徒（平均15.5歳）
年齢	15–16	17–19	＋20	19–32	
%	3.2	2.3	0.9	3.0	15.0

K：幼稚園　P：初等学校　S：第二学校

指標：日輪型や花型　　　　　　　　　　　　　　　　　　　　　　　　　　　　　　　表8

学年		K	P1	P2	P3	P4	P5	P6	P7	P8	S1	S2	S3
年齢		6-7	-8	-9	-10	-11	-12	-13	-14	-15	-14	-15	-16
男	%	12.0	0.0	0.0	0.0	0.0	0.0	0.0	0.0	0.0	0.0	0.0	0.0
女	%	1.0	0.0	0.0	0.0	0.0	0.0	0.0	0.0	0.0	0.0	0.0	0.0
合計	%	6.5	0.0	0.0	0.0	0.0	0.0	0.0	0.0	0.0	0.0	0.0	0.0
年齢			-8	-9	-10	-11	-12	-13	-14	-15	-16	-17	中等度発達遅滞（平均29歳）
軽度発達遅滞	%		10.0	4.0	5.0	4.6	3.6	2.2	0.0	0.0	0.0		5.4	

初等学校8年卒の半熟練工（男女）			商店員	アフリカ人のミッションスクールの生徒（平均15.5歳）
年齢	15-16	17-19	+20	19-32	
%	0.0	0.0	0.0	0.0	0.0

K：幼稚園　　P：初等学校　　S：第二学校

は実質的には減少することなく残る。中等度発達遅滞者の場合は，幼稚園児のパーセンテージとほぼ同じである。【アフリカ人も幼児のように空間倒置する。彼らはどうも子どものように天真爛漫なようにみえる。[1]】

8. 日輪型や花型（69ページ，図8，9）（Sonnenrad und Blumenform）

ここでは花と木が融合している。と同時に，個々の形は曼荼羅のような原イメージを図式化している。標準児童の場合，幼稚園児（6歳から7歳）では，早期型として目立って認められるものの，1年生で完全に消失する。軽度発達遅滞者の場合は，この指標は，長く残り，13歳#でようやく消失する。花と木を明確に分離する図式が，かなり後になってやっと生じてくるということを示す一つの証である。中等度発達遅滞者には，生涯にわたってこの指標が見られる。幾分目立つこの型は，退行の際に再び見られることは少ない。というのも，退行の際には目立たない表現型が用いられるからである。

9. 低在枝（69ページ，図6，7，12，13）（Tiefliegende Äste[2]）

地面まで描かれる主枝は，まず，モミ型の絵の形をとるが，他の型が現れることもある。自然界の成長法則と，バウム画に観察されるそれとの間には，ある程度相関関係がある。若いモミの木には地面付近まで主枝が出ている。徐々

---

1) 【　】内の文章は第9版以降削除されている。
2) 直訳は深在枝。

にそれは落ちるか，営林職員が払い落とす。それどころか，庭師は，地面付近の小枝の剪定次第で，木を低くするも高くするも意のままである。子どもは，自然から見て取ったわけではないが，低在枝を持つ木の図式を描く（大人もたいていは，自然の成長法則をそれほどよく知っているわけではない）。自然と人間的な表現との並行関係が重要であるが，それは，現代人にも全く理解できないことではない。少し上の世代の人たちは，子どもが生まれると木を植えたが，その成長の後を追うように子どもが成長すると信じられたことからもわかるだろう。今日，われわれは，人間の運命が木の運命によって決まるなどと盲信するわけではないが，外観の並行性については気づいている。いずれにせよ，古い民間信仰や「迷信」にも米粒ほどの真実が含まれていることに気づく。地面近くまである枝は，実際には初等学校に入学するころに消失するので，早期指標の一つであると考えられる。軽度発達遅滞者は13歳まではわずかながら残っているが，中等度発達遅滞者は41.5％と他のどれよりも突出して多い。7歳#以降に標準児童でこの指標が見られた場合は，疑いなく重大な遅滞を示すものである。ついでに言えば，自然の中で見られる孤立した木は，しばしば地面付近まで枝が出ている。森という社会の中で，木は，光が不足して下の方の枝を失うのである。木々の中でも単独で立っている木は，植木屋とか営林職員の枝バサミが入らなければ，十分な光を受けて，低い所まで枝が残っている。低在枝を持つバウム画はそれほど多いものではないが，それを見たときには，描き手が一匹狼なのか，孤立しているのか，何らかの方法で目立とうとしているのか，

指標：**地面までの枝** 表9

学年		K	P1	P2	P3	P4	P5	P6	P7	P8	S1	S2	S3
年齢		6-7	-8	-9	-10	-11	-12	-13	-14	-15	-14	-15	-16
男	%	0.8	0.9	0.8	0.0	1.9	0.0	0.8	0.0	1.0	0.0	0.0	0.0
女	%	13.2	1.0	0.0	0.0	0.0	0.0	0.9	0.0	0.0	0.0	0.0	0.0
合計	%	7.0	1.0	0.4	0.0	1.0	0.0	0.9	0.0	0.5	0.0	0.0	0.0
年齢		-8	-9	-10	-11	-12	-13	-14	-15	-16	-17	中等度発達遅滞	
												（平均29歳）	
軽度発達遅滞	%	8.5	20.3	3.8	3.8	3.6	4.5	0.8	0.0	0.0	0.0	41.5	

初等学校8年卒の半熟練工（男女）				商店員	アフリカ人のミッションスクールの生徒（平均15.5歳）
年齢	15-16	17-19	+20	19-32	
%	1.3	0.5	0.0	0.0	0.0

K：幼稚園　　P：初等学校　　S：第二学校

指標：一部低在枝　　　　　　　　　　　　　　　　　　　　　　　　　　　　　　表10

学年		K	P1	P2	P3	P4	P5	P6	P7	P8	S1	S2	S3
年齢		6-7	-8	-9	-10	-11	-12	-13	-14	-15	-14	-15	-16
男	%	5.5	9.3	7.3	7.4	8.7	8.6	7.1	6.6	15.0	8.6	13.2	8.9
女	%	5.6	2.9	2.9	6.2	3.7	9.8	5.4	5.3	4.8	10.7	6.6	8.5
合計	%	5.5	6.1	5.1	6.8	7.6	9.2	6.2	5.8	9.9	9.6	9.9	8.7
年齢			-8	-9	-10	-11	-12	-13	-14	-15	-16	-17	中等度発達遅滞（平均29歳）
軽度発達遅滞	%		0.0	1.3	0.0	2.3	4.5	2.2	1.7	2.5	6.0	0.0	3.6
初等学校8年卒の半熟練工（男女）				15-16		17-19		+20		商店員 19-32	アフリカ人のミッションスクールの生徒（平均15.5歳）		
年齢	%			8.0		7.2		3.9		3.0	27.0		

K：幼稚園　　P：初等学校　　S：第二学校

と問うてみてもいい。

　一部低在枝（vereinzelt tiefliegende Äste）〔vereinzeln：苗木を間引く，疎らにする〕は，すべての年齢で生じる。前思春期と思春期に軽度上昇が確認される。軽度および中等度発達遅滞者では，標準児童よりもむしろ低いパーセンテージにとどまり，活気の少なさがそれなりに表現されている。【アフリカ人は驚くほど高いパーセンテージを示している。彼らは，才能のなさという意味で未熟な〔primitiv〕わけではないが，原初的な〔primitiv〕段階に強くゆり戻されている。】[1]

　一部低在枝の性格学的評価は，部分的遅滞という概念に由来しているに違いない。自然界では，成長が止まった枝は，樹冠の下で振り落とされないまま残っていて，幼児期〔早期発達段階〕の名残を表しているように，低位にぽつんとある枝は，部分的退行，あるいは部分的遅滞の間接的証拠となる。でこぼこした状態や調和が取れない状態も，それに相当するような行動様式をとる。それらについて言えることは，成長の停止を示す各早期徴候についても当てはまる。

　実業クラス2年（15歳）の生徒は，1本だけぽつんと低位に枝を描いた。同時に教師は，ある論文に次のようなコメントをした。「その描写は事実とは合わない」。ある知能テストで，魚の名前について尋ねる問い

1）【　】内の文章は第9版以降削除されている。

があり，次のような答えであった。カワマス，ニジマス，カモシカ……，それで，これもまた事実とは全く合わない発言であった。教育レベルから考えると，この生徒は，カモシカが何であるか知っているはずだった。このような部分的欠落は次のような事情があった。少年がまだ小さい子どものころ，目の病を患って，2歳のときに眼鏡をかけなければならなかった。その他の点では健康だったが，自分の本領を発揮するのはなかなか難しかった。特に，事故につながりそうなことは止める必要があった。それで，その子は，木をよじ登ることも，取っ組み合いのけんかをすることも，子どもが好んでやりそうなことがすべてできなかった。彼の性格の一部が発達できなかったのである。問題となっているのは，後天的な部分的遅滞であるといえよう。アドラー Adler なら原因は器官劣等だというだろう。――卸売り会社でごく控えめなポストについていた成人の商店員は，突然，事務所に配属となり，あちこちの外国からの「来賓」の対応に追われることが始まった。そのとき，部長のように振舞って，それにふさわしい交渉を開始したが，間もなく，過失が発覚した。この善良な男は叱責を甘受した。彼は，低い位置から1本だけ枝の出ている木を描いた。

一部低在枝
 部分的退行   部分的遅滞，部分的発達障碍
 場違いな行動   幼稚症，原始的なものの残遺
 「愚かな言動」   突然つじつまの合わないことをする
 「若い」あるいは「子どもらしい」 予測のつかない
 実際的-非実際的   状況に合わないことを言う[1]
 時に作り話   事実と合わない発言

10. 枝が無くて上端が閉じた幹，あるいは貧弱な枝のある上端が閉じた幹
 （69ページ，図11，12）

 図11を描いた5歳の子は，「葉っぱが幹の中にあるんだよ」と言った。図12は，同じ男の子が描いたものである。枝というよりはむしろ，毛が生えている感じで，地面付近まで描かれている。幹は平らな先端から標準的な幹への移行期に生じる幹上直とみなせる。いずれの型も，まだ生み出されていないもの，まだ開いていないつぼみ，いわば未熟な状態で生まれ出たものを象徴するのにふ

---

1) 慣用句。Das Kleinkind im Erwachsenen. 文字どおりには「大人の中の子どもっぽさ」。低いところに残っている枝をこのように見立てている。

さわしい外観をしている。凝縮すると同時に過渡期にある型は，確かにまれで，しかも，同じ状態に留まるものではない。1箇所の幼稚園で集めて，そのような型を探しても無駄である。自然に見出されるものである。

11. 幹上直（69ページ，図13，14，17，18，19，20，21）（Lötstamm）

上部に蓋をしたような形のこの幹については，190ページの幹上直の章で詳細に論じる。紛れもない早期型であることは重要である。

12. 幹下縁立（69ページ，図23）（Stammbasis auf Blattrand）

木を地面の上に立てたいという欲求は，子どもでは実に大きい。しかし，あまりに幼い年齢では，地面線を描くことができない。そこで，具体的な地面として用紙の下縁が用いられる。標準的な子どもでは，74.3％から始まって，10歳#になってようやくほぼ同数の残りまで下がる。軽度発達遅滞者の場合は，10歳でようやく最大に達するが，明らかにそれ以前は，標準的な子どものように

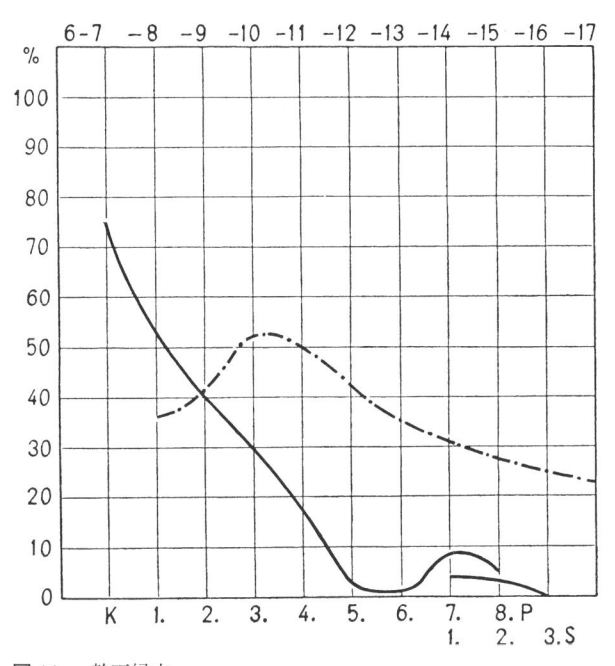

図11a　幹下縁立

指標：幹下縁立　　　　　　　　　　　　　　　　　　　　　　　　　　　　　表 11

学年		K	P1	P2	P3	P4	P5	P6	P7	P8	S1	S2	S3
年齢		6–7	–8	–9	–10	–11	–12	–13	–14	–15	–14	–15	–16
男	%	75.0	40.0	54.0	40.5	23.4	4.8	0.8	7.7	1.0	2.9	1.0	0.0
女	%	73.5	56.5	29.3	22.0	13.8	1.8	0.9	10.3	9.6	3.6	3.8	0.0
合計	%	74.3	48.2	41.7	31.2	18.6	3.3	0.8	9.0	5.3	3.2	2.4	0.0

年齢		–8	–9	–10	–11	–12	–13	–14	–15	–16	–17	中等度発達遅滞 (平均29歳)	
軽度発達遅滞	%	37.0	38.0	52.0	50.0	34.0	38.5	27.4	37.7	27.5	22.0	12.5	

初等学校 8 年卒の半熟練工（男女）						商店員	アフリカ人のミッションスクールの生徒（平均15.5歳）	
年齢		15–16		17–19		+20	19–32	
	%	9.1		2.8		5.6	7.5	27.0

K：幼稚園　P：初等学校　S：第二学校

わかりやすい「地面」〔紙の下端のこと〕を見つけられないのだろう。そのために，この指標が 17 歳に至るまで比較的高い数値を示す。中等度発達遅滞者の反応が低いのは，年少の軽度発達遅滞者と同じ理由に加えて，空間〔用紙〕の形を全く気にしないという理由もある。この指標は，軽度発達遅滞者の表現ではなく，標準児童の表現に見出されたときに意味がある。用紙の下縁に地面を見出すことはやはり一つの能力であり，年少の軽度発達遅滞者がそのように機転を利かせることは少ないし，中等度発達遅滞者では少ない状態がずっと続く。この指標を早期型に入れることについては疑問の余地はないが，それは深い原始的な層を捉えたものではないし，何よりも，知的な遅れだけに関係するものでもない。【反対にアフリカ人は中等度発達遅滞者の 12.5％に対し 27％を示し，遅滞はむしろ情緒面にあることを示している。】[1]

13. まっすぐな根元（69 ページ，図 23）（Gerade Stammbasis）

まっすぐな根元（Gerade Stammbasis）が見られるのは，当然ながら二線幹だけで，たいていは幹の上下が同じ太さで平行なので，図式的な形になる。成熟した形になると，幹の根元の両側が軽く丸みを帯びてくる。この指標は，「幹下縁立」の場合と同じような動きをする。その頻度の減少は，軽度発達遅滞者よりも標準児童の方が早く，また，軽度発達遅滞者では，最大値から始ま〔っ

---

[1] 【　】内の文章は第 9 版以降削除されている。

て漸減す〕るのではないが，ただし，それは〔軽度発達遅滞者には〕一線幹が多いためである．深層のことを語るものでは全くないが，早期型として軽度遅滞の検出にはそこそこに意味がある．

指標：まっすぐな根元　　　　　　　　　　　　　　　　　　　　　　　表12

学年		K	P1	P2	P3	P4	P5	P6	P7	P8	S1	S2	S3
年齢		6-7	-8	-9	-10	-11	-12	-13	-14	-15	-14	-15	-16
男	%	40.0	25.0	9.6	5.5	5.8	1.9	4.7	0.0	2.0	3.8	3.8	2.0
女	%	52.0	36.0	28.2	8.8	12.0	2.7	3.6	0.0	7.2	4.5	1.9	2.3
合計	%	46.0	30.5	18.9	7.2	8.9	2.3	4.2	0.0	4.6	4.2	2.8	2.1
年齢		-8	-9	-10	-11	-12	-13	-14	-15	-16	-17	中等度発達遅滞	
												（平均29歳）	
軽度発達遅滞	%	24.2	31.0	28.0	23.0	27.6	22.3	17.4	13.4	6.8	0.0	32.0	
初等学校8年卒の半熟練工（男女）								商店員		アフリカ人のミッションスクールの生徒（平均15.5歳）			
年齢			15-16		17-19		+20		19-32				
	%		7.1		3.7		3.9		7.5		0.0		

K：幼稚園　　P：初等学校　　S：第二学校

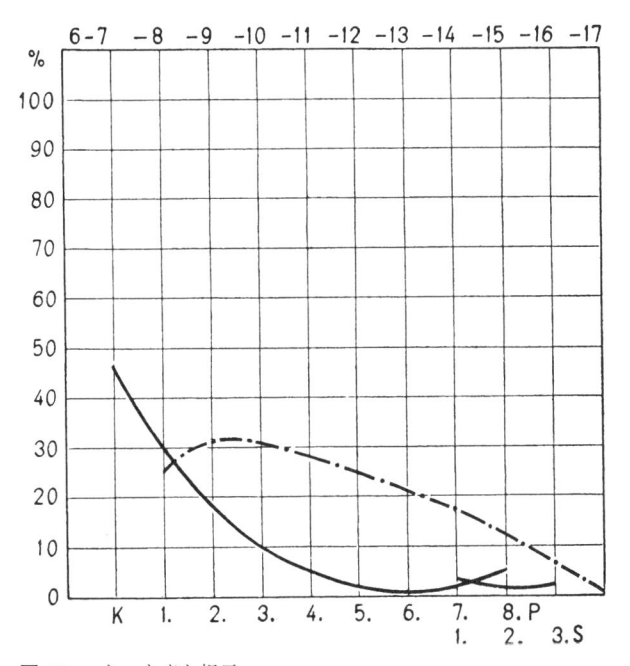

図12a　まっすぐな根元

幹の根元は，幼児の場合，他にも（標準児童では）この年齢だけに典型的な型と考えられるものもあるが，一部は，中等度ならびに軽度発達遅滞者にも検出される。以下の図に，そのようないくつかの形の一覧を示した。

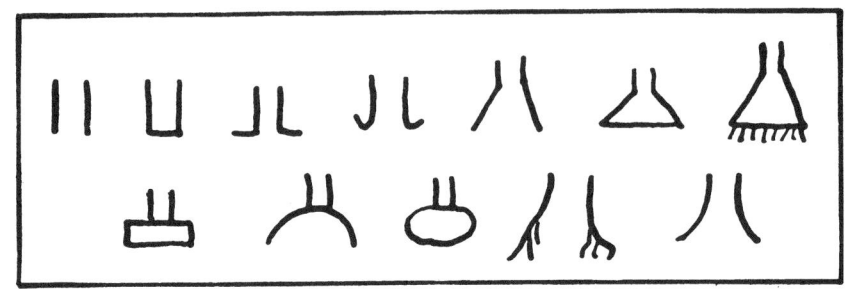

6歳から7歳の根元の形

14.〔その他〕

暗く塗られた幹（69ページ，図22）は，207ページの当該の節で論じている。ステレオタイプ（69ページ，図25）は，202ページの節で論じている。

実，特に早期型としての大きすぎる実と葉は，暗く塗られた実と「空中の実」とあわせて，256ページで論じている。

ある程度，早期型とみなせるものとして，さまよい，建て増し，（目と手の）協応の不足，風景と根などがある。徴候を早期型として扱うことの正当性を示せる場合には，当該の節で述べることになるだろう。

15. 多数の木を描くこと（Das Zeichnen mehrerer Bäume）[1]

子どもはときに，1本の木を描くようにと，はっきり教示しても多数の木を描くことがある。ハンブルグの筆相学者ゲルトルート・ベシェル Gertrud Beschel は，私信の中で，経験的には，後で行われる大きい木と小さい木を描く二枚描画法と間違えたのでなければ，多数の木を描く子どもはたいてい，就学適性が不十分な疑いがあると指摘している。課題を意識することができないために，子どもじみた遊びの世界に滑り落ちてしまった結果であるという。われわれのデータの結果は次のとおりであった。

---

1) 第3版で追加された指標。

237名の幼稚園児（6歳から7歳）は，2本以上の木を27名が描き，うち，22名は2本描いて満足したが，5名だけは3本描いた。

216名の初等学校1年生では，2本の木を描いたのは6名，2年生では3名，3年生でも1名いた。

これに対して，411名の養護学校の生徒では，要求されるよりも多くのバウムを描いたのは，全年齢層を通じて66名であり，合計441本の木が描かれた。26名は2本の木を描き，40名は3本以上の木を描いて，一人の描き手が描いた木としては最高39本に及んだ。

カール・ハインツ・ベナー Karl-Heinz Bönner は，1956年にエッセン教育大学の修士論文で，ルール川河畔のミュールハイムの幼稚園で調査したところ，多数の木を描いた園児は，ある幼稚園では20％，また別の場所では，78％，0％，23％という〔ばらつきのある〕結果であった。78％〔という高値を示したの〕は，モンテッソリ幼稚園であるが，そこはフレーベル幼稚園よりも絵を描くことに熱心な幼稚園で，同じ現象が，チューリッヒでも目立った。ベナーは，多数の木の描き手が，一般的には，就学不適性のサインとは言えないということを見出した。バウム画に関する調査結果を彼は，次のように定式化した。すなわち，就学に適していない子どもとは，なぐり描きを始める子，木以外のものを描く子，課題を拒否して描かなかった子どもである，と。幼稚園は就学適性に少なからず貢献しているのだから，その結果が一般的に妥当かどうかと問うてもよい。おそらく，もし3本以上の木を描く子どもを多数の木を描く子どもと言うのであれば，ゲルトルート・ベシェル Gertrud Beschel のいうことは正しいように思われる。そのうえ，多くの養護学校の生徒がしばしば多すぎる木を描くことから，多数の木を描くことは早期徴候の一つであり，とりわけ，就学適性の判断を下す場合には顧慮してもよいことを指摘しておきたい。

第4節　大きさの比率

成熟した木では，大きさの比率が少なからず重要になってくる。経験からはある程度知られていたことだが，統計の結果，多くの細分化した記述がなされ，その中には驚くような結果もあった。早期型としては，経験的に，長すぎる幹が典型であるが，その反対の，小さなきのこのような樹冠をもつ短くて太い幹

もそうである。もちろん，後者は極めてまれで，たいていは，就学以後に見られるものだが。読者には，可能な限り一目でわかるような内容にした一連の表を，順次見ていただく労をとっていただかねばならないが，やむをえないことと了承いただきたい。

表A 幹の高さと樹冠の高さ（四分位数，3が中央値）

	1		2		**3**		4		5		
1	幹高	樹冠高	幹高	樹冠高	幹高	樹冠高	幹高	樹冠高	幹高	樹冠高	
K	30	0	102	39	138	60	177	91	283	220	男
	28	0	108	54	139	71	172	100	296	168	女
1. P	37	0	100	65	130	91	153	110	260	205	男
	68	23	106	64	136	88	168	102	245	135	女
2. P	25	13	99	81	128	103	146	120	220	215	男
	49	17	114	75	140	95	171	115	249	190	女
3. P	22	51	104	101	122	125	151	145	236	234	男
	18	27	100	81	126	98	144	117	190	207	女
4. P	45	37	85	87	108	114	139	139	202	210	男
	47	43	92	91	108	112	128	129	183	170	女
5. P	31	0	80	104	97	122	117	142	162	205	男
	18	47	88	95	112	113	125	132	154	232	女
6. P	20	47	56	96	74	117	105	148	211	253	男
	17	54	78	88	98	105	119	131	177	210	女
7. P	33	36	72	98	90	115	109	145	150	210	男
	32	55	92	107	110	117	118	130	174	175	女
8. P	35	21	75	87	89	111	109	138	265	191	男
	24	28	84	78	100	93	118	115	161	228	女
1. S	23	47	64	98	80	118	99	134	138	191	男
	32	59	77	102	95	122	112	144	163	179	女
2. S	27	43	59	120	68	137	87	167	150	228	男
	26	56	63	101	78	115	110	138	150	177	女
3. S	24	34	60	103	75	120	91	148	123	193	男
	45	47	78	102	90	120	105	140	150	171	女
軽度発達遅滞											年齢
	19	9	32	25	45	34	75	62	173	127	8
	30	18	70	31	100	55	125	80	197	160	9
	17	10	63	36	95	54	134	67	242	163	10
	20	14	65	58	110	80	143	108	209	188	11
	23	30	75	64	116	88	133	115	195	201	12
	34	20	80	68	105	95	132	128	194	184	13
	32	27	70	67	94	89	121	107	211	197	14
	30	25	74	69	103	95	140	122	211	175	15
	29	50	79	80	106	104	134	125	194	197	16
	71	55	88	77	100	93	129	117	186	202	17

1. 幹と樹冠の平均高

やり方：各年齢層別，男女別に，幹の高さを大きさの順に並べる。同じことを樹冠の高さについても行う。これらの値を四分位数に分割し，最小値（第一四分位数）と最大値（第五四分位数）も用いる。その中心値を平均の高さとして採用する。これは大きさの順に並べたときの中央値でもある。このようにして表Aが得られる。

図表Bが示すのは，統計に基づいて構成された標準バウムで，調査データを年齢別に示している。斜線のついた棒グラフは女子のバウムに，ついていない棒グラフは男子のバウムに該当する。中心線より上に樹冠の平均高を，下には幹の平均の高さを示した。

数値で示した幹／樹冠の高さとその比率は表Cのようになる。

図表Bと表Cは，次のことを示している。：幹の高さは，幼稚園児の年齢（6

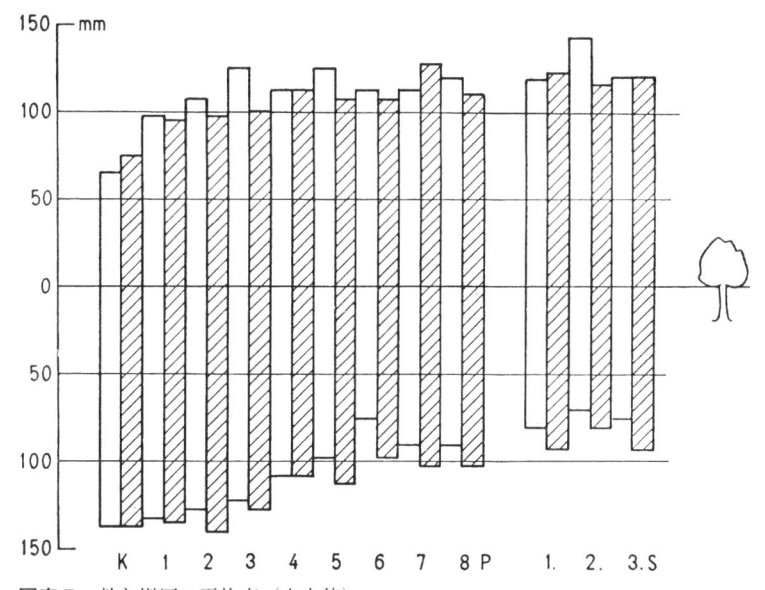

図表B 幹と樹冠の平均高（中央値）

---

1) n個の観測データを小さい方から大きさの順に並べたときに，データ全体を四等分する位置にある値を，左から順にそれぞれ，第一四分位数，第二四分位数，第三四分位数という。第二四分位数は中央値である。ここでは，最小値と最大値も用いられているために第三四分位数が中央値になっている。

表 C 幹／樹冠の高さとその比率

	幹		樹冠		比	
	男	女	男	女	男	女
K	138	139	60	71	23：10	20：10
			幼稚園児の平均　21.5：10			
1. P	130	138	91	88	14：10	15：10
2. P	128	140	103	95	12：10	15：10
3. P	122	126	125	98	10：10	13：10
4. P	108	108	114	112	9：10	10：10
5. P	97	112	122	113	8：10	10：10
6. P	74	98	117	105	6：10	9：10
7. P	90	110	115	117	8：10	9：10
8. P	89	100	111	93	8：10	11：10
			初等学校児童の平均　10.4：10			
1. S	80	95	118	122	7：10	8：10
2. S	68	78	137	115	5：10	7：10
3. S	75	90	120	120	6：10	7：10
			第二学校生徒の平均　6.7：10			

軽度発達遅滞	幹	樹冠	比	年齢	幹	樹冠	比	年齢
	45	34	13：10	8	105	95	11：10	13
	100	55	18：10	9	94	89	10：10	14
	95	54	18：10	10	103	95	11：10	15
	110	80	14：10	11	106	104	10：10	16
	116	88	13：10	12	100	93	11：10	17
			軽度発達遅滞の平均　12.9：10					

歳から7歳）で最大となり，その後急速に減少する。初等学校の児童は，平均すると，幹と樹冠をほぼ同じ高さに描き，第二学校の生徒は，基本的には幹よりも樹冠の方を高く描く。軽度発達遅滞者は，樹冠の高さにふさわしい長さよりも長い幹となっている。女子の方が男子よりも例外なく幾分長めの幹を描いたが，この指標は，年が上がるほど具体的に目立つようになる。個々の事例を評価するためには，各年齢の大きさの比率を基本に置かねばならない。少なくとも，幼稚園，初等学校，第二学校，軽度発達遅滞というそれぞれのグループの概要を知っておく必要がある。

2. 幹と樹冠の高さの平均偏差

　平均偏差は，簡易法で求められる。各四分位数と中心値との差の絶対値の合

表D 四分位数の平均偏差（中央値に対する百分率）

	幹 高			樹冠高				幹 高				樹冠高		
	男	女	D	男	女	D		男	女	D	J	男	女	D
	%	%	%	%	%	%		%	%	%		%	%	%
K	48	48	—	90	60	—	6. P	65	37	40	13	29	37	43
1. P	42	35	106	8	55	34	91	7. P	32	29	37	14	35	25	43
2. P	37	36	40	9	27	91	69	8. P	55	31	47	15	40	54	43
3. P	42	34	59	10	36	45	67	1. S	32	27	32	16	31	26	37
4. P	33	30	42	11	39	28	49	2. S	41	43	25	17	33	27	40
5. P	31	29	39	12	39	40	50	3. S	35	26	—		34	27	—
平均	41	35	37		41	41	53								
平均	48	48	幼稚園	90	60										
	42	33	初等学校	37	44										
	36	32	第二学校	33	27										

D：軽度発達遅滞，J：軽度発達の年齢

計を5で割ると，平均偏差がミリメートルで表される。この偏差を中心値で割ったものが，偏差の百分率で，表Dに示されている。特に興味深いのは，グループ別の分化の違いである。幼稚園の年齢では，偏差が最大で，樹冠の高さの方が幹の高さよりもばらつきが大きい。〔幼稚園児の〕樹冠の高さは，女子よりも男子の方がばらつきが大きく，第二学校の生徒でも，男子の方が少しばらつきが大きくなる。極めてばらつきの大きい幼稚園児を除いても，初等学校と第二学校の生徒では，典型的には，幹の高さと樹冠の高さは，平均的な大きさの優に3分の1は変動する。軽度発達遅滞者は，標準生徒（樹冠の高さは除く）と同程度のばらつきだが，さほど驚くにあたらない。無頓着と視野狭窄とは，しばしば相殺するから。6歳から7歳の標準児童（幼稚園児）では，子どもらしい無頓着さが目立つが，年をとるにつれ，束縛も多くなる。とはいえ，それは，ときどき数字が跳ね上がること（初等学校2年生の女児で樹冠の高さの〔偏差百分率〕91%とか，8年生における変動）と，相容れないわけではない。

3. 幹高-樹冠高比率の中央値

これまで，幹／樹冠の比率は，幹と樹冠とを別々に並べた長さから計算して考察してきた。しかしそのために，正確には，真の比率が何か別のものに入れ替わっているかもしれない。それゆえ，幹の高さと樹冠の高さとの比率を算出して，それを大きさの順に並べた。その中央値の年齢別の推移が，標準児童（男

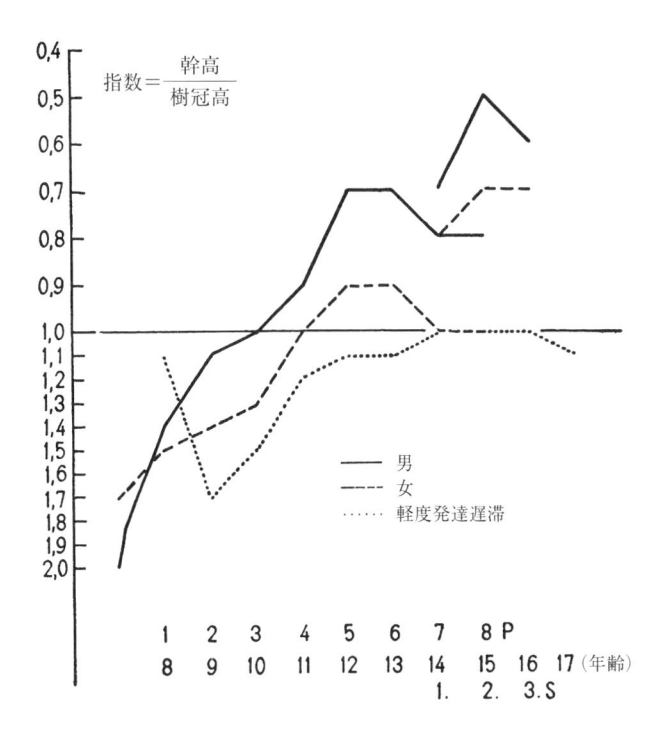

図表 E　大きさ順の中央値

女）と軽度発達遅滞者の各場合について，図表Eに示されている。

〔図の中の，比率が1を示す〕線より下の値は，幹の長さが樹冠の高さよりも長い木を示しており，線より上の値は，樹冠の高さが幹の長さよりも長い木であることを示す。驚くのは，軽度発達遅滞者の初期値がさほどでもなく，9歳以降，ようやく，標準児童から予想されるような値を取り始めることである。このグラフの形で表されている心的な能力は最初〔8歳〕は見せかけなのだろうか。軽度発達遅滞者では，9歳になってようやくバリアができるという可能性は十分あるし，そのことは他の文脈でも見られる。女子は，男子に遅れを取りながら上昇していく。第二学校の生徒では，曲線はさらに上昇するが，やはり常に男子の方が上にある。

1）　自我境界のようなものか？

4. 百分率で示した幹高／樹冠高比率の全体

　比率の中央値が示す曲線は，幹／樹冠比率の具体的なイメージを与えてくれる。にもかかわらず，その中では，上下へのばらつきは考慮されていない。各年齢集団が示しているのは，幹と樹冠のどちらが優勢であるかだけでなく，同じ集団の長すぎる幹や樹冠の可能性もある。われわれの関心は，長すぎる幹や樹冠がどの程度の割合で存在しているかということにある。1.0 付近の比率の頻度が高いと，単に長い幹と短い幹とを数え上げるだけではあまり多くのことは言えなくなる。それで比率の総計を見ることが大切となってくる。線より下は長すぎる幹の割合を示し，線より上は長すぎる樹冠の割合を示す。比率が 1.0 の木は，下に別に記してある。これを見ると，比率 1.0 の木については，年齢層の違いによる偏りはほとんどないことがわかる。斜線のついた棒は女子に該当する。

　まず，男女ともに，初等学校 6 年までは，棒グラフの一様な増加が目立つ。女子は，初等学校全体を通じて，男子よりも〔グラフの棒が〕低くなっている。つまり，男子よりも長い幹を描いたり，樹冠高をあまり強調しない木を描いたりする。女子の方が高さの増加も緩やかである。第二学校の年齢になってようやくある程度の適応が生じるのは，おそらく，男女ともに学校からの要求が大きくなるという感じだろう。強い要求が，成熟の遅れを取り戻させる。第二学校の生徒における樹冠高の強調は，初等学校のどの学年よりもはっきりしていて，その中でも一番近いのは，第二学校への入学がかかっている 6 年生の水準である。初等学校 7 年生と 8 年生では，6 年生よりも少し下がり，女子では，明らかに 4 年生に相当するような水準まで下がる。7 年生と 8 年生の生徒は，幾分成績が劣り，特に，抽象思考と言語的才能は，第二学校の生徒よりも劣る。彼らの才能は，実用的な面で存分に発揮されるが，だいたいは，教育が難しかったり，内気だったり，虚弱体質だったり，あるいは，たくましい体つきで，大きくなれば力仕事をしたり，何でもこなせる職人になるようなタイプだったりする。

　グラフの中の実線は，男女の平均値を示す。

　上や下が十分に長い木は，筆相学的側面，すなわち，上の長さのあるいは下の長さの強調という観点から，観察してみたいという気持ちにさせる（下の長さの強調：幹，上の長さの強調：樹冠）。これを集団の結果から導き出される表

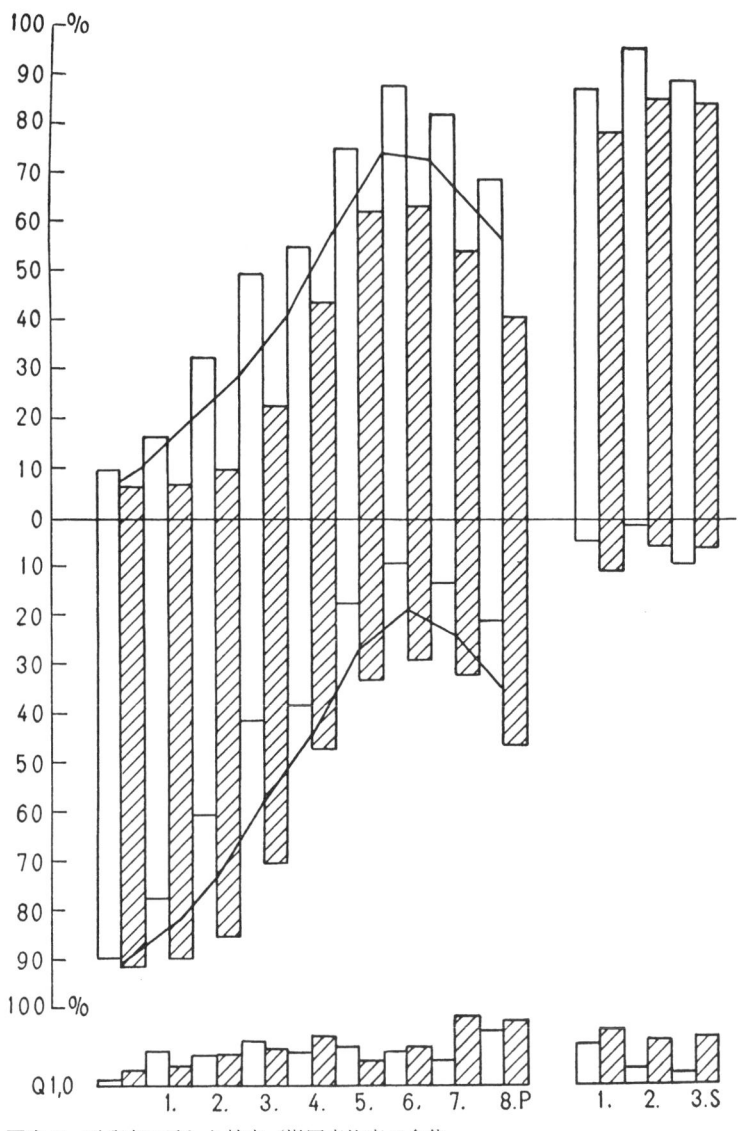

図表F　百分率で示した幹高／樹冠高比率の全体

斜線なし：男　P＝初等学校
斜線あり：女　S＝第二学校
左側の最初の二つの棒グラフは幼稚園児のそれを指す。

現に利用できるかどうかは疑わしいのであるが。

5. 上の長さ（樹冠高）の強調

上の長さの強調ということは，一定の条件付きでしかいえない。幹高が樹冠高の半分より少ないときは，その外観はむしろ，まれな早期型に近くなり，高学年ではほとんどが遅滞を示唆するものとなる——上の長さの強調は，筆相学的には，知的・精神的なものが漲っていること（Lebhaftigkeit）〔にぎやかなこと，元気，活力〕を物語り，宇宙的なもの，感覚を超えたもの，理念などへの関心を物語っている。いくつかの意味：

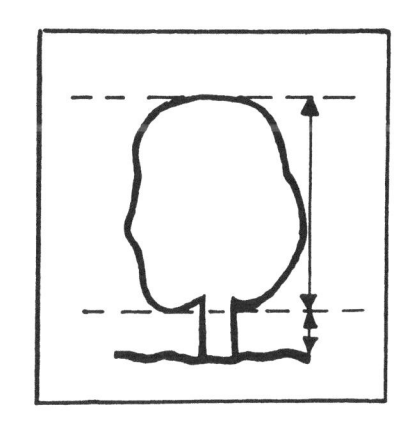

感覚を超えたものへの没頭
知性の優勢
精神的なものへの傾倒
理想主義
願望世界の強調
自己顕示欲
自意識
誇り，「思い込み」
熱中する能力
熱狂，狂信
情熱的（枝が集まって炎のような形をしている樹冠の場合）
名誉欲
誇大妄想

現実感覚の欠如
場合によっては，生命力，本能，性欲の衰弱
無意識から得るものが少ない
底の浅い知識
束の間

樹冠高が過度に強調されるいくつかのケースでは，この指標が退行的な性格も持ち合わせていることがある。

6. 下の長さ（幹高）の強調

下の長さの強調は，肉体的・物質的なものが漲っていることに対する本能や無意識の影響を表現している。実際的なものへの傾向が前傾に立っている。にもかかわらず，筆相学で普通になされている解釈を与えることは，敢えてしな

いでおく。というのも，長い幹を描く7歳の子は，下の長さの強調ということになるが，特別な現実的意味を持つことはほとんどないからであり，これは，文字を対象とする筆相学の場合でも受け入れられていることである。表現学的には，比率は違う意味をもつ。文字では，下の長さというのは，下に向かう動きであり，動きとして感じられるが，木の幹の場合は，相対的に下と感じられるだけで，その「動き」は，成長の方向に，すなわち，上に向かっている。

　上の長さの解釈は，〔筆相学的解釈を〕バウムに転用してもさほど問題はない。下の長さ，つまり，幹の強調については，次のようにまとめられる。

　年齢による単純な比較，特に第二学校の生徒と，同年齢の初等学校7年生8年生との比較の結果：精神的な能力の大きさを左右するのは，没頭する能力，観念論的なものへの傾倒，一種の精神的さまよい，そして少々非現実的な部分，といった事柄だが，もちろん，足元を掬われる危険と隣り合わせでもある。それは思春期の時期にも入ってくる。一般的には，上の長さだけの強調に見られるような不釣り合いには，強い不安が渦巻いていて，それは，別の表現として，〔精神的なものが〕漲っていること（Lebhaftigkeit）という形を取り得る。

　この不安は，たいてい，（ほとんど行動過剰といってもいいような）運動上の落ち着きのなさという形で，幼い子どもも経験している。そういう子どもたちが下の長さだけを強調する。彼らの漲り（Lebhaftigkeit）は，年上の生徒よりも，直接的で，自然で，生命力があり，何よりも感情的である。同時に，幼い子どもは自我の目覚めがまだなく，無意識に捉えられている。女児と男児とを隣同士に並べてみると，女児の方が男児よりも，感情的で，幾分意識に乏しく，

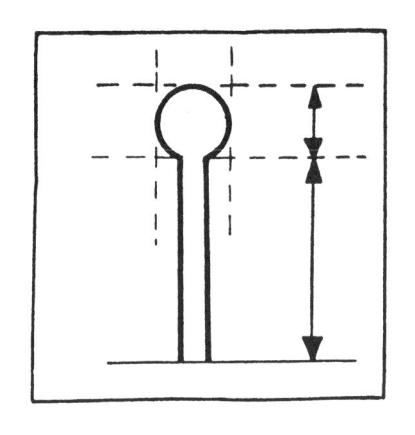

本能の作用
無意識に生きている
感覚的なものに対する漲り
感情や心情に訴えること
意識の欠如
目覚めていない，発達の阻害
未熟な，退行的な，遅滞の，幼児的な

幹より長い
樹冠

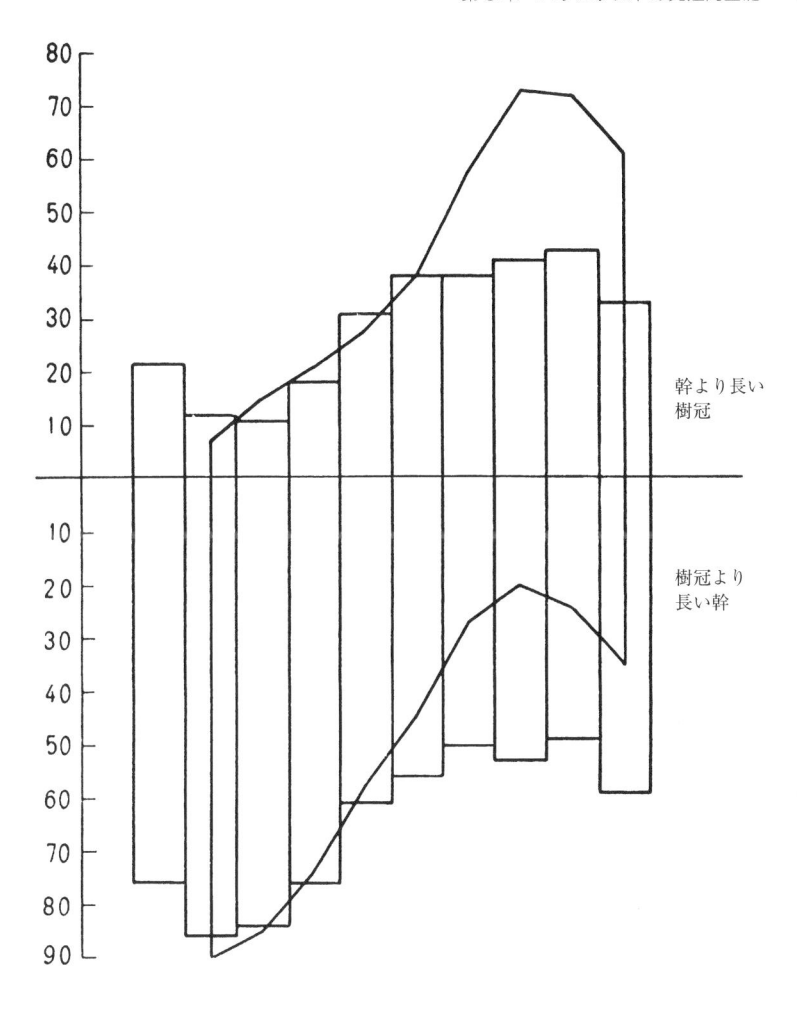

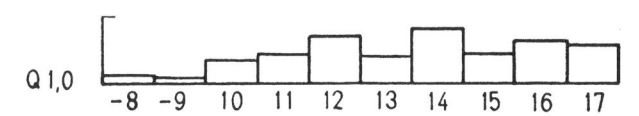

樹冠より
長い幹

図表 G 軽度発達遅滞の百分率で示した幹高／樹冠高比率の全体
（標準児童の1年生から8年生を折れ線で示して比較）

精神的なものへの傾斜も少なく，起源からは遠ざかっていない。こう言ったところで，既に人が知っていることが正しいと確認されたに過ぎない。相対的な大きさの比率それ自身は，意識的な造形が入り込む余地が全くないのに，第一に性差を明らかにし，第二に心理学的に実りをもたらすという点に興味をそそられる。

　軽度発達遅滞者の幹／樹冠の比率は図表Gに示されている。比較のために，細い線で初等学校の生徒の変化を記入しておいた。軽度発達遅滞者は，既に解釈したような8歳の上方への変動を除けば，13歳までは標準児童とほぼ同じ発達を示す。13歳からは，軽度発達遅滞者は一度到達した水準に立ち往生している。年上の初等学校生の意識段階には到達せず，第二学校生のそれからは遠く

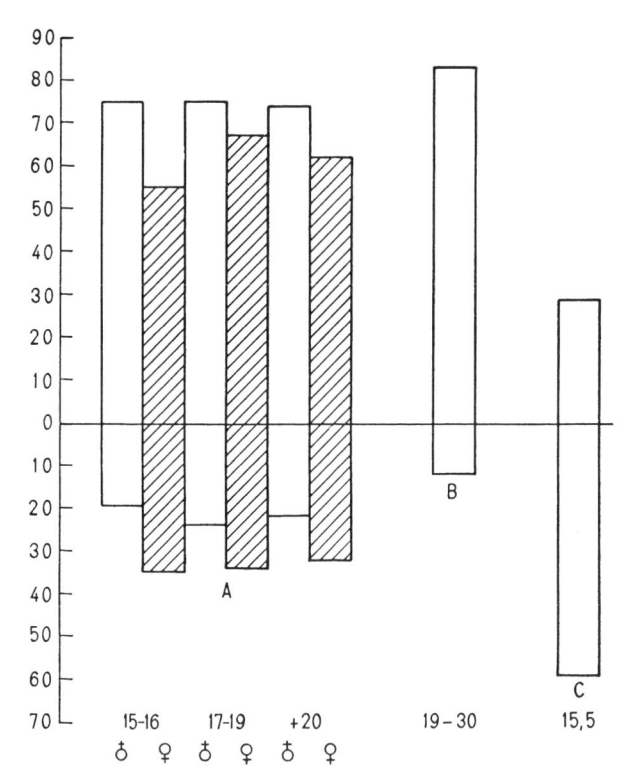

図表H　百分率で示した幹高／樹冠高比率の全体
A＝半熟練工，B＝商店員，C＝南ローデシアのミッションスクール

隔たったままにとどまるのも当然である。上下の偏りもほとんど同じくらいで，安定している。不安の訪れはないらしく，ということはつまり，精神の漲りとか実りも来ていない。17歳で棒グラフが減少するのは，驚くことに，8年生の女子の減少とよく相応している。学校の疲れか，それとも終わりの門が近づいて気が緩んだのか。

　学校を卒業した男子の半熟練工は，出身校である8年生の段階よりも少し上に位置している。女子の半熟練工はまたしても，男子の半熟練工よりも低い位置にある。

　棒グラフBは商店員の比率を示すが，以前いた第二学校の水準にかなり近い。一度獲得された水準は，後になっても保持されているように思われる。

【棒グラフCはアフリカ人の比率を示すが，初等学校2年生の男子とかなり近い。われわれの考えでは，この15.5歳のアフリカ人は，依然子どもで，比較の妥当性に疑問はあるものの，このイメージはさほど外れていないように思わ

表J 樹冠の右半分と左半分（樹冠幅），第三四分位数＝中央値

		1		2		**3**		4		5		
		左	右	左	右	左	右	左	右	左	右	
K		0	0	33	33	48	51	70	75	119	128	男
		10	10	39	40	50	56	66	84	105	160	女
1.	P	15	16	42	46	59	65	75	83	134	135	男
		6	14	36	45	50	64	66	86	90	157	女
2.	P	17	21	50	57	63	75	74	88	130	155	男
		24	30	48	57	62	73	79	96	128	128	女
3.	P	33	27	64	72	78	92	88	108	116	145	男
		33	39	62	70	76	84	86	102	110	128	女
4.	P	26	35	67	77	84	92	91	108	115	137	男
		17	30	62	67	75	84	87	98	114	126	女
5.	P	31	39	64	70	80	89	90	100	136	127	男
		25	34	60	69	75	88	83	101	117	136	女
6.	P	21	26	60	69	74	83	87	100	114	122	男
		32	27	59	69	75	85	82	97	104	128	女
7.	P	10	26	48	66	78	85	94	100	116	135	男
		32	44	65	75	76	88	87	99	113	131	女
8.	P	16	18	57	65	71	81	87	100	109	130	男
		0	24	60	64	66	74	84	96	112	122	女
1.	S	30	24	58	60	72	77	86	93	113	128	男
		40	25	70	75	81	93	88	103	103	126	女
2.	S	16	38	67	75	77	89	89	104	126	124	男
		37	12	64	71	73	82	89	100	116	128	女
3.	S	27	20	66	66	76	82	86	100	105	126	男
		35	47	70	75	78	90	88	106	108	127	女

れる。

〔大きさの比率という〕一つの指標が，そのように興味深い集団心理的側面を明らかにするという事実をみると，別の集団に対しても同じように調査をしてみたいという気持ちになる。[1]】

7. 樹冠幅

さしあたっての興味は，樹冠の右半分と左半分とが互いに同じであるか，あるいは，どちらかの側にずれているかということである。表 J は，四分位数の[2]大きさを並べて示している。左右の樹冠幅の中心値の比率はすべての年齢層において一定に保たれて，左：右＝ 10：11.3 となっている。樹冠幅は左側よりも右側の方が 1.13 倍広い。この不変性は，この指標が年齢による階層化に左右されないことを示している。

8. 樹冠高

表 K は，比率の変動が少なく，樹冠幅：樹冠高は平均 10：7 であることをはっきりと示している。この指標はほぼ一定している。

表 K

	樹冠幅		樹冠高		比	
	男	女	男	女	男	女
K	101	103	60	71	10：6	10：7
1. P	128	110	91	88	10：7.1	10：8
2. P	143	137	103	95	10：7.2	10：7
3. P	174	161	125	98	10：7.2	10：6
4. P	181	160	114	112	10：6.3	10：7
5. P	169	161	122	113	10：7.2	10：7
6. P	158	160	117	105	10：7.4	10：6.6
7. P	169	167	115	117	10：6.8	10：6.9
8. P	155	143	111	93	10：7.4	10：6.4
1. S	151	170	118	120	10：7.8	10：7
2. S	165	159	137	115	10：8.3	10：7.2
3. S	162	166	120	120	10：7.4	10：7.2
			平均値	10：7		

---

1) 【 】内の文章は第 9 版以降削除されている。
2) 91 ページの注参照。

9. 標準バウム

標準バウムを構成するための統計的な基礎が揃った。次のようなイメージとなる。

	幹高	樹冠高	年齢
幼稚園児	21.5	10	6-7歳
軽度発達遅滞者	12.5	10	8-17歳
初等学校生	10.4	10	8-15歳
第二学校生	6.7	10	14-16歳

樹冠の右半分：樹冠の左半分の 1.13 倍
樹冠高：樹冠幅の 0.7 倍

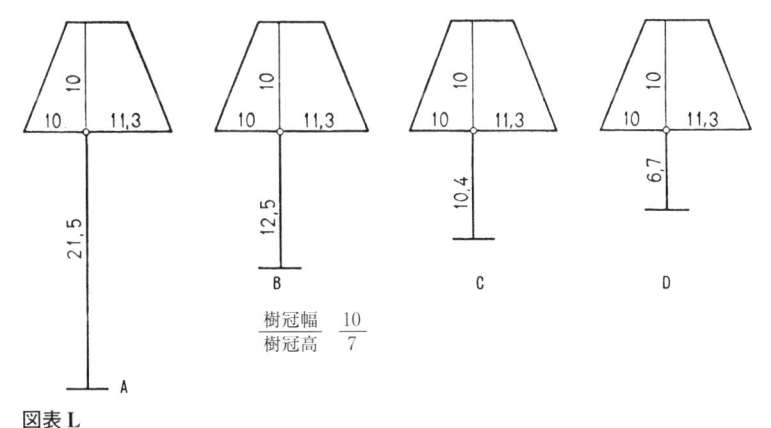

図表 L
標準バウム：A ＝幼稚園，B ＝軽度発達遅滞，C ＝初等学校，D ＝第二学校

10. 左利きと右利きの描画

すべての割合が，左利きでも変わらないかという問いに答えるのは簡単ではない。まず，左利きだが右手で描く人と，左利きで左手で描く人とを区別しなければならない。後者は比較的よく見られる。左利きでも，もともと左利きの人と，事故とか麻痺のために強制的に左利きになった人との問題もある。

何十枚かの左利きのバウムを見た限りでは，右利きの人のバウムとの区別を指摘することはできなかった。描画を避ける傾向については，文字の場合よりはよく描いてもらうことができた。バウムの基礎となっている模範型は，利き腕だけに左右されるのではなく，あるいは，利き腕に左右されるとしても最小

限にとどまり、むしろ、人間全体によって規定されている。左利きの人が左手で描いた絵と右利きの人が右手で描いた絵を集めれば、すべてがはっきりする。右利きの人の多くは、左側の心的領域を存分に動き回り、その逆も言える。心的なものを表現するエネルギーは神経症的に制御する力よりも強い。いずれにせよ、左利きの人が描いた数百枚の絵を一度厳密に調査することができれば、おそらく、わずかな変動も確認することができるだろう。左利きの人が鏡像表現を行うかどうかは、可能性がないわけではないが、比較的少数のケースの検討では、確認されなかった（右あるいは左に傾斜した姿勢のバウムについては223ページを参照されたい）。

11. 描画空間（紙面）の影響

　A4判の縦長の長方形が推奨されているが、縦長の紙面は縦に長い、あるいは高い木の描画を誘発するのではないかとしばしば反対される。正方形の紙面の方がいいのではないかと彼らは言う。しかし、図表Lから明らかなように、バウムはその幅よりも高く描かれていて、正方形よりは長方形の形をしている。それゆえ、正方形は、バウムを圧迫する、あるいは横につぶす感じを与えるに違いない。そういうことが起こってくるのは、描き手が表現しなければならないもの〔バウム〕が、描こうとする紙面の制限を受けて、決まってくるからというよりも、描き手固有の心的空間に規定されているからである。

　紙を横長にしておく描き手も多い。その背後に、縦に置かれた紙を横にすることから、我意を通そうとするなどの意味を探ろうとするのは、勇み足のように思われる。表現の問題は、見過ごせないような外的条件に存在するというよりは、もっと深いところにある。

第5節　発達系列の意味について

1. 早期型の理解

　素質：バウムテストは、ロールシャッハテストと同様に、知能テストではないが、知能の程度に関するいくつかの因子を評価することは可能である。いくつかの指標を簡潔に表にして示す方が、言葉で説明するよりもわかりやすいだろう。知能テストは行っていないが、生徒の集団を、知能の程度が異なるよう

指標	第2学校 2年生	初等学校 8年生	軽度発達 遅滞者16歳	中等度 発達遅滞者	初等学校 2年生	軽度発達 遅滞者9歳
	%	%	%	%	%	%
一線枝	4.4	18.6	37	62.5	39	57
幹上直	0.5	0.55	13.6	28.5	37	35
実	5.3	11.4	19.6	32	39	39
空間倒置	0.0	0.0	3.4	19.6	3.9	8.1
ステレオタイプ	0.0	0.6	0.0	25	9.6	13.5
総計	10.2	31.2	73.6	167.1	128.5	152.6

に割り当てた。

　その有効性は相対的なものかもしれないが，考えられる推論を例示するために，異なる二つの年齢層〔9歳と15, 6歳〕を各指標の割合とともに挙げてみた。8年生以後は，知能の発達が，一つの完成と見なされるような水準に到達していて，それ以後は，テストへの反応には年齢の影響が見られなくなる（長期的には別だが）。

　8年生以後は，四つのグループがはっきりと区別される〔表の最初の4列〕ので，知能水準が完成に達したと考えてよい。（8歳から9歳の）2番目のグループでは，事情が全く異なるように思われる。両方の集団〔初等学校2年生と軽度発達遅滞者9歳〕は，個別的にも全体的にも異なっていると思われるが，それぞれの指標では区別されない。特に，初等学校の児童と軽度発達遅滞者とでは，各指標の割合が，その足並みは違うものの，よく相関している。これは驚くに当たらない。初等学校の児童はまだ，幼さを残している。軽度発達遅滞者も当然そうである。先に見たように，表現という点では，幼い軽度発達遅滞者は，標準児童とさほど大きく逸れてはいないものの，しばらくたっても，未熟な段階（Primitivstufe）にとどまったままである，あるいは，発達に入るのをためらっているのに対し，標準児童では未熟な段階を力強く伸び出て行くのである。

　2年生から8年生への発達の開きは，標準児童と軽度発達遅滞者とでは全く異なり，標準児童では総計が128ポイントから10ポイントへと下がるのに対して，軽度発達遅滞者の場合は，152ポイントから73ポイントに下がるにとどまる。しかしこの数値は，比喩以外の何ものでもないと心得られたい。

　早期型と才能の多寡との間には一定の関連があるように思われる。才能が劣る場合の発達の阻害（Entwicklungshemmung）という事態は，特定の精神的・心的機能が，全くあるいはわずかしか発達していないということを意味し，も

う少し正確に言えば，経験した素材をわずかしか同化できないので，理念や概念の構成が遅れて生じることになる。

　成人した発達遅滞者の表現と幼い標準児童の表現との関連が，ところどころで目立つので，中等度発達遅滞者とは，標準児童のＸ歳の段階で留まったままの人のことであるという，よく知られた類比のイメージが出来上がる。これは現実をあまりに単純化している。標準児童は，それぞれの段階で，学ぶ才能をもっており，とりわけ，発達の可能性と活気があるが，発達遅滞者では，どの段階も同じようにはいかない。

　目に見えて似ているどころか，極めて一致した表現が見られる場合でも，無条件で一致した状況に遡れるということにはならない。むしろ，異なる心的状態でも，より上位の観点からみて共通の分母を持っている場合には，同一の表現がなされることもあり得る。

　以下にそのような例を示してみよう。広く理解するために，もっと広い範囲から引用してみる。そして，さしあたって，多くの神経症的あるいはその他の葛藤は，いわゆる早期型が再び本質的な役割を演じているような図的表現を用いると主張してみたい。

　模写したバウム画は，長すぎる幹と小さなキノコのような樹冠を持ち，幹下縁立となっているが，この表現は，〔次の三つの場合に〕一致して見られる。

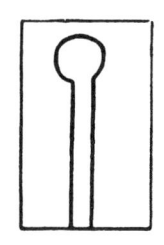

1）5歳から7歳の標準児童
2）15歳の発達遅滞者
3）成人した知識階級の神経症者

　図10の描画は40歳の神経症的抑うつ症者が描いたものである。
　彼女が描いたのは，黒色に強く塗りつぶされた一線幹，モミ型幹に一線枝である。
　この絵は，69ページの表中にある4番に描かれた形式と一致していて，4歳

---

1)　71ページ参照。

から 6 歳の子どもが描く絵に相当する。発達遅滞者も，同じようなバウムを描くことができるだろう。

　それに倣って，同じ〔形式の〕描画には，安易に同一の発達段階が割り当てられることになりがちだが，実際には，3 通りの場合を考えねばならない。標準児童の表現，発達遅滞の表現，そして神経症者の表現である。共通しているのは，未熟〔／原始的〕な（primitiv）性格である。なるほど，子どもの場合は，「未熟」という言葉は，「原初的」（ursprünglich）あるいはより正確には「起源に近い」（nahe beim Ursprüng）という意味を持つが，発達の可能性も付与されている。精神発達遅滞の場合は発達阻害と

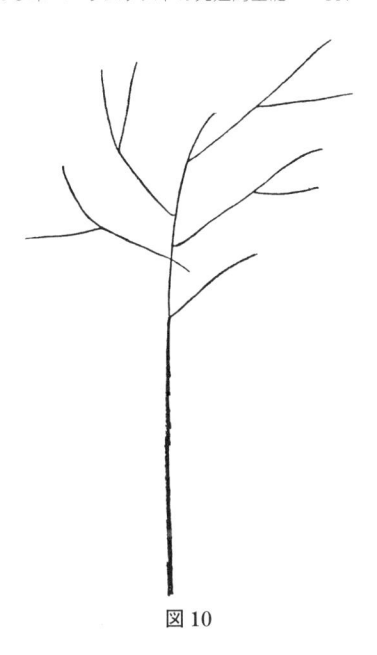

図 10

いうことが言われ，さしあたって，成人になっても，標準児童が「始原に」，あるいは最初に居たところを乗り越えられない部分があることが確認されるに過ぎない。精神発達遅滞の場合は，「最初の段階」にいて，そこに留まったままで，発達が成し遂げられた場合でも，その程度はせいぜい，本質的には未熟な域を出るものではなかったり，出てもごく一部にとどまる。主として脳の障害に基づく精神発達遅滞の場合には，一つ一つの能力に発達の余地が残されておらず，むしろその欠如と直面することになり，さらには，能力とか素質の協調にも障害があることが目立つことになる，ということを否定する者はいないだろう。それに対して，神経症の場合はこれとは全く異なることが問題となる。

　神経症では，「一族と個人の物語の歴史の中でも特に，古い行動様式が再演されている。退行が問題であり，この新しい概念は，子どものような原始的な世界の状態がもう一度もどってきたような振舞いが再演されることを，まさに表している」（P. R. ホフシュテッター P. R. Hofstätter『深層心理学入門』）。

　退行によって再体験される行動様式を見ると，不可解で，頑なで，奇妙な，遠い昔のような，気持ちになる。「にやりとする笑い」と「悲劇のような面持ち」とがほとんど常に，ぴったりとはなれずに同居している。

精神分析は退行を力動的に捉えているが，それは，G. H. グラバー G. H. Graber の著作『子どもの心の鏡』の 152 ページに，その素描を見ることができる。

> 　生徒 R は 12 歳の男児で，衝動性も情緒的交流も乏しく，そのために不器用で，ぼんやりして，夢見心地だった。特に彼の否定的な特徴として，現実から様々な逃避を企てることがあった。学校はサボり，宿題にも手をつけず，何事にも退屈しているようで，ある日，父親の強い叱責に対して，感情を爆発させて，すぐに精神病院にでも入れたらいいだろう，と答えた。しかし R は，分析の初回夢が示すように，狂気への逃避だけでなく，死に完全に退行することも切望しており，その背後には，母と再び結ばれたいという願望，胎児のような存在状態への希求が隠れていたのである。

　C. G. ユング C. G. Jung によると（『心理学と錬金術』原著 97 ページ），退行とは歴史的・遺伝的なもろもろの決定要素への溶解を意味し，その桎梏から逃れるためには，多大な努力をする以外，道はない。

> 　もちろん，既にフロイトの研究によって前から知られているように，幼児性と十分取り組むことなしに幼児性から自由になることはできない。その際，単なる知的な知識だけではどうしようもなく，本当に効果があるのは，再び思い起こすこと，言い換えれば，再体験することである。時は矢のように流れ，時々刻々に発見される世界が圧倒的な勢いで流入してくるために，多くのことが手つかずのまま取り残される。しかしそれは，自由になっているのではなく，ただ遠ざかっているに過ぎない。それゆえに，何年も後になって幼児期の記憶へ戻っていくと，自分の人格の生き生きとした断片を見つけ，今なおそれとしっかりと結びついていて，幼年の感情が心を満たしているのに気付く。しかし，それらの断片は，まだ幼児期のままの状態にあるので，強烈で直接的である。それが大人の意識と結びついたときにだけ，その幼児的な側面が失われ，修正される。

　退行状態においては，自発的な行動それ自体が原始的（primitiv）になる。「原始人の場合，彼が考えるのではなく，それが彼の中で考える，というのが正しい」（C. G. ユング）。ここに，幼い子どもや精神発達遅滞と一致する点がある。

実際，振舞いがどれほど子どものようであったとしても，行動のモデルを少なくともそこから借りてきたとしても，退行にとらわれた状態や発達が阻害された状態を小さい子どものそれに直接たとえる理由はない。むしろすべてに共通しているのは，無意識に規定された存在であること，あるいは逆にいえば，意識の欠如と定義されるような存在であることである。それは原始人であり，意識的な努力をすることができず，心的なものがすべて外的世界の中に投影されているような世界観を持つ。適応能力はあるが，その有効性は彼らの原始的な世界の中だけに限られていて，今日の世界の他の場所では危険に曝されるし，高度な意識段階からは容易に，克服すべきものとされてしまう。意識的な人間は，出来事を自然に任せる代わりに意識的な決定を行わねばならず，われわれが身を置いているように見える現実からは「あらゆる無意識的な幼児性と自然性に別れを告げる」（C. G. ユング）よう強いられている。

　大人や青年のバウム画の中に，幼い子どもが描くような早期型を見出すと，彼らの生の一部が無意識な状態のまま経過してきたと受け取られる。

　　　　部分的にしか意識的でない人間は多数いる。絶対的に文明化されたヨーロッパにおいても，あまりにも多数の人が，異常に無意識的であり，彼らの生の大部分が無意識な状態のまま経過している。彼らは，自分に何が起こったのかは知っているが，何をすべきか，何を言うべきかは知らない。自分のしたことがもたらしたことについての釈明はする。それこそ，異常に無意識な人間であり，それゆえに原始的な状態にいるといわれるのだ。（C. G. ユング C. G. Jung）

　部分的な意識とか，一部が無意識に流れていくような生のあり方は，事実，早期型の図的表現に，それらしく表れてくるように思われる。

　エルンスト・クレッチマー Ernst Kretschmer はその著『精神療法研究』の中で，体質的生物学の立場から，部分的遅滞という概念を打ち出しているが，これは，〔精神的〕成熟が部分的に停止するという不均一な成熟状態のことをいい，体格にみられる部分的欠損との類比から着想されたものである。

　　　　均一に成熟した人間は，その年齢段階の生活圏に順応して，特に問題を生じないし，その都度，求められる歩き方を自分からする。これに対して，部分的な幼児性や部分的小児性が残っている人間は，バランスの取れたスタイルを見

出すことができず，小さな誤解を悲劇的な葛藤にしてしまう可能性が多分にあり，というのも，常に分をわきまえない言動を取って，期待されていることとは別のことをしてしまうからである。（クレッチマー Kretschmer）

　クレッチマーは神経症の原因を，早期幼児体験にあるというよりもむしろ，性格的な徴候とみており，神経症的な体質を持つ者の早期適応障害を裏付けるものと考えている。彼はまた，人生の節目の段階的な課題よりも，一部が若いままで留まった体質の機能不全に，コンプレックスの典型的な発火点をみた。本質的には，部分的遅滞は，不均一に発達した体質という意味で想定されている。
　生物学的な考察方法は，実際的診断的な実務の直接的な要求に対して，わかりやすい形で用いられるので，拒みがたい利点を有している。にもかかわらず，この立場に対しては，C. G. ユング C. G. Jung の次の批判を避けられない。

　　　　生物学的な前提を持って無意識に入り込むものは，衝動領域にはまり込んで立ち往生することになり，そこを超えて進めないだけでなく，絶えず身体的な存在領域に押し戻されてしまうだけである。

　特定の心理学を発展させることがわれわれの課題ではなく，臨床の中で出来事として現れてくることを，既存の心理学に拠りながら，理解せざるをえないのがわれわれ臨床家である。その際，難しい選択を迫られているという責任は十分感じられ，選択に際しては，どのような人間像を基礎においているかということにも無関心でいるわけにはいかない。その間，テストに関する研究から生じてくる知識を無視することはできない。おそらく，描画表現の中に早期型を指摘できるような多くの事例は，生物学的な観察方法でも理解できるだろう。それでも，これらの徴候を比較的簡単に誘発できるという事実は，体質的な変化を主張する生物学的方法と矛盾する。このことは，主題や題材や内容の変化については特に当てはまる。
　発達に関する問いを突き詰めると，意識と無意識とがせめぎあう領域に導かれた。退行状態では，生物学的な欠損，元気あふれる遠い幼年時代，あるいは，無意識的原始的なものの，いずれが主に作用しているかという問いについては，

一般的な結論を出す権利はわれわれにはないということを考えて，答えを出さないままにしておきたい。ただ，バウム画の際に目立ってみられる早期型の理解の可能性を指摘しておくことは重要である。つまり，早期型には，子どもであれ大人であれ少なくとも，根源的な性質や遠い昔のものが示唆されていて，意識，性格，情動への対処などが発達してくると，その根源的なものが緊張をはらんだ対立状態に至るという点はおさえておく必要がある。

2. 退行に関する論考

1952年12月7日，実験主導者のE. ヴィードリッヒ E. Widrigとともに，次の実験を行うことが決まった。21歳の被験者は，催眠状態で暗示を与えられて，20歳になり，19歳，18歳と，2歳まで年齢を下げていき，それぞれの年齢で果物の木を描くように言われる。同時に，補足的質問によって，暗示された状況が，そのつど，（実験主導者が知っている）現実とどの程度合致しているかを監督するために，記録が取られた。

さて，次のようなことが生じた。注意深くとられた記録によると，被験者は暗示された年齢に関係する体験と事実を正確に述べ，催眠状態で観察可能な態度からは，問題となっている時期に合わないようなことは見られなかった。この意味で，再体験されている時相は，時計が刻む時間とぴったりと一致しているように思われた。

これに対して，バウム画は，全く予期しないイメージとなった。すなわち，暗示された年齢と部分的にしか合わないようなイメージが描かれた。20歳では，標準的な，現実とよく相応するバウムが描かれた。19歳では，既に，一線枝が生じ，18歳では風船型樹冠（Ballonkrone），17歳では一線枝と一本だけ力強い二線枝，ただし一線枝にかなり近いものだが，9歳になると一線枝と幹上直，8歳で直交分枝，7歳で直交分枝を伴う一線幹と黒く塗られた実，このあたりで「標準的な」発達まで降りてきているが，そして2歳で，上下にさまよったりぐるぐる回るなぐり描きと並んで，木を描写していると思われる十字が力強く描かれた。その翌日の日中に，逆の順序で実験が行われた。その結果は，59ページに述べられているとおりである。2歳からはじまって，1歳ずつ年が上がって現在の年齢まで戻ってくる2番目の実験と比較すると，気になる相違が生じている。被験者は，年齢を下げていくやり方のときには，9歳から3歳

までの間は，年齢が上がっていく場合と比べて優に1歳は遅れた反応をしている。しかし2歳では，彼女は年齢が上がっていくときと比べて1歳進んだ反応をして，指示を実際に理解してそれを実行することがほとんどできない状態にあることが読み取れた。年齢を下げるやり方の場合は12歳で生じた表現が，年齢を上げていく系列では14歳になって初めて見られた。19歳で既に下向きの一線枝がみられ，一方，年齢を上げていく場合は9歳で既に一線枝が消失するという事実は，被験者の体調がよかっただけになおさら奇妙に目立つ。大きさの比率も崩れていて，現実と一致しているとはあまり思われない。思春期も含めてすべての時期の表現が検出され，早期型は，時間的なずれを無視すれば，2番目の実験のそれとよく一致している。

　年齢を下げていくやり方のときに一線枝が生じたのは19歳，被験者の実際の年齢より2歳下がったところだったが，年齢を上げていく場合は9歳で消失している。つまり，19歳で早期型が生じているので，退行が生じているといいたくなる。

　年齢を上から下に下げていく暗示のやり方には，明らかに，もう一つの暗示が含まれている。つまり無意識が，この妙に図式的で正確なやり方に基づく指示を理解するのである。「今あなたは19歳です」，そして「今18歳になりました」，といった形で暗示されると，無意識が「昔に戻りなさい」と言われているように受け取るのは明らかである。これは直接暗示されるものではないが，暗示に含まれている決まり文句が急速に退行を促すのである。次々と年齢を遡った状態に連れ戻されれば，描画に退行指標が現れてくる条件が十分整う。

　20歳や19歳に戻るだけでは，もっと深い層なら普通見られるはずの徴候を喚起することはできないのではないかという反論も当然あるだろう。ここでは次のようなことが問題になっていると思われる。異なる年齢の体験とか，被験者の各年齢で区別される物語というのは，入り込む隙間もない壁ではなく，「昔に戻りなさい」という暗示によって容易に入っていける類のものである。もし私が，たとえば厚く不均一な空気あるいは液体の層にボールを落としたら，落下中にその層から特定の抵抗を受けて，落下にブレーキはかかるだろうが，引き止めることはできない。落ちていく方向にあるところの地面まで落ちていく。これとは逆に，ボールは自ら階段を上っていくことはない。人が一段一段持って上がらなければならないし，持ち上げられたところでボールはとどまる。同

じ意味で，年齢を一歳ずつ上げていく暗示の場合は，次の年齢になったときに初めて生じる状態を先取りすることはないように思われる。しかし，20歳，19歳，18歳と年齢を下げていく暗示の場合は，これが退行を誘う。意識の何かが働きをやめ，深い原始的な層が惹起され，そこまで転がり落ちることになる。

さらにこの実験は，退行は内的な秩序に混乱をもたらすということを示している。そして，〔内的な〕変動が生じ，全体の内的なバランスが少し乱れる。

もう一つ，この実験は，退行的な過程が，いかに簡単に始まるかということを示している。それを，精神療法家がやっているような大げさなものと思い描く必要は全くない。おそらく，この過程はあらゆる情動的な変化に関係していて，適度の退行は様々な情動的やりくりの一部であり，そのことは，後に記述される実験によって十分に示されているように思われる。

3. 退行徴候

E. ベンヤミン E. Benjamin は『児童精神病理教科書』(Rotapfelverlag, Erlenbach-Zürich, 1938) の中で，退行反応に関連して生じる子どもの行動様式について述べている。

ネガティブ		ポジティブ	
落ち着きがない	家族に要求の多い	情愛のこもった	子どもらしい-悪意のない
ふざけてばかりいる		子どもじみた	よくわかる
責任感のない	愚かな	せわしい	大はしゃぎの
突飛な	〔性格など〕変わりやすい	訓練を受けていない	情愛のこもった
〔支えがなくて〕不安定な	怠惰な	活力のない	信頼に満ちた
傍若無人の	人に決めてもらう	ぼんやりした	こだわらない
移り気の	汚れた	おしゃべりな	親しい-明るい
うそつきの	他人の財産に対する感覚がない	不作法な	想像力のある
押し付けがましい		やきもちやきの	
過度の	感謝しない	すぐにめそめそする	

　その他：子どもが離乳食から離れられないとき。母親や養育者の体から離れたくないという
　　激しい要求。

清潔へのしつけに逆らうとき。
少し大きくなると：飛び回るような落ち着きのなさ，くだらない愚行，不真面目，素朴な利己主義。年下には強い態度で望み，年上には保護を求める。自立していなくて母と結びついている。母に対しては暴君となる。
学校では：幼児のような-遊び半分，まじめさに欠く，責務の定言的命令〔カントの用語。すなわち意志を無条件的に規定する道徳法則〕を理解しない。集中できない，多動。
荒れると：嘘を繰り返す傾向，怒りの爆発，短絡的な情動的反応，不安定，軽率な違法行為，徘徊，放浪者，配慮に欠けた自己中心主義。秩序や清潔に対する感覚の欠如。動物虐待常習者。性衝動の不調和な発達，たとえば過度のマスターベーションなど。
退行反応で惹起される徴候：
チック（眼瞼の痙攣性のぴくぴくした動き，咳，鼻をくんくんかぐことや舌打ちのチック，顔面，腕や足の筋肉のチック）。
遺尿症，遺糞症（おねしょや便を漏らしてしまうこと），ただし器質的異常がない場合。
言語発達の遅れ。
多動，集中力の低下，運動神経のなさ。

マックス・プルファー Max Pulver は（未刊行の講義録で）幼稚症（Infantilismus）〔138ページ参照〕の指標を示したが，かなりの部分は退行指標と一致している。

1) 責任回避：責任能力のなさ，全体的成熟の欠如
2) 見通し力のなさ：ある点では，刹那的な人間で，気分が不安定，一つのものに執着する。全体を把握することができない。あることがどういう影響を及ぼすのかという感覚が欠けている。成熟した人間は，責任感とか直感，影響範囲，関係性に対する感覚などのようなものを持ち合わせている。
3) 自己過大評価，その帰結：現実の歪曲，他人を理解することができない，対象に近づく能力の発育不全。
4) 性的，性愛的無能：破壊衝動。他を食べてしまいたいほど可愛がる傾向。横暴な行為。
5) 寄生的な性癖：素朴な尽力，自分のために受け取ること，渇望，干渉，こっそり覗く。
6) 虚偽：現実に直面する基盤の欠如。

プルファー Pulver は常に，幼稚症が，自分の力を出し切る妨げとなることを繰り返し指摘してきた。実際，多くのいわゆる怠惰の背後にあるのは，遅滞的・退行的な牽引力であり，それが，彼らの知能からは考えられないような失敗を解く手がかりになる。

第4章　図的表現に関する実験

第1節　具体的事物に縛られない線

　バウム画は心の状態を表現するのに適した場である。筆相学が十分示してきたことだが，個人的な表現は字体に入り込むので，字体を解釈することで個々の表現が明らかとなる。バウム画において，これと同じ過程がどのような形で見られるかについては，以下の実験が示すはずである。その前にまず，具体的事物に縛られない線（gegenstandsfreien Linie）を描くこととその解釈について，ラインハルト・クラウス Reinhard Klauß の『図的表現について』という著書から引用したい。

　　　　具体的事物に縛られない線とは，活字体や装飾体など，具体的な形に即して描かれるものをある種の規則性をもって表現する線ではなくて，ただ自由に，法則とか手本には一切縛られずに引かれた線のことをいう。（クラウス Klauß）

　被験者に，リラックスした心地よい気分になるように促し，その状態で，一本の線を，それがどんな風に見えるかなど考えずに描いてもらうと，心地よい状態を表現する線となる。このようなやり方によって，ある心的状態を表現する優れたイメージが生み出されるが，その表現を評価し分類することで，特定の心的状態を知ることができる。
　この方法で，特に描画対象を定めずにぼんやりした状態を描いてもらうと，紙の上には点や線が散らばって，中心となる点を指摘することはできない。一方，意識を集中すると，一つの点のようなもの，おそらく，狭い範囲でぐるぐると回る螺旋のようなものが描写（darstellen）される——意識を集中させると，

図 11a

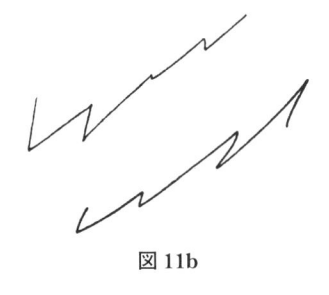

図 11b

図 11c

図 11d

すべてが自然に集中して濃くなっていくのに対し，意識を弛緩させると，すべてが緩み，離れ，乱雑になっていく。このような〔意識の弛緩の〕イメージは，バウム画では樹冠に投影される可能性がある。分枝は主枝に縛られることなく，主枝から離れ，飛び立ち，宙を漂う。主枝と分枝の自然な結合が断たれる。あるいは，風船型樹冠（Ballonkrone）に互いに入り乱れた線や点が見られ，上述のイメージを正確に再現しているかのように見えることもある。実際のところ，バウム画は，まさに心の弛緩状態を記録するものといえる。筆相学においては，文字の帯を追っても優れた観察者の目にしかとまらないものが，バウム画では，拡大され，ほとんど純粋な表現として目に見えるようになっているのである。

いくつかの実験の中から，3人の異なる被験者が，「怒りの状態」で描いた3本の具体的事物に縛られない線を取り上げてみよう。

それぞれの被験者が，「怒り」を異なるやり方で表現したのは明らかだが，その特徴は以下のように要約される。

強い筆圧と強い筆圧差で濃く塗られた a，高さと幅が不規則に広がりながら上がっていく b，線の方向が入れ替わり，途切れ，あるいは消すような線が引かれて無秩序となっており，丸みと鋭さも入り乱れている c。これらはすべて速いテンポですばやく仕上げられた。

図 d が示すバウムは，また別の被験者が「怒りの状態」で描いたものである。このバウムに見られる〔樹冠の部分の〕表現と図 c に見られる表現とが一致していることを見出すことは難しくない。これらのイメージは同時に描かれたものではなく，バウムの方はフランス人が描いたもので，具体的事物に縛られない線〔図 c を指す〕の方はスイスのドイツ語圏に住む人が描いたものである。バウム画の方で目立つのは，図 b のように斜めに上がっている地面線，地面から離れている幹，上下が開いた幹，一線枝の形で描写された樹冠である。

第 2 節　催眠下での実験

次の例は，被験者 R が催眠中に「あなたは恐ろしいほど怒っている」という暗示を受けて描いたものである。被験者は，通常の状態では力強い二線枝のバウムを描き，枝に途切れは見られなかった。地面線は，R の描画では，しっかりと固定された状態であった。

図 12a

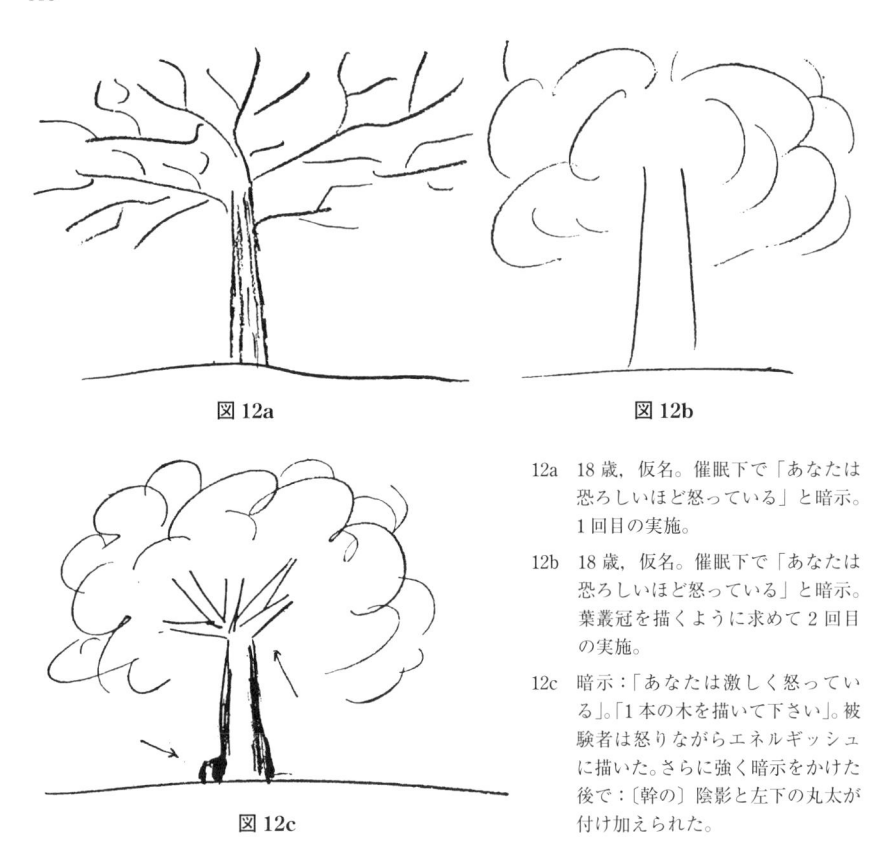

図 12b

図 12c

12a 18歳，仮名。催眠下で「あなたは恐ろしいほど怒っている」と暗示。1回目の実施。

12b 18歳，仮名。催眠下で「あなたは恐ろしいほど怒っている」と暗示。葉叢冠を描くように求めて2回目の実施。

12c 暗示：「あなたは激しく怒っている」。「1本の木を描いて下さい」。被験者は怒りながらエネルギッシュに描いた。さらに強く暗示をかけた後で：〔幹の〕陰影と左下の丸太が付け加えられた。

　怒りとは，情動的に極度に興奮した状態を意味し，突然爆発することもあれば，怒りに気を失うまで情動が遮断されることもある。

　図 12a は，怒りの表現を示している。描き手は一線枝を描くような状態に陥っている。一線枝は早期型に相当するので，怒りの状態では原始的な層が賦活されていることが示唆される。それをよく示す，「彼はいかれている」(Es hat ihn)という慣用語法があるが，描き手は怒りに支配されているのである（少なくとも，それが聖なる憤怒も生み出す）。原始的状態への退行が起こっていることはまず間違いない。分枝は離して描かれ，接合部がほどけ，寸断され，規律が破

---

1) 惚れ込んだときにも使い，「彼は頭がおかしい」，「へべれけだ」などの意味でも使われる。文字通りには「それが彼を持つ」。

られて自己制御ができなくなっている。筆圧は強く，バウムは上に持ち上げられ，紙端にぶつかって，通常の距離の枠が破られている。怒りが距離感を失わせたのだ。同時に樹冠は両側に広がって，「離れ離れとなり」，「弾け」，「粉々になっている」。幹にはかさぶたのようにざらざらした樹皮が描かれている。傷つきやすく，周囲と摩擦を起こし，ちょっとしたことで怒り，過敏に反応する。幹の線も同様に途切れ途切れに描かれていて，素早く，短い線で，飛び飛びに，プツプツと描かれている。幹の上部は開放していて，根元は片側だけ地面から浮いている。開放した筒は大砲の砲身となり，そこから原始的なものが発射され，抑制がきかず爆発するかのようだ。〔怒りという〕弾丸が発射される速度からすると，当然，ゆったりと樹冠の形を描く時間もないし，最速の表現法として一線枝が描かれることになる。

　図12bを描いてもらうときには，葉叢冠（はむら）を描くように求めた。輪郭は入り乱れ，途切れ，筆圧は強く，線が流れるように描かれている。樹冠を描くスペースが足りなくて，紙の端からはみ出るように描かれている。遠心力で弾けそうである。

　もう少し強い暗示の後で行われたのが図12cである。イメージが変化している。弓なりの輪郭をした葉の樹冠が相互に入り乱れているのは一緒だが，その中に空白の空間ができて，幹から5本の管のような枝があらゆる方向に向かって伸びている。前方に向かって走るようなものもあれば，末広がりになっているものもあり，その結果，抑制がきかないことが強調されている。樹冠の中にまで，怒りが，噴出しそうな興奮として現れているように思われる。

　暗示が今一度さらに強くかけられると，今度は被験者は幹に強く影を付け加え，幹の根元の左側に丸太を描いた。先ほどは外に向かって押し出ていたものが，いまや集中し，強く痙攣しつつ〔幹を〕取り巻いている。怒りは失神するほどの怒りとなり，情動がいまや堰き止められる。怒りのあまり声が麻痺して，もはや叫び声も出ないという状況である。

　この実例は，同じ状況でも〔情動の〕強さによって表現が変化するということを示しているだろう。普通に怒っている状態では，ばらばらに伸びていく兆しとあわせて〔枝の〕離散と噴出が見られたのに対し，怒りが頂点に達すると逆のことが生じる。すなわち，〔描線が〕集中し，同じ所を何度もこすり，最後には，全然動けないことの表現として遮断が生じる。不安状態に関しても，そ

の程度に応じて表現が同じように変化していくことが観察された。

　対象のない〔／具体的事物に縛られない〕「怒り」のイメージを見ていると，怒りの異なる形式と段階とが目をひく。怒りの表現は明らかに，情動の強さの影響を受けるが，さらに個人的な表現も混じってくるので，怒りは，どれにも見られるような共通した特徴と，その都度異なる個人的な色合いとを併せ持つ。

　診断者が性格学的な思考の訓練を受けていなくて，表現そのものから学ぼうとしない場合，図的表現を図式的に観察するだけでは，明らかに危険である。

　上述の実験は，情動表現と情動状態の理解に対して手がかりを与えてくれる。情動的な興奮しやすさが，たとえば胆汁気質〔激昂しやすい人〕の構成要素になっている部分こそ，そのような調査が有用な診断的手がかりを与えてくれるところだが，激昂そのものが，同じような記述方法で表現されるはずだと主張しているわけではない。これと関連して，ただ一点，目を引くのは，図的表現を全くしない激昂型の人が，意外にも多数いるということで，そこからも類似の結論を出すことが許されるだろう。これに対して，時に激怒する傾向があるこれらの人々の極めて多数の描画には，いろいろある中でも特に早期型を指摘できるという，驚くべき事実も見出された。彼らは，原始的なものが噴出してくるような開口部を持っているといえるが，この説明では不十分である。むしろ，幼年的な無意識的なものと，成熟した意識的なものとの間に緊張が生じていて居心地が悪く，その居心地の悪さそれ自体は，外的なものに動かされるのではなく，わけもわからないまま担っているというような感じだろう。この緊張が〔怒りの〕噴出につながる。思春期にはこの表現を一度だけ観察できるが，思春期というのは意識と無意識の対立が強烈に示される時期に他ならないからである。それゆえ，この年齢になるとちょっとしたことで怒りやすくなるのも充分理解できるし，バウム画にもそれを観察することができる。

　早期型と成熟型の比率，無意識（意識と関係をもてない部分）と意識との比率，あるいは遅滞と成熟との比率など，同一の個人の中で絶えず更新される比率を研究しなければならないだろう。これらの両極の間で不均一な成熟状態が見られることは，多くの困難な事例や状況を理解するための重要な助けとなる。

　次の催眠下の実験で与えられた暗示は，詐欺師，ほら吹き，嘘つきである。被験者は，表面的な感じで冷笑を浮かべながらぞんざいに書き流すように描い

た。深い暗示の後で，被験者は樹冠を上方に広げた（図13）。

　平行線で描かれた幹が生じていて，上方は閉じられて幹上直の特徴を示している。幹の根元はまっすぐになっている（被験者は覚醒状態では全く異なる幹を描いた）。

　樹冠は，一線枝が縮れ毛のようにもつれた線で描かれていて強い印象を与える。無秩序で，いかなる構造も見られない。樹冠は明らかに右側に寄っていて，幹の2倍以上の高さがある。地面線は，被験者のなくてはならないものとして描かれる。

図13

　このバウムは，実際には，純粋な早期型から構成されている。樹冠は，大きさの比率を観察するだけでなく，高くさまよい，早期型一覧表の図27（69ページ）のたなびく旗のようなところがある。

　詐欺と嘘とは，道徳的な行動様式につけられた名称だが，性格学的な背景も持っている。不法行為というのは，それなりの異なった背景と動機によって実行される。心理学者が裁定する権利のない道徳的な側面を構成要件から取り除くなら，非現実的な世界〔という問題〕があとに残る。嘘とは，真実ではないことを話すことを謂い，詐欺とは，存在しないものをあるかのように装うことを謂う。いずれも，現実の代わりに上辺を取り繕う。嘘も詐欺も現存しないものをあるかのように装う術といえる。

　暗示に動機や目的を忍ばせるようなことはしていない。「父親の前では不安になるのであなたは嘘をつく」といった類の暗示はしていない。その場合は，不安が中心にあり，嘘は不安に伴う徴候となる。ここで暗示は，自分を誇示するために，ありもしないことを言って上辺を取り繕い，ほらを吹くことを，簡潔に要求する形でなされた。

　早期型（一線枝，無秩序，さまよい，幹上直，まっすぐな根元）を用いて現

実をほぼ完全に否認することで、嘘をつく人は具体的なものから離れ、現実感覚を失い、すべてが「空気」のように見せかけだけとなり、自由に漂う無意識が、わずかに残された意識を、ごまかしへと駆り立てる。平行な幹には、正しく申し分のないという顔つきが、仮面のように現れている。樹冠と幹の間のひび割れは、外に生み出されるもの〔樹冠〕が本来のものではないことを表現しているし、樹冠〔の重心〕が右に寄っていることから、自己顕示欲、傲慢さ──無遠慮、夢見心地、といったことがはっきりと表現されている。なお、自我の弱さ（Ichschwäche）や不安定性が右強調に描写されるとするのは、表現学の欠陥だろう。この考えはどこから来たのだろうか。右にたくさんあるものは左に少ないように思われ、この不足が弱さのもとになるのである。

　幹高と樹冠高のアンバランスについても、同じようなことがいえる。高すぎる樹冠は、自己顕示欲、空想の世界に生きること、自信過剰を表現している。幹と樹冠の高さのアンバランスには、幼児性の指標が含まれるという確信が一層強くなる。

　「詐欺師」のバウム画は、外見のレントゲン像となる。

　上述の説明には、部分的遅滞の問題と部分的に無意識な生き方という問題が常に浮上してくる。そこで、素朴に、「あなたの心の才能の一部が発達していません」という簡潔な暗示を催眠下で与える実験を行ってみた。このような暗示の言葉は、下手で不適切だといわれるかもしれないが、結局は簡潔明瞭なので、作業仮説として用いることが可能であると考える。被験者は、催眠下、つまり無意識の状態で、この指示を、極めて図式的に、一部が全体から欠けているようなもの、と理解している。同時に、年齢を段階的に、5歳、10歳、15歳、30歳、と変えていく。30歳の暗示では、さらに、「あなたは20人の社員がいる会社の社長です。責任重大な立場にあります。あなたの心の才能の一部が発達していません」と加える。これによって、個人的な経験を調べようとしているのだが、それは、専門家としては優れているが上司としてはふさわしくない人がしばしば部分的遅滞の前兆を示すということを確認させてくれるものとなるだろう。対照として、30歳のときに、これと同じ暗示を「あなたは全く正常で健

---

1) 幹の先端が骨折線のようになっていて、樹冠との連続性が断たれていることを指す。
2) 幹とつながっていない→外に発せられる言葉が本当ではない（＝うそをつくというイメージと重なる）。

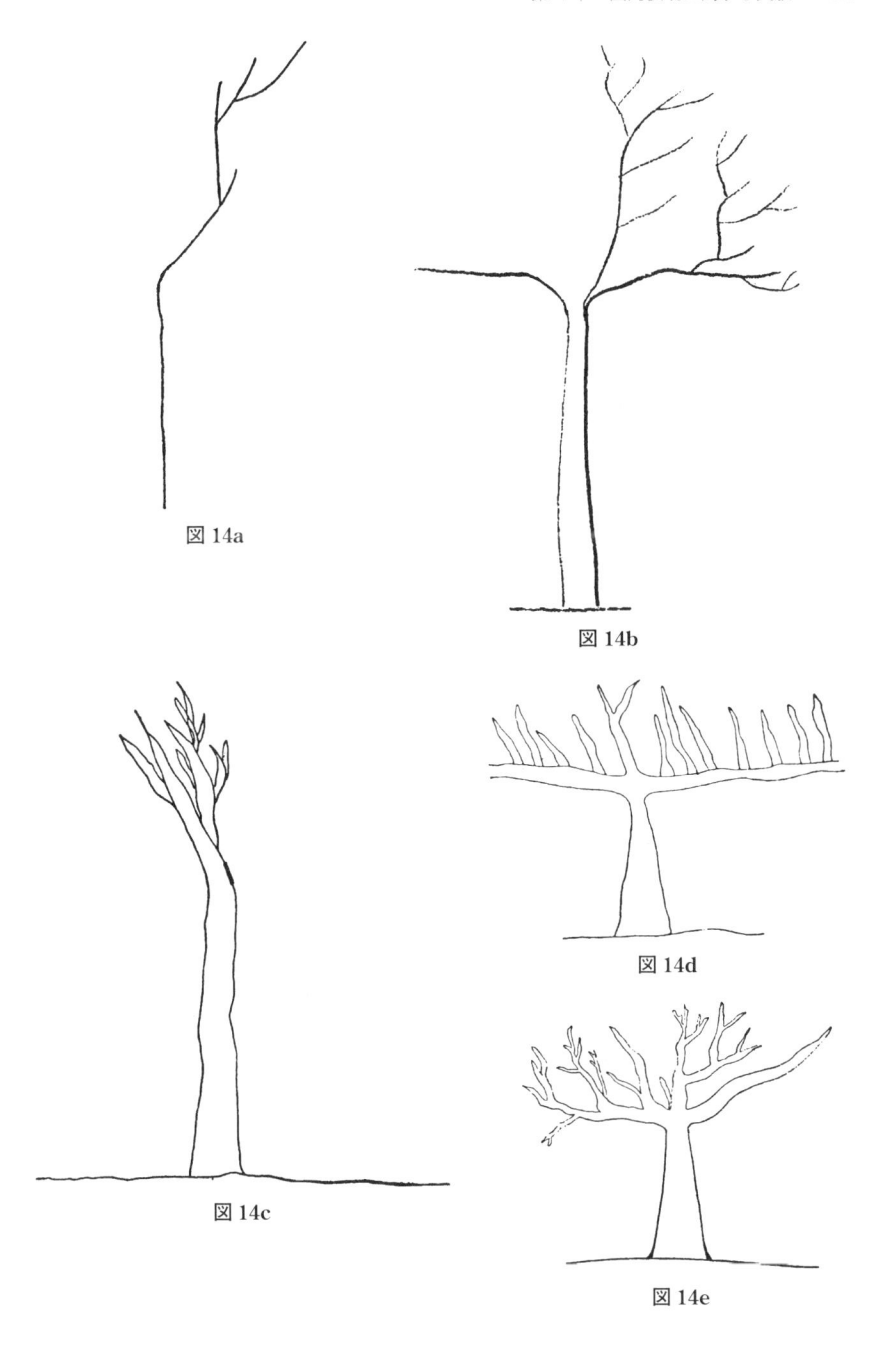

第 4 章　図的表現に関する実験　　123

図 14a

図 14b

図 14c

図 14d

図 14e

康です」と最後の部分だけ変えて与えた（図 14e）。

　図 14a（5 歳）では，樹冠の左半分が欠落している。図 14b〔10 歳〕でも左側の樹冠が，全くないわけではないが，ほとんどの部分は描かれていない。被験者は，通常の暗示では，8 歳より後に一線枝を全く描かなかったが，ここでは 10 歳でも一線枝が残っており，明らかに，〔部分的〕欠落によって，ある特定の退行が助長されていると示唆される。それどころか，いつも力強く引かれる地面線も中断されて，不十分な仕上がりとなっている。幹は二線で描かれているが，右側だけが強い筆圧で描かれていて，それは，15 歳のバウム〔図 14c〕でもまだ残っている。図 14c は，15 歳になって描かれたものだが，またしても，樹冠が半分しか描かれていない。ただし，今度は右側が欠落している。これは暗示によるものでは全くなく，自発的に生じたものである。右側の枝の構成が生じるべきところで，明らかに発達の要求が妨げられている印が見られる。左側も既に貧弱な状態となっていて，枝の発育も悪い。一部の発育阻害が，全体の発育にも影響を及ぼしているからだろう。左から右への移動は，思春期という年齢と関係があるかもしれない。15 歳という年齢では，自分を作ることへの意思が生じてきて，さらに，徐々に人生設計（シュプランガー Spranger）も行うようになり，種々の判断を一人で行ったり共同社会へ参画したりという傾向も見られるようになる。ここでは，重要な転回点が問題になっているといえる。何かが転じ，変化している。描画では，〔欠落の〕場所が，〔右から左へと〕反転している。変化の中では，それ以外に〔枝の〕欠如による変形も明らかだが，一つは発達の悪い樹冠に，今一つは高すぎる幹に，遅滞と共通する部分が含まれる。あとは，軽く折れ曲がった幹で，その中に，欠落の体験の兆しを見ることができるかもしれない。

　30 歳に跳び（図 14d），責任能力を要求される重大な責任を負うように暗示を与えると，極めてグロテスクな形のバウムが生じた。楔形の幹は，標準状態の図 14e の幹にほぼ相当している。側枝は水平に伸びて，絵を完成させるには紙が足りないほど伸びている。この腕の上に，垂直方向に直交分枝が出ている。枝の生え方の片寄りは，「あなたの心の才能の一部が発達していません」という

---

1) この指標は，英語版（1952）から「円錐幹」（本書 155 ページ，282 ページ参照）と指標名が改められたが，訂正は本文中に及んでいない。
2) 上側にしか分枝していないことを指す。

暗示を，極めて図式的に翻訳したものといえる。ここで体験されている部分的欠落は，その前よりも強いものとなっていて，構造が歪んでいる。というのも，被験者は，暗示によって心的にも負担を強いられているからである。彼女は責任を負わされている。二線枝と楔形の幹は，成熟の表現である。遅滞によって早期型が生じ，まさしく警告を発するものとなっている。主枝が水平な位置を取ること（69 ページの早期型一覧表の 1 を参照）は，3 歳で最初に見出される早期型（同一の被験者が描いたもの）であり，直交分枝は，描画形式はまだ図式的な表現だが，5 歳で生じている。さらに，バウムは十字型のようにみえる。これについては，象徴的には確実に，場合によっては実際にも言えるので，あらゆるバウムに当てはまることになるかもしれないが，ここでは，さらに特別な意味が直観される。苦しみを，あるいは不完全さを背負うことは，十字架を背負うことになるのである。それに反して，図 14e は，同一の責任を背負っている 30 歳の，健康で標準的なバウムを示している。樹冠はたくさん枝分かれして広がり，幹は強い筆圧で描かれて，根元は特に強調されている。責任を背負っている人は「しっかりと立たねばならない」からだろう。枝がくらげのような形になっているのは，実験時間が長くなり，疲れた外観を呈しているかのようだ。ここで外観の問題も取り上げてみよう。

　壁に貼る標語のように（クレッチマー Kretschmer）暗示が与えられると，催眠中，大量に極めてわかりやすい形で，連想のメカニズムに働きかけることになる。

　そこで，被験者 R に次のような暗示を与えた。「あなたは野菜が食べられません。医者があなたを調べましたが，消化器には全く問題がなく，ただ野菜が食べられないだけであることが確認されました」。われわれの意図は，症状という回り道をして，神経症人格の表現を得ることにあった。その結果は，皮肉なことに，神経症者がそのようなものを描くことができるとは考えられないというものであった。その理由は，バウム画の模範として理にかなう形で持ち込めるものがすべてシャットアウトされている状況では，自分の状況に合わせて，同じように単純明快だが確信のもてない形式をうまく思いつくことができないからである。

　催眠状態（図 15）で，「全く野菜が食べられない」ことは，またしても「全体から部分が欠落する」ということに置き換えられている。樹冠の左半分が欠

落している。その場所に，重い頭ができていて，凝縮していて，ちょうど，軽い腸痙攣とか，よくある便秘にみられるような形に描かれているのがわかる。右側は全くの発育不良になっている。さらに，水平枝と3本の外から下に向かう主枝が生えている。落胆の様子が形となっていて，不安と不安定さも見られる。過度に右側が強調される表現と

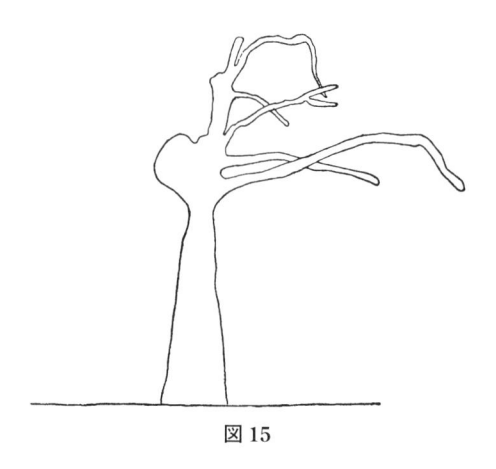

図 15

なっていて，左側の欠如は補償されず，バランスの乱れがいっそう強調されている。心的エネルギーの循環が移動させられている。

　はっきりしているのは次のことである。実験の指示に対して用いられるあらゆる条件のもとで，確からしいように思われる結果として，一つは，催眠下で，描画において，欠落はまず図式的に表れる。次いで，もっと本質的なこととして，欠落は全体の構造を著しく損ない，外観に退行もしくは遅滞の指標を出現させるということが確認される。これは，何かバランスが乱れたものがあることの信号であり徴候である。ひょっとしたら，そのうちに，作動している要因を表現にふさわしい形で特定することができるようになるかもしれないが，その問いに対する答えは，あらゆる層の表現が混入してくる可能性があるため，一時的なものであるように思われ，極めて疑わしい。とはいえ，それはさほど重要ではない。欠落の可能性を警告することができれば，それだけで全く十分である。さらに詳しく解明したければ，他の方法を自由に用いることができる――ただし例外的に，人格を規定する描画表現にはその可能性がある。

　これとは別の問題が，「あなたは21歳ですが，まだ夜尿があります」という暗示をしたときに持ち上がってきた。被験者は，弱い筆圧で描いた。実験主導者は，描画の後でこう尋ねた。「何か厄介なことがありますか。それとも，重くて筆が進まないのですか。夜尿は心に何か厄介なことがあることの兆しかもしれませんが」。被験者の答え。「軍隊には一度も入れませんでした。研究所では採用されませんでした。……膀胱に厄介なことがあります」。実験主導者の問

い。「あなたの夢は何ですか」。被験者の答え。「登山に行くこと……初登頂は，新聞に取り上げられると思うんです……他の人があちこちにいなくなってしまえば……，もし結婚しても夜尿が続いているとしたら，……ぞっとします」。被験者は心の厄介ごとについては何も述べていない。というのも，悩みのきっかけとなるようなことが何も思い当たらないからである。彼女の答えは，夜尿に対する不安（Angst）や，特に共同生活（軍隊，施設，結婚）につながるようなときに断念を強いられる不安が，むしろ体質によると物語っている。夜尿のために劣等感が生じているのであり，その反対の，不全感のために夜尿が生じているのではない，という。次の描画（図16）は，夜尿よりも不全感の方を多く反映している。

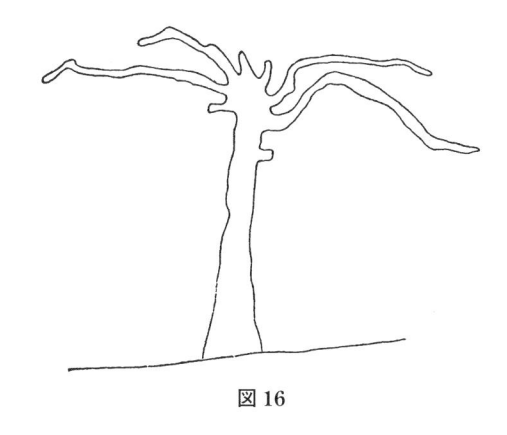

図16

樹冠全体の豊かさが4本の側枝に還元されていて，これらの枝は水平方向に強く押されている。空白の空間は，欠落，欠如，不足を象徴していて，水平方向には，ここでも退行の指標が含まれている。いくつかの枝は，〔生えてくる〕兆しが，あるいは切り取られて残った部分だけが見られ，その中の一つは，幹の右側の樹冠の下にあって，幹の根元までの枝を描く子どものような型となっている。

幹の左側，中ほどの高さには，大きな凹み（Kerbe）〔／刻まれた跡〕が目につくように描かれていて，この指標については，後にもう一度取り上げるだろう。この凹みによって空白の空間（Leerraum）ができている。さらに，木には，かじられたような傷が，その実質〔枝葉ではなく幹〕そのものについている。被験者は，暗示によって与えられた病による侵害を，極めて重大なものと感じているに違いない。切り取られたものはすべて，後退させられるという特徴，侵害されるという特徴があり，ここから，描画指標の特性と関連する言葉に表現されているものを，〔描き手の〕性格に翻訳できるかもしれない。ここでは，何か実質的なものが傷を受けていて，重いトラウマが残ったといえるだろう。

催眠中に他からの影響が遮断されて孤立している部分を，覚醒状態でもそれが心に刻まれたままで思い出すという見通しはほとんどない。催眠によらずに驚くほどはっきりとそれを映し出す〔／投影する〕ためには，実際に重大な意味を持つ体験が必要であるということがわかるだろう。

図17は，催眠中に，広場恐怖（Platzangst）〔／閉所恐怖〕と強迫神経症という暗示を受けて描かれた表現である。被験者はまず，とても弱い筆圧で描き，右上に向かって漂うように筆をさまよわせた。花柱は捉まらずに漂っている（不安 Angst，小心の表現）。さて，ここで被験者が，広場恐怖と強迫神経症という両方の暗示から「不安」という表現を選び出して理解したことに気づく。そのために，強迫の方への暗示を繰り返した。そうしたところ，ほとんど一瞬のうちに表現が変わった。枝の形が歪み，急な曲がりと不自然な反り方が強迫の表現であると思われた。同じような変化を示すものとして，紐で縛られたように枝が密になっていることがあげられ，さらに痙攣するような描線が強調されている。樹冠の左側はほぼ完全に失われていて，再び，全体から部分が失われている。左に少ないものが，右にたくさんある。この移動はまたも，不安を表現している。この不安は，漂い，方向を失ってさすらう描線にも表現されているのが見出される。こうして，ここには，不安が，内的な方向喪失，目的の喪失の状態として立ち現れ，方向感覚が失われ，さ迷い歩くことになる。広場恐怖は，場所に対する不安に翻訳されている。いつも描かれていた地面線，す

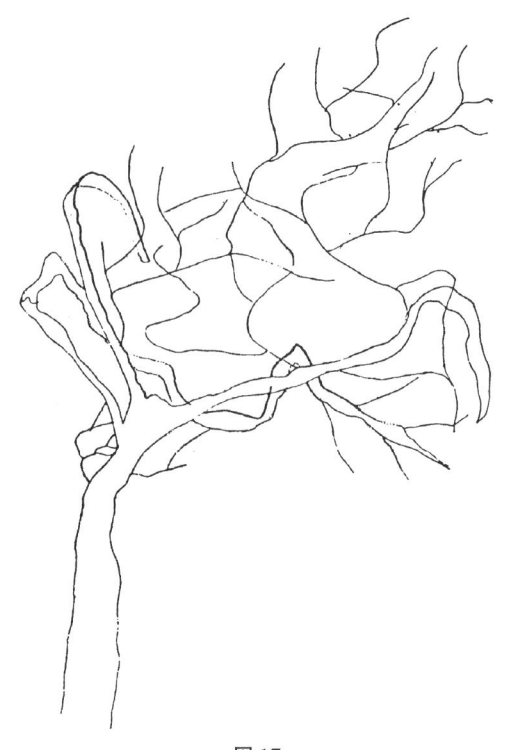

図17

なわちその場所（Platz）が，描画では消失していて，すべてが宙に浮いたままなので，描線の筆圧の弱さよりもはっきりと，浮遊感が表現されている。

　不安と一線枝とが対になっているということは，さほど驚くべきことではない。というのも，無意識からの表現が重要だからである。垂れ下がる枝にみられるあきらめの筆致は，不足しているものの体験の下では理解できる。

　描かれた描線が残す跡は，極めて説得力のある姿をみせてくれるので，バウム画には，心的な状態が簡にして要を得た形で表現されている。もちろん，催眠下では，暗示された体験の表現が優位となるが，それは覚醒状態でも変わらないことが多い。重きを置いて体験されることが，しばしば他のあらゆる表現を抑圧する。もちろんいつもというわけではないが，大切なのは，同一の投影機制を持っているということで，それが校則とか慣習の背後にも目に見えない形で存在している。そのことはたいてい，何枚か続けて描いてもらうとわかるが，E. ヴィードリッヒ E. Widrig が用いる定型の教示，「1 本の，普通でない（verrückt）果物の木を描いてください[1]」という教示も時に使われる。この方法は，慎重に用いれば，何らかの意味をもつだろうが，診断者が正しく分銅を入れていくことが条件である。

　サディスト（図 18 から図 20b まで）。催眠中の表現と現実の表現との割合は，当然のことながら，催眠下で得られる表現イメージの価値によって決まってくる。これを検証するために，ある青年の事例を用いることとする。その男は，共犯の未成年者と，人里離れた高原の牧草地で 7 歳の男児を残忍に傷害した事件の主犯として，今は少年裁判にかけられている。両名は子どもを血が出るまで殴り，家畜を見張る器具を用いて，その子の性器に電流を流した。さらに，既に冬の寒い時期に入っていたにもかかわらず，夜間，屋外に長時間放置した。

　図 18 は，このサディスティックな青年が描いたもので，犯罪を犯した後に，取調べの段階で描かれた。犯行時の表現と，裁判の取調べ中の表現とは同じではないと考えられる。もちろん，時間が経ったからといって自分の才能から自由になれるというわけではない。しかしながら，将来にむけて，罪の体験に，事実を曇らせるようなあらゆる偽装が施される。――バウム画の後で彼は，なぜ右側の枝は描かなかったのか，幹の傾斜と凹みは何を意味するのか，と尋ね

---

[1]　147 ページ脚注参照。

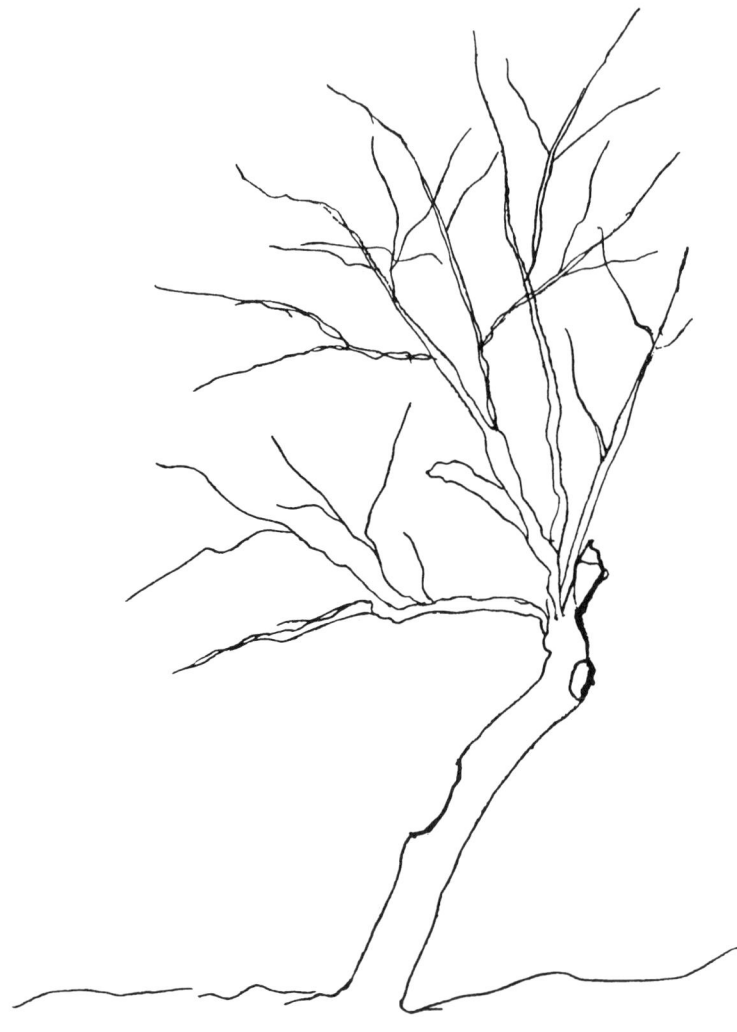

図 18
　指標：「〔獣に襲われて〕折られ，枯れてしまった枝。幹の左下の凹み。獣が齧った痕で，その獣が木で自分の体をこすりつけて掻き毟ったので，幹が傾いたのだ」。

　7歳の男児に対するサディスティックで残忍な虐待に対する少年裁判の前に描かれたもの。仲間の男と，男児を血が出るまで殴打した。夜，寒さの中に放置し，家畜を見張る器具を用いて性器に電流を流した。なぜそんなことをしたのか，という問いに対して，彼は，「そいつが俺を怒らせるようなことをしたからだ」と答えた。

られた。その答えは「枝は〔獣に襲われて〕折られ，枯れてしまった。幹の左側にある凹みは，獣が齧った痕で，その獣が木で自分の体をこすりつけて掻き毟ったので，幹が傾いたのだ」。

なぜその男の子を痛めつけたのかという問いに対して，彼は「そいつが俺を怒らせるようなことをしたからだ」と答えた。

ブロイラー Bleuler によると，

> サディズムは，支配して苦しめることに過度の性欲を感じるものを謂い，その対象はとりわけ，男児や動物のことがしばしばある。その特異性が病的と見なされるのは，それが度を越して，性的な行為に伴う現象ではもはやなくなり，自己目的化して，苦痛を与えることが，満足を得るための唯一にして不可欠の手段となっている場合である。

催眠下で，二人の被験者（RとF）に，上述の犯罪を原文に忠実に暗示を与えた。Rはすぐに，横暴な態度になり，実験主導者に向かって，鉛筆を尖った方を頭にして投げつけた。そして，きれいに削った鉛筆をもってこいと要求した。Fは下敷きを投げ捨て，テーブルの上にじかに描いた。両者とも，激しく罵り，横柄に振舞い，しかし集中して，ほとんど怒り狂わんばかりにすばやく描いた。Fは，「もうたくさんだ」といいながら描いた絵を投げ出した。その際描かれたのが，図19a（R）と図20a（F）である。

さらに新たに暗示が与えられた。「あなたは，7歳の男児を傷害した罪で少年裁判を受けることになっていて，そこで釈明をすることになっています。悲しいことがあります……貧しい両親が……多分あなた方は人の世話にならなければならず，……両親には気の毒なことになるでしょう」。

両方の被験者の威勢が急になくなり，注意深くバウムを描いた。Rは図19bを，Fは図20bを描いた。

Rは描いた絵と鉛筆を投げ出した。どうしてそんなに遠くまでその男の子を連れてきたのかと尋ねたところ，Rは催眠下で，実際の犯人の同じ質問に対する答えと同じ答えをした。「その子が私を怒らせるようなことをしたからです」……そして，「世界が私にはどうでもいいことのように思われます。私は穴に落ちた，そう，まさに穴に落ちたのです。事態を改善しようと努めます。心を入

図 19a 図 20a

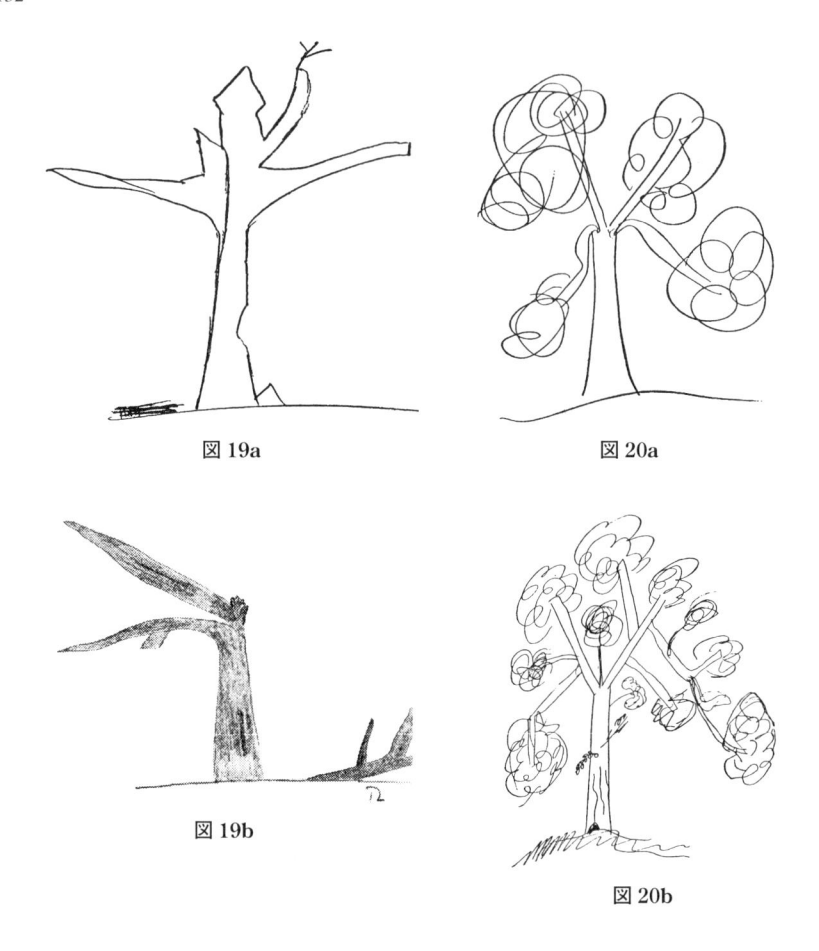

図 19b 図 20b

れ替えようと思います。……他人を傷つけることに満足感を覚え，他のことでは満足が得られないということを最初に意識するようになったのは，18歳のときでした」。

　それゆえ，暗示は2度行われたことになる。その意図は，最初は傷害が行われたときの状態を，次に起訴された状態を，描画という形で記録に残すことである。というのも，そうすることで，〔裁判中という〕特定の心的状態に置かれることによる表現指標をある程度除くことができるからである。二人の被験者が選ばれたのは，全く性格が異なる人間に，同一の暗示がどのような効果を持つかをみておくためである。

図 19a では，幹の右側に，強く齧られたような凹み〔／刻まれた跡〕が描かれている。実際の犯人は，凹みを左側のほぼ同じくらいの高さに描いている。この指標は，いずれにしても驚くべきもので，たやすく説明できるものではない。幹が凹むことによって空白の空間（Leerraum）が作り出され，それによって，欠落，欠如が表現されている。極めて重大なことが体験されたのは明らかで，しかも，どこか樹冠の外側に空白の空間が作られたのではなく，実質〔幹のこと〕に，本能の層に，できている。本能の逸脱につながるような病的な本能を想定することも，あながち的外れとは思えない。しかし，このような凹みを，病気，怠惰，傷害を示すものと受け取るかどうか，あるいは広く一般に劣等の徴候と受け取るかどうかは，根本的には，決定できない。そのような凹みが，掻き出されたもの，悦楽の責め苦を指し示しているという解釈はあまり的確ではないだろう。というのも，被験者 R は，「夜尿症」という暗示の下でも，幹に軽い凹みを描いているからである。これに対して，犯罪（他者を傷つけること）は，自分の傷つきを犠牲者に能動的に投影することと考えられる。

　図 19a には全く発育不良の樹冠が見られ，2 本の主枝は，ほとんど水平に置かれていて，原始的な表現になっている。2 本の主枝の先端は切り取られたようになっていて，またしても，欠落が指摘される。しかしながら，根本的なのは，幹の上方にある，丸太のようにごつごつした形と角のある尖った形とが一塊となった部分であり，それは，右側の幹の根元にも現れていて，丸太のようなごつごつした荒さが本来のものであることを示唆している。樹冠の高さで「木材」を上に取り外すと，本能的衝動層は，外化の領域まで上昇してきて，残忍かつ粗野で強い攻撃性を伴って外化される[1]。この丸太のようなごつごつした部分は，もちろん，実際の犯人の描画では見られないが，その代わりに，それに相当する場所で，幹の上端が強く湾曲を強いられ，枝の密な部分と疎な部分とが表現されているし，そこに見られるくらげのような輪郭は，変質的な形との（mit degenerativen Formen）類似性が既に見られる。ほとんど水平な主枝以外には，本物の退行は見られない。本質的に一致が見られるのは，凹みの徴候である。図 19a は起訴の状態を描写するものではないので，凹みを罪悪感の表現と解釈することはあまり適切ではないだろう。

---

1) 外界（木の外部）と内界（幹の内部）との間でクッションとなる樹冠が外れると，木の内部と外部が通じるので，本来理性によって制御される本能が，直接外界に出てしまう。

被験者Fは，図20aに見られるように，全く異なる反応を示している。彼は，主枝の先端をカールさせて描くことを愉しんでいるようで，注意深く見ていると，描き手は紙の中で筆をかき回すことを楽しんでいるという印象を受ける。被験者は覚醒状態でも同じやり方で描いているが，その場合はもっと整然とした描き方をしている。主枝は放射状に伸びて，2本は上に，まっすぐ平行に，外側まで濃く描かれており，2本は斜め下に向かって，膨らんで厚く，紐で縛ったような描き方になっている。さらに，すべての枝が外に向かって開いた形（管状枝）（Röhrenäste）となっている。それゆえ，強いられたもの，堰き止められたもの，一塊になった原始的なものが，その程度はさまざまだが，3枚の絵〔図18，19a，20aをさすと思われる〕すべてに生じている。もっとも図19aではさらに，平行に濃く描かれた主枝が示すように，強い力が外に表れている。主枝の先端が開放していると，外に表れるときに抵抗を受けない。「何のためらいもなく[1)]」，心理的抑制がはずれて暴発する可能性がある。一方，開口部（das Offene）はさらにまた，〔心が〕開かれている（Offenheit）〔／率直，誠実〕という印象も与え，外の世界の外観にはあまりこだわらずに，差別なく何でも受け入れる。主枝が下を向いていることについては，二つの説明が考えられる。一つは，衝動的原始的な層への落ち込みで，二つ目は，下に向かう身振りに，相手を打ちのめすような，陰険な攻撃性の表現があるとするものである。しかし，バウム画では，そのような解釈をすることは極めて危険で，絵が描かれる過程すら見ずに解釈するとなるとなおさらである。が，少なくとも，原始的階層の領域に下降していることは確かであり，それが活性化されれば，災いが引き起こされることは十分ありうる。

　異なる3人の表現に共通して見られるいくつかの特徴は，その違いに欺かれてはならない。犯人とR（図19a）では，多分，病んだ本能（凹み）の影響がある役割を果たしている。図18では，傾いた姿勢に表れているように，支えの薄さが強調されているし，図19aでは塊ができていることが重要で，未分化なエネルギーの塊全体が外に向かって放たれている。図19aに病的な描線は見られないが，犯人の描画には不健康な描線を指摘できる。被験者F（図20a）は，被験者Rと同じようには，そのようなエネルギーを放出することはできない。

---

1) wie aus einem Rohr geschossen. 文字通りには「筒から突然飛び出すように」という意味。先端が開放した主枝から突然出てくるイメージが重なる。

この違いは，両方の被験者をさらに調べたところ，覚醒状態で普通にしているときでも，保たれていることが確認された。被験者FはRよりもずっと周囲に影響されやすい。Rはエネルギーと活力を一塊にして力を増強したが，Fは落ち着きなく動き回ること（ぐるぐる回る動き）に力を使って，水門を開き（管状枝），激情が冷めて消える。だからこそ彼の方が分化した絵が描けるのだ。というのも，彼は被験者Rのように，〔幹を〕粗野で手が加えられないままに置いておくような，強い力を持て余したわけでは全くないからである。だからFは，悪のそぶりを装い（下に打ちのめす），Rはただ力まかせに脅すのである。

　明らかに，それぞれの描き手は，それぞれのやり方で「サディスト的」になっているが，徴候とその可能な解釈とを考慮するにしても，臨床的病像と結びつくような診断は避ける方がよいだろう。犯行につながるような要因を取り出すにしても，暫定的なものと心得ておくべきである。

　催眠下のイメージを犯人が描いたイメージと比較すると，非常な違いが目につく。催眠状態では，サディズムは，大部分が，情動の高まりと激しい怒りを伴って置き換えられ表現されている。犯人の絵では，怒りの表現に関する部分がほとんどすべて抜け落ちている。──しかし，彼がその絵を描かされたのは，既に裁判官の前に立つことが決まった後である。怒りが垣間見られたのは，「そいつが俺を怒らせるようなことをしたからだ」という言葉が聞かれたときだ。

　図19bと図20bは，「あなたは少年裁判を受けることになっています」という暗示のもとに描かれたものである。そのイメージは，かなり変化している。

　被験者R（図19b）は，右側の樹冠を離して置いた，すなわち，右側の主枝を折って，地面の上に置いて描いた。「物語（Geschichte）〔／歴史，過去〕は失敗に終わった」。未来がない，というのは，右側は未来・将来を意味するからである。無の前に立たされ，過去を顧みるより他にしようがない。だから左側にたくさん描かれている。右側には空白の空間（Leerraum），無が生じている。「劣等感」が，ここでは，何もないという形で，極めて穏やかに表現されている。罪悪感が，方向転換，左への回避の理由かもしれない。回避することで，何かが見捨てられ，小さくなり（傲慢さが消えて，被験者は全く元気がなくなり），過去現在未来を含む人生全体の真ん中で挫折する──これらすべてが，この空白の空間と枝が折り取られるという徴候に含まれている。犯人の描画を一瞥するだけでも，これと全く一致した表現が見られることがわかるだろう。さ

らに犯人は言っている，「枝は〔獣に襲われて〕折られ，枯れてしまった」。何かが死んでしまい，折り曲げられた。興味深いのは，樹冠の付け根のところで枝折れが生じているが，まさにその場所こそ，人体で言えば頭ができてくる場所なのである。もっとも被験者Rは，左側に，もう一つ折られた枝を描いている。彼女も，主枝をほぼ水平，やや下に傾くように描いているが，犯人もまさにこれと同じ描き方をしている。目立つのは，バウム全体が黒く塗られていることで，そこには，単なる不安だけではなく，罪悪感から生じる良心の呵責も明らかに見てとれる。さしあたり，退行が問題となる。退行は，〔罪悪感とは〕別の，問題を消す方法，頭から離しておく方法であり，原始的な状態への逃避で，それによって，責任を引き継ぐという差し迫った危険から離れ，子どものぎこちなさへと逃れるのである。これらの退行は神経症的といわれる。それが，当座の衝撃の表現にすぎないのか，長く続くのかは，決定できない。というのも，ここではっきりとした答えを出すためには，逮捕されてから，有罪を前向きに受け取るまでの内的な過程全体を辿る必要があるからである。明白なのは，被験者が退行状態になって苦境に陥っているということだけである。

　被験者F（図20b）は，彼独特の別の表現形式で反応しているが，その表現形式は，被験者Rのそれと必ずしも異なるものではない。

　例外はあるが，管状枝は閉じられている。管は閉じられて，主枝は鋸でひき切られた形のイメージとなっている。切り落とされたものが，後ろに置かれ，妨げられ，阻害されている。この被験者は，被験者Rと同じように反応しているが，Rが樹冠の右半分全体を取り外したのに対して，Fはあまり引きこもる傾向はなく，アンテナのようなものをつけている。さらに，絵が貧弱になったRに比べると，Fはずいぶんと気ぜわしくなっている。Fは樹冠を賑やかに描いているが，ちょうど腕白小僧が，エンマ帳に悪いことをつけられても，懲りずに動き回っているような，活発な動きが見られる。Fは主枝をまず枝分かれさせて，地面をしっかりと描いたあと，その他のいろいろな飾りをつけた。その際，しばしば退行的な形式を用いている。多くの枝を直角につなげて，直交分枝となっており，被験者Rに目立ったのとまさに同一の，原始的な状態に退行している。左側では主枝が真下に垂れ下がっていて，右側では小枝がよろよろと垂れている——それはもはや傲慢に叩きのめすような怒った素振りではなく，うなだれてしょんぼりとした感じである。幹には3本の小さな小枝がつい

ていて，1本には葉が描かれており，すべてが早期型となっていて，またしても退行が顕著である。縮れた巻き毛と枝の先端（これは覚醒時でもそのようになっているが）は，前よりは狭い空間に描き換えられて，互いに巻き込みあい，彼らしいもともとの形と落ち着きとが失われている。描線が揺らいで，筆圧は緩み，全体のバランスが少し崩れている。幹の根元の穴は黒く塗られているが，その指標が青年に見られる場合は，どこかで困難な問題を持っているか，あるいは単にどこかで学習できなかったということが多い。幹には引掻き傷がつけられたところで，描き手は目を覚ましたが，その様子を見ていると，いらだっていると同時に過敏になっていた。地面線を強調することで，ここでは小さな風景が描出されてしまい，夢のような世界への逃避が暗示される。

　Fの描いたイメージは，犯人が描いたイメージとさほど共通点があるわけではない。とはいえ，その内容を解釈すると並行性が認められる。被験者Rの方は，しばしば驚くほどよく，犯人のイメージと相応していた。これは，同一の事態が，さまざまな表れ方をするということを示す一例に過ぎない。同時に，当然のことながら，催眠下での実験には不完全さが付きまとう。というのも，常に二つの投影が相互に流入し合うからである。暗示された状態と，その人らしくない心の状態を健康な人に課すときに生じる一定の反応とである。一方で，警察の文書も慎重に詳しく調べる必要がある。このケースでは，「二人の少年が，一緒になって残虐な〔／サディスティックな〕犯行をした」と書いてある。その際，図18を描いた少年の方は，実際に積極的に犯行を犯したというよりは，おそらく，その場に居させられたのであろう。後になってようやく，図21を描いた少年の方が，真にサディスティックな素質を持っていることが判明した。なによりも，図18には罪悪感の心理が認められるのに対し，図21には，罪悪感のかけらも残っていない。素質の方が強く浮かび出ていて，少なくとも警察の措置への反応の影響はさほど深くはない。

　図21は，半モミ型幹（Halb-T-Stamm）で，不均斉で，輪郭はほとんどごつごつしている。とりわけ，とても鋭く伸びた主枝が目立ち，ナイ

図21

フが並んでいるかのようで攻撃的に見える。左側には，釣り針が交差するような形で反時計回りに伸びる枝があり，その下の主枝は分岐して，はさみのように別の枝に置かれている，あるいはほとんど吊り包帯のように別の枝に掛かっていて，その枝を絞め殺してしまいそうである。このイメージに既に性的な象徴を見てとることもできるが，その解釈については，各人の裁量に任せたい。この同じ少年が描いた2枚目のもう少し広く枝を張ったバウムには，数多くの直交分枝が認められた。図21のバウムには地面線も欠落している。三次元が十分に示唆される。図18のバウムに比べると，図18では悲しそうな様子が見て取れるが，図21の方は自信たっぷりで，とりわけ，共犯者〔図18の描き手〕とは，攻撃性の現れ方がかなり異なっている。ただ催眠被験者による図19bに，刀のように尖った枝が描かれたが，それでも，真性のサディスト〔図21の描き手〕の，研いだ刀のような尖った先端ではない。もちろん，枝の輪郭を詳しく観察すると決して滑らかではなく，多くの場所で歪んでいて，変質的（degenerierten）な描線にかなり近い。これは，共犯者による図18の方に，数も多くはっきりと認められる。とはいえ，図21の樹冠には滑らかさのイメージが目立つ。

　・・・・・・・・
　純粋な幼稚症（Reiner Infantilismus）〔Infantilismus：幼稚症，小児型発育不全〕。エルンスト・クレッチマー Ernst Kretschmer の『精神療法研究』の123ページには，次のような指摘がなされている。純粋な幼稚症とは思春期以後に見られる身体と精神の両面における全体的な遅滞で，知能障害を伴わない。頻度は稀である。

　　それ〔純粋な幼稚症〕が，職場では快活で調和が取れている聡明な若者と思われているのは，活気があり，器用で，子どものように明るく親切で人懐こいからである。時折，同年輩の人とは異なって子どもらしい遊びを好むということに驚くこともある。とはいえ，当の本人はそれを情けないことだとは少しも思わない。神経症的なところは全くない。これは，神経症理論にも根本的に重要である。われわれは，自分の中にも神経症的な素材が山積された部分的遅滞とか部分的幼稚症があるのを見出すことができる——しかし，それは純粋な幼稚症とは全く異なるものである。（エルンスト・クレッチマー Ernst Kretschmer）

この記述は極めて重要で，というのも特に，普通，「幼児的」（infantil）という概念が，しばしば一般的な意味で扱われるからである。重要なのは，証明されればなおよいが，早期型は，純粋な幼稚症を持つものが描くわけではないということを確認しておくことである。既に一度強調したように，神経症者と発達障碍者〔の表現〕を子ども〔の表現〕と一義的に対応させる正当な根拠は全くない。表現に共通する部分や一致する部分がみられるとしても，それぞれの場合に無意識的な部分や原始的な部分が表現されているとしても，これは一部残っている意識的なものと混ざり合っているからである。それでも，純粋に幼児的な被験者を用いることができるわけではないが，21歳の被験者Rに一度，催眠をかけて，次のような暗示を行った。「幼児になりました。……あなた（du）はそれが何かわかりますか？」その答え。「はい，子どものことでしょう」。──あなた（Du）という呼びかけは故意に選ばれたものではなく，実験主導者と被験者との親密な関係を表すもので，それによって被験者を見下すものではない。

催眠状態で得られた描画（図22）には，実際，いわゆる早期型の徴候は見られなかった。一線枝も，その他の遅滞を示唆するサインは一切見られなかった。ほとんどまっすぐに近い幹の根元〔まっすぐな根元〕がわずかに指摘されるが，覚醒状態の方がもう少しまっすぐになっている。主枝の先端は，1本だけとがっていて，そのほかは丸くなっているが，切り取られたような枝も1本ある。中央の主枝の輪郭は不均斉で変質的な描線の構造がある。これについては，すぐ後で触れる。主枝の丸い先端も同一の形態範疇に属すものである。右側に置かれた主枝の位置がやや低くなっており，さらに，中央や左側の主枝よりも細いので，バランスが損なわれている。さらに重心が右に20ミリほど移動している。一見したところあまり目立たないかもしれないが，それは左側に太い枝が描かれて，バランスをとるためのおもりのような働きをしているからである〔短い分太くなってバランスをとっている〕。幹の根元と枝が集まっている上部の間に，鳥の巣箱が紐で縛っ

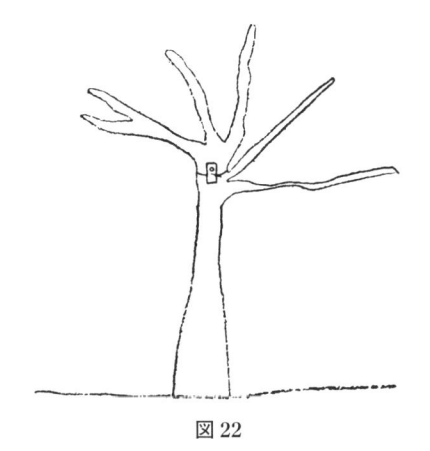

図 22

てかけてあるが，その紐の右側は主枝に接しているので，抑制的な特徴が少し現れているのかもしれない。

　鳥の巣箱は，正面向きに，紐で木に縛られた形で描かれていて，遊び心や明朗快活さを表現している。それは経験的に確認されるところである。序論で見たように，木は生命の座，精神の座，心〔／魂〕の座であり，原初の人間にとってもそうであった。子どもにとっても同じことが当てはまり，子どもが木を描くときには，好んで鳥やその巣を描いて木に活気を与える。実際，木は，鳥やその他の動物の住処でもある。鳥も，本来は魂の象徴である。そういう感覚は今日ではもはや失われてしまっていて，せいぜい，「頭がおかしい」(Du hast einen Vogel)〔直訳は，「あなたは鳥を持っている」〕という否定的な形の表現が思いつく程度である。つまり，〔鳥は〕狂気とか奇妙なもの〔を表し，それ〕が人間に巣を構えたというわけである。幼稚症の場合，問題となるのは，そのような狂気ではなく，子どもらしい状況とか，遊ぶような朗らかな振舞いの方であり，ちょうど，子どものように振舞ったり，動物のように振舞ったり，自然のままに振舞ったりということに耽っているかのようである。ここには，幼稚症と子どものような状況あるいは振舞いとの間に紛れもない並行関係が見られる。さらにバウム画には，はっきりとそこそこの変質的な外観を指摘できる。

　ブロイラー Bleuler が言うところの性的異常とは，性の目的が，性行為ではなく遊びに耽ることにあり，早熟な衝動性も認められて，子どもを「演じる」(spielen) としている。トラマー Tramer は，持続的幼稚症とは，普通は子どもの発達段階で一時的に見られる幼児性が，異常に継続あるいは持続することがその指標となると書いている。その際，発達が停止する時期と度合いによって，すなわち，人間全体が影響を受けるか（全体的），一部だけが影響を受けるか（部分的）によって，異なるタイプが生じてくるという。持続的幼稚症の原因（内分泌的原因と異栄養的原因）についての記述は，名称に統一性がなく，一つのイメージには決して収まらないことを指摘していて，そのことは E. クレッチマー E. Kretschmer も書いているが，その結果，遅滞という概念のもとに生じることがすべて，幼稚症とか部分的幼稚症にも生じることになる——さしあたっては，それでよしとせざるを得ない。それでも，この一例において，バウム画に変質徴候が生じたことから，〔幼稚症に見られる〕幼児的な状態とは，生まれながらの全く汚れのない状態というよりは，もちろん個々の事例において

その原因は異なるにせよ，原因が指摘できるものだということを示唆している。無論，催眠の実験を重視して，従来の理論を覆すのがふさわしいと主張するつもりはない。心理学で用いられる概念は，扱う対象の性質から，実際に一義的で明確なものに限定することはできず，比較的複雑な事態に一つの輪郭を与えるために名前を与えて，あふれるような心の風景に一つの方向を与えられればよい。

　変質（Degeneration）[1]。この極めて不明瞭な概念を研究の対象とすること自体，根拠がない。問題設定を，概念から始めるのではなく，また，描画に変質がどのような形で表現されるかを問うのではなく，その反対に，繰り返し認められる，経験的に変質徴候であるといわれているような徴候が，実際に，われわれが考えているようなことを表現しているのかどうか，と問うところから始めたい。ここで取り上げるのは，くらげのような形の枝，くらげのようにグニャグニャした描線，くらげのようにブヨブヨした丸い枝先，である。そのような描画は，まさにその外観が，「変質的」という強い印象を与える。そういうレッテルを与えるときに生じる困難は，決して小さいものではない。〔犯罪の〕構成要件を充分加味できる場合は，あるいは，そうでなくとも事情が充分にはっきりしている（たとえば，明らかな精神病質などの）状況では，鑑定をする際にさほど困難は生じないし，〔変質的という〕その表現も理解できる。にもかかわらず，重大な精神病質があるようには思われないし，実質的には軽度発達遅滞も認められないし，医者でないものには目に見えて変質を示すような身体的特徴も目立たないし，しかし，いずれもどこか病的なように思われて，一部の才能が十分たくましく開花しているわけでもないからあまり大きな負担能力を要求することもできない，というように，なかなかはっきりしたことがわからない事例と出会うことも多い。鑑定では，両親や経営責任者から十分な情報を得ることもできるので，「変質的」という概念がついうっかりして使われることもわからないではないが，その場合には極めて低い評価がなされたものと受け取られて，憂慮すべき結果をもたらすことにもなりかねない。調査されている者に対して，変質的かもしれないといえるのは，大ばか者くらいである。そんなことを言われたら，実際には全くそんなはずがなくても，自分が劣った人間か

---

[1]「変質」は精神医学者モレルが提唱した概念で，遺伝的変質が世代を重ねるごとに進行してその人種や家族の消滅に至るとされ，非常に深刻な含意のある言葉であった。

もしれないという考えから抜けられなくなってしまう。事実，有能な人でも，変質的なサインが見られることがあるということは周知のことである。にもかかわらず，そのサインが見られれば，それに相当するような身体的心理的な状態が生じているものと思われてしまう。それは，障害〔脆さ・虚弱〕を示すものではない。というのは，人はたいてい病気とか事故で障害を受けるが，下に述べるような形で変質することはまれだからである——その際，同時に，この概念がどれほど不明瞭なものであるかわかると思うが，というのも，ある種の知的障害（Schwachsinn）と精神病質とが，同じ概念のもとにくくられてしまうからである。

変質とはおそらく，ある素質に対応する質の悪さの特徴を述べるものだろう。『幼年期の精神病理学』という教科書の中で，A. ロナルド A. Ronald は，典型的な変質徴候（Degenerationszeichen）の全系列を記述しているが，それらはすべて，身体奇形（Körperstigma）のある人に生じたもので，しかも一部は医師だけしか確認できないような障害であった。

ブロイラー Bleuler は家族性の変質と個人的変質とを区別している。しかし，彼は，その概念を安易に用いないように警告している。彼の考えでは，それ〔個人的変質〕に相当する状況としては，せいぜい，胚胞変性（Blastophtorie）という概念が当てはまるくらいで，それによれば，両親のよい素質をもちながら，発育の途中にある芽が，消耗性疾患とか毒とか感染などの影響を受けて傷つけられるのだというが，いずれにせよ，それが単なる主張なのか確たる事実なのかは全く区別できない，と指摘しておかねばならない。家族と人種の変質については，あまりに多くのことが書かれてきたので，特別の指摘を要しないが，それだけになおさら，われわれが，そのようなプロセスを調査し証明する立場には全くないということをよくわきまえておかねばならない。ブロイラー Bleuler 曰く，

> 変質した者とは，たいてい，精神病質者とほぼ同じようなものとされ，知的ではあるが，平均的な者と比べると特に情動面で異なった反応を示す。上等変質者（Degeneres superieurs）とは何らかの方面では平均よりも優れた部分があり，自分で生活を保てる精神病質者である。著名人にも，正当に，それに当てはまるような人がいる。

われわれの資料の中で，バウム画に変質徴候が見られたのは，統合失調症的精神病質（schizoiden Psychopathen），多くの夜尿症者，父親が大酒家の軽度発達遅滞1名などであり，一方，若年者や成人の中には，知的情動的な外観は病的といえるほどではないが健康ともいえず，いわゆる歪んだ感じが見て取れるということ以外には，「一目瞭然」の徴候など一切みられないものも何人かあった。おそらく，この〔変質という〕状態は，特定の疲労とそこから生じる〔意識の〕弛緩と関係していると思われる。心的なものも疲労するのである。

われわれの被験者Rは，催眠から覚醒直後に描いたバウム画で，明らかな変質徴候を示したが，2時間続いた催眠のあとで，明らかに過度の疲労状態のもとで描かれたバウムだった。その徴候は3時間後に描かれたバウムでは完全に消失していた。

図23aと図23bとがその相違をよく示している。不規則に走る輪郭を振戦〔震え〕と関連付けようとする人もあるかもしれないが，このような図的表現は振戦によっては生じないし，その動きが運動失調（ataxie）を多少は連想させるが，運動失調によって生じるものでもない。有毒な作用によって変質的な形態が人為的に描かれることがもしあるとするなら，それは，催眠後の心的な疲労によって，既に，そのような特徴を示す描線の退化が用意されている場合である，という可能性が高い。

催眠下で得られた図24は，「あなたは変質的である」という暗示の後に描かれたものである。これについて何か正確なことをいうことはできないし，被験者についての解釈は一切できない。この絵が与える印象は，われわれが2年来，繰り返し行ってきた観察に十分合致するものであり，くらげのようにぶよぶよした描線を変質徴候と呼びたい気持ちになる。被験者は，確かに，別の点でも表現に質の劣ったところがみられる。樹冠全体がほぼ完全に欠如しているからである。ここでも，この空白の空間（Leerraum）が欠陥を表現しているということになるが，それは，質が劣っていることを，あるいはもっと適切にいうなら，劣っているという感情を，表している。被験者は生来健康なので，催眠下で欠陥や欠点の暗示を与えられて描かれたその表現には，生来障害があって欠陥には慣れている人，あるいはせいぜい，それを意識したり社会的適応が困難になったりしたときにその欠陥を悩む人に比べると，質が劣っているという体験のサインが強くなるというのももっともなことだと思われる。

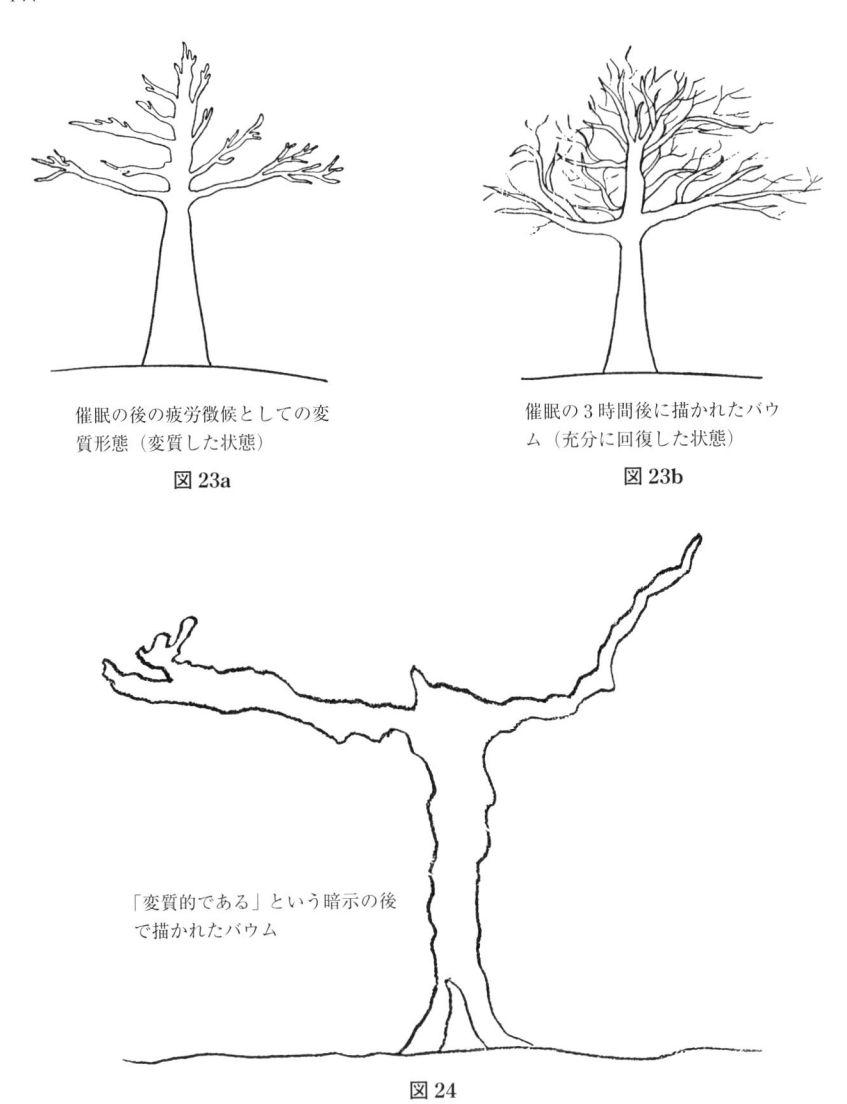

催眠の後の疲労徴候としての変質形態（変質した状態）

図 23a

催眠の3時間後に描かれたバウム（充分に回復した状態）

図 23b

「変質的である」という暗示の後で描かれたバウム

図 24

　この被験者の，他の描画には見られないもう一つの指標として，幹の根元に楔形の切り込みがあるが，その結果，根の起始部が見えるようになった。裂け目が描画に生じてくるのは，特に，何らかの苦労や困難を抱えている人，しばしば学業とか特定の専門領域に困難を抱えている人であることを，既に一度指

摘した。この徴候は明らかに，「空白の空間」の問題に入ってくるものであり，「空白の空間」の意味は，それを補償するような根の起始部の表現によって与えられる。つまり，空白の空間はまず裂け目によって生じ，その後で固定と支持という意味を持つようになることが示唆される。

それゆえに，そのような実験においては，欠陥の直接の表現（くらげのような描線の輪郭）と，これに対する被験者の反応とを，さらにもしかすると特定の状況に見られる広い意味での器官劣等に対する反応とを区別することができる。

図 24 と 23a では，奇形のひれ足（verwachsene Flossenhand）のように見える枝の形態が生じている。分枝の角度は主枝に直角ではなく，時に，幅広の不規則な枝の形となり，さらにモミ型幹になることもあるが，その場合，樹冠の割合は下方の幹よりも大きくなることが多い。はっきりと区分けされた形ではなく，いびつな形となる。明らかに，充分に構造化して細部を仕上げる能力に関わる心的器官が欠けている。まるで，内的な理想像（Leitbild）を全体として現実化し分化させる組織化の能力が欠けているかのようである。ここには，脆弱性とか弛緩，疲労がある。これらのイメージに関してこの実験で明確になったことは，自発的に描かれた描画でも容易に裏付けられる。これとの関連で，ある事例（15歳の学生）に，二つのバウム画を描いてもらうという試みを行った。一枚の絵は，多少ともはっきりした形で図 23a に対応するような絵で，2枚目の絵は，二線幹とぎこちなく張り巡らされた一線枝とが描かれて，1枚の膜で囲まれていた。その膜は，既に以前，われわれが胚胞膜と名づけたような膜であり，それゆえ，まだ自分本来のものとはいえないような，まだ固まっていないようなものを指していると思われた。この側面から見ると，何か出来上がっていないもの，まだ完全に仕上げられていないものがあり，型が出来ているとはとてもいえない状態で，どういう型になるか伸び悩んでいる感じだが，それが言わんとしていることは推測される。この学生はともかく，三流の第二学校に通っていて，学校の中ではいつも弱い立場にとどまっており，実質的な異常は見られないが，発達の遅れがあると周囲には思われている。外的な印象は薄く，（文化的な環境に育ったものの）手入れをされていない感じで，どこか涙もろい感じで，心理的な緊張はない。発言や思考は極めて平均的で，すべてが学生にふさわしい印象である。才能も平均的だが，学校の中では劣った学生

指標：**変質型**　　　　　　　　　　　　　　　　　　　　　　　　　　　**表13**

学年		K	P1	P2	P3	P4	P5	P6	P7	P8	S1	S2	S3
年齢		6-7	-8	-9	-10	-11	-12	-13	-14	-15	-14	-15	-16
男	%	0.0	0.0	4.0	0.0	0.0	5.8	1.6	3.3	1.0	1.9	2.7	1.0
女	%	0.0	0.0	0.0	2.6	4.6	0.9	0.9	4.5	1.2	2.7	2.8	1.5
合計	%	0.0	0.0	2.0	1.3	2.3	3.4	1.2	3.9	1.1	2.3	2.8	1.2
年齢			-8	-9	-10	-11	-12	-13	-14	-15	-16	-17	中等度発達遅滞（平均29歳）
軽度発達遅滞	%		0.0	0.0	1.3	0.0	0.9	0.7	0.0	0.0	0.0	0.0	1.8
初等学校8年卒の半熟練工（男女）								商店員		アフリカ人のミッションスクールの生徒（平均15.5歳）			
年齢			15-16		17-19		+20	19-32					
	%		2.6		2.5†		1.8	3.0		0.0			

K：幼稚園　　P：初等学校　　S：第二学校

とされている。職業選択において，中くらいの水準を問題とするなら，断念の危険は全くないが，高望みをすると希望はかなえられないだろう。実生活を見れば，そのような若者が実際に冷遇されているとはほとんど思われないだろう。描画における変質の徴候は，なるほど人を驚かせるものだが，過大に見積もられる傾向がある。一方，そのようなもの〔変質の徴候のようなもの〕を見落とすこと，少なくとも，それが，他の手段を用いて特に注意深く調べるきっかけを与えるということを見落とすこともまた，まずいと言えるだろう。経験的には，表現において目立った痕跡を残すものが，常に「厄介な問題」とは限らない。そのことは，とりわけ筆相学が経験的に知っていることである。ついでながら，筆跡に変質徴候を検出することは徒労に終わるとされている。老人性振戦とか運動失調[1]は，神経学的に制限を受けた状態での能力低下を反映している。変質の場合はむしろ，心の形成能力とか構成能力，生成能力が弱っているように思われる。にもかかわらず，変質的な形式といっても，何か胚に関わることは問題なのではなく，根本においては一つの早期型が問題になるのではないか，という問題は未解決のままである。また，どの程度，単なる一時的な弛緩や疲労が問題となるのか，これらのいわゆる変質〔の過程〕が再生〔の過程〕と入れ替わることはできないのか，といったことについては，わからない。

---

1) いずれも手が震える病気なので，描線が震えてしまい，ここで変質的とされる描線と区別できないような描線となる。

第5章　指標の理解

1. バウムテストの教示形式

「果物の木を〔1本〕，できるだけ上手に描いてください」[1]（Zeichnen Sie bitte einen *Obstbaum*, so gut Sie es können.）

2. 変法

学校で習ったような形が描かれたり，あまり得るところのない形が描かれた場合，あるいは，別の側面や層を調べようと思うときには，繰り返し描いてもらう場合があり，時に2度以上繰り返してもらうこともある。複数のバウムを描いてもらうのは一般には控えた方がよく，一番よいのは時間的な間隔を空けることである。教示の内容は次のとおりである。「果物の木をもう一度描いてもらえますか。ただし既に描いていたのとは全く違う木を描いてください」。

最初の描画が枝のない球形樹冠のバウムの場合には，「樹冠を枝で表した果物の木を描いてもらえますか」と言う[*]。

小さい子どもで，「果物の木」という概念がわからない場合，あるいは理解できない場合は，「りんごの木」とか，単に「木」という教示で十分である。ある

---

[*]（原注）　オランダ，ヘンゲル Hengel の職業心理学研究所では，3枚のバウムを描いてもらっている。通常のバウム，空想のバウム，夢のバウムの3枚である。それによって表現が増加したり誇張されることは頷ける。この方法は，シュヴァイツ・フォン・ヴィードリッヒ Schweiz von Widrig によって紹介された「普通でない（verrückten）〔／狂った，異常な〕バウムを描いてください」という形式と似ている。判断の際には，配列の順序の違いも考慮すべきだろう。──オランダの G. ユービック G.Ubbik とアーンヘム Arnhem は，それを取り入れた。「語りかけるバウム」（redenden Baum）も提案されている。バウムの描き手は，自分の描いたバウムの伝記を語るよう求められ，これを記録する。それによって，そこに生じた投影が，しばしば非常に示唆に富んだものになるが，これは TAT の成果を想起させる。

[1]　本書21ページ，72ページも参照されたい。

いは何か描きやすいものと組み合わせて教示をするのもよい。「木のあるお家を描いて」とか，そのような類である。

一般には，(挨拶とか関係作りとか，その他の簡単な質問など) 何の用意もせずに，このテストを施行してはならない。被験者には，要請に正確に答えようとするのではなく，教示の枠内で全く自由に描いてもらうように言っておく。

3. 材料

白く，あまりツルツルしていない，標準規格のA4判210mm×297mmの紙（たとえばタイプライター用紙など），中軟質から軟質の硬さの鉛筆，やや固めの，表面が滑らかな下敷き，そして消しゴム。用紙は被験者の前に縦向きに置かれるが，もし被験者がこれを横向きに置き直しても，何も言う必要はない。絵が描かれるプロセスを目立たないように観察し，描画に要したおおよその時間をメモしておく方がよいことが多い。消されたものもまた重要である。

4. 全体の印象

バウム画は，筆跡のように，全体的・直観的に把握するのが取り組みやすく，その結果，人は個々の細部の検討に立ち入らずに，印象をすぐに言葉にしてしまう。しかし，指標の分析でさえ，事実に即した冷静な観察（Beobachten）を必要とし，それにどういう解釈を与えるかは，鑑賞（Schauen）能力に左右される。全体を把握する場合はなおさらそうである。観察は認識に通じ，鑑賞は理解に通じる。もちろん全体とは，厳密には，分析不可能なものとみなされるので，われわれができるのはせいぜい，印象を言葉にすることくらいなのだが。この方法の習得には，バウムの外観に対する二つの接近法に応じて二つの方法を選べる。最初の方法は，表現のグラフに則った読み取りを学ぶ（Lesenlernen）ことである。指標の確定が重要で，解釈は全く問題にしない。たとえば，直交分枝の傾向とか，一線枝，さまよいといった具合である。指標の解析は，バウムテストの場合，かなり広範に行われて十二分に進んでいるので，初心者がその課題をこなすのは容易ではない。グラフの読みは，訓練を，それも相当な訓練を必要とする。〔2番目の方法である〕無心になされる把握に重い価値を置くのは，優れた指標の記録には既に，解釈が半分含まれているからである。つまり，あちこちに見られる指標と解釈との類似性によって，自然と解釈が与えられる

（たとえば，さまよい〈Schweifung〉＝さまよっている〈Schweifend〉）。図式的な読みを学ばないものは，溺れてしまうことが避けられない。労苦を厭うなら，このテストからは手を引くべきである。たいていの投影テストの評価は，とても単純に扱えると思われている。ここで例外とされているのは筆相学とロールシャッハテストである。解釈はいずれも難しく，テストで得られた徴候と解釈の間の懸隔，さらに人格イメージまでの懸隔は，才能や経験にも左右されるが，それ以上に，責任感によるところが大きい。心理診断の目的でバウムを1枚，あるいは数枚描く描き手は誰でも，少なくとも，自分の人格が正当に扱われることを期待している。能力の不足や不注意から，仲間〔被験者のこと〕を傷つけるようなことがもしあれば，それは恥ずかしいことであるだけでなく，無責任なことでもある。誤った判断を下す危険性は，もちろん，ゼロにはできないが，どんなテストも，絶対的なものと考えるのではなく，むしろ一つの方法として利用されるならば，危険は減る。鑑賞は，本来は習得できるものではない。が，ある程度の訓練は可能である。たくさんのバウム画を，先入見を持たずに心にしっかりと刻み付け，「じっくりと見つめ」（anschauen），批判的な態度を一切捨ててただ眺める（betrachten）のがよい。見つめる（Schauen）ことから，徐々に視覚（Sehen）が生じ，違いが識別されるようになる。イメージが自ずと分化し始め，客体との距離が縮まってくる。ここで初めて，見つめること（Schauen）が批判的な観察と結びつく。

　グラフの読みと正確な鑑賞（richtiges Schauen）は，当然ながら，たとえば統計によって与えられるような状況も含め，与えられたあらゆる情況を評価することで，解釈につながる。ここでまたしても重要なのは，診断をする者が自ずと対象に投影してしまう，自分の内的なバイアスから，ある程度自由になることである。一つのテストだけで人格の全体像を得ようと努めなければならないというわけではない。そんなことは，テストの性質からしても，全く不可能なことである。われわれが手にするのは，たいてい，人格診断に寄与する部分である。これが一番多いのだが，同時に，なぜそのテストをいつも他の方法と一緒に用いるかの根拠でもある。いわゆる目隠し診断は，せいぜい，教育の目的に限れば興味深いが，そうしたとしても十分な注意を払うことはできない危険がつきまとう。

　オファーマン Offermann は，バウムテストに関する学位論文の中で，印象を

記録するものとしてバウム画が特に適していることを指摘したが, その論文に全体の印象を定式化させるよりもはるかによかった。それと関連して,「形態水準」とか「本質的内容」といった概念については, あまり手がつけられていないが, それは, バウム画においては, 〔筆跡とは異なって〕はっきりとリズムで区切られるイメージが問題にならないからである。

詳細については, ハインツ・ロセン Heinz Lossen の「筆相学における印象把握の意義と方法」(雑誌『表現学』第 2 巻第 3 号, 1955 年所収) を参照されたい。

全体の印象

明瞭	不明瞭	生き生きした	生き生きしていない
透明な	もつれた	魂が吹き込まれた	単調な
明るい	混沌とした	軽快な	退屈させる
陽気な	べとべとする	躍動感あふれる	うつろな
精密な	ぬかるんだ	野生の	取るに足りない
調和の取れた	調和の取れていない	抑制されていない	枯れた
落ち着いた	落ち着きのない	力のない	青ざめた
静的な	動的な	緩んだ	無色の
整った	整っていない	疲れた	麻痺した
柔らかい	固い	力強い	集中した
ぽっちゃりした	骨皮の	色とりどりの	リラックスした
暖かい	ガラスのような	丈夫な	ぼんやりした
感覚的な	冷たい	どっしりとした	変わりやすい
軽い	醒めた	荒い	安定した
ばねのある	乏しい	ぎこちない	こわばった
漂った	単純な		固定した
繊細な	痩せた	錯綜した	繁茂した
温和な	貧しい	豊かな	荷を積み過ぎの
脆弱な		表現力のある	過度の
色褪せた	病的な	いっぱいの	膨らんだ
朦朧とした	重い	不恰好な	圧迫された

風変わりな, 偏屈な, なじみのない, 学生のような, 技巧的な, 様式化された, ポーズをとった

5. 根（Wurzeln）

>「根は生ける死者である」
>——ガストン・バシュラール
>Gaston Bachelard

　木は二つの方向に向かって生きている。上と下に向かって成長する。木は光の中で光によって生きるが，大地の暗闇の中でも生きる。一つの存在の中に二つの存在様式がある。次のようにも言えるだろう，「木は光と大地の中に根を下ろしている。木は上に向かって伸び，上から下に向かっても伸びる。ちょうど，光の力と大地の力とが木の中でクロスするかのようである。上のものは，単に下のものの反映に過ぎないのか。それとも両極あるのか。木はなるほど，眼に見える範囲では上に向かって枝を広げていくように見えるが，それはしばしば，上に移された根のように見え，大地を諦めた根のようにも見える」[1]。バシュラール Bachelard は，根を，逆立ちした木，地下の木と呼んだ。

　根は木の中で最も長生きする部分である。枝は失うこともありうるし，切断されることもある。が，根からは何も失われないし，人為的な干渉からも守られている。ヘーゲル Hegel は（バシュラールからの引用だが）根を絶対的な木（absolute Holz）と記述した。

　根は多くの機能を持っている。木のために土壌から栄養を吸い上げる。根は常に生命の泉の象徴とみなされてきた。大地に接してしがみつき，大地の中にも入り込んでいる。木は，根がなくては支えを失う。根は大地をつかんでいるともいえる。つかんで滑らずにいられるのも木が深く根を下ろしているからである。根は動きを防ぎ安定化させる。根は大地に支えを与え，木の支えを大地から受け取る。根は大地に近接し，大地とほとんど見分けがつかなくなる。地上の死すべきものであると同時に，地下の生命，不可視のものでもある。根は，豊富な無機質，鉱物にも恵まれている。根という場所で，死んだもの〔鉱物・土〕と生きているもの〔木〕とが触れ合う。根は基本元素〔火水風土〕の一つ〔である土〕の中で生きている。それ〔土〕は他の木の基盤でもあり，すべての木の共通元素である。バシュラール Bachelard は，根を元型，原イメージと呼んだ。根と「母なる大地」との同一視は，繰り返し念頭に浮かんでくる。

　それゆえ，バウム画における根が，後からあまりコントロールできない，個

---
[1] 原文に閉じ括弧なし。訳者の判断でここに入れる。

人的な「性格特性」を示すことがあり得るのも理解される。目に見えるのは，根から伸び出てくるもの，木そのものである。

なるほど幹の根元はほとんど根と同じである。固く締まって，固定し，不動で，もはや動かせない。幹の根元の分類に際して，根との類似性が強調されれば，その表現には，動かすことが難しいもの（das Schwerbeweglichen），重いもの（das Schwer）という解釈が，硬いものではなく，「生ける死者」という解釈が，与えられるようになる。精神障碍者がしばしば，木よりも大きいほどの根を描くことにも理由がある。根の二重性が最も見事に現れているのは，多くのアルコール依存者に見られる，根を過度に強調した絵である。中毒に至るほど酷い支えの脆さ，それだけにいっそう支えを求める気持ちも強くなる。溺れた者は誰でも，手を振り上げて支えになるものにつかまろうとするだろう。支えが脆いものは，十分に深く掘るが，彼にとって大地はがたがたして堅固でないもののように思われる。

描画には，一線根と二線根とがみられる。一線根に関する統計表をみると，標準児童では極わずかなパーセンテージしか示さなかったのに対し，軽度発達遅滞者ではかなりの頻度で一線根がみられた。一線根は原始的な心性に独特なものであるような印象を受ける。これは発達遅滞とは直接の関わりはない。頭をあまり使わない仕事についている，半熟練工では，軽度発達遅滞者と同じくらい多く一線根が見られる。確かに，彼らの知的水準が平均的な標準と見なせるものは17％しかなく，その他の者は，それよりも低い知的水準だが，特殊学

指標：一線根　　　　　　　　　　　　　　　　　　　　　　　　　　　　　表14

学年		K	P1	P2	P3	P4	P5	P6	P7	P8	S1	S2	S3
年齢		6-7	-8	-9	-10	-11	-12	-13	-14	-15	-14	-15	-16
男	%	2.4	2.6	2.4	2.7	4.3	2.9	7.8	1.1	0.0	2.9	1.0	2.0
女	%	1.0	1.9	1.9	1.8	1.8	0.0	3.6	2.6	1.2	1.8	0.0	0.8
合計	%	1.7	2.2	2.2	2.2	3.1	1.5	5.7	1.9	0.6	2.4	0.5	1.4
年齢			-8	-9	-10	-11	-12	-13	-14	-15	-16	-17	中等度発達遅滞（平均29歳）
軽度発達遅滞	%		2.8	4.0	3.8	8.4	8.0	6.7	8.2	4.8	10.2	4.9	8.9

初等学校8年卒の半熟練工（男女）				商店員	アフリカ人のミッションスクールの生徒（平均15.5歳）
年齢	15-16	17-19	+20	19-32	
%	9.1	8.8	11.8	1.5	100.0

K：幼稚園　　P：初等学校　　S：第二学校

指標：二線根　　　　　　　　　　　　　　　　　　　　　　　　　　　　　　　表15

学年		K	P1	P2	P3	P4	P5	P6	P7	P8	S1	S2	S3
年齢		6-7	-8	-9	-10	-11	-12	-13	-14	-15	-14	-15	-16
男	%	1.6	3.5	3.2	24.0	12.7	28.0	12.6	20.0	18.0	12.7	12.3	14.9
女	%	0.0	3.9	5.8	13.3	12.0	12.4	9.0	11.5	8.4	21.0	3.8	8.5
合計	%	0.8	3.6	4.5	18.7	12.4	20.2	10.8	15.7	13.2	16.9	8.0	11.7
年齢			-8	-9	-10	-11	-12	-13	-14	-15	-16	-17	中等度発達遅滞（平均29歳）
軽度発達遅滞	%		0.0	0.0	0.0	3.0	1.8	0.7	3.3	9.7	4.3	9.8	7.2

初等学校8年卒の半熟練工（男女）				商店員	アフリカ人のミッションスクールの生徒（平均15.5歳）
年齢	15-16	17-19	+20	19-32	
%	7.9	11.6	7.8	18.0	0.0

K：幼稚園　　P：初等学校　　S：第二学校

級に通うほどではない。知的水準が強調される商店員の場合は，一線根が1.5%に見られたに過ぎない。これに対して，アフリカのミッションスクールのすべての生徒には，とても強く強調された一線根が見られた。ここでは，一線根は，魔術的な世界像に根ざしていること，無意識からの影響が大きいことの表現のように思われる。二線根を描いたミッションスクールの生徒は皆無だったが，樹冠の描写は技巧的に粗悪というわけでは全くない。二線根は，若年の軽度発達遅滞者には描かれないので，彼らはこれをうまくやり遂げる段階には全くない。思慮深い人は，性別に規定される相違を指摘するだろう。男児は，時に女児よりも少し多く根を描くが，4年生からは変化は生じないので，発達指標として識別される。半熟練工では二線根は一線根とほぼ同じくらいだが，商店員では二線根に夢中になっていることが目立つ。もっとも，以下のように厳密にカウントする必要がある。二線根は，地面の上に置かれた根の起始部が描かれていてもカウントされるが，一線根の場合は，完全に描かれた場合に限り，カウントされる。

　地面線は，天と地とを分けているが，それは，繋ぐものであると同時に，分離するものでもある。それは，上と下とを繋ぐと同時に，上と下とを分離する。時に，地面線は，〔地上と地下という〕二つの生を分かち，当然のように，単に無意識から意識を分離するというだけでなく，二重の生の間を分離する。それでも地面線は，人為的で，まっすぐで，意図されたもので，一つの分離線であり，地面そのものを標示する線では全くない。

根

根源的性質	停滞
原始性	阻害
本能，衝動に縛られていること	ゆっくりしていること
大地とつながっていること	粘液質〔/ 鈍重・無気力〕
根を張ること	粘着する
無意識から生まれてくる	吸い上げる
因習に縛られていること（農民的な意味で）	支えを求める
鈍重さ	支えの脆さ
重さ	衝動に巻き込まれたもの
動かすのが難しい	
保守主義	（二重の生）

　根には，まだ他の意味が含まれていないだろうか，という疑問が起こるかもしれない。2本，あるいはそれ以上の木の場合，根は，もう一つの，第三の機能が出てくる。備蓄物の貯蔵がそれである（K. メークデフラウ K. Mägdefrau『果物の木の構造と生命』）。これを性格学に合うような形で転用することは難しくはないが，そのような意味もまた本当に的確であるかどうかという問いには，答えられない。

6. 幹の根元（Die Stammbasis）

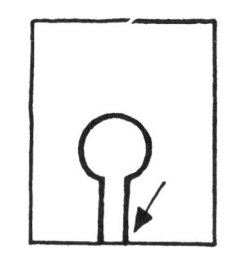

用紙の下端から描かれている　まっすぐな根元

11歳#までは標準

それ以降の年齢

「子ども」，文字通りの意味で あるいは比喩的な意味で 子どものような世界像 幼年時代	才能に乏しい （紙の縁） 視野が狭い 狭量 部分的幼稚症 未熟な

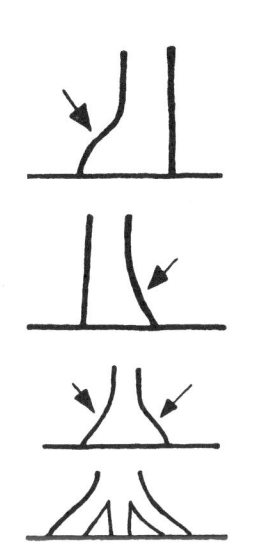

左側の広がり

阻害　　　　　　　　　　　　　「粘着」
開始の阻害　　　　　　　　　　何かから逃れられないこと
ブレーキ　　　　　　　　　　　母親との結びつき
過去に関係していること

右側の広がり

権威を恐れること　　　　　　　相手に対する抵抗
信用していないこと　　　　　　場合によっては意地，強情
注意深さ　　　　　　　　　　　かさばること

〔幹の根元の〕広がり

阻害，抑制　　　　　　　　　　思考の阻害
学習困難　　　　　　　　　　　発達の阻害
鈍重な〔/回りくどい〕解釈　　　重いこと
「ゆっくりとした，しかし確実な」（7歳では標準）

　円錐幹は広い根元を示し，樹冠に向かって，円錐形になるように伸びている。表によると，この指標は，初等学校に入学する年齢になって初めてはっきりとしてくる（12.1%）が，その後ほぼゼロに等しいところまで減少する。軽度発達遅滞者の場合は，8歳から9歳の間に10.8%と増え，その後変動を示しながら，17歳になって初めて明らかに減少する。これに対して，初等学校を卒業し

指標：円錐幹　　　　　　　　　　　　　　　　　　　　　　　　　表16

学年		K	P1	P2	P3	P4	P5	P6	P7	P8	S1	S2	S3
年齢		6-7	-8	-9	-10	-11	-12	-13	-14	-15	-14	-15	-16
男	%	2.4	11.5	14.3	9.2	5.8	4.8	1.6	0.0	0.0	0.0	0.0	0.0
女	%	4.1	12.7	8.7	5.3	8.3	2.7	5.2	5.3	3.6	0.9	3.8	0.0
合計	%	3.3	12.1	11.5	7.3	7.0	3.7	3.4	2.7	1.8	0.5	1.9	0.0
年齢			-8	-9	-10	-11	-12	-13	-14	-15	-16	-17	中等度発達遅滞（平均29歳）
軽度発達遅滞[1]	%	2.8†	10.8†	6.3†	10.7†	8.0†	5.9†		9.9†	13.4†	6.8†	2.5†	10.7†

初等学校8年卒の半熟練工（男女）			商店員	アフリカ人のミッションスクールの生徒（平均15.5歳）
年齢	15-16	17-19	+20	19-32	
%	7.9	15.0	9.5	10.0	9.0

K：幼稚園　　P：初等学校　　S：第二学校

---

1) 半モミ型幹の値が誤記されているので，付表6（343ページ）に本来の値を示す。

た労働者と商店員はある高さ（10%）まで上昇を示すので，卒業以後は，この指標において異なる集団を見分けることはもはやできない．

卒業後
理論よりも実際的な才能のある
実務家
手仕事タイプ
繊細というよりはわかりやすい
具体的，一目瞭然
「単純」，さほど知的でない単純化
すぐ前のものに飛びつく

卒業前
ある程度までは早期指標とみなされ，
軽い遅滞が現れているとされる

7. 半モミ型幹，モミ型幹（果物の木にみられるモミ型幹）[1]（Halb-T-Stamm, T-Stamm ［Tannenstamm beim Obstbaum］）

>「まっすぐに立つ木は，一つのはっきりとした力であり，地上のものを青い空までもっていく」
>——ガストン・バシュラール
>Gaston Bachelard

　モミ型幹の幹は，根元から木の頂上まで伸びている．主枝としてはこの形は，自然に見られる果物の木の中では，西洋梨の木に最も純粋に現れているように思われる．しかしながら，モミに似た型と考えていただければよい．男児は女児よりも2倍から3倍多くこの形を描く．標準児童では年少児のモミ型幹の頻度は，年長児よりも少ないのに対して，軽度発達遅滞者では，年少児では高値で始まって，年上になってもわずかに下がるにとどまる．学校を卒業した半熟練工では 15-16 歳で 20% まで上昇し，20 歳以降では 12% まで下がる．他方，半熟練の重労働者グループには，モミ型幹の割合が 80% にも及ぶことを私は既に見出していた．軽度および中等度発達遅滞者には，30% と，それでも高い値が見られるが，多くの中等度発達遅滞者は，果物の木を描くことが出来ない

---

1) 原著では Tannenstamm（モミの幹）を省略して T-Stamm（T-幹）と表記されている部分もあるが，本訳書では「モミ型幹」で統一した．T 幹は T 字型幹と誤訳・誤解されてきた歴史があるからである．

ので，それぞれのバウムに対する図式としてモミが利用されている。遺伝学的に，半モミ型幹はモミ型幹の前に現れるように思われる。統計からはこれは目に見えないが同一指標の構造的な変化の様式からそう理解される。たとえば就学義務年齢以前の幼児では，半モミ型幹はたいてい，幹の上部が水平線でふさがれている幹上直（Lötstamm）となっている。主枝の一部はそこに建て増しされる〔ように描かれる〕か，そこから上に向かって突き出ている。主枝の一部は幹から出ているが，これらの枝の分枝は幼い子どもの図式的なやり方で描かれているので，低在枝と変わらないように思われる（しかし，統計的にカウントされるほどではない）。年長になると，標準児童では，幹上直は消失する。樹冠が完全に広がってモミ型幹に該当しなくなるか，教育によって半モミ型幹から真のモミ型幹が生じる。年上に見られる半モミ型幹はむしろ，半ば上に伸びている主枝の性格を帯びており，側枝はもはや低在枝という側面を持ち合わせていない。基本構造は保たれているので，早期型と後期型とを区別しなければならないが，その移行は流動的であるために，統計的に相互にその型を区別するのは困難であると思われる。

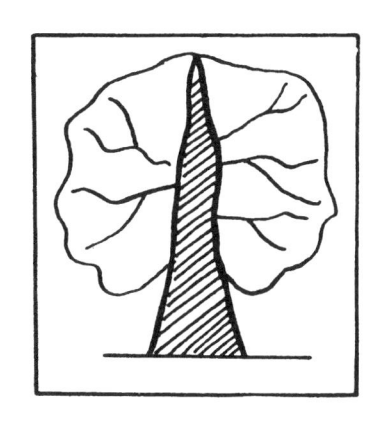

　半モミ型幹は，12歳以降は，ごくわずかな比率でしか生じないが，その一方で，モミ型幹は頻度が増す。アフリカの生徒は，45％が半モミ型幹を示しているが，この水準は，われわれの地域ではおよそ見られないと思われる。彼らの描画は，ほとんどまっすぐな線で描かれていて，幹の先端は丸くなって（幹上直）いる。

　ついでながら，いわゆる生命の木は，図式的な描写では，半モミ型ないしモミ型幹として描写される。まっすぐな幹，尖った幹の先端に，1枚の葉，両側

にそれぞれ3本ずつの側枝が1枚の絵に描かれている。このように，7本の枝を持つとされる生命の木は，半モミ型の木の性格を持っているといえる。

　モミ型幹，あるいは（果物の木として描かれた）モミの木は，早期型の一つとされているが，その頻度は，統計を利用できるより前の時期に低下する。幼稚園の調査では，最初にみられる早期型は既に消失している。軽度発達遅滞者ではまだそれが多く見られ，中等度発達遅滞者では30％のモミ型幹が見られる。彼らは明らかに，原始的な層の状態にとどまっているが，それ以外ではその状態は急速に乗り越えられる。木の原イメージ〔もとになるイメージ〕は，子どもでは，モミでもりんごの木でもなく，基本図式であり，一部は花から生じ一部は十字型から生じる。モミの原始的な描写は，1本の垂直線と水平線の層から成る。その後になって初めて，上に伸びていく枝，あるいはぶら下がった枝をもつモミの木が生じるように思われる。クリスマスツリーが，手本として決定的な役割を果たしているかどうかは疑問である。子どもに固有の基本図式である十字，垂直方向と水平方向，そして円は，どんな手本よりも強力である。図式主義（Schematismus）は，しばしば，個人的な表現を一切隠してしまうほど強力なものである。情動的に心をうつものという観点から見るなら，木ではなく花が子どもにとっては決定的な重要性を持つ。なるほど，楽園の木は，深層における元型として存在することが推測されるが，描画能力が成熟する前に〔楽園の〕果樹が型を押すように描かれると考えるのは，実がどれほど早くに意義を持つとしても，あまりに素朴な考えではないだろうか。

　モミが子どもにふさわしい木だという場合，比較的意識の乏しい状態，原始的な状態，生命力や本能が優勢な状態，大地と近接した状態（Erdnahen）〔俗っぽさ〕，起源に近いこと，無意識であることなどが想起される。果物の木の場合は，樹冠の中で枝全体が広がる。樹冠の中で木は幹を（素質を）開花（entfaltet）させ，幹は〔実という〕子を産む。モミの幹では，このような開花（Entfaltung）を大幅に欠いている――すなわち，上方の意識の領域が幹の領域に置き換わっている。太古のもの，原初的なものが，未分化なまま，意識の世界の只中に流入してその世界に行き渡る。そのようなことが起きなければ，〔樹冠は〕分化し，耕され，純化洗練した側面を持つだろう。それゆえ，モミ型幹を描く人は，ほとんど常に，原初的で，頑健粗忽であり，あまり分化していない。持ち前のこの部分は，複雑に特殊化したものを単純で実際的なものにしてしまうが，この

指標：モミ型幹　　　　　　　　　　　　　　　　　　　　　　　　　　　　　　表17

学年		K	P1	P2	P3	P4	P5	P6	P7	P8	S1	S2	S3
年齢		6-7	-8	-9	-10	-11	-12	-13	-14	-15	-14	-15	-16
男	%	6.4	3.5	13.5	6.5	13.6	8.6	23.0	14.3	7.0	7.7	16.0	13.9
女	%	1.2	0.0	1.9	0.9	0.9	2.7	6.2	4.5	2.4	1.8	7.6	6.2
合計	%	3.8	1.8	7.7	3.7	7.2	5.6	14.6	9.4	4.7	4.7	11.8	10.0
年齢			-8	-9	-10	-11	-12	-13	-14	-15	-16	-17	中等度発達遅滞（平均29歳）
軽度発達遅滞	%		12.8	16.2	10.0	7.6	4.5	11.8	8.2	9.7	0.0	9.8	30.0

初等学校8年卒の半熟練工（男女）　　　　　　　　　商店員　　アフリカ人のミッションスクールの生徒（平均15.5歳）

年齢	15-16	17-19	+20	19-32	
%	20.0	17.6	15.2	12.0	9.0

K：幼稚園　　P：初等学校　　S：第二学校

指標：半モミ型幹　　　　　　　　　　　　　　　　　　　　　　　　　　　　　表18

学年		K	P1	P2	P3	P4	P5	P6	P7	P8	S1	S2	S3
年齢		6-7	-8	-9	-10	-11	-12	-13	-14	-15	-14	-15	-16
男	%	13.5	23.0	16.0	19.5	10.7	3.8	1.6	9.9	1.0	1.9	0.0	0.0
女	%	4.1	8.7	11.7	8.8	0.9	4.5	1.8	0.0	0.0	2.7	1.9	0.8
合計	%	8.8	15.9	13.9	14.2	5.8	4.2	1.7	5.0	0.5	2.3	1.0	0.4
年齢			-8	-9	-10	-11	-12	-13	-14	-15	-16	-17	中等度発達遅滞（平均29歳）
軽度発達遅滞	%		2.8	10.8	6.3	10.7	8.0	5.9	9.9	13.4	6.8	2.5	10.7

初等学校8年卒の半熟練工（男女）　　　　　　　　　商店員　　アフリカ人のミッションスクールの生徒（平均15.5歳）

年齢	15-16	17-19	+20	19-32	
%	15.6	7.9	8.7	10.0	45.0

K：幼稚園　　P：初等学校　　S：第二学校

モミ型幹の表

原初的な性格　　　　　　　　　　　原初的な状態にはまり込んでいること
頑健粗忽，力強い生命力　　　　　　素質もしくは状況に制限された
未分化　　　　　　　　　　　　　　個人的な素質の開花の阻害
本能的な人　　　　　　　　　　　　時に客観化相対化能力の不足
しばしば，限定された成熟　　　　　原初的な衝撃力
精神的にはあまり分化していない　　原初的な熱中
時に：知の不足　　　　　　　　　　積極的に動き回ること
衝動性　　　　　　　　　　　　　　体験の渇望
根源的性質　　　　　　　　　　　　強烈（Intensität）
理論家よりも実際家　　　　　　　　表現力の不足
職人的-実務的な才能　　　　　　　脆さ，支えを求めること
抽象的というより力強い
軽度遅滞

意味で、このタイプの人が、優れた職人や手工業者として、理解と活力とをうまく取り合わせているとしても、納得できる。さらに注意せねばならないのは、モミ型幹を見たときに、その人が開花していなくてこの形を置く場合と、外的な事情によって分化が妨げられている場合とがあることである。しかし、主として肉体労働が要求され、特殊な能力を磨く必要性があまりない仕事に従事する労働者が、それ自体十分健康な形式をわざわざ離れるとでもいうのだろうか。一方、またしても驚くことに、困難を抱えた多くの学生の多くがモミ型幹を描き、彼らはたいがい、実際的なタイプの方に属していて、抽象的な仕事よりも手仕事をうまくやりとげ、抽象的なことには心を動かされない。当然、このタイプの人たちは要素的に反応し、力強い体験を渇望し、他の人よりも生命の衝撃力がある。一方でこれは、エネルギーの強さについて述べるものではない。モミ型幹を描く人には、しばしば、情動的には淡白な性質の人も見られる。彼らには、力の不足が幸いして、頑健粗忽な者よりもよく才能を分化させている。

8. 幹の輪郭（Stammkontur）

幹の輪郭は、二線幹の場合は、通常 2 本の平行な線で描かれ、それが幹の形を表す。輪郭（線）は、幹の形状（均整の取れた、均整の取れていない、など）を線描するが、それぞれの輪郭は、線としても、線そのものが持つ固有の性質と、線の引き方に固有の性質とを持っている。

短くて不連続な、幹の線と枝の線

神経過敏な	神経質で衝動的
突飛な	内的な、神経質的な脆さ
情動的で神経質	神経質
興奮しやすいこと	苛立ち
爆発的	

左あるいは右の均整の取れていない線の引き方

内的な傷つきやすさ	我意を通すこと
心的外傷	強情
克服された葛藤や困難の痕跡	「難しい性格」
阻害	普通でないものや病気への興味
適応困難	

9. 幹の波状輪郭 (Stammkontur wellig)

それは，健康な生き生きとした感じ，活発さ，適応能力の表現であり，それに活気を与えるものである。コントラストは，まっすぐな幹〔そのもの〕と，瘤のようなあるいは蛇のようにくねくねして誇張された輪郭とから生じる。蛇のような線が回避を表現していることがあるが，それはちょうど，困難が生じたときに上に伸びるような身振りをするのと同じである。

10. 拡散し分散した幹の輪郭 (Stammkontur diffus, aufgelöst)

幹の輪郭というのは，私とあなた，あるいは私と外の世界とを，多かれ少なかれはっきりと分ける境界線である。〔私とあなた，あるいは私と外界との〕移行が曖昧になっていることは，影をつけることで曖昧に表現されることもあるし，たくさんの細い線に分散することで表現されることもある。

神経過敏	曖昧な境界感覚
感受性の鋭敏な	（私-あなた／私-事物）
強い感情移入	浮動状態
容易に同一化すること	人格の喪失

11. 幹の瘤や凹み (Stammkröpfe und Kerben)

際立った幹の瘤 (Stammkröpfe)[1]，つまり瘤の形は，自然界で生じるのと同様，われわれの観察によると，主として，重病とか事故の体験に付随するトラウマ，あるいは強烈に体験された困難を指し示す。そのような指標が必ず生じるというわけではないが，生じ得る。指標の刻印に大切なのは，苦しみの客観的な重さではなく，主観的な体験の強さである。

凹み (Kerbe)[2]〔刻み目，ノッチ〕は非常に稀であり，一般には欠乏を指し示す。つまり，劣等もしくは罪悪感を示す。「しるし木に刻まれている（＝借金がある）[3]」(etwas auf dem Kerbholz haben) という慣用表現がある。（しるし木と

---

1) 幹 (Stamm) の甲状腺腫 (kröpf)。
2) 以下に続く文は「刻む」ことからの連想。
3) Kerbholz：しるし木。昔金銭の貸借のたびに筋などを刻み込んで証とした。

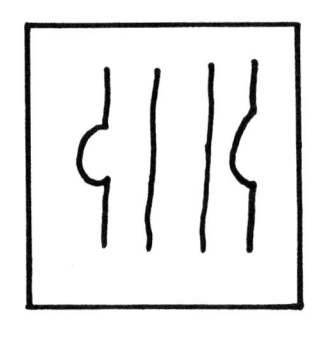

は，納入額や期間などを計算する器具である）。

　幹の瘤が最初に生じるのは8歳と9歳の間であり，軽度発達遅滞者では10歳と11歳の間であることから，幹の瘤は，おそらく，型にはめられた図式的な形を克服した後で生じてくるのだろう。12歳男児で目立つ〔一過性の〕増加に目をつぶれば，その比率は多少の変動はあるが極小にとどまっていて，成人でもそれより多くはならない。

　幹の瘤の形は，シュテッデリ Städeli の調査によると，むしろ，克服された，積極的に取り組まれたトラウマを示し，依然として神経症的に作用しているものを示していることは少ないという。

指標：幹の瘤や凹み　　　　　　　　　　　　　　　　　　　　　　表19

学年		K	P1	P2	P3	P4	P5	P6	P7	P8	S1	S2	S3
年齢		6-7	-8	-9	-10	-11	-12	-13	-14	-15	-14	-15	-16
男	%	0.0	0.0	3.2	4.6	1.9	17.3	3.1	5.5	2.0	1.9	4.7	2.1
女	%	0.0	0.0	0.0	0.9	0.0	3.6	3.6	6.2	1.2	5.4	2.8	3.1
合計	%	0.0	0.0	1.6	2.6	1.0	10.5	3.3	5.8	1.6	2.7	3.8	2.6
年齢			-8	-9	-10	-11	-12	-13	-14	-15	-16	-17	中等度発達遅滞（平均29歳）
軽度発達遅滞	%		0.0	0.0	0.0	3.0	0.0†	3.0	2.5	3.6	2.6	0.0	0.0
初等学校8年卒の半熟練工（男女）								商店員		アフリカ人のミッションスクールの生徒（平均15.5歳）			
年齢			15-16		17-19		+20		19-32				
	%		5.2		2.5†		4.8		1.5		5.0		

K：幼稚園　　P：初等学校　　S：第二学校

12. 幹の表面（樹皮）（Stammoberfläche ［Rinde］）

　幹の表面は，図的には，太く引き伸ばされた線とさほど変わらない。それは樹皮である。樹皮とは保護の指標であり，本来の幹を覆う皮である。表面とは，ここでは，内界と外界，私とあなた，私と周りの世界との間にある接触面である。「ざらざらした皮，柔らかい中身」[1]という表現は，性格特徴をうまくとらえ

---

1) 「見かけは無愛想だが心根はやさしい」という意味の慣用句。

た表現としてよく使われる表現である。表面は次のような状態を取りうる。：ツルツルした，傷ついた，ひび割れた，ざらざらした，かさぶた状の，でこぼこした，しみのついた，陰のついた等々。線の運びは，鋭い形，角張った形，まっすぐな形，ぎざぎざした形から丸い形まで，変わり得る。

　外的に現れている性格が，どの程度内的な性格に由来するものかは，一つの指標からだけでは全く導き出せないし，行動の動機も同じように一つの指標から導き出せるものでは全くない。

　ざらざらした表面は，すべてが流れ去り滑り落ちるツルツルした表面よりは，周囲と摩擦を起こしているといえる。しかしその関係には二面ある。ざらざらしたものは，つるつるしたものよりも非難に任せるところがあるが，同時に自らを非難することにもなる。粗野（dem Rauchen）〔ざらざらしたもの〕に付きまとう神経過敏は，強い感受性の現れともいえるが，反対に，鋭い，いわゆる批判に焦点を当てた観察も生じて，すぐにあらを捜し出し，摩擦の種にもなる。

13. 傷のついた，かさぶた状の，ざらざらした，ひび割れた表面（樹皮）（Die geritzte, borkige, rauhe, rissige Oberfläche ［Rinde］）

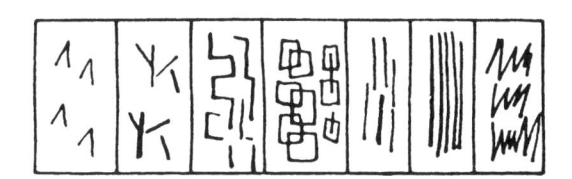

線：鋭い，角張った，角のある，まっすぐの，ぎざぎざの

感じやすさ	感受性のある
傷つきやすさ	感動させる
辛辣な〔／噛み付く癖のある〕	反応のある
「身を守るすべを心得ている」	感受性の鋭敏な
「ざらざらした皮」〔無愛想な人〕	すぐにかっとなる
もじゃもじゃの，ぼろぼろの	激しい
ざらざらした〔／粗野な〕	胆汁質の〔怒りっぽい〕
強情な，とげのある	批判的な
観察の才能	あら捜しをする

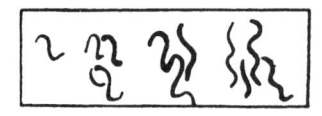

線：カーブした，丸い，弓形の	
容易に人と接する能力	適応意欲
接触欲求	感じのいい

しみのついた表面	
トラウマ（十分に克服された）	この指標はしばしば単なる装飾的な要素とみなされる
不鮮明ではっきりしない	細片の表面
自分を汚すこと	病的な（morbid）〔/ 脆い〕，「不潔な」

左側の陰影	
すぐに夢想に陥ること	阻害
軽い内向傾向	表出を好まない
そこそこの敏感さと傷つきやすさ	硬い場合：可動性の欠如
	硬い，不自由な，校則どおりの

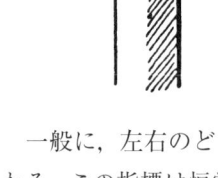

右側の陰影	
接触能力	適応意欲

　一般に，左右のどちらに陰をつけるかは，同一の描き手でも，急速に入れ替わる。この指標は恒常性に乏しく，特に思春期の子どもでは，全く一定しない。樹皮の紋様が暗い色に変わっていくなどの，表面の性質からは，明確なイメージが少しも得られないので，解釈はもしするとしても控えめにしておくのがよい。指標の読みに必要な訓練をしようと思えば，さまざまな樹皮のイメージを集めることが賢明である。

　樹皮の紋様は，それに相当する自然に見られる特徴に似た意味に従う。たとえば，ざらざらしたひび割れのある樹皮の方が，ツルツルした樹皮の木よりも雷を強く呼び寄せるが，それは，雨が降っているときに，さっと地面まで流れる水が避雷針のような役割を果たすためだということが，経験的にも科学的にも確かめられている。

14. 描線の表現（Der Ausdruck des Striches）

描線（Strich）〔／描線・運筆・腕の動き〕の性質は，原図を用いてのみ，しばしば拡大鏡を用いてのみ，確認することができ，複写の場合は不正確になる。それ以外にも，描線の分析は多大な経験を要し，鉛筆で描く場合はなおさらで，インクの描線と同じように細分化が可能な段階にはほど遠い。次の幾分単純化された一覧表は，マックス・プルファー Max Pulver に由来するものであり，一部はマーガレット・ハルトゲ Margaret Hartge の調査を基礎としている。

描線の表現:

すらりとした，隙間のない	健康な安全さ〔／確実性〕
はちきれそうに丸まるとした	みずみずしい活気
強い筆圧	強い抑制を伴う創造的な力，深く作用する，迫力のある，創造的な
重い	重々しいこと〔重要性〕
活発に動きつつ重い	人よりも重々しく見えたいという欲求，厚く塗ること，自分と他人に深い感銘を与える，印象深い言葉を求めること
力強い，暗い	暗示的に作用する
鋭く厳密な	規律と精神性
パン生地のような，ぼやけた	感覚性
膨らんだ線	感覚的に興奮しやすいこと
毛の生えた，繊維状の	興奮しやすいこと，神経質
柔らかい〔／脆い〕	壊れやすさ
ほつれ	神経質な，元気のない，しかし粘り強い
壊れやすい	崩壊の力なさ
べとついた，どろどろした	抑制の効かない強い本能の塊，沸騰する外観
緩んだ〔／たるんだ〕	緊張のない状態，筋緊張の欠如，神経無力症，虚弱，繊細，意気消沈
すらりとしていない（震えている，失調様の，隙間だらけの）	神経質，障害〔／妨害〕，ときに〔血液の〕循環障害
ぴんと張った〔／厳しい〕	緊張，規律〔／訓育〕，鋭さ
かさばる，硬い，曲げにくい	障害，かさばること，反論
伸びすぎた	強い心的緊張状態
硬い〔ハード〕	野蛮〔／残忍〕
乾いた	乾いたもの，抑制の効いた，冷たい〔／想像力に欠ける，味気ない〕性質
柔らかい〔／穏やかな〕	動物的な，感覚的な

みずみずしい	味わう喜びの，丈夫で気後れしたところがない
薄い	意志が弱い，活動的である，しばしば力の欠如，自ら持ちこたえる
広い	接触の近さ，筆圧を伴う場合：衝動の強さ，意思の力

運筆の特徴から

滑らかな運筆	精神的な軽快さ，すばやい理解，つるつるする両生類的性質
軽くさするような運筆	強い無意識，感情移入能力のある本能性向，盲目，安全にゴールに到達すること，媒介する能力
塗るような運筆	自分自身楽しんで，自分本来の生の感情に耽る，力を表出するよりも楽しむ性癖
堰き止められた運筆	衝動が強く抑制されていること
えぐるような運筆	頑強さ，あれこれ思い悩む性向，残虐
引っ掻き回すような運筆	不平，ネガティブなものに焦点が当たる性格，攻撃的なしつこさ
くねくねした，這うような運筆	心の不安定さ，不確実，適応の用意ができていること，巧みに困難を切り抜ける

描線〔手の動き〕が下敷きから受け取る感じ

背後から囁きかけられる，背後から掃かれる，背後から吹かれる，背後から突っ込む，飛び越えてくる，軽く触れる，撫でる，無関心な，櫛が通りにくい，用心深い，可塑的な〔／具体的な〕，浮き出る，あるいは，下敷きに沈むような。

　純然たる，あるいは完全な着色は，鉛筆の描線では生じない。いずれにせよ，鉛筆の描線の薄明るさは，インクの描線の純然たる，あるいは完全な着色と混同されるべきではない。

　一般には，バウム画の描線の特徴と並んで，それをたいていは手元にあると思われる筆跡と比較対照することで，よい結果が得られる。もし，特に描線を詳しく分析したいと思うなら，被験者が好みの〔硬さの〕鉛筆を自由に使えるように置いておくのがよい。そうすれば，たいてい使われている硬度2の硬さに，必ずしもこだわらなくてもすむ。

15. ふくらみとくびれ（Verdickungen und Einschnürungen）

　ふくらみとくびれ（Einschnürungen）〔／紐で縛ること〕とは，幹にも枝にも生じ得る。ふくらみは，幹と樹冠の移行部にも生じる。ふくらみは，膨らんでいくという性格を持っているが，瘤の形成とは十分に区別される。細かく陰影づけされた場合，変質的形態との移行が曖昧になることは明らかである。個別にふくらみがみられることが多いが，時に，バウム全体にわたって不規則に腫

脹が見られるような外観を示すこともある。ふくらみは自ずと，くびれも引き起こす。自然界では，そのような，枝の直径の目立った変動は全く生じない。ふくらみは，せいぜい，栓が置かれた場所に見られる程度である。

　図的表現の意味に近づこうと思えば，幹あるいは枝を，弾力的に伸びたり縮んだりする，腸のような物質が貫いている輪と思い描くのが好い。くびれ〔／紐で縛ること〕は流れを阻害し，ふくらみで鬱滞が生じ，いずれも流出をふさぐ。だから，図的には正反対の指標（ふくらみとくびれ）とが，以下のような同一の意味を持つということの奇妙さも理解されよう。

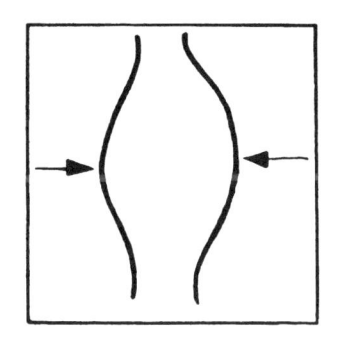

引っ込み思案	せき止められること
阻害	首をしめること
こわばり〔痙攣〕	遮断
痙攣して引きつった状態	「詰まること」（しばしば，器質的な病態〔すなわち便秘〕に該当する）
引っかかって動かなくなること	抑圧〔／押しのけること〕
引っかかって動きの取れなくなった情動	
情動がせき止められること	

上に膨らんでいく幹の場合も，同様の意味がある。
個人的な調査の場合，以下のような，対応する表現の指標を顧慮しなければならない。詰まったような話し方，痙攣様の動き，阻害された表出，押し殺したような声など。

バウム画におけるそのような指標から推測されることが，たいていは，会話

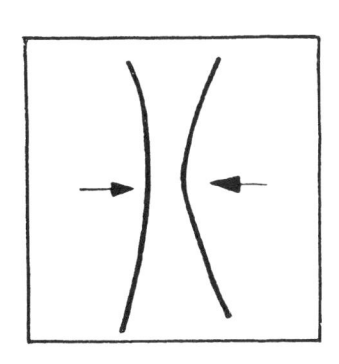

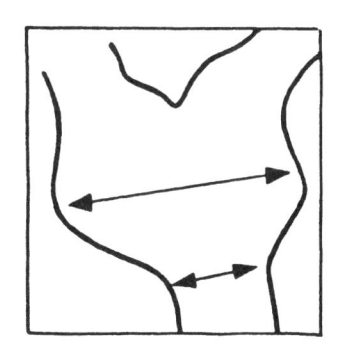

などを通じて，さらに詳しく聞く動機づけとなる。描画の中で人目につくふくらみを描いた湿疹患者が，初めて心理学に対する信頼を寄せたのは，「便秘」ではありませんか（"verstopft"）〔直訳は，「詰まって」いませんか〕という推論を述べた後であった。彼は大変な便秘だったが，20年間，誰もそのことについて尋ねた者はなく，その生徒は仮病を使っているとみなされてきたのである。正しく診断されたので，その患者は信頼を寄せ，その信頼を頼りに自ら深く掘り下げることになった。

16. 先太りの枝，平行な枝[1] (Dicker werdende Äste, parallele Äste)

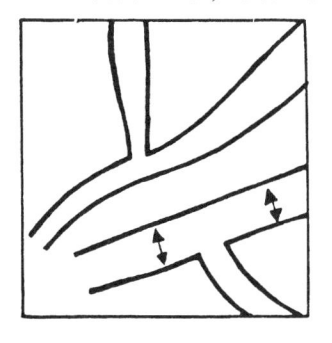

筆相学では，「棍棒状の書字」(écriture massuée) という指標が知られている。これは，先に行くほど太くなり，どっしりとした形で終わる筆の運びで書かれる文字で，一番太くなったところで突然途切れるものである。クレピュー＝ジャマン Crépieux-Jamin によると，激情，制止，反論，軽度発達遅滞の表現であるという。

先太り (dick werdend) あるいは末広がりの筆致は，バウム画では，外に向かって太くなる主枝に見られる。先に行くほど細くなるという主枝の自然な成長の仕方と比べると，この指標は反対になっている。外に向かって太くなる主枝を描く人は，「すぐに難関 (dick Ende)[2] にぶち当た」り，すぐに中身を外に全部出してしまう。量的なもの，しかも大量のものが前面に出る。量的な成果を出すタイプで，量産するが，ひきつけを起こし (Krampfer)[3]，「手が先に出る」人，創作意欲全体を，とりわけ欲求とか衝動性を表出し表現し外に移していく人である。力を誇示して，全力を投入する。衝動の方向がすぐ目の前にある興味や好みの方向に向かう場合は，忍耐力は絶大である。たいていは，向こう見ずな人，自分を大切にしない人であり，強い体験の欲求を持った人で，外の世界の抵抗も強く感じる。それもたいていは客

---

1) 先まで同じ太さで描かれた枝。
2) 文字どおりには「厚い縁」。
3) Krampfには盗みを働くという意味もある。

観的にみると必要以上に強く感じ，それでも，大胆から傲慢とも思える速断によってそれを取り除こうとする。抵抗を減らすことができなければ，気が短くてすぐにかっとなる。抵抗の体験は強まる。情動性が高まり，抵抗のために堰き止められ，彼を押しやり打ちのめそうとするが，それでも屈しなければ，この描き手は，激しくなり大声も出しかねない。

　しなやかな外交手腕は得意とするところではなく，無理を押し通し，不用意に用件を切り出し，目立とうとして強い力で我を押し通す。その強さは時に野蛮ともいえる激しさまで高まり，粗野で，どっしりとして，それどころか，思い上がっていて，頑丈で，原始的で，速断的，攻撃的で，どんな困難も恐れない。そのような人はしばしば，自分の能力以上のことをしようとするが，同時に，自分の持てる力以上のことをやる。時に補償的なあるいは過度に補償的な弱さが問題となる。質的な面が，このような表現で損をすることもあるが，もしそうであるなら，それが非常に強い勢いで現れる場合だろう。この意味において，この指標は筆跡における真の圧力に相当するものである。それは，衝撃力，欲求，能動的なエネルギーを表現している。

　思春期の年齢では，この指標が現れるのはまれではない。多くが，激情，粗野，生意気，勇敢などの性質を，発動状態に置くことができるというよりも，意図的にそうしようとする。本質的なものが副次的なものと常に十分区別されるとは限らない。何でも，強い力を使えば対処できると考えてしまう。

　筆相学的に見ると，この指標はそれ自体，既に多義的である。それは単に「棍棒状の書字」，棍棒，外に表出された力であるだけでなく，同時に，圧力が，それが含まれる空間に形を現したものでもある。だから，筆圧の意義として知られているかなりの部分が，描画にもそのまま転用できる。

　平行な枝は，原則的には，似たような意味を持つ。平行性という点では，単調に機械的に受け取られるのでない限りにおいて，その指標は，定常性，貫き通された努力，忍耐力を示す。そのような描き手が，優れた職業資格を持っていないことは極めて稀である。その努力とすばやい技は好まれるところである。彼らは仕事なしではいられない。

　　　量的成果　　　　　　　　　　　激情
　　　仕事の鬼，ひきつけを起こす人　　衝動性
　　　忍耐（衝動の方向に）　　　　　　名誉欲

外向	出世
外に向けられた衝動性	役割を果たす
抵抗の体験	体験に飢えていること
体験の欲求	
速断	抵抗の体験による阻害
活力あふれる衝撃力	すぐに難関にぶち当たる
欲求	目立ちたがる
「手が先に出る」	無理やりやり遂げようとする
粗野な	不用意に用件を切り出す
傲慢な	自分の力以上のものを出す
大量の	補償強迫
野蛮な	抵抗が減らない場合，苛立ちと激情
思い上がった	衝動的欲求
原始性	
頑丈さ	

17. 球形樹冠（閉じた形／平面）(Der Kugelbaum〔geschlossene Formen/Flächigkeit〕)

球形樹冠という名前は，樹冠が，せいぜい，一つの円で構成されていることを意味している。たいていは横長，あるいは縦長の楕円形である。基本〔的特徴として〕は，一つの平面の輪郭が示されて，相対的な閉鎖性が示されることである。円というのは外側を締め出して，内側のものを一つにまとめる。C. G. ユングC. G. Jungによると，円とは，人間的な光の象徴，あるいは，神的なものの象徴である。しかし，楕円の中には，緊張がある。すなわち，円も楕円も緊張（Spannung）を孕んでいる可能性がある。しかし，緊張の中身（Gespanntheit）は欠けているともいえる。それで球形樹冠は，もし〔見るものに〕何も訴えるところがなければ，幹の上にある空虚な円のように佇み，一つの無，内容のない，空虚で，おそらく膨らまされただけの零のように，いうべきことのない，取るに足りないものとなるだろう。あるいは，その輪郭は，一つにまとめられた力の，緊張の中身や生き生きとした様子を示すこともあるが，それが集中して一塊となっているのは，中身がなくただ膨らまされただけのシャボン玉とは対照的である。後者の場合は，かろうじて，煙幕をはるのに夢中になっているとか，「雲の中を生きる」といったような，お決まりの解釈がで

指標：**球形樹冠**　　　　　　　　　　　　　　　　　　　　　　　　　　　表20

学年		K	P1	P2	P3	P4	P5	P6	P7	P8	S1	S2	S3
年齢		6-7	-8	-9	-10	-11	-12	-13	-14	-15	-14	-15	-16
男	%	28.5	27.5	14.3	11.0	3.9	17.3	5.5	22.0	20.0	30.0	26.4	21.5
女	%	18.4	19.4	6.7	0.0	9.2	13.4	0.0	9.3	11.0	7.8	17.2	12.3
合計	%	23.5	23.5	10.5	5.5	6.5	15.4	2.8	15.7	15.5	18.9	21.8	16.9
年齢			-8	-9	-10	-11	-12	-13	-14	-15	-16	-17	中等度発達遅滞（平均29歳）
軽度発達遅滞	%		24.2	23.0	20.2	24.5	15.2	21.5	18.2	22.0	20.5	31.6	7.2

初等学校8年卒の半熟練工（男女）					商店員	アフリカ人のミッションスクールの生徒（平均15.5歳）
年齢		15-16	17-19	+20	19-32	
	%	7.3	3.7	8.7	50.0	0.0

K：幼稚園　　P：初等学校　　S：第二学校

きる程度である。平らなものは，そのうえ，見えやすく，開いた目のようであり，それ自体心あるものからはほど遠い。さらに，当然ながら，描線の性質も顧慮する必要があり，硬い線，しなやかな線，立体的な線，濃い線，あるいは，拡散したような線，くらげのような線，震えている線などがある。しばしば，樹冠は水に浸された脳のような印象を与えることがあり，そのような全体の印象を顧慮しないわけにはいかないが，それには訓練を重ねて，覗き込むのではなく，表現から取り出せるようになれば，という条件がつく。

　男児の方が女児よりもかなり多く球形樹冠を描く。共通しているのは，男児も女児も，7歳で最初の相対的高値を示した後，9歳から13歳の間は低値となり，その後徐々に増加して最初の高値まで増える。ここでも，早期に描かれた樹冠は，後の年齢で描かれたものと同一のものとは言えず，後者の方が，形態的にもかなり優れていて，早期のものほど図式的ではないし，誰が描いたかわからないような絵でもない。軽度発達遅滞者の数値は，標準児童のそれとあまりかけ離れておらず，それでも変動はやや少なめで，平均値の下降も少ない。発達の変動の影響が少なく，活気が乏しいために，それほど急速な変動がみられないのだろう。半熟練工は，学童に匹敵するようなかなりの低値を示す一方で，商店員はほぼ50％まで増加する。それには特別の理由があるだろうが，それは，この階層〔商店員のこと〕が，調査対象となることを不愉快に思っていて，ニュートラルな，無難で，同時に蓋をできる〔閉ざす形の〕円という形に逃げるのを好んだからではないかと思われる。ここで円は，覆い隠し遮断するカー

テンのようになっていて、似たようなことは、皮を上に被ったような形態のときにも生じる。もちろん、そのような球形樹冠は中身がないはずはない。主枝と葉が、その中でどっしりと広がっているか、あるいは、若者に見られるように、実がなっているはずである。

空想家	作り話やファンタジーに生きる
習慣	現実への不安と抵抗
決まり文句	実際の生活への不安
図式主義	ある種の偽り
構成感覚の欠如	非生産的
嗜好や努力の方向が未分化	均衡
夢見がち	情にもろいタイプ
夢想	怠惰といえるくらいのんびりしている
「シャボン玉」〔はかないもの〕	直観型
虚勢	観察力の優れたタイプ
空虚〔中身のない〕	想像力
膨らんだ状態	しばしば想像
まどろんだ	外から印象を受けやすいこと
子どものような	集中力の欠如(緊張のない、空虚な、無表情の形のとき)
素朴な	集中力(握り固めた、張りのある形のとき)

樹冠の輪郭:

a) 波型	b) 震えた線
生き生きとした	神経質
活気のある	すぐに妨げられる
やわらかい	いらいらしやすい
可塑性のある	不安定な
しなやかな	不確実な
適応能力のある	阻害された
社交的	不安な

　多くの樹冠は、本物の球形樹冠とも、純粋な枝樹冠とも判別がつかない。主枝全体が、皮を被っているかのように見える。捕捉が中途半端に枝の上に移されていて、本来のものとは違ったものに見えるが、かつての様式化は見られない。蓋をしたり、しまいこんでいる感じの方が、ひとまとめにした感じよりも明白で、むしろほぐれた感じに見える。

18. 皮を被った樹冠の枝（Kronengeäst mit einer Haut überzogen）

打ち解けない性格　　　　まだ本来のものではない
不透明な　　　　　　　　（時に,「全く誠実でない」）
ものおじした, 当惑

19. 雲状の丸い形で包まれた枝先（Astenden in Wolkenballen gehüllt）

　この形態は，樹冠がいくつかの面に分かれているような形で，主として，絵の才能のある人，分化している人に見られる。本質的なことは，枝先の硬い表現が，綿球に包まれるように包まれていることである。

心理学的に：

自分の意図を隠す
煙幕を張る
攻撃的には見えない
厳しくすることを恐れる
現実に対して恐れる
感じのいい作法
いたわり深い
配慮の行き届いた
時に，本心が見えない，外交手腕に長けた，離散した〔ひそかな・慎重な〕

20. 樹冠に描かれた弓状の線[1]（Arkadenbildung in der Krone）

形のセンス
作法
愛想のよさ

21. シュロの葉の形の枝（Äste in Form von Palmblättern）

枝先が鈍い形で閉じる幅の広い枝の形は，長めの先端で終わる，いわゆる標準的な閉じ方を堅く閉じたものである。鍵を閉める傾向が妙に目立つ。

非常に打ち解けない性格
不信
用心
無愛想な

22. 格子状の垣で育ったバウム（整枝法）（Spalierbaum［Zuchtmanier］）

格子状の垣で育ったバウムとは人為の産物である。つまり，庭師が，木を，自然に育つに任せていてはできないような形に，強制的に変えるものである。それゆえ，育成される（erziehen）〔教育される・しつけられる〕内容は，大概は木の性質にふさわしい程度を超えている。バウムの描き手は育成する者でも，

---

1) いわゆる「アーケード冠」に相当する。

育成される者でもあり得るので，解釈はかなり異なってくる。一方で，描き手は育成される者で受身であり，また一方で描き手は，育成する者で自らを「過度に律」し，この意味で，建設的・機械的に仕事をする者でもある。

　整枝法に属するのは，糸で枝振りを調節されたかのように描かれる，典型的な格子型だけではない。たとえば，主枝の片側だけに分枝が描かれない，というような欠如も，たいていは，整枝に似た形態を生じる。しかしながら，その場合，もう一つ別の側面から解釈される可能性を考えておくのがよい。つまり，空白の空間として，何か欠落しているものを示しているという可能性である。片側だけにぶら下がっている分枝は，抑うつという解釈を引き出す。整枝の特徴は様式化であるとも言えるが，当然，図式主義と類似性を持つことになる。それでも，図式主義とは異なるのは，育成されるという点であり，ただし，育成は，個人的特色や根源的性質にまさにふさわしい程度というのが前提条件となる。

育成されること	建設的な才能
自己訓練	体系づけの才能
自己克服	技術的な才能
自己否定	自己鍛錬の意思

しつけられた	模範的な少年	⎫
非本来的な	模範的な生徒	⎬ 固有の特徴が欠けている場合
歪められた	模範的な市民	⎭
人為的な		
わざとらしい	服従に固着する	
気取った	時に，反論を持つ，ただし自分から口に出すことは出来ない	
本物ではない	無関心な	
機械化されたような	平らな	
訓練されている	「もの静かな人」	
図式に従順	育成を望むことから脱せられない	
保守的	生活能力の欠如	
伝統的	生き生きとする代わりに模倣	
意のままになる	「優れた従業員」	
頑固な	自立できないほどの従順	
機械的な		
過度に育成された		

23. 中心化（Zentrierung）

樹冠を形作ることによって，主要と思われる一つの方向が識別されてくることが多い。その一つとして，中心に向かうという（求心性の），あるいは，中心から離れていくという（遠心性の）動きあるいは運動形態がある。もちろん〔厳密には〕，その主枝がすべて外側に向かっているように思われる放射状のバウムを見て，運動方向が外に向かっているのか，中に向かっているのかを判断することはできない。とはいえ，少なくとも遠心性の方向は，二重の意味が与えられる根拠となる。攻撃的（aggressiv）な態度と，非常に受容的な態度の二つである。これは，一線枝からなる放射状樹冠の場合，とりわけ明らかとなる。攻撃性（Das Aggressiv）が優勢となっているが，それでも，二線枝の力強い掴みかかるような攻撃性（Angriffigkeit, angreifen：掴む）ではなく，遅滞とか退行の含みのある一線枝の攻撃性である。その場合，そうでなければ〔二線枝であれば〕，充実して豊かさを表すであろうものがすべて，ばらばらになって落ち着かないという性格を持つようになり，たくさんの細いアンテナに示される受容性の亢進が，その傾向をさらに助長している。外からの印象の受けやすさ〔感動しやすさ〕は，外向性の程度に応じて強くなる。同時に，掴みかかるような攻撃性は守りにもなる。掴みかかるような攻撃性と，何かを押し分けて進むこと，あるいは，攻撃〔掴みかかること〕と拒絶〔追い払うこと〕は，似たところがあって，さほど区別されずに用いられる表現指標である。

a）中心に向かう（求心性）
主枝や曲線がたまねぎの皮のように中心の周りに置かれる

b）中心から離れる（遠心性）
主枝が中から外に向かう

閉鎖性
集中
活力
頑強さ

攻撃性
活動の欲求
活発さ
せわしなさ

第 5 章　指標の理解　　177

収集
断固とした態度
自立
充満
調和
打ち解けない性格
逸らすことができない
影響を受けない
左右されない
断絶した
自分の中にとどまる
自分の殻に閉じこもること

やる気まんまん
主導権
熱心さ
適応傾向
多面的な見解がとれること
外向
現実との接触欲求
散漫
ばらばらになること

24. 一線枝の放射状樹冠（遠心性）（Krone strahlenförmig mit Strichästen [zentrifugal]）

いわゆる一線枝の放射状のバウムは，思春期においてもまだ見られる。一線枝は退行的な特徴を指し示し，放射状の方向は自己防衛の特別な方法を指し示す。「はかなさ」は，指標の生滅についてもいえるが，それが性格の核心をとらえていないことも示す。教育的で適切な治療的措置によって，たいていは急速な順応が可能となるので，その徴候に基づいて「重篤な事例」であるとみなさないよう慎重にならねばならない。

退行
生意気な
思い上がった
断固たる振舞いをとる
意地を通す
にもかかわらず，感じやすい
うまくいかないとすぐにかっとする
落ち着きのなさ
支えの脆さ
安楽を守る
怠惰ともいえるくらいの安楽さ

退ける
深くない，根本的ではない
ばらばらになること
集中力が少ないこと
集中と落ち着きの欠如
「甘やかされた」，遊び好きな
弱められた沈思の力
椅子の革カバーの欠如
とっぴな
定まらない目標
気が短い

1）「一線枝の」は第 2 版から追加。

求める（strebig）が努力はし　入念ではない
ない（nicht strebsam）
〔嫌になって〕投げ出した　　自制心の効かない

25. 同心円型の樹冠(聖体顕示台型)[1]（Krone konzentrisch [monstranzförmig]）

中心に向かう傾向
自分のなかに留まる
自己描写
自己愛
満足
自己充足
外に向かう活動が少ない
粘液質〔無気力，鈍重〕

26. 管状枝（開いた形）（Röhrenäste [offene Form]）

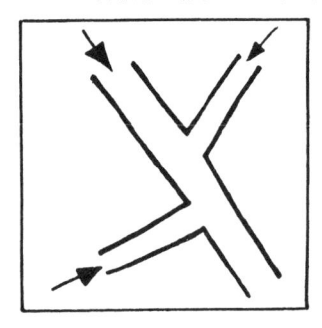

　　　　開いた形は，バウム画特有の指標である。筆相学ではこのような形の指標は知られておらず，せいぜい花冠〔という指標〕がそれに近いと思われるが，管状の形態とはあまり共通する部分がない。当然，管型は，二線枝あるいは二線幹としてのみ示される。以下の主要な形態が識別される。

1. 管状枝：枝の先端が管状で開いているもの。
2. 管状枝が散在するもの：球形樹冠の中に枝の断片が散在するもの。
3. 上端が開いた幹〔管状幹〕：
    a) 両側の幹線に一線枝の起始部が接しているときに生じる，開いた幹の形。この種の絵はたいてい，絵の才能がないことに起因するが，それでも，開いた形に何がしかの意味が認められる。
    b) 樹冠の中にそびえ立つような，開いた幹の形。

---

1) 本書43ページ参照。

4. 下端が開いた幹：この純粋な形が，まっすぐな根元のバウムにだけ証明されることは言うまでもない。地面線の欠如は，必ずしも常に一義的な意味を確認できるものではないので，この指標を純粋な一つの指標として数えることはできない。

自然に育った枝は，先端が尖った形で閉じる。時折，折られたり，切り取られたり，葉に覆われたりすることはあるが，上端が開いた枝は，自然界には生じない。描画においても，管の形は表現としては極めて不完全な形である。さらに，管の形からは中断したままになっているという印象も生じる。枝の切り口は，その形態から，まだ完成していないという点が幹上直と同じだが，描き手には，図的にまだ完成していないという意識はないだろう。明らかに，管状枝は，現象学的には十分に規定することのできる，個人的な表現指標である。

さしあたり，上端の開いた枝は，終了 (Ende) まで至っておらず，成長も発育も完成していない〔といえるだろう〕。完成した形を作り出すことが，断念されたわけでもなく，遮られたわけでもなく，単に完成しないまま，開いたままになっているのである。もし枝の先端が，定義上，周囲の人とか環境との接触点を示すとするなら，開いた枝の描き手は，自分の見解 (Einstellung)〔しまうこと，収納，見解〕を固定することを放棄して，曖昧なままに留まり，「問題を未解決のまま」にして，固定しないでおく。環境とか周りの人々のあり方が幾分かでも認められ理解されれば，現実を限定し限界を設けることで，あるいは，可能な限りそれと取り組むことによって，環境とか周りの人々に対して，それなりの立場をとることができる。いずれにしても，人と社会，私とあなた，人と事物の間には，特定のつながりが生じる。

樹冠の一番外側の部分には，枝の先端にも言えることだが，私とあなたの関係や，狭義の私と事物の関係が象徴的に示されるだけでなく，過去，現在，未

来との関係も象徴的に示されるが，ここでは，主として，現在や未来との関係，今あるもの，この時点で決定されなければならないもの，期待されるもの，望まれるもの，目指されているものとの関係が象徴化されている。〔未来に関して〕ある特定の見解をとることを断念できると私が考えるのは，未来というのは私にとってせいぜい暗く，不確かなように思われるし，「未来はいったいどうなるだろうか」という問いは，繰り返し浮かんでくる，潜在的に常にある問いだからである。不安を感じながら甘受すべきこの問いが，時に，不可避だが不確定な運命の脅威に曝されているという感じを与え，時に，幸運を辛抱強く待つ人のごとく期待に胸を膨らませても，それが与えられるであろう方法と形を知れば落胆することもある。自分の無能さを隠して自らを「成長しつつある」と称する人たちもあるが，漸次成長の度を増していくという肯定的な意味においてではなく，しばしば年は充分とっても自分の意思を持たず，というのも，はっきりとした方向性が見えないからで，いつまでも思春期か幼児のように，40歳になってもなお，未熟で，16歳の子どものような世界観を展開させている。

　未来に関して特定の見解を断念できると私が考えるのは，時のしるし〔聖書より。転じて時代の移り変わる前触れ〕に開かれたままでいるためである——さらにすすんで，すばらしい安定性と内的自由さを指摘できるという人もあるかもしれない。福音書の天上の鳥のように，物質的な意味では将来の心配を全くしない自由さを。それはまさにキリスト教的世界像にふさわしいものであり，未来をいたずらに心配して生きるのではなく，神の御許へという確固たる目的に生きることになる——それに対する神の裁きは，未来になされるのではなく，現在，現時点で行われる。裁きは今ここでなされるのである。良心に従って，後ではなく直ちに決心しなければならない。——〔それゆえ，〕物質的な生のレベルでは過去や未来のことに煩わされないというこのあり方は，図的には，開いた枝の形から浮かび上がってくるものではない。というのも，そのような生き方は，それぞれの瞬間には最高の決断力を発揮するので，現在と未来に対して実際的な決断力のない開いた枝の描き手とは，全く反対だからである。開いた枝の描き手は，せいぜい，一時的に決心できるだけである。こういう理由から，〔彼らの〕職業選択の多くが，真の選択ではなく，困窮からなされたものであるといえる。目的を作る能力もほとんど育っていない。職業をよく変える人の中では，管状枝が目立つ指標であることが多い。職業の変更は，脆さを治すもの

とはならない。とはいえ，彼は常に不幸だとは限らない。肯定的な面もあるからである。

　未来，あるいは目の前に置かれたはっきりしないものは，解明への刺激となる。未探求のもの，未解決のもの，未発見のものが動き始める。開かれた意味をもって〔固定された意味に縛られず〕，可能性があるのに不可能だと性急に決めてしまうような内的な制限をせずに，近視眼的な見方では覆い隠されてしまうような長期的な展望が，彼に迫ってくる。——これこそ描き手の本質的な側面の一部であり，探究や発明者・先駆者の仕事に対するその衝動は，かつての実り多い思春期の特性，あるいは探求者の本質そのものに属しているといえるだろう。未知なるものへ突進していくという姿勢が，実際，両者にある。この未知なるものは，同時に，未確定なものでもあって，探求の方向が定まらなくなると，突進は「迷走」となって，遊び半分で気まぐれに，目的もなく金魚の糞のようについていくだけとなり，すべては運命がもたらしたものと，宿命論的に甘受してしまうことになってしまう。

　眼前の事物が開かれていることは，まさにわれわれの時代〔／現代〕の指標であり，とりわけ，現代の青年期の指標である。彼らは，精神感応的な（sympathisch）牽引力を確実に持っているが，その方向性は定まらない。どちらに舵を取ったらよいかわからないのである。

　図的表現はどれも，表現（Ausdruck）〔表出〕であると同時に印象（Eindruck）〔刻印〕であり，結果（Auswirkung）〔もたらされた結果〕であると同時に影響（Einwirkung）〔影響を及ぼすもの〕であり，送信機であると同時に受信機である。樹冠の外側の部分は，私がどのような印象を受けるか，そして，私が外に対してどのように振舞い，どのように自分を表現するかを示す。ある状況に応じて，エネルギーがどの程度能動的あるいは受動的なものに配分されるかについては，バウム画が語るところはしばしば少ないというか，あまりに少ないが，これが本質的には，指標の意味を決定する。未知なるものへの衝動とかそれに向かおうとする欲求には能動的な面が見られるが，とはいっても，すべてのものが表現（Ausdruck）であるから，それは程度の差に過ぎない。われわれの観察によると，この能動的な側面は，途中の障害物を取り払うほどであり，それは，開いた枝に見られるような，まさに境界の欠如によって，抑制を失ったままで噴出することになり，つまり，情動も抑制されることなく噴出することに

なる。激情，衝動性，おのおのの形における抑制のなさ，そして，ここで「銃身から放たれた」と表現されるような突然のかんしゃくも，われわれの観察と一致しており，表現学的にも十分に理解されるものである。

　現在において定まらないというのは，明確な立場をとろうとしない，あるいはとることができず，問いには答えないままで，決断せず，すべては先延ばしにされ，決意しても持続せず，われを失い，方向を見失い，それゆえ自分の立場を見失って，砂に埋まって消えてしまう。目的もなく，あるいは目的も定まらない——そしてそれによって，図的表現の意味からは，〔外から受ける〕印象のなすがままで，感動を受けやすく，感化されやすく，奇妙な従順に至ることも多い。さらに，仕事においてもそれ以外のときでも，判断を決定しないことが，自立できていないことにもつながる。そういう労働者には，何をすべきか，どのようにしてやるか，いつどこでやるか，十分に手本を示してやらねばならないし，目標を設定してやらねばならない。というのも，自分だけでは何が正しくて何が間違っているか，何が適切で何がそうでないか，選ぶことも決断することもできないからである——およそそのようなことが求められるのは，課題が十分に難しいものであるという前提があってのことだが。管状枝を描く描き手はつまり，才能がないのでは全くないし，それどころか多くの決断もするが，深く思慮された決断ではない。

　開いた形というのは，図の上では中断された形になるが，〔突然の中断ということから〕予測できないこと，突飛なことという意味を持つ可能性もある。だから，開いた枝の指標は，多義的を通り越して不便と思えるほどの意味を持つ。その意味は，従順から能動的な衝動性とか抑制の効かない情動噴出まで，あるいは〔心が〕開かれている状態から移り気な状態まで，さらには，未定で方向喪失の状態から探究心の表現まで，広がっている。

　開いた枝の指標は，さらに，樹冠に散在する枝としても見出される（179ページ図2）。両端が開いた管として，それらは，いわば気分の前景から立ち現れており[1]，切り取られた枝として，その背後に完全には姿を見せていない構造を想起させる。その関連を十分考察し予感せねばならないのは，不連続な書字の場合と同様であるが，ここで異なるのは，基線の一部が見えないままで，隠され

---

[1]　樹冠の前面に切り取られた枝が出ているイメージを言い換えたものだろう。

ていることである。不規則に並んだ幹に向かう部分から，幾分でも標準的な構成をもつ枝の構造が考えられるかどうかは，図にかかっている。不規則の中に，実際の混乱状態が含まれている可能性もあるが，方向の無秩序が荒廃とか野生化に届き得るのと同じで，ただ，これは，個々の場合に応じて検討しなければならない。

　散在する枝の両端が開いている場合には，目的とか意思が定まらないという特性が，特別の方法で示されている。いろいろなものを欲しながら決められないという人のイメージが浮かんでくる。たいていは，本物でない普遍主義に終わることとなり，統一されたテーマもなく，考えもころころ変わって定まらないが，これは，傾向が定まらない多くの時期には典型的に見られることであり，多くの傾向が一つに束ねられているものの，根を下ろしていない。それは，職業選択をする年齢や思春期の特徴でもある。未確定で，無秩序な不規則さによって，理想的な枝の方向からはまさに斜に（quer）構えたようなイメージが生じるが，それを考えれば，ここでは，不平（Querulanz）と対立，情動的な突発性とふざけが乱舞してしばしば葛藤にまでいたることも理解されよう。散在する枝が強い筆圧で黒く塗られていて，一部筆圧が弱い部分もあるような場合，その表現ははっきりと爆発性を物語っているが，自然に生じることも，あるいは，「後ろ向きに銃が暴発する」（管は両側が開いているから）場合もある。しかし，管の両側が開いているというまさにこの状態は，持続する激情（Affekte）を意味することは稀である。すべてがここでは瞬時に起こるが，それは，長い枝全体に対して短い枝の断片しか見られないのと同じで——すべては試験的な試み，半ば整然と半ば無秩序に，予感される適切な秩序のうちに，あるいは，むやみやたらとつなぎ合わされる。そのような状態の透過性は，次のように言うこともできるだろう，「一方の耳は中に，他方の耳は外に向けられている」と。

　開いた幹の形態の意味は，上に述べたものと一部は重なっている。〔心が〕開かれていること，印象に左右されやすいこと，未確定であることなどの意味があるが，それはしばしば疑問符のように思われて，筆跡における二重弓形と似たような意味を持っているように思われる。開いた幹は，〔不確かで〕自信のない人とか，〔心理的に抑制された〕人見知りをする人，とりわけ，砲筒から火薬が発射されるかのような，短気な人などに見られる。下端が開いた幹は，地面の，あるいは地面がないという視点から扱われねばならない。パリのショアジー

Choisy は，非嫡出の片親を全く知らない子どもが，ほとんど常に下が開いた幹を描くことを見出した。

　管状枝は，いかなる場合でも，早期型ではない。幼稚園で，枝に開いた形が見られる場合は，閉じるのを忘れた枝先直である。この指標は 9 歳から見られるようになり，14 歳と 15 歳の間で初めて軽度上昇するが，第二学校 3 年生では低下が明瞭であり，おそらく，16 歳のあたりで知識階級の子どもは目標がうまく定まるからだろう。軽度発達遅滞児の場合は，管状枝の痕跡が 11 歳になって初めて見られ，その後も顕著な増加は見られない。中等度発達遅滞児も，この指標は極めて稀にしか見られない。精神の地平が狭くなるとどうやら閉じた世界像も軽くなるようだ。目立って多いのは，半熟練工だが，それはさほど不思議ではなく，というのも多くのものが明確な目標もなく来ているからで，また，一つ目標がある場合は，たいていは経済的な条件による制約から妨げられていて，工場に行っても，そのことが頭を離れず，それによって再びむなしい気持ちになる。商店員も 14％の高さがあることは，最初は妙に思われるかもしれない。しかし，困窮から商業関係の職業を選んだものがどれほど多くいるかを思えば，そして，それ〔商業関係の職業を選ぶこと〕が社会的には普通の解決であると思われることを思えば，これらの高い数値が示す，固定性の欠如も全く驚くに値しない。41％という高い数値を示したミッションスクールのアフリカ人は，感銘を受けやすい開かれた心を持つことを示しているが，そこから，それ以上の推論を引き出すのは差し控えるのがよい。次のことが言えるだけで

指標：**管状枝** 表 21

学年		K	P1	P2	P3	P4	P5	P6	P7	P8	S1	S2	S3
年齢		6-7	-8	-9	-10	-11	-12	-13	-14	-15	-14	-15	-16
男	％	0.8	0.0	16.6	8.3	9.8	21.0	8.6	18.5	15.0	15.4	24.5	1.0
女	％	0.0	0.0	9.3	2.6	7.4	9.8	10.7	11.5	20.5	12.5	12.4	6.9
合計	％	0.4	0.0	13.0	5.5	8.6	15.4	9.6	15.0	17.7	14.0	18.5	4.0
年齢		-8	-9	-10	-11	-12	-13	-14	-15	-16	-17	中等度発達遅滞 (平均29歳)	
軽度発達遅滞	％	0.0	0.0	0.0	0.0	1.8	3.7	0.8	11.0	6.8	7.3	1.8	

初等学校 8 年卒の半熟練工（男女）			商店員	アフリカ人のミッションスクールの生徒（平均15.5歳）
年齢	15-16	17-19	+20	19-32	
％	17.5	16.5	21.5	14.0	41.0

K：幼稚園　　P：初等学校　　S：第二学校

ある。彼らと白人を比較するときに，多くの観点から様々な結果を指摘することが可能であるということがまたしても示されたに過ぎないと。管状枝は確かに，とりわけ興味をそそる現象だが，それは，個人的と思われる指標が一般的なものに移行する地点を今一度目の当たりにするからであり，そして管状枝は，われわれが生きる時代のような性質には症状的に見えるのである。

未探求のものにひきつけられる	「問題を未解決のままにしておく」
未解決のもの，未発見のものに魅せられる	「成長しつつある」
長期目標に開かれた	「待っている」
探求や発見への欲求	決意が続かない
発見し，先駆けとなることへの衝動	〔河口が次第に〕砂で埋まる〔ようにゆっくり終わる〕
現実に対して開かれている	方向を失った
目標が定まらないことに起因する興味の多様性	感化されやすい
多面性	印象を受けやすい
	遊び半分の
決断能力の欠如による「従順さ」	移り気な
自立できないこと	あてもなくさ迷う
「何をどこでどのように仕事をすればいいかを十分指示しなければならない」	造形力の欠如
決断に気が進まないこと	運命論者
決断能力の欠如	決定可能なこと
「あてどなくさ迷う」	予測がつかないこと
固定した見解を取ることを断念すること	突飛さ
自分の立場を定めない	目標が変わる
未確定な	突然の怒り
	衝動性
	かっとなる気性

27. 散在している管状枝 (Röhrenäste eingesprengt)

たくさんの異なるものがあるが，一つに決められない
本物ではない普遍主義
ころころ変わって定まらないこと
統一されたテーマのない，多彩な意思
傾向が決まらないこと
長く続かないこと
即興
深くはないが，人の心に訴えかけること

試しにやってみる
試みてみる
実験する
混乱状態で，不平と対立
葛藤予備軍，爆発的な性質

28. カール状樹冠（動かされること）（Krone in Lockenmanier [Bewegtheit]）

具体的事物に縛られない線を扱う際（115ページ），どのように心的な状態が描線に翻訳されるか，そして，バウムの樹冠はそれに極めてふさわしい領域であり，そこには手振りの遊びが豊富に織り込まれているということが明らかとなった。カールした，曲線状の，自由にゆり動く手振りには，動き，流れ，早さなどの要素が含まれるが，とりわけ，湾曲，弓形，丸みが含まれる。すべてが流れ，揺れ，動き出す。ゆったりと，軽快に，ほとんど手を振り上げんばかりに，ほとんど，奇妙なフィオリトゥーラ（装飾）のように，もつれて巻きつくところまで。どことなく，この徴候は〔筆相学の〕花冠と近いものがあるが，もっと自由に揺れ動いている。カール状に描くのは，具体的事物に縛られない線を描くよりも容易である。後者の場合，「具体的な事物を描くことなく，自由な状態で１本の線を描いてください」という教示がなされるのだが。軽快で流れるような筆づかいは，丸みのある曲線にはいつでも，あるいは輪にもしばしば見出される。輪と他の指標とが一緒になって，カール状という名前が導き出される。

活動的であること	忍耐の欠如	好み
動かされること	長く続かないこと	冗長
運動の欲求	即興	回りくどい
落ち着かなさ〔／不安〕	決まり文句ばかりの〔／中身のない〕	散漫な
せわしなさ	熱狂的な	誇張されたこと
活動的	現実主義の欠如	曲芸みたいなことをする
話し好き	外観に価値を置くこと	軽やかな

おしゃべり	描写の才能	遊び好きな
人付き合いのよいこと	装飾の才能	軽率な
社交	提示する	甘やかされた
陽気	装飾	「軽い」
ユーモア	外観に喜びを見出すこと	移り気な
感激できる才能	華美を好む	心配のないこと
多血質〔／陽気，楽天的〕	「美容する」	

29. もつれた線の樹冠（型の崩れ）（Krone in Liniengewirr [Formauflösung]）

　ローベルト・ハイス Robert Heiß は，型の崩れ（Auflösung）〔溶けてなくなること〕という指標について，『筆跡の意味』という著書の中で次のように記している。「偉大な才能ある人（ナポレオンとかベートーベン）も，精神病質者も，型が崩れたり（formaufgelöste），型が破壊された（formzerstörte）文字を書くということが特徴である。いずれの場合も，圧倒するような動きが，伝統的な型を打ち砕く。しかし，前者では，豊富な体験と駆り立てるような幻影の力が型にひびを入れるが，後者では，豊富な体験と幻影の力のもとで，型の統一性が引き裂かれている」。

　「動きの解体と動きの崩れに共通する表現上の意味は，強すぎる体験能力であり，心が強く動かされ，心の中のスタートラインが絶えず入れ替わることである。これらの固有の特質は，強い内的な動きの方向が定まるときだけ，人格を破壊せずにおく。——型が崩れた文字のポジティブな特徴は，きまって，並外れて大きい内的な可動性と活気であり，同時に，この文字のネガティブな特徴は決断が予測できず，突然であることである。——動きの流れの性質とその走り方に疑念を持つときはいつでも，人格のそのような拡大が脆いものであり，自己分裂をきたし，自己の基盤を失うという危険がある」。

　線のもつれを，型の崩れとみなすことは十分にできるが，条件付きで型の破壊とみなすこともできる。これは，樹冠の内部の構成に関係するとき，という条件がつく。この指標は幼児のなぐり描きとその意味が似たところもあり，そ

の場合は，型がまだ生まれていないことになる。この指標をこの観点から見ても，型の崩れと見ても，その意味はさほど変わらない。それを，遅滞の観点から見るか，あるいは幼児的な状態に固着していると見るかは，せいぜい一つの図式であるが，それは，バウムテストの作業に絶えず繰り返し付きまとうものであり，一面的な精神に，新しい体系を用意する可能性を提供するものでなければならない。

　多くのもつれた線は，純粋に描写されるというよりもむしろ，もともとあるものと混ざって表現され，その濃度からはしばしば，本来はむしろ，影をつけることが意図されていると思われる場合もあり，その場合はそれに応じた視点から観察することが必要である。当然，以下の表の使用に当たっては，小さい子どもの場合は，慎重にならなければならない。というのも，小さい子どもは容易になぐり描き段階に退行するからである。真に生産的な才能を持つ人は稀なので，誤りを犯す危険は少ないし，そのような強い印象を残す才能は，第一に目立つし，第二にとても強くて心理学者の診察室に見てもらいに行こうという気にはならないので，なおさらである。

生産性	活気
経験の豊かさ	非常に強い原動力
過度に強い体験能力	内的なスタートラインが絶えず
大なる心的可動性	変化すること（R.Heiß による）

本能的	衝動性
衝動的	予測がつかないこと
慣習を無視する	無目的
ありきたりのもの，非本質的なものを超えている	混乱
無頓着	突然さ
独立，自立	一貫性のなさ
変わりやすさ	荒廃
不安定	移り気
意志の弱さ	突然の決定
集中力のなさ	気晴らしを好むこと
注意散漫	即興の才能
無規律	
方向感覚の欠如	不鮮明な生き方

内的分裂状態   思考が不鮮明
自己分裂   感情が不鮮明

激情的な   行き当たりばったりの
せわしない   無秩序な傾向
落ち着きのない   （感情などが）消えてなくなる
抑制のなさと阻害   必ずしも手を引かない
興奮して怒ること   **なぐり描きのとき**：子どもの
                         ような遊び
活発   退行，遅滞

30. 枝の整合性（Koordinierung der Äste）

調和：均斉，明澄さ，快活さ，センスのよいこと，落ち着いている，冷静，冷淡，鈍感，実り多き緊張の欠如

不調和：興奮していること，反応しやすいこと，心が広いこと，落ち着きのなさ，妨害されていること

意味のない整合性：落ち着きのなさ，無関心，ぼんやりしていること，無思慮，遊んでいる，気にかけない，さまよっている，夢想している，制御の欠如，気ままにする，当惑

31. 枝（と幹）にみられる不連続線（Unterbrechung im Geäst［und im Stamm］）

集中した状態と散漫な状態とを具体的事物に縛られない線の中に表現しようとすると，集中の方は一つの点に最もよく表現されるが，散漫の方は，点から分散した配列によっても，短い線によっても，表現される。この場合，互いに重なり合って結びついている線は一つもなく，すべてが離れた状態で，束縛を受けておらず，あるいは，割れて粉々になったようでもある。部分的には，それが枝線の真の途絶となっていて，様々な型の神経症的神経過敏の徴候となっていることもある。あるいは，分枝が主枝とはつながって描かれず，離れているので，接合ということを思い浮かべねばならないこともある。反応しやすく感じやすい性質がここでは表現されているが，普通に，利那性が表現されていることもありうる。

突然の	独善的な
散漫な	強情な
つかの間の	一貫性のない
すぐ息切れする	予測できない
即興の	すぐに用意する
遊び半分の	行為よりも暗示
ひらひら飛び回る	多くのことを中途半端にする
落ち着かない	神経質，衝動的，綿密でない

思考が妨げられること
注意深くすることが妨げられること
時に病的欲求（神経症的茫然自失の状態）

極めて稀	研究者の精神	予感能力
	反応しやすさ	落ち着きのない精神
	才気あふれる（Spritzigkeit）	神経症的興奮
	直観	心が広いこと

32. 幹上直，枝先直（Der Lötstamm, der Lötast）

　幹上直と枝先直の特徴は尖っていない先端である。幹と枝は，横切って切断されたようにも見える。時に，小枝がこの切断面の上にはんだでつけたように継ぎ足される。軽度発達遅滞者では，時に，多くの部分が継ぎ足されたようなモミ型幹が見られることもある。部分と部分とが，互いに重なり合い，積み上げられ，付け加えられる。このことから，この指標を理解することができる。一つの形，あるいは一つの動きが区切られて，個々の部分が重なり合ってバウムが形作られる。この構造はたぶん，最初の秩序化の試みであり，図式化に十分つながるもので，ある意味では，なぐり描きの自由な表現の動きとは対照的である。それは，子どもの描画では特に驚くべきことである。どこまでが無秩序で，どこから秩序の原理が働き出すのだろうか。しかも，特に教育されたというわけでもなさそうだのに，自然と備わるように見える。このあらかじめ設定された秩

序をもって，子どもは，外から与えられた課題に取り組み，自分の技術を適切なものにしようとする。互いに重なるように積み重ねられた構造や，個々の部分が一つに置かれることは，規律ある形を探ろうとする最初の試みを表現している。注意はまず，個々の積み木を利用することに向けられるので，モザイク状に一つに組み立てられることになる。

にもかかわらず，それぞれの表現は，少なくとも二つの側面を持つ。構築された建設物〔バウムのこと〕は，部分から全体へと出来上がっていく，あるいは，全体が部分に分かれている。さらに，それらの部分の調和がとれていることも，いないこともある。幹と樹冠の間の切断は，内的な断層にもなりうる。性格学的な解釈が意味を持つのは，その指標が標準児童の表現手段として用いられるようになった以後のことである。子どもの場合は，個人的なものではなく，年齢相応の形の図式，構築図式が示される。しばしば，子どもの場合は，幹の上端を区切る線だけでは満足しない。幹の根元——そして枝の先端にもそれが添えられる。枝先直は，外観からは，枝の切断面と区別できない。ただ，幼児の場合は，鋸で挽かれた枝が描かれることは極めて稀であると考えられている。少なくとも，それが生じることは確かだが。枝先直は幼稚園の年齢では約13％に描かれた。初等学校5年生になると，事実上，この指標はみられなくなるが，本物の枝の切断面はそれより前に既に生じている。枝先直と枝の切断面との鑑別は極めて難しく，豊かな経験が求められることを認めねばならない。しかし，本物の枝の切断面はたいていまず低在枝に確認されるので，枝先直と

指標：幹上直 表22

学年		K	P1	P2	P3	P4	P5	P6	P7	P8	S1	S2	S3
年齢		6-7	-8	-9	-10	-11	-12	-13	-14	-15	-14	-15	-16
男	%	64.0	37.0	29.4	15.8	10.7	0.9	3.1	1.1	0.0	1.0	0.0	0.0
女	%	78.5	51.5	46.6	29.2	15.8	0.9	5.4	2.6	1.2	0.0	1.0	0.8
合計	%	71.2	44.2	38.0	22.5	13.2	0.9	4.2	1.9	0.6	0.5	0.5	0.4
年齢		-8	-9	-10	-11	-12	-13	-14	-15	-16	-17	中等度発達遅滞	
												（平均29歳）	
軽度発達遅滞	%	27.0	35.0	38.0	37.5	40.0	36.4	28.2	36.5	13.6	4.9	28.5	

初等学校8年卒の半熟練工（男女）						商店員	アフリカ人のミッションスクールの生徒（平均15.5歳）
年齢		15-16	17-19	+20		19-32	
	%	13.0	12.6	12.6		0.0	9.0

K：幼稚園　P：初等学校　S：第二学校

取り違えることはないだろう。枝先直と幹上直は、ついでに言えば、突然消失するものではない。まっすぐな境界線の代わりに、幹では、ピラミッド型もしくは半円型の線が、枝では半円型の線が用いられる。その後この形態は消失し、先端の輪郭がとがったものになるか、開いたままで管状幹あるいは管状枝になる。幹上直は、時に、幹の上端だけにかぎらず、幹の下端が平らになることもある。枝先直は、転用されるという意味で、根に指摘されることは稀である。正確には根先直というべきであろうが。

　幹上直の統計をみると、幼稚園児の71％から漸減して初等学校5年（11歳から12歳）になるとごくわずかに残っている程度になる。女児の方が男児よりも幹上直を多く描くが、男児と同じくらいの時期にこのやり方から離れる。軽度発達遅滞者は標準児童よりも低いパーセンテージに留まるが、長くこの指標に留まっている。軽度発達遅滞者では最初（27％）が最大値ではなく、その1年後（37％）に最大となって、その後7年間は横ばいで、16歳になってようやく下降を始める。中等度発達遅滞者の場合は、全年齢にわたって、平均28.5％の

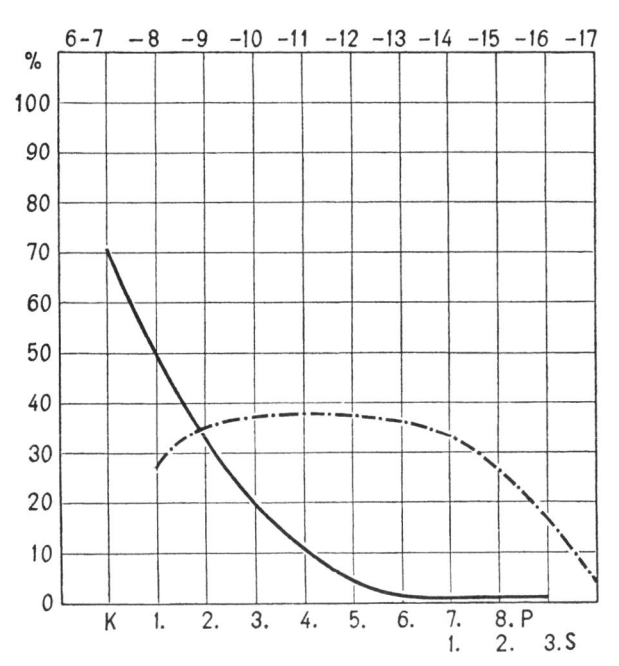

図22a　幹上直

ところにいる。幹上直は，発達指標として優れてふさわしいものである。個々の事例では，遅滞は，卒業のころ，あるいは上の学校に進むころにはすぐに目立つようになる。成人の場合は，知的な遅滞が問題となっているのか（すぐに目立つようになるが），それとも何か神経症的なものが問題であるのかは，他の調査手段を用いて決定すべきである。統計の示すところによれば，たとえば，半熟練工には幹上直の増加が見られ，これは初等学校8年生の〔ゼロに近いとこ

指標：枝先直　　　　　　　　　　　　　　　　　　　　　　　　　　表23

学年		K	P1	P2	P3	P4	P5	P6	P7	P8	S1	S2	S3
年齢		6-7	-8	-9	-10	-11	-12	-13	-14	-15	-14	-15	-16
男	%	13.5	9.5	20.6	12.0	6.7	0.0	0.0	0.0	0.0	0.0	0.0	0.0
女	%	12.2	0.0	7.8	8.8	3.7	0.0	1.8	0.9	0.0	0.0	1.0	0.0
合計	%	12.8	4.8	14.2	10.4	5.2	0.0	0.9	0.5	0.0	0.0	0.5	0.0
年齢		-8	-9	-10	-11	-12	-13	-14	-15	-16	-17	中等度発達遅滞（平均29歳）	
軽度発達遅滞	%	0.0	1.3	2.5	1.5	5.9	0.7	0.0	2.5	0.0	2.5	1.8	

初等学校8年卒の半熟練工（男女）				商店員	アフリカ人のミッションスクールの生徒（平均15.5歳）
年齢	15-16	17-19	+20	19-32	
%	2.0	1.2	0.9	0.0	0.0

K：幼稚園　　P：初等学校　　S：第二学校

幹上直と枝先直の表（12歳#以前には適用できない）

学校に合わせていること	事実の脈絡のなさ
モザイク，図式主義	抽象の欠如
思考の模倣，積み重ね型思考	本来の方向と強制された方向との間の断絶
屈折した思考様式，感情様式	職業を変えた人，あるいは間違った職業についたことに気づいている人
恣意的，連想的な思考，一歩一歩考える	職業神経症（場合によっては神経症全般）
才能の乏しさ（13歳以降で可能性あり）	本物ではないこと（場合によっては，強制されていること，無理やりさせられたこと）
子どものような思考	
狭い範囲で考える	本来の傾向からの逸脱（非器質的）
組み合わせ〔／推理〕の不足	成熟の欠如，素朴であること
非論理的	願望と現実，したいこととしていることとの間で体験された不均衡
突飛な	
熟慮を欠いた	まだ自分自身になっていないこと
簡潔な理解	本来のものではないこと
一貫性のない思考	

ろでの〕横ばいとは対照的であるが，前者では学校に精神的に要求されるものから離れると容易に 11 歳くらいの段階に退行するのに対して商店員の場合は幹上直が全く見られず，それは，既に職業選抜の際に求められる，彼らの自覚したあり方にふさわしいものである。

　枝先直の果たす役割はわずかである。とはいえ，軽度発達遅滞者には，それはほとんど見られないが，それは単に，二線枝よりも一線枝の方を多く描くという事実によるものと考えられる。標準児童の場合，枝先直の発達は，幹上直のそれと同じであるが，その出現頻度はそれよりも少ない。

　ある集団を他の集団と比較したいと思うなら，幹上直という指標を決して抜かしてはならない。

33. 積み重ね型，建て増し （Additive Formen, Aufstockungen）

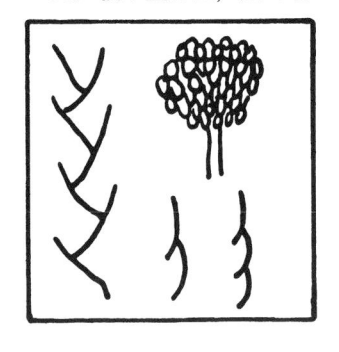

　積み重ね型は，枝とか葉などの要素を積み上げ，もしくは，つなぎ合わせることによって生じる。しかしながら，層を成しているとかモザイクになっているという印象が生じるに違いない。それと同時に，この指標は，多分に機械的な描写のために，ステレオタイプに少し近いところもあるが，感情の乏しさはそれほどでもない。積み重ね型の葉の樹冠はしばしば，幹の根元から描かれるのではなく，樹冠から始まる。このやり方は，下手な写生者のやり方と似たところがある。それ〔この指標〕は，〔描いているところを〕観察することによってわかることも多い。しかしながら判断は難しい。というのも，生き生きとした表現がそれと相前後して生じることも多く，もう一方から伸び出る場合よりも，積み重ねられている感じが乏しくなるからである。

　そのパーセンテージが，各年齢層において激しく動揺するような指標や，総じて頻度の高い指標はあまり重要ではない。〔この指標の〕純粋形はほとんど見られず，常に，その指標は別の指標と共に生じる。この指標は，軽度発達遅滞者が標準児童よりも少ない。ミッションスクール〔のアフリカ人〕では頻度が高かった（18%）。半熟練工でも比較的頻度が高い（10.4%）が，年とともに減少

指標：**積み重ね型，建て増し**　　　　　　　　　　　　　　　　　　表24

学年		K	P1	P2	P3	P4	P5	P6	P7	P8	S1	S2	S3
年齢		6-7	-8	-9	-10	-11	-12	-13	-14	-15	-14	-15	-16
男	%	2.4	4.5	8.7	8.2	3.9	1.9	0.8	5.5	1.0	1.9	1.0	1.0
女	%	3.1	5.8	3.9	2.6	0.9	3.6	6.2	5.3	0.0	5.2	4.7	0.8
合計	%	2.8	5.2	6.3	5.4	2.4	2.8	3.5	5.4	0.5	3.5	2.9	0.9
年齢			-8	-9	-10	-11	-12	-13	-14	-15	-16	-17	中等度発達遅滞（平均29歳）
軽度発達遅滞	%		1.4	0.0	0.0	2.0	2.7	5.2	1.7	4.8	0.9	2.5	1.8

初等学校8年卒の半熟練工（男女）					商店員	アフリカ人のミッションスクールの生徒（平均15.5歳）
年齢		15-16	17-19	+20	19-32	
	%	10.4	8.4	2.2	0.0	18.0

K：幼稚園　　P：初等学校　　S：第二学校

才能の欠如	適応性が乏しい
積み重ね的思考	収集
まとまった思考に乏しい	知識を積み上げる
短絡的	しかし，考えたり判断したりしない
遊び半分–勤勉な，狭い	有機的な思考がない
現実感覚の欠如	図式主義

する。

　意味の上で図式主義やステレオタイプと似て，それはまさに中心的な問題を指し示すものではない。早期の年齢層に属すが，年齢に相関する反応は示さない指標は，おそらく容易には理解できない。われわれの中にも，その表現の中に多かれ少なかれ早期型が見られることはあるが，それは少なくとも，疲労とか退屈，遊び半分などの状態に対応するようなものが含まれている。積み重ね的な特徴を持つ生徒の場合，成績が伸び悩む時期があり，ただそれが目立つのは，授業で現実的な思考が要求されたときで，単なる学校生活の中ではうまく切り抜ける。性格学的な評価は，いわば，単なる混入物や着色されたものを確認しているだけに過ぎないこともあり，その場合，解釈は核心に届かない。

34. 直交分枝（早期型）[1] （Der Winkelast ［Frühform］）

直交分枝は最初，催眠状態における発達的心理学的調査の中で発見された。そこでは，5歳[2]から直交分枝が生じ，差し当たり一線幹一線枝とともにみられた。後に，その指標は二線枝にも指摘されるようになり，7歳以後に早々と消失した。

繰り返し見られる直交する主枝と分枝は，図式的に見えるが，ほぼ幼稚園児かそれ以前だけに見られる。標準児童に比べると，幼児でそれを描く軽度発達遅滞者は稀であり，枝だけが直交して描かれるものについては，標準児童なら既に8歳で見られるパーセンテージに軽度発達遅滞者が到達するのは，ようやく13歳になってからである。軽度発達遅滞者の直交分枝として，枝から直角に実とか葉が描かれるものも含めて数えるなら，そのパーセンテージは極めて高くなる。インホフ Imhof の研究によれば，初期値は50%で，その後10%まで減少する。この横に突き出る実を私は空間倒置と呼んで，それを一つの厳密な尺度とした。インホフはロテ Rothe とともに，そのように構成される形を描画の才能がないためだと考えた。それで，直線状の部分を組み合わせて一つにすることを思いつき，そのために，角ばった，硬く，直交し，固定したような描き方になるという。主な方向を指し示すだけの一線を用いて描き，安定性と対象性にしがみつき，この意識を打ち破ることをしようとはしない。不十分な描画能力というこの主張は，確かになるほどと思える部分もあるが，何一つ明らかにはしてくれない。フリーハンドで直角に描くということは，十字の場合と同じように，描画の才能が欠如していることによって説明されるのではない。もし描画の才能があれば直交分枝を避けるのなら，あるいは描画の才能のなさがそれを生み出すのなら，初等学校2年生の約25%の，大多数は適切かつ巧みに描かれたバウムの直交分枝的表現も問題であるということになる。軽度発達遅滞者では直交分枝が標準児童よりも少ないのが目を引く。重度発達遅滞者は，軽度発達遅滞者よりも全直交分枝と直交分枝的表現が多い。

---

1) 第3版で指標名（直交分枝）に早期型が付記される。
2) 原著では4歳#となっているが，63頁では5歳から出現していることから訂正した。

アフリカ人の生徒はたいていが直交分枝的表現で，全直交分枝は皆無である。二つの要因が考慮されるだろう。描画の才能と早期型と呼ばれるような図式主義とである。あるいは逆に，直交分枝の存在が指し示すのは，この早期型に特徴的な段階，就学前の段階で，それは全直交分枝に関するこの表が明白に示すとおりである。この全直交分枝が年をとってから存在するのは，遅滞，退行，あるいは幼年段階への固着という意味をもっているが，同時にそれは描画の才能にも影響されるので，すべてのケースにおいてそのことは考慮されるべきであり，このテスト自体は正確な方法と太鼓判を押すことはできない。標準児童では，全年齢にわたって直交分枝的表現は相当数見られ，しかも，軽度発達遅

指標：**全直交分枝（Reiner Winkelast）**　　　　　　　　　　　　　　　　　　　　表25

学年		K	P1	P2	P3	P4	P5	P6	P7	P8	S1	S2	S3
年齢		6-7	-8	-9	-10	-11	-12	-13	-14	-15	-14	-15	-16
男	%	16.0	0.9	1.6	3.7	0.0	0.9	2.4	0.0	2.0	0.0	0.0	0.0
女	%	26.5	1.0	1.0	5.3	0.9	0.0	0.0	0.0	1.2	0.0	0.0	0.0
合計	%	21.2	1.0	1.3	4.5	0.4	0.5	1.2	0.0	1.6	0.0	0.0	0.0
年齢		-8	-9	-10	-11	-12	-13	-14	-15	-16	-17	中等度発達遅滞 (平均29歳)	
軽度発達遅滞	%	2.8	4.0	1.3	5.3	1.8	0.7	0.0	0.0	0.0	0.0	12.5	

初等学校8年卒の半熟練工（男女）			商店員	アフリカ人のミッションスクールの生徒（平均15.5歳）
年齢	15-16	17-19	+20	19-32	
%	0.6	0.6	1.3	0.0	0.0

K：幼稚園　　P：初等学校　　S：第二学校

指標：**一部直交分枝（Winkelast vereinzelt）**　　　　　　　　　　　　　　　　　表26

学年		K	P1	P2	P3	P4	P5	P6	P7	P8	S1	S2	S3
年齢		6-7	-8	-9	-10	-11	-12	-13	-14	-15	-14	-15	-16
男	%	16.4	29.0	39.0	24.0	24.5	15.4	21.0	32.0	17.0	21.0	25.5	13.8
女	%	13.2	19.4	29.3	24.0	19.5	17.0	31.2	29.2	23.0	14.8	23.7	8.5
合計	%	14.9†	24.2	34.1	24.0	22.0	16.2	28.1	30.6	20.0	17.0	24.6	11.1
年齢		-8	-9	-10	-11	-12	-13	-14	-15	-16	-17	中等度発達遅滞 (平均29歳)	
軽度発達遅滞	%	0.0	8.1	8.9	7.6	11.6	21.5	19.0	8.5	9.4	7.3	14.3	

初等学校8年卒の半熟練工（男女）			商店員	アフリカ人のミッションスクールの生徒（平均15.5歳）
年齢	15-16	17-19	+20	19-32	
%	26.8	29.5	16.5	10.0	55.0

K：幼稚園　　P：初等学校　　S：第二学校

滞者よりもむしろ明確に見られることは，先ほどは予感されるだけだったが今や確信を持って断言できるある事実を指し示す。その事実とは，標準児童においては，約4分の1の子どもが，心的には，幼児の状態と年齢相応の成熟状態とを行き来するという，生命の流れの絶え間ない脈動の中にいるということである。このグループは変わりやすいと同時に，分化し，不均一に成熟しているが，精神病質者として特徴付けられるような，どちらかの極への偏りはない。それどころか，性格と呼んでいるものの多くが，不均一な成熟が固定したものであり，同一の心の中で生じた不均一である，というのが本当らしく思われる——ついでながら，両極〔幼児の状態と成熟状態〕とは，落ち着いて互いに並んでいるのではなく，相互に影響を受け合っている。早期型の割合が増える場合，たとえば卒業後の半熟練工とか中等度発達遅滞者など，特定の力動が働いているわけではないと思われる場合は，幼年状態とか原始状態への固着という仮定も理解できる。症状と集団の統計的な記述とは，ただ一定の条件下でのみかろうじて，相互に比較しうる。ミッションスクール〔のアフリカ人〕，軽度発達遅滞者，そして標準児童にみられる直交分枝的表現は，個々の集団からそのつど理解されるべきである。集団の意味それ自体が図式的であり，実際，比較できるようなものでは全くない。

興味深いのは，いわゆる鉛樹（硝酸鉛溶液を亜鉛版の上で結晶化させたもの）が，まさに直交分枝の形で結晶化することである。ここにはもしかしたら，共通の秩序が存在しているかもしれない。それについては，マックス・リヒャルト Max Richard があらゆる時代の民族の装飾芸術に関する B. フォン・エンゲルハルト B.von Engelhardt の指摘とあわせて言及している。「古代エジプトの蓮の花の装飾は，まさに，結晶格子の原子のように配列されている」[1]と。

35. さまよい（Schweifungen）

さまよいが見られた場合，以下の3通りが考えられる。①長すぎる枝。②長すぎる，漂泊する枝で，しばしば，空白の空間を埋めるために描かれるもの。③水平にたなびく煙のような樹冠。長すぎる枝は「葉がたくさん生えてしまう」（ins Kraut schießen）[2]ので，誇張，あるいは，度を越している，といった傾向

---

[1]　このパラグラフは第3版で追加された。
[2]　比喩で「(悪習などが) はびこる」という意味でも使われる。

があり，それに対して，空間を埋めようとする典型的な例では，波打つイメージが紙面の上で夢想を生み出す。このさまよいという指標は，201ページで述べる線の歪曲という指標と容易に混同される。後者の場合，過度の緊張があることと，さまよう性格が見られないこととから区別される。長すぎる枝については，時に空間を埋めようとするような身振りを伴うこともあるが，それは稀であり，いずれにせよ次の表が情報を与えてくれる。

長すぎる枝は，標準児童では，全学年にわたって14％前後とほぼ一定した割合で生じる。第二学校1年生男児では22.5％と幾分はっきりとした増加が認められ，この指標は，そのくらいまでは上下する。軽度発達遅滞者では，8歳と9歳の間になってようやくこの指標は始まるが，その後急速に増加し，変動も示しながら，16歳には36％まで達する。本質的には，標準児童で得られる値よりは多い。半熟練工では，学校を離れた直後はまだ高い（24％）が，その後約5％まで減少する。これはおそらく，職場での訓練によって規律が行き届いた効果だと思われる。長すぎる枝というこの指標は，一部は，標準的な発達に含まれるものであり，また一部は，必ずしも高く評価はされていないような状態にあることを選び出したものである。質的な含意がいかに少ないかは，軽度発達遅滞者の増加が示すとおりで，その場合，むしろ内容を伴わない活気が多少とも強くあふれる傾向にあり，理解による自制的な傾向の影が薄くなっている。アフリカのミッションスクールの生徒は，この指標が全く見られないので，適切かつうまいやり方をしているという点で〔他のグループとは〕異なるが，被験

指標：さまよった長すぎる枝　　　　　　　　　　　　　　　　　　　　　　表27

学年		K	P1	P2	P3	P4	P5	P6	P7	P8	S1	S2	S3
年齢		6-7	-8	-9	-10	-11	-12	-13	-14	-15	-14	-15	-16
男	%	16.6	18.5	13.5	19.5	15.5	12.4	14.2	9.9	6.0	11.6	4.7	6.9
女	%	12.2	8.7	11.7	8.8	11.5	11.6	18.6	16.0	8.4	22.5	13.4	10.0
合計	%	14.4	13.6	12.6	14.2	13.5	12.0	16.4	13.0	7.2	17.0	9.0	8.5
年齢			-8	-9	-10	-11	-12	-13	-14	-15	-16	-17	中等度発達遅滞（平均29歳）
軽度発達遅滞	%		0.0	10.8	19.0	7.6	20.5	21.5	10.7	18.2	36.0	26.8	12.5

初等学校8年卒の半熟練工（男女）				商店員	アフリカ人のミッション
年齢	15-16	17-19	+20	19-32	スクールの生徒（平均15.5歳）
%	24.0	7.4	4.4	6.0	0.0

K：幼稚園　P：初等学校　S：第二学校

者の数が比較的少ないので，あまり多くのことは言えない。

　水平にたなびく煙のような樹冠と明らかな線のもつれとがともにみられる場合，さまよいと支えの脆さから来る不安定性とが結びつく。どこか本物だと思わせようとしたり演じて装ったりしているところがある。この二つが結合した指標の投影を最初に手にしたのは，催眠下で「あなたは詐欺です」という暗示をしたときである。後に，数人の詐欺にも同じ指標が見られた。

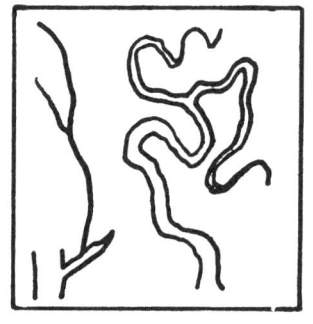

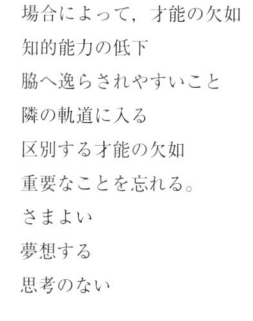

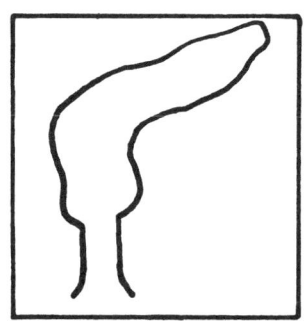

場合によって，才能の欠如
知的能力の低下
脇へ逸らされやすいこと
隣の軌道に入る
区別する才能の欠如
重要なことを忘れる。
さまよい
夢想する
思考のない

脇へ逸らされる
頭がどこか他のところにいっている
影響されやすい
自己制御の欠如
落ち着きのなさ
子どもじみた，思春期のような，さまよい
作り話をする
発言の欲求

もつれた線を伴う水平にたなびく煙のような樹冠（121ページ，図13を参照）
虚勢
「お芝居」
詐欺
作り話をする
妄想のようなさまよい

36. 歪曲 (Verbiegungen)

歪曲された枝の形とは，垂れ下がったり上に伸びたりゆれているという自然な形から逸れているものをさす。それは，空白の空間を埋めるために描かれたさまよう枝としばしば似ているように見えるが，区別されねばならない。歪曲は，強く型にはめられたような形を示し，身体障害があるような妙な印象を与える。軽い場合には，幹にほぼ水平に押し付けられた枝が見られる一方，蛇行がまっすぐに強制されるものもある。下に垂れ下がって描かれる柳のイメージが，その事態にかなり近い。本質的には，その表現には緊張とか痙攣がみられ，それによって自然な方向が曲げられる。その際の緊張とか痙攣とは，訓練とか，自己克服，強制などの可能性が考えられるが，いずれも強く型を押されたように，強制された状態にあり，あらゆる随伴現象がそれに伴う。

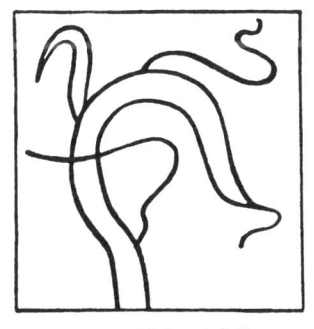

128ページ図17を参照

心的に弱く現れた場合	心に強く現れた場合
自己訓練	強制された状態
自己制御	強迫神経症
よそよそしさ〔Reserve，蓄え〕	痙攣
わざとらしい適応	抑圧
強調された良心	遮断
原則を振り回すこと	抑止
自己克服	良心の咎め
自己犠牲	それに縛られている
強制	不適応性
人為的なこと	不安状態
情動を恐れること	退行
臆病	
感情の抑圧	
硬化	
張り詰めた意思	

37. 規則性 (Die Regelmäßigkeit)

完全な規則性は，自発的な図的表現の枠内では考えられない。筆跡の場合は別で，書字の練習を通して判読可能な伝達物を生み出すために，われわれはみなそうしている。バウム画においても，その傾向は少なくとも明確さの方向に向かうが，対象を他のものと区別できるために必要な程度の明確さである。た

だし，常にそうだというわけではない。空想しながら描画をしている小さい子どもを見かけることもあるだろう。出来上がった絵が，木を描いたつもりでも，われわれにはそのように見えないこともある。それでも，その子どもは，その空間の中でだけ空想して回っているわけではない。そうしているだけのこともあるが，同時に，十分に認識できるような形を描く，それも多少なりとも変化に富む不安定さと活気に応じて描くこともある。

実，葉，場合によって枝の不規則性

　規則性は，厳密に言えば，産出された形の変化の度合いに基づいて判断されるのではなく，その指標がどの程度散布しているかによって判断されるべきである。義務教育前の幼稚園児では，規則正しくないことは，しばしばどんちゃん騒ぎの祝祭のようになる。大きく描かれた実や葉は，その同じ描画の中で非常に強く揺れる。年をとるにつれ，規則性の中に入っていく。度を越した誇張は無くなっていく。マックス・プルファー Max Pulver は，感情に活気があることを規則正しくないことの基本的意味と捉えた。さらに，衝動性，すなわち，情動性（Affektivität）が高まった状態は，不規則性をもたらす傾向がある。いずれにせよ，「情動（Emotionalen）の強さは，意思の抑制を突き破る力を持っており，意志が弱い場合は，わずかの感情，欲求，情動の動きがあれば，同じ像が表出されるに十分である」とプルファーは言った。

　規則性の観察に特に適しているのは，実と葉などの大きさの比率，大きさの変動，さらに左あるいは右の強調，さまよいの際に片側だけ過度に長いこと，枝の太さの変動，幹や枝の輪郭の規則性などである。これらの指標の多くは，もう一つの独特な視点から見直すべきである。

38．ステレオタイプ（Stereotypien）

　規則性の極端な形はステレオタイプに見られる。葉，分枝，実などが，ステレオタイプな規則性という点で肩を並べる。この徴候は幼児的な反復欲求に相当することもあれば，図式主義と関連していることもあるが，後者は初めて記号が産み出されるときには強く目立つ特徴であり，必ずしも感情表現の貧困化

を意味しない。とはいえ，この図式化の段階は，小学校入学とともにほとんど克服される。同時に，ステレオタイプな描画は，様々な意味で，感情を伴いながら形を作っていくということがない描画である。その図式の機械的な反復が見られ，しばしば内容が全く無い。自動的な描き方からまずいえるのは，ことあるごとにステレオタイプな描画をする子どもは，発達障碍のようなもののために動きにステレオタイプ化の傾向がみられ，非現実的，自動的な動作をしている，ということである。ステレオタイプは，訓練によって達成される規則性と共通する部分は無い。原始的な機械主義が重要である。そのような指標の性格学的な解釈は，発達系列においてどのあたりに位置するかがわかっているときだけ意味を持つ。

標準児童では，幼稚園児（7歳）で16％とステレオタイプの強調がはっきりと示されているが，この比率はその後ほぼゼロまで下降する。初等学校7年生以降に生じたステレオタイプは退行か遅滞を示すものと思われるが，単に遊んでいる場合もあるかもしれない。軽度発達遅滞児の場合，興味深いことに，標準児童と同じような高いパーセンテージで始まるのではない。簡単な描画能力を獲得するのにも，他の多くの指標とおなじく，さしあたってブレーキがかかっているように見える。軽度発達遅滞児における指標の発達を丹念にたどると，ステレオタイプが10％と15％の間に執拗に留まり，それは15歳まで続いて，その後急速に減少するということが目立つ。標準児童の場合には急速に減少する指標にこのように長く留まることは，発達が阻害されていることの特性を示

指標：ステレオタイプ　　　　　　　　　　　　　　　　　　　　　　　表28

学年		K	P1	P2	P3	P4	P5	P6	P7	P8	S1	S2	S3
年齢		6-7	-8	-9	-10	-11	-12	-13	-14	-15	-14	-15	-16
男	%	16.6	8.1	12.7	5.5	9.8	1.9	6.3	2.2	1.0	1.0	0.0	0.0
女	%	15.3	4.3	5.8	8.0	1.8	8.9	0.9	0.9	0.0	2.7	0.0	0.0
合計	%	16.0	6.2	9.2	6.7	5.8	5.4	3.6	1.6	0.5	1.8	0.0	0.0
年齢			-8	-9	-10	-11	-12	-13	-14	-15	-16	-17	中等度発達遅滞
													（平均29歳）
軽度発達遅滞	%		5.7	13.5	15.2	9.2	14.4	14.8	13.2	9.7	4.3	0.0	25.0
初等学校8年卒の半熟練工（男女）								商店員		アフリカ人のミッションス			
年齢			15-16	17-19		+20		19-32		クールの生徒（平均15.5歳）			
	%		4.5	2.5		2.2		0.0		0.0			

K：幼稚園　　P：初等学校　　S：第二学校

すものである。中等度発達遅滞児の場合は，ステレオタイプが25％と極端に高い比率となっていて，高齢のケース（50歳を超える）でもなお保持されている。アフリカのミッションスクールの生徒には総じてステレオタイプが見られず，最初は驚いたが，反復において優勢な要素が，彼らの場合，機械的なステレオタイプではなく，リズムという全く別のものであることを考えれば，理解できないことではない。

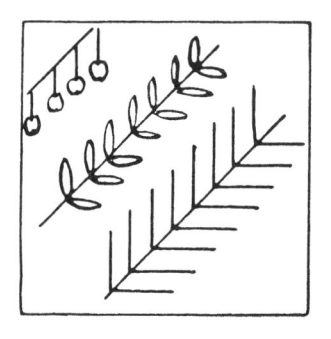

ステレオタイプの一覧
図式主義，自動化主義
表現の才能の欠如
発達の阻害
遅滞，退行
才能の乏しさ
制限された視界
判断の際ひとりで決められないこと
狭い現実主義

　ステレオタイプの性格学的な解釈は，いかなる状況であれ，小さい子どもと結び付けてはならない。この指標は，子どもの場合は，多かれ少なかれ年齢相応の標準的なものである。上記の表はそれゆえ，12歳以後に適用されるべきものである。
　もう一つのこれとは全く異なる規則性が，次のまっすぐで平行な幹である。

39. まっすぐで平行な幹（der gerade, parallele Stamm）

　幹の輪郭が，地面線から樹冠まで等間隔に走るもので，ほとんど定規で引いたような形である。幼稚園児から得られた幼い形〔の木〕には，実際，まっすぐに引かれた幹を数多く見てきた。そこからさらに進めて〔何かの指標として〕使えるというわけではないが，一方で，これらの段階では，フリーハンドで書いても平行な形になりやすいという小さな子どもたちの図式的なやり方のようなものが表れている。

それにもかかわらず，規則性がそこに現れていると考えたくなるのは，高学年の生徒や成人に生じた場合である。物事の関連がわかるような一例を示しておきたい。初等学校5年生の女子が，学校の心理サービスによって才能の遅れを指摘され，留年させられることになった。両親は，少女が非常に努力していると言って，その決定を受け入れられなかった。調査が行われ，才能の遅れはゆうに1年はあるという結果であった。描かれたバウムは，きれいにまっすぐに描かれた平行な輪郭の幹であった。一方で少女は型にはめて単純化するところがあって，図式化は，少女が頑なに努力をしていただけに，非常に強い習慣となっていた。ただし，新たな似たような事例で，このような図式を一貫して適用し関連付けることができるわけではない。彼女は頑なに図式化にとらわれたままなので，知的な適応はうまくいかない。課題の描写は，適切な課題の理解に応じて，かなり念入りになされることが続くので，才能の不足のすべてが直ちに露わになるということにはならない。本能的に，少女は才能の不足を努力によって補っていたが，それは過負荷の危険に曝されるところまで来ていた。それは，とりわけ，娘が留年させられるというような「恥」なことは一切ごめんだという，両親の見栄を満足させるためであった。このやり方はなるほどうまくいって娘は模範的な少女になったが，神経症的な破綻が突然訪れるという危険はあった。というのも，才能も，課題に対する考え方も，能力も，すべてがぴんと張り詰めた状態だったからである。

学生らしい	本物でない	惑わされることのない
行儀がよい，図式的な	わがまま	生きていない
頑なな	人の忠告を聞かない	硬い
頑固頭	頭の固い	堅い
強情な	模倣的な	抽象能力
未分化な	本当の緊張を欠いた	純粋思考
適応の才の欠如	正しい	明晰思考
模範的な	そこに置かれた	客観性〔即物性〕Sachlichkeit

40. まっすぐで角ばった形（Gerade und eckige Formen）

直線は，78ページに示す調査によると，典型的な早期指標（Frühmerkmal）であることがわかった。6歳から7歳の就学前の子どもではおよそ29％にその指標が見られたが，就学以後は非常に急速に減少して，10歳以後で2％を超え

ることはほとんどなくなる。一方，軽度発達遅滞者では，その指標の割合は高いまま長く続く。図式的な内容は，少なくともまず一線枝と関係があるが，二線枝の場合でも，どちらかといえば，角ばったもの，堅固なものと関係のあるようなものが表現される。とはいえ，その点では，慎重さが求められる。多くの絵画教室では角ばったまっすぐに描かれるバウムを教え，ちょっと練習すればすぐに見られるようになるからである。ここに入れてはならない指標が直交分枝である。それは典型的な早期型として全く別の意味を持っているからである。

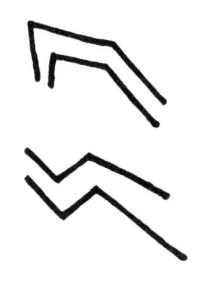

安定した，固い，惑わされることのない	かさばる，角ばった
抵抗力	わがままな
安全，男らしさ	言うことを聞かない
硬さ，硬直した	ごつごつした
真面目さ	重い動きの
分裂状態	強いられた・不自然な
適応が難しく，不平家になることも	どちらかといえば分裂気質の

41. 丸い形（Runde Formen）

曲がった，丸い，弓形の，波形の，弓なりの線。

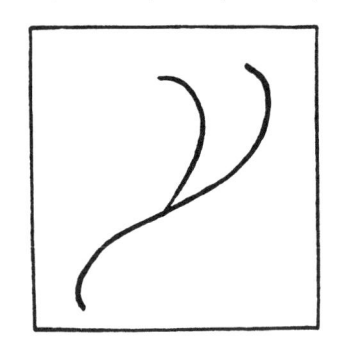

規則にとらわれない	堅くならない
柔らかい	避ける
動きのある	適応能力のある
しなやかな	人付き合いの良い
愛想の良い・拘束力のある〔verbindlich, verbinden つなぐ，結び付ける〕	生き生きとした
対立するものをつなぐ	「エレガント・優雅な」
外交的な	どちらかといえば循環気質
巧みに困難を切り抜ける	

42. 暗く塗ること[1] (Dunkelfärbung)

鉛筆描画の白黒の描写では，着色が単なる明暗の変化の上に凝縮されている。色のついたバウムを描かせることも当然考えられる。色彩の戯れを別の方法でもっとうまく引き出せる（たとえば，オシロイバナの描画など）可能性はあるが，それは別として，バウムテストは，彩色によっておそらくさらに豊かになるだろう。しかし同時に，そうでなくても既に積み込みすぎであるのに，さらに複雑に絡み合うことになりすぎる。同時に，白黒には固有の意味がある。暗く色を塗ることは，黒く色を塗ることとしても生じるし，これは多かれ少なかれ，強調するものとして生じることもある。黒さは自分の色から離れて影に向かうこともあり，それは実際の灰色とか黒ではなく，黒と白の間を揺れるものであったり，あるいは実際の灰色だったりする。黒さは汚さでも澄んだものでもあり得る。様々な質の違いに対する洞察は，時間をかけてのみ育ってくるが，これは筆跡の運筆の分析の場合と同じである。

暗く塗ることは幹にも，枝にも，実にも，葉にも生じるし，陰影の手法として球形樹冠にも生じる。

43. 暗く塗られた幹 (Dunkelfärbung Stamm)

図的な描写には驚くようなことが示されることがある。標準児童の場合，暗く塗ることは6歳から7歳では60％にみられるが，11歳から12歳で14％まで下がり，再び15歳から16歳で平均して56％まで上昇する。さらに，第二学校の学生は，8年生の学生よりもやや多く色を塗る。曲線は茶碗形となり，高いところから低いところに降りてまた高くなる。軽度発達遅滞者では反対に，下から始まって，9歳から10歳で52％に跳ね上がり，すぐに再び最初の値まで下がり，そこでそのまま留まる。一方，中等度発達遅滞者では45％で留まったままである。

特徴的なのは，〔調査した〕どの年齢でも10％を切ることがないということである。暗く塗ることは当然，唯一の心理学的意味を持つものではないが，描画上の一つの要素であり，それを利用するのはある特定の層で，少なくとも不特

---

[1] Dunkelfärbung：dunkel は「黒い」の意味でも使うが，ここでは schwarz（黒い）と区別されているため，「暗く」と訳す。

定の誰かというわけではない。それでも，〔暗く塗ることが〕心理的な意味によって選ばれた描画上の表現手段であることに変わりはない。その指標を早期型の特徴としてよい場合もあるが，発育年齢では急激な再上昇が見られるのでそれと反対のことがいえる場合もある。とはいえ，本当の反論はそういうことではない。指標の意味に類するものは変化するし，指標の意味自体も変化する。子どもの場合の黒は強い筆圧で仕上げられるが，青年の場合は強く塗られることはめったになく，影をつけるやり方に近い。なるほど何か共通したものが相互にあるが，それでもそれぞれ区別される。ついでにいえば，成人になった半熟練工も商店員も，最初は学校を卒業したときよりも低くなることが観察される。リュッシャー Lüscher が引用しているカンディンスキー Kandinski の言葉に次のような言葉がある。「白は果てしない壁のようであり，黒は果てしない穴のようである」。リュッシャー Lüscher はこれらの穴（黒）を単なる受動性，「どんな振舞いもできない，硬い単一体」と呼んでいて，カンディンスキーの考えるところでは，それは「可能性のない無のようなもの，太陽が消えた後の死んだ無のようなもの，未来や希望のない永遠の沈黙のようなもの」である。画家のこの見方には反論してもよい。黒とは暗黒，夜であり，そこから昼が生まれてくる。黒は，まだ生まれていない白いもの，生まれていない昼，生まれていないもの，成長していないもの，まだ閉じ込められたままのものである。母の懐の暗闇から人は生まれてくるが，無意識の夜から徐々に意識の明るさが目覚めてくる。無意識は常に可能性，意識されるようになるものを持っている。黒は「未来のない沈黙」ではなく，未来を伴うものである。黒は無意識の状態，まだ意識に上っていないもの以外の何ものでもなく，当然，子どもの発達と結び付けて考えることができる[1]。発達心理学はこの事実が正しいことを十分に認めている。

　青年期は，同じくらい高い割合で暗く塗るが，彼らが描くのは拡散した黒である。思春期に差し掛かると，一方では退行の格好の舞台となるが，また一方では自分を発見する過程から領域〔意識野〕の拡大が起こる。思春期ほど人が前後に大きく揺れる時期はない。強い揺れが異常に緩むと，真の方向喪失に至り，それは陰影付けの不確定さや漂うような性質に見事に現れる。脆さ，不確

---

1) 幼稚園児で幹を暗く塗る割合が高いのは無意識的な状態の表現と重なる，と Koch は考えている。

定さ，夢見心地，浮遊状態，気分次第といった状態はこれらの表現に相当し，才能面でしばしば人目を引くそのような描写を輝かせるが，自分の絵を日没と名づけるべきか日の出と名づけるべきかあれこれ考えている下手な画家に見ら

指標：暗く塗られた幹　　　　　　　　　　　　　　　　　　　　　　表 29

学年		K	P1	P2	P3	P4	P5	P6	P7	P8	S1	S2	S3
年齢		6-7	-8	-9	-10	-11	-12	-13	-14	-15	-14	-15	-16
男	%	59.0	21.0	13.5	29.5	9.8	18.4	33.0	35.0	34.0	51.0	50.0	61.0
女	%	61.0	31.0	13.6	26.5	20.0	9.5	23.2	21.3	50.0	32.0	39.0	51.6
合計	%	60.0	26.0	13.5	28.0	14.9	14.0	28.1	28.1	42.0	42.0	44.5	56.3
年齢			-8	-9	-10	-11	-12	-13	-14	-15	-16	-17	中等度発達遅滞（平均29歳）
軽度発達遅滞	%		14.2	25.6	52.0	26.0	25.0	27.5	12.4	19.6	21.4	14.6	45.0

初等学校8年卒の半熟練工（男女）						商店員	アフリカ人のミッションスクールの生徒（平均15.5歳）	
年齢		15-16		17-19	+20	19-32		
	%	23.8⁺		37.0⁺	24.0	27.0	59.0	

K：幼稚園　　P：初等学校　　S：第二学校

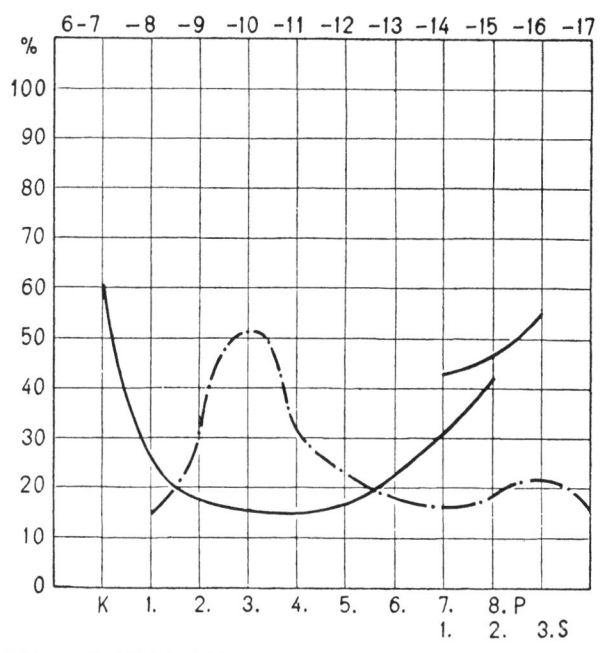

図 29a　暗く塗られた幹

れるような不確定性を伴うことも多い。受動性，エネルギー喪失，未決定と未分化，静寂と受身的な享受，目に見えるようなわかりやすさ（ただし，輪郭が鮮明というわけではない）などは，思春期の発達に典型的な特徴である。陰影付けの一覧表もそのことをかなりはっきりと示している[1]。最高値を示したのは第二学校の学生で，彼らは分化した技術を持って心の絵に陰影をつけたいと思うようになるが，〔初等学校〕8年生はしばしばあまりにがっしりと描き上げるし，軽度発達遅滞者はそこまでの分化はみられない。6年から7歳で陰影は9.3%みられるが，それ以後の年齢では第二学校に入るまでそれよりも頻度が少ない。それゆえ，発達年齢における退行の割合の信号とすることができるように思われる。陰影付けのやり方が，魚でも鳥でもないような状態をどれほど表現していようとも，その背景には，分化した心の構造を考えることができる。

44. 陰影手法の樹冠（Krone in Schattenmanier）

喜びを味わうこと	夢見心地
彩り華やかな	印象画家
目に見えるようなわかりやすさ	受動性
描写の才能	神経質で一般的
ある条件下では抑うつ	脆弱性
ある条件下では人格の喪失	感化されやすい
静寂	方向喪失の
印象	匿名の
気分次第で話しかける	柔らかい
感情移入	不確定の
和らげられた感情状態	「特色」の欠如
その気になること	未決定の
気分次第	エネルギー喪失の
ぼやけた	無関心な
未決定の状態	
現実感覚の欠如	

---

1) 表30を指すと思われる。

指標：**陰影手法の樹冠** 表30

学年		K	P1	P2	P3	P4	P5	P6	P7	P8	S1	S2	S3
年齢		6-7	-8	-9	-10	-11	-12	-13	-14	-15	-14	-15	-16
男	%	9.5	4.5	2.4	10.1	1.0	3.8	4.7	13.1	8.0	30.0	30.0	22.0
女	%	9.2	0.0	0.0	0.0	1.8	0.0	0.9	2.6	2.4	2.6	23.0	13.8
合計	%	9.3	2.2	1.2	5.0	1.4	1.9	2.8	7.8	5.2	16.8	26.5	17.9
年齢		-8	-9	-10	-11	-12	-13	-14	-15	-16	-17	中等度発達遅滞	
												(平均29歳)	
軽度発達遅滞	%	2.8	4.0	7.6	3.0	4.5	4.5	1.7	4.8	2.6	4.9	5.4	

初等学校8年卒の半熟練工（男女）				商店員	アフリカ人のミッションスクールの生徒（平均15.5歳）
年齢	15-16	17-19	+20	19-32	
%	0.0	5.0	2.2	15.0	0.0

K：幼稚園　P：初等学校　S：第二学校

45. 暗く塗られた枝 （Dunkelfärbung Äste）

幹は枝よりも暗く塗られることが多い。標準児童の場合，その指標は7歳ではそれ以後の年齢と比べてほんのわずか高いだけである。10歳になると少し高くなるが，幹を暗く塗る割合が10歳で突然増えたのと同じである。6年生以後，12歳と13歳の間から，頻度は上昇してそれは初等学校よりも第二学校の方が顕著である。軽度発達遅滞者では最初から標準児童を下回ったままで，その指標は上下する。にもかかわらず，幹を暗く塗るのと同じ形状〔の変化〕が生じている。分化した第二学校の生徒は8年生よりも多くなっていて，軽度発達遅滞者では一緒に作業をするための情緒的な活気が不足している。半熟練工では

指標：**暗く塗られた枝** 表31

学年		K	P1	P2	P3	P4	P5	P6	P7	P8	S1	S2	S3
年齢		6-7	-8	-9	-10	-11	-12	-13	-14	-15	-14	-15	-16
男	%	14.3	3.5	4.8	20.0	6.7	9.6	27.0	27.5	24.0	35.5	49.0	36.0
女	%	13.2	12.7	3.9	14.2	7.4	6.3	9.8	14.2	26.5	20.0	30.5	40.0
合計	%	13.8	8.1	4.3	17.1	7.0	8.0	18.9	20.8	25.2	27.7	39.7	38.0
年齢		-8	-9	-10	-11	-12	-13	-14	-15	-16	-17	中等度発達遅滞	
												(平均29歳)	
軽度発達遅滞	%	4.3	8.1	7.6	4.6	5.9	3.7	0.0	6.2	10.2	2.5	10.7	

初等学校8年卒の半熟練工（男女）				商店員	アフリカ人のミッションスクールの生徒（平均15.5歳）
年齢	15-16	17-19	+20	19-32	
%	12.5	21.2†	12.2	21.0	15.0

K：幼稚園　P：初等学校　S：第二学校

12％から21％まで変動を伴うものの，通学をしている生徒に見られるような水準の下に留まっている。商店員では，もともとの半分の値に下がるが，思春期での仕事を既に終えたと受け取るなら，それは全く正常な現象のように思われる。

46. 暗く〔濃く〕塗られた実や葉（Dunkelfärbung Früchte und Blätter）[1]

この指標の場合，思考を一変させなければならない。というのも，暗く塗ることそれ自体はここでは重要ではなく，暗く塗るという方法による葉や実の強調が大切だからである。それは，大きさによる強調と同じように重要である。それは，およそ子どもに非常に強い印象を残した出来事が重視されたもので，大きさによって強調されることもあれば，あるいは暗く〔／濃く〕色を塗るという分化した方法によってなされることもある。7歳の子どもの場合，38％に認められるが，就学以後の生徒よりもおよそ4倍高い数値となっている。軽度発達遅滞者の場合，11歳になってようやく最高値に達し，その値も標準児童の最大値よりは低い。軽度発達遅滞者の数値の上がり下がりは，標準児童よりもゆっくりとしていて，傾斜もなだらかである。商店員（1.5％）とアフリカのミッションスクールの生徒（18％）の暗く塗る割合を比較すると，一つの大きな相違が示される。実とか付属品としての葉のような外観は，効果〔結果としての実〕とか，過度に強調された場合には見かけ〔外観，上辺〕を表現するが，

指標：暗く塗られた実や葉　　　　　　　　　　　　　　　　　　　　表32

学年		K	P1	P2	P3	P4	P5	P6	P7	P8	S1	S2	S3
年齢		6-7	-8	-9	-10	-11	-12	-13	-14	-15	-14	-15	-16
男	％	38.0	9.3	4.0	9.2	2.9	1.9	5.5	4.4	5.0	0.0	3.8	6.9
女	％	37.7	10.7	11.7	8.0	4.6	8.0	7.3	5.3	15.4	3.6	8.6	8.5
合計	％	38.3	10.0	7.8	8.6	3.7	5.0	6.4	4.8	10.2	1.8	6.2	7.7
年齢		-8	-9	-10	-11	-12	-13	-14	-15	-16	-17	中等度発達遅滞	
												（平均29歳）	
軽度発達遅滞	％	15.8	13.5	26.5	29.0	22.3	18.4	14.8	4.8	6.8	9.8	12.5	
初等学校8年卒の半熟練工（男女）								商店員	アフリカ人のミッションス				
年齢		15-16		17-19		+20		19-32	クールの生徒（平均15.5歳）				
	％	—†		4.0†		5.6		1.5	18.0				

K：幼稚園　　P：初等学校　　S：第二学校

---

1) 付表では Früchte und Blätter geschwärzt（黒塗りの実や葉）となっている。

非常に現実的な感覚を持つ人〔商店員のこと〕にはその指標は非常に少なくなる。というのも，そういう人たちにとっては華麗さを前にした驚きとか現象の価値は失われてしまっているからである。

47. 黒——永遠の沈黙[1]（Schwarz – das ewige Schweigen）

　黒は抑うつも表現していないだろうか。物事を悲観的に捉える（Schwarzsehen）〔文字通りには「(物事を)黒く見る・黒く見える」〕ということはできないだろうか。悲しみ〔・喪〕の徴ということはできないだろうか。始まりと終わり，誕生以前と墓とが暗闇にはある。心的には墓は，終わり，すなわち肉体が帰るだけの場所ではなく，光あるいは闇の向こう側の世界，暗闇が悪で光が善であるような場所の向こう側の世界であり，それゆえに，心理的なものの向こう側にある世界である。

　暗く塗ることに表現されているものは，「悲しみは暗闇と同じ」という類比で理解してはならない。激しい情動は心の構造に裂け目を生じさせて深層を捉える。その際，退行の徴候が急速に見られ，このような回り道の途中で，抑うつが暗く塗ることとして生じる可能性もある。それゆえ，抑うつの者あるいは神経症的不調の者の描画では，暗く塗ることが随伴徴候として生じることがある。多くの者が単に物怖じして単調に反応するが，浮動状態と呼んでもいいような気分の状態が優勢な場合や，特に不安定な性質あるいは抑うつ状態で見られるような受身的な夢に見られる場合もある。そのつど，単なる物怖じが問題であろうと，思春期の浮動状態であれ，神経症的な退行であれ，それどころか精神疾患の場合の人格の喪失であれ，次元は異なるが，〔暗く塗るという〕同一の表現が用いられる。スイスの山脈や谷の木の絵の多くに不思議なほど多くの黒が見られる。男女の日曜の衣装も黒である。この地方の民族は，不安定でも病気でもない。そうではなくて，太古以来の自然なままで，そこには小さい子どもでも問題となるような何かが含まれている。にもかかわらず，本物の退行が暗く塗ることとして目につく場合があるが，塗り込める強さが退行の程度を本当に表現できるかどうかは大いに疑わしい。暗く塗ることが激しくて，強い退行とみなされる場合でも，この表現指標には自然な限界がある。すなわち，黒よ

1）　初版と黒の捉え方が変化している。

りも黒く塗ることはできないということである。これに反して，黒は周辺に広がることができ，いわば描画の背景を形作ることになる。それによって，イメージは，描画に見出すのが常となっている姿から大きく離れたものとなる。図24は，ある50歳の統合失調症の方の描画である。これほどに目立つ背景の着色は極めて珍しく，その色塗りの強さは普通のものではめったにみられないようなものである。これに対して，われわれのチューリッヒの資料を見ると，そのほとんどが子どもで，背景に軽く影をつけている。強く色を塗ることを疾患とみなすことは拒否せねばならな

図24

いが，大規模な調査がなされるまではその資格はない。ロールシャッハテストでは，いわゆる統合失調のサインはテストの中心ではない。疾患のイメージは典型的なグループ分けと指標の集積とによって初めて本当の姿に近くなるが，十分な信頼性が得られることは決してない。統合失調の描画とすぐにわかるとされている「錯乱」という概念も，ここでは許容されるように思われるかもしれないが，診断は非常に慎重になされねばならない。診断が知られていてバウム画を問題とする場合は，当然，読者を驚かせて信じ込ませることなどいとも簡単にできる。病者の描画の中にわれわれが捉えるものは，病気そのものではない。とはいえ，それに対応するような指標の可能性は前もって否定してはならない。たとえば統合失調者の描画に見られる徴候は，疾患そのものが多様であるのと同じように，非常に多様である。われわれの資料からは，統一された表現を推定させるようなものは証明されない。おそらく大概は，疾患に随伴する外観だけが表現されるように思われる。退行への引力がおそらく常に併走していて，そこから生まれてくる表現が暗く塗ることであるのだろう。

48. 上に伸びること―下へ落ちること（Aufstrebend‒abfallend）

　左や右へ流れること（Links- und Rechtsläufigkeit）との類比から，上や下へ流れること（Ober- und Unterläufigkeit）についても，この新作の言葉が通用するなら，話しておかなければならない。奇妙なことに，この指標のグループは，

筆跡の筆相学では，その力動的な方向の意味づけでも，上長と下長の強調として，つまり，長さの違いとして，間接的に述べられているに過ぎない。しかしながら，上へ流れること（Aufstrebend）―下へ落ちること（abfallend）とは，筆跡においても指標としての資格を持つとされている。

　枝樹冠（Astkronen）の場合，主枝や分枝は上に聳え立つことも上に燃え上がることもできるし，下へ落ちることも，下へ沈むことも，下へぶら下がることもできる。いずれの方向に向かうことも，自然の木で見られるものである。庭師とか木の専門知識のある農民にバウムを描いてもらった場合，下にぶら下がった枝について判断を誤る可能性がある。というのは，木の世話をする者が果樹を引っ張ることがあるからで，それは，枝を外から引っ張って全体に満遍なく光が当たるようにするためである。これはいわゆるエッシュベルクÖschberger の切り込みに相当するものである。[1]

　とりわけ本質的なのは，相対的な方向である。単に上へ伸びることや単に下へ落ちること，あるいは，左下へ落ちること，右上へ伸びること（その反対はこれまでのところ観察されていない）。

　垂直の幹は，その上端が，天秤の支点のようなものだと考えられる。左右の天秤の棹（主枝）があるときは上に，またあるときは下に引っ張られるが，右下への落下はそれに対応する左上への伸びをもたらさない。少なくとも，「心理的な重さ」は両側に注意を払うべきである。両側は相互に依存的なものではないし，物理的な範囲だけでなく心理的な範囲も重要になる。右上へ伸びることと左下に落ちることとは次のような意義を持ち得る。外に向けては安心し（sicher）喜んでいるが，内面では打ちひしがれて，自信がもてない。あるいは，外に向けては確信を持って主張をしているが，内面では疑っていて，それゆえに，満たされないでいる。

　単に上へ伸びるだけでは，現実の尺度が欠けており，すぐに熱狂し，熟慮しないこともしばしばあり，往々にして頭を使わないで，情動的に興奮しやすく，適度な自制心もない。あるいは，枝は，炎のように上にきらめき，どの人間にも指摘できるが，「内に火を持って」いて，燃えるような熱狂と狂信で振舞う。圧力のない上への身振りに，「宗教的な曲線」が折を見て繰り返し現れるかもし

---

1) Öschberg：果樹栽培学校のあるベルン州の村。

れないが，それは筆跡から知られていることと同様のことである。疲れた馬の頭のように下へぶら下がった枝は，この身振りについて何気なく言われることすべてを含んでいる。しょんぼりしている人（Kopfhängerische），深刻に思い悩む（Schwernehmende），あきらめた（Resignierende），疲れた，気分の落ち込んだ，など。下への動きにおいて，一つの傾向がおのずと生じてくる。下は左と関係があり，それゆえその指標が語るところは，自分自身に向かうこと，自分自身を目指す方向に向いている。そのことは幹に最も明確に象徴化される。

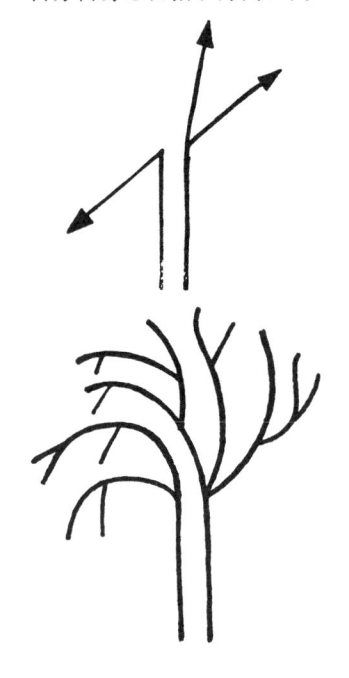

下へ落ちること

深刻に思い悩んだ	成り行き任せる
頭が垂れた	抑うつの
自信がもてない〔不安定な〕	落ち込んだ気分の
ゆるんだ	抵抗力が弱い
疲れた	自分自身に向くこと
諦めた	我に返る

上へ伸びること

熱狂，抑制を失った熱狂	感動する能力
活力	頭のない〔うろたえている〕
激しい，燃えるような	願望の世界の強調
熱狂	現実感覚の欠如
狂信	相対化の能力の欠如
情動的に興奮しやすいこと	「宗教的な曲線」
激情	
突然の怒り	
高揚	

幹から袋のように落ちている樹冠

情緒的なものにはまり込んでいる
心情的な気分から出られない
「弱い脈」
自分の意思を持たないようなもの
自分から引き出せない
流れに身を任せる
積極性（Aggressivität）〔攻撃性〕の欠如
決断の構えの欠如

49. 拮抗形態（Gegenformen）

稀な指標として拮抗形態（Gegenform）がある。これまでのところ，統合失調症の描き手にのみにみられていて，ある事例では発病のかなり前にみられた。反対向きの括弧は，ほぼそれだけで診断的な重要性を持っていて，それは，片方ずつの二つの靴が互いに離れて置かれていることについてのロールシャッハの解釈と似ている。

緊張
分裂していること
分割（統合失調症に見られるような）
自己矛盾（アンビヴァレント）

50. 相互にずれた括弧（Gegeneinander verschobene Klammern）

たいていはカール状樹冠に見られる。

この指標は，これまでのところ主として，精神病質者で，支えが薄く，首尾一貫せず，強く感化されやすく，支持されやすい者にみられる。

51. 逆向きの分枝（Gegenzüge）

個々の枝が逆方向に流れるものである。幼い子どもは差し当たって意図した方向を忘れることがときにあり，突然枝の方向を反転させて描く。この，早期型や倒置（Verlagerung）をむしろ思い出させる特色という点では，逆行に相応しい解釈の主なものを挙げれば，この指標についてなすべきことはあまりないだろう。すなわち，対立するものという言葉から思い浮かぶような意味，矛盾

した態度がこれにあたり，ついでに言えば，それが驚くほどよく見られるのは不誠実な者，そして鉤型をした弓形のレバーと関連する窃盗者である。さて，不誠実とか不正直はクラーゲス Klages によると一つの性格特徴ではなく，むしろ，早期型の混合から生じるもの（自分がしたことを知らないか，意識的に自分の振舞いを制御しない）で，矛盾する早期型が混合している場合もあれば，意志あるいは自己関係について，それ自体引き裂かれることの徴が混合している場合もある。

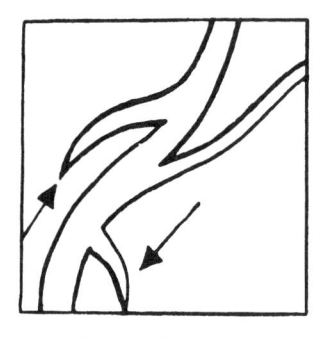

わがままな	適応能力の欠如	思想的転向
反抗的な	気まぐれな	不安定
対立	信用できない	夢見ること
反論〔矛盾〕	（不誠実な）	さ迷うこと
首尾一貫しない	脇へ逸れた	欠けている
	影響を受けやすい	自己制御

指標：**逆向きの分枝** 表33

学年		K	P1	P2	P3	P4	P5	P6	P7	P8	S1	S2	S3
年齢		6-7	-8	-9	-10	-11	-12	-13	-14	-15	-14	-15	-16
男	%	0.0	1.8	0.0	1.8	3.9	0.9	3.1	0.0	2.0	1.0	4.7	2.0
女	%	0.0	1.0	0.0	2.6	2.7	5.4	4.5	1.8	3.6	0.9	6.6	1.5
合計	%	0.0	1.4	0.0	2.2	2.3	3.2	3.8	0.9	2.8	1.0	5.7	1.7
年齢			-8	-9	-10	-11	-12	-13	-14	-15	-16	-17	中等度発達遅滞（平均29歳）
軽度発達遅滞	%		0.0	0.0	0.0	0.0	0.9	1.5	0.8	0.0	0.0	0.0	3.6

初等学校8年卒の半熟練工（男女）			商店員	アフリカ人のミッションスクールの生徒（平均15.5歳）
年齢	15-16	17-19	+20	19-32
%	14.2	8.7	8.5	3.0	5.0

K：幼稚園　P：初等学校　S：第二学校

　表によると，本物の逆向きの分枝は，基本的には，9歳[#]より前にはみられない。思春期のアンビヴァレンスがある時期には，その指標は一時的にやや多く生じる。子どもの逆向きの分枝は倒置とみなされる。卒業した労働者ではそれ以外の階層よりも多く逆向きの分枝が見られるが，それはまず第一に，おそらくは，飽きるほど耐え抜いた学校時代が終わった直後に意識的な努力が低下し

た結果ではないかと思われる。

52. 線の十字交差（枝の十字交差）（Strichkreuzungen [Astkreuzungen]）

同一の平面上で考えられる十字交差だけが本来のものと考えられ、描き手が奥行きをほのめかしておのずとそれが十字交差となるような場合は本来のものとは考えない。個々の枝が突然方向を変えたときに生じるような十字交差は、「左と右に流れること」の項で述べる所見が当てはまる。しばしば奇妙な鍵をかけたような形の枝も、条件付で十字交差と受け取ることができる。しかしそのような場合は稀である。十字交差は、単に反対方向に引かれることが混在することによっても生じることもあるが、その場合はそこから解釈すべきである。根本においては、真の十字交差は、左に流れることと右に流れることとの対立の競演であり、それの意味では極めて重要なアンビヴァレンスの指標である。

アンビヴァレンス	未決定
自己矛盾	錯綜するほどに問題のある
情動性と自己制御との間の格闘	反論〔矛盾〕
判断能力のあること（選択の意味で前倒しと猶予）	内的分裂状態
批判能力があること	非統一性
よく考え、検討して判断すること	両面を睨む〔／欲しがる〕
遮断、制止、麻痺	思考と感情における曖昧さ区別する才能の欠如

右側の枝が手前になって左側へ引かれること：男性の領域の拒絶、女性的なもの、母親的なものへ向くこと
左側の枝が手前になって右側へ引かれること：母親的なもの、女性的な領域から方向転換して男性的なものへと向かうこと

53. 右側の強調，左側の強調，左右均等（Rechtsbetonung, Linksbetonung, Gleichgewicht）

樹冠の左半分と右半分の比率は1対1.13、つまり、右側の方が左側よりも1.13倍広く、さらに、全年齢を通してほぼ同じである。それゆえ、この標準を超えたときに初めて右側が強調されているといえるが、それでも、それとともに、右側強調全般に現れてくるのは、西洋文化圏に典型的な一つの傾向であり、そ

れは文字が右向きに描かれるのと同じであって，反対向きに文字が書かれるセム族とは対照的である。左／右の強調には，同時に，影の局在化，豊かにあるいは痩せた形に形作ること，瘤などが垣間見られ，鑑別診断に有用な指摘を与えることもできるが，もちろん必然性はなく，そうするなら，あまりにも図式的な態度である。

　樹冠の下の幹の中心から引かれた垂直線から測定した右への幅は，前へのゆっくりとした歩み，前へ出る（Vordrängen）〔衝動的に前へ出る，でしゃばる，目立とうとする〕，自分から立ち去ること，逃避などとして理解される。右側へ行こうとすればするほど，左側の強調は弱くなり，この移動によって平衡が失われていく。その結果中心が失われるだけでなく，想定される平衡と比較すると左側には空白の空間（Leerraum）が生じ，それとともにその真空を通して，欠如の表現が生じている。左側の強調でも似たようなことが起こる。右側が強調された多くのバウムは，豊かな胸を持つ人あるいはこれ見よがしに前に突き出したおなかを持つ人のように見える。前へ出る（Vordrängen）〔前への衝動的な歩み〕ということについては，積極性としての体験の衝動や自己顕示欲の状態にあり，外向性が現実としての願いである。自分から立ち去り，それゆえに我を忘れ，主題（すなわち幹）に留まることはなく，もはや集中して取り組むことができない。中心を失った者は，あらゆる風に曝されて容易に感化されやすく，ついには怒りにとらわれて，その中で衰弱して，自分自身から逃げることになる。

　左側の強調はそれ自体，内側へと通じ，誇張されるときには，描き手が自分自身のほとんど背後に立っているということかもしれない。少なくとも，顔を背け逸らしている。内向性の傾向から，顔を背けること（Abwendung），自画自賛〔／自分を鏡に映すこと〕までの道のりはわずかである。それ以外にもシンボルのようなものが，内部で動いていることもある。あるハンガリーからの亡命者が，樹冠の右半分を全く描かなかった。彼の右足は切断されており，彼の「右手」，すなわち彼の妻と子どもは後に残してこなければならなかった。離婚に際して，右側が空白の空間として描かれるのを一度ならず見るにつけ，それ〔右側の空白〕は抑圧（Verdrängung）〔押しのけ〕，回避（Abwendung），抹消のように見える——実際，全くの幻である。というのも，あなたというものは，幽霊のように何もない空間にあまりにもはっきりと現れるからである。

第5章　指標の理解　221

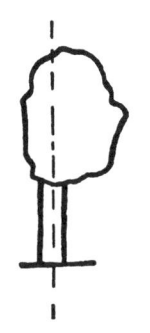

右の強調

体験への衝動	瞬時であること〔はかなさ・軽率さ〕
自意識〔／自信〕	我を忘れる
効力への衝動	集中力の欠如
目立ちたがる	話題から逸れる
自分を広げること	自分自身からの逃避
自慢する	不安定さ〔不確実さ〕
傲慢に至るほどの思いあがり	自信の欠如
意味への欲求	感化されやすさ
虚栄心	自分が弱いこと
誇り	制止
臆することのない	不安
ファンタジーにおける外向性	落ち着きのなさ
半ばあるいは全くの夢見心地	
さまよい	

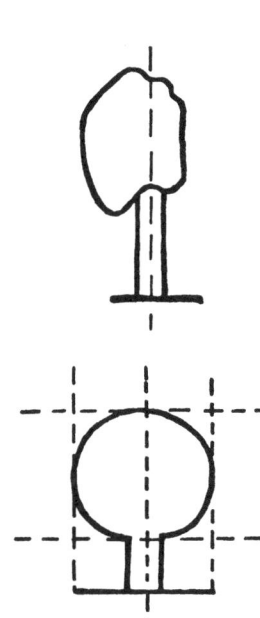

左の強調

内向性	控えめな態度
内面性	用心〔慎重さ〕
収集	くよくよ思い悩むこと
平穏〔瞑想〕	思案に耽る
静かな, 地に足の着いた性質	自画自賛〔自分を鏡に映すこと〕
自分に関連付けること	打ち解けない正確〔閉鎖性〕
拒否	夢想に耽ること
離背	押しのけ〔／抑圧〕

左右均衡

標準的な自己感情〔自尊心〕, 調和の取れていること
静寂, 成熟
「バランスの取れた」, 自分から逃れない
記念碑のような, 自己描写, ポーズをとること
自分自身に心を奪われて現実に物怖じすること
「自分に夢中になっている〔／自分にほれ込んでいる〕」
遠望〔／先見の明〕の欠如
(誤った理由のない) 想像〔妄想・うぬぼれ〕, 虚栄心, 自分を楽しむこと
心の静止状態, 固執する能力
アンビヴァレンス (緊張した表現の場合)

54. 左へ流れること，右へ流れること (Links- und Rechtsläufigkeit)

　右へ流れることが生じるのは，幹の先端もしくは大部分の枝が右へ湾曲を示している場合である。その逆のことが左へ流れることについてもいえる――いずれも幹が垂直の位置を取っている場合とする。一般には，解釈の際には，筆跡の筆相学からの転用が問題となる。左へ流れることと右へ流れることが同一の意味を持つような場合には，ある解釈が浮かんでくる。というのも，その際には，動きの動因は空間象徴に全く左右されない（で，それに固有な特徴が表現される）からである。それは風に激しく吹かれている木で，その枝は風の方向になびき，時に吹き飛ばされた葉が強い印象を示す。ここに，押し流される存在という解釈が生じ，あらかじめ「暴風」ではなく木が問題となっているという条件つきで，支えの脆さという解釈も生じる。――枝の吹き出す動きが，反対方向に流れる場合は，むしろ，不平ばかりをいう動き，あるいは遊び心のあるさまよいとも呼べるようなこともあり，反対のものに似た意味を構成する要素とはならない。アンビヴァレンスは，枝方向が十字に交差した場合にしばしばその姿を現し，孤立した漂泊する枝という原始的な手段を使うことはほとんどない。

　自発的に描かれた木炭画で，芸術の才能はあるが支えの薄い不安定な14歳の子どもが描いたもの。左側に，風に吹かれた木が見られるが，背景には反対方向に水平にたなびく煙が見える。ここでは，自己反駁が首尾一貫のなさという結果になっている。描き手は「風任せ」だけではなく，「天気任せ」(wetterwendisch)〔気まぐれな，すぐ意見を変える，お天気屋さん〕でもある。

右へ流れるのが優位な場合

共同体との結びつき	ポジティブな印象
献身，傾斜	生の方へ
自分自身から離れていく	意欲旺盛
忠実な〔依存している〕	感化されやすいこと
慈愛的性格	深化，集中
好意，善行	
適応	

風に吹かれているような場合
駆り立てられている，支えの弱い

左へ流れるのが優位な場合

内に向けられたもの	ナルシシズム
自分自身に捕われた	逸らすこと
自分に関連付ける	感じやすさ
夢見る	集中
瞑想する	収集
過去に関連付ける（場合によっては母との絆）	自立
自閉	自己保存衝動

55. 左への傾斜と右への傾斜（Die linksschräge und rechtsschräge Lage）

　厳密に言うなら，ここでの話題は，左もしくは右に傾斜した「幹の姿勢」についてである。ある程度までは，左や右へ流れることで述べたのと同じ解釈が当てはまる。幹の姿勢の垂直方向指向性は並外れて強く，その標準的な姿勢については議論の余地がないほど自然な姿勢なので，それから逸れ〔て斜位をと〕ることは，文字の場合と同じように非常に重要な意味を持つように思われる。それでも，一方で，次のような疑問が生じてくることもあるだろう。あまりに強い右や左の強調も行き過ぎたもの〔／病的なもの〕ではないのではないか。あるいは，少なくとも，自然の空間概念を併せ持っている人なら木が左へ傾くのはとても重要なことだと言うだろうが，だからといって，斜位について単純に言うのはよくないのではないかと。ここでは，投影と体験とが密接に絡み合っていて，方向の特性を用い〔て解釈す〕る際には慎重さが求められる。しかしながら，そのことはどんな場合でも当てはまる必要はないとか，右と左の意味は

事情によって取り替えられることができるだけだとか，言いたいのではない。

　左右の反転の問題については，既にフェター Vetter が指摘しているが，多くの専門家の説明は納得できるものではないように思われる。バウム画を繰り返すと，多くの指標がある時は右に，ある時は左に現れ，陰影付けの場所も容易に変わり，右への傾斜が左への傾斜になったりする，ということが，臨床家には再三再四，目につく。もっとも，それは，すべてを揺れの幅という観点から眺めさせることになる。事実，視点の不確定さは，たとえば思春期の年齢では，左右を自由に取り替えることにもなる。さらに，ミヒャエル・グリュンヴァルト Michael Grünwald は（私信によると），芸術作品における左右の取り違え〔／交換〕についても指摘している。グリュンヴァルト Grünwald の考えでは，多くの芸術家が，裏ガラス絵ではこれはふつうのことだが，前面を，裏側から見たかのようにして描いている。鋼版画，銅版画，木版画の練習も，その外観とは全く関係がない。左右反転したイメージが裏から眺められて，正しく見えるようにする。正確に言えば，鏡像的な描写が問題となる。レオナルド・ダ・ヴィンチの鏡文字が思い浮かぶ。さらに，文字を学ぶ段階，まだ自動的に文字がかける前の段階では，鏡文字が入り混じることもある。描画の中で，右利きの描き手に鏡像現象が時折生じたとしても，それほど不思議なことではない。この場合，神経症的な特徴から精神病質の特徴まで，同じように生じるかどうかは，仮にであっても断定を避けるのがよいが，一方で，確かに，脆弱な基本性格を見過ごすことはできない。

左への傾斜

保護の姿勢	押しのけ (Verdrängung)〔抑圧〕
回避〔／逸らすこと〕	感情を抑えつけること
防御〔／拒絶〕	過去への結びつき
慎重に測られた適応	反抗〔／意地〕
自己克服	安全〔／保全〕
仮面	時に，安楽〔／怠惰，便利，無精〕
情動的に物怖じした	ブレーキのかかったテンポ
強制させられること	

第 5 章 指標の理解　225

右への傾斜

無理やり引っ張っていく〔／魅了する〕	誘惑されること
献身できること〔／専心できること〕	犠牲を厭わないこと〔献身できること〕
集中	事物への愛
感動させられること	没頭できること
感化されること	いつでも助ける用意のあること〔親切〕
支えの弱さ，支えのなさ	適応への意志
無思慮〔／性急〕	

56. 杭，留め杭，幹の支柱，副え木をされた枝 (Pfahl, Pflock, Stütze am Stamm, gestützte Äste)

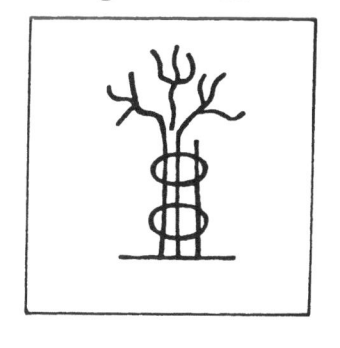

　象徴的には，ここで考えられている杭は，木の幹というべき杭やファルス（＝男根）的な意味を持つ杭とは何の関係もない。イチジクの木はファルス的な木である。太古の物神崇拝の名残として，インドヨーロッパ民族には，留め杭，幹，切り株，棒，板に対する宗教的な尊敬の念が見出される。ミュケナイ地方のギリシアにも，固有の樹木崇拝と並んで，そのような杭への尊敬が土着のものとしてあった。インドでは，それはいわゆる「犠牲の柱」（Opferpfosten）で，それについてはオルデンベルク Oldenberg が『ヴェーダの宗教』259 ページで，以下のように伝えている。「私はそれを樹木崇拝の部類に入れたのは，人々が獣を生贄に捧げる際，犠牲獣が結び付けられる木の杭に尊敬を捧げているときであった」。杭はその中に含まれている木を表象しており，それゆえ，神的な本質を表象している。おそらく，木の場合，傷つけられる生命への配慮が表現されるようになる。人は〔杭を〕打ちつけようと思う場所に，草の茎を置いてこう唱える。「草がそれ〔木〕を守ってくださいますように」と。そして斧に向かって，「それを傷つけませんように」と唱え，後に残された切り株には，犠牲のバターをかけてこう唱える。「森の主が，百本の枝を成長させたら，私たちは千本の枝

を成長させてみせます」。切り落とされた杭は，あとで軟膏を塗って，草で編んだ包帯を巻きつける。

　われわれには，杭の実際的な意味として，若い木の支えという意味がなじみである。幹は，強い杭でまっすぐに矯正されて，非常に長い間「導かれ」，支えられる。自分で立つことができるようになるまで，そして木をなぎ倒してしまうような風をものともしなくなるまで支えられる。枝も，果実という重たい荷物を支えるために，〔副え木の〕援助を受けて，枝が折れるのを防ぐ。自分の力だけでは支えられないものはすべて，副え木が当てられる。それゆえ，副え木をされた対象はある弱さ，不安定さを持っている。副え木をされたものは，危険に曝されたものである。

　表によると，木に副え木をしたいという欲求は，幼い子どもでは極めて少ない。まだ副え木を描くことができないのではないかという反論は，幼い年齢で梯子が描かれる頻度を考えると，当たらない。13歳以降と前思春期では，副え木と留め杭の頻度が増加し，おおむね男子の方が女子よりも多い。初等学校8年生（15歳）で，約14％と最大になる。

　軽度発達遅滞者では，実質的に副え木への欲求はほとんど感じられず，中等度発達遅滞者では皆無である。成人も副え木を描くのは極めて稀である。はっきりしているのは，副え木が成長年齢における不確定さと対応しているということである。描き手を支えがないものとみなすのは誤りであろう。支えのない者が欠けているものに感づくことはめったにない。描き手〔の気持ち〕に合わせ

指標：**留め杭や支柱**　　　　　　　　　　　　　　　　　　　　　　　　表34

学年		K	P1	P2	P3	P4	P5	P6	P7	P8	S1	S2	S3
年齢		6-7	-8	-9	-10	-11	-12	-13	-14	-15	-14	-15	-16
男	%	0.8	0.9	0.8	0.9	5.8	0.9	6.3	4.4	18.0	7.7	7.6	12.0
女	%	0.0	1.0	0.0	1.8	1.8	3.6	3.6	8.8	9.6	2.7	4.7	9.2
合計	%	0.4	1.0	0.4	1.4	3.8	2.6	5.0	6.6	13.8	5.2	6.2	10.6
年齢		-8	-9	-10	-11	-12	-13	-14	-15	-16	-17	中等度発達遅滞 (平均29歳)	
軽度発達遅滞	%	0.0	0.0	0.0	0.0	0.0	0.7	0.0	0.0	0.9	0.0	0.0	
初等学校8年卒の半熟練工（男女）								商店員		アフリカ人のミッションスクールの生徒（平均15.5歳）			
年齢		15-16		17-19		+20		19-32					
	%	1.3		0.5		0.9		0.0		0.0			

K：幼稚園　　P：初等学校　　S：第二学校

て言うなら、「支えを探している」という表現になるだろう。

安定への欲求　　指導〔ガイド〕が乏しいこと　　自信の欠如
不安定さ　　　　自立心の欠如　　　　　　　　　支えを捜し求め必要とすること

　この指標はときに、体の弱さと関連があることがあり、それゆえにトラウマとの関連を示す可能性もある。トラウマは妨害されたという感情を後に残すが、後には補償される。たいていは、若くて体の弱い者は、十分慎重な者がそうするように、そのようなトラウマ的な徴が自分に生じないようにして、自分の弱さとともに暮らしていく。
　留め杭は木における病気の呪縛と大いに関係がある。病気は木の中に楔で打ち込まれて、杭で固定される。

57. 切断された枝〔／鋸で挽かれた枝〕(Der abgesägte Ast)

　幼い子どもに枝の切断がほとんどみられないのに反して、枝先直は、全く同じイメージを呈するが、かなり広く生じることは既に言及した。真の切断枝との境界は、〔切断枝の方が〕低在する枝が刈り込まれ切断されているように描かれるところにある。──その指標を様々な所で思い浮かべられる。切断された枝のイメージは、それ自体、たくさんの可能性を示唆する。まず、人工的な干渉、四肢の切断が思い浮かぶ。それゆえに、バウムには既にそこにあった何かが欠けている。欠けているものもまた意味を持っている。しかしまた、先に在ったものは予感することができるだけで、欠けた外観には、在ったものの表現が欠けている。何か表現されていないものがあるのである。後に残されたものは、切り株、傷痕、痕跡、負傷である。同時に、それ自身の全体性への傾向がすべての有機体にあり、少なくとも切り株は、途中で遮られ可能性を奪われた発達の傾向と方向性とを示している。おそらく木も、切断された四肢に幻視痛、すなわち、以前はそこにあった幻の手足が痛む症状をもつ人間と同じように感じているだろう。現象学的には、枝の切断は「後退させられた枝」(zurückgesetzt)〔元に

戻す，後ろに下げる〕である。行き過ぎや誤った目標，あるいは正しい成長，そして誤解などを引っ込めて元に戻す。干渉は，教育を目的としてなされることもあり，できることをほどよく引き出してくれ，その価値は誰も否定しないだろうが，バウムが絶えずあちこち刈り込まれて，純粋に教育をしようとして障碍者にしてしまう場合は別である。あるいは枝は枯れて枯死し，自ら折れてしまったのだろうか。あるいは，暴風の猛威で折れることもある。それどころか幹が折れたり裂けたりもする。というわけで，過去のものが死ぬと，それはしおれた葉のように自然に落ちる。エルンスト・ヴィードリッヒ Ernst Widrig が最初に，思春期に入った者の描画にこの現象が見られることを指摘した。2度目の出生〔思春期のこと〕は枯死あるいはその年齢での挫折（Bruch）として生じ，それによって本来の再生，自分自身を形作る命が生じ得る。それゆえ，枝が折れる（Astbruch）こと，それどころか，おそらく幹が折れることも，内的な変化の象徴となり，もはや，未完のもの，後退させられたもの，夢想的なものと同じではない。象徴は描き手の発達段階と年齢に応じてその意味を変える。それは診断学の助けになると同時に，困難なものにさせている。心の中には，実際に変化しないものなど一つもない。

標準児童では，切断された枝は，9歳から顕著になり始める指標で，ほぼ例外なく女子よりも男子の方に多く見られる。確かに男子の方が女子よりも傷つきやすく，これはここでも変わらない。思春期にはある程度の上昇が見られるが，既に10歳と12歳の間に同じような上昇を見ることができる。軽度発達遅

指標：切断された枝，折れた枝，折れた幹												表35
学年		K	P1	P2	P3	P4	P5	P6	P7	P8	S1	S2	S3
年齢		6-7	-8	-9	-10	-11	-12	-13	-14	-15	-14	-15	-16
男	%	2.4	3.5	7.3	16.6	23.4	17.3	7.1	20.0	16.0	3.8	17.0	20.5
女	%	1.0	0.0	2.9	3.5	13.8	9.0	0.0	8.0	12.0	10.7	13.4	9.2
合計	%	1.7	1.7	5.1	10.0	18.6	13.2	3.6	14.0	14.0	7.2	15.2	14.8
年齢		-8	-9	-10	-11	-12	-13	-14	-15	-16	-17	中等度発達遅滞 (平均29歳)	
軽度発達遅滞	%	0.0	0.0	0.0	0.0	1.8	3.0	6.6	2.5	1.7	2.5	0.0	
初等学校8年卒の半熟練工（男女）							商店員	アフリカ人のミッションスクールの生徒（平均15.5歳）				
年齢		15-16		17-19		+20		19-32					
	%	12.3		10.8		3.5		12.0		0.0			

K：幼稚園　　P：初等学校　　S：第二学校

滞者ではさらに感度が低くなる。その割合は全く微々たるものである。分化した才能を持つ人々は，秀でているがゆえに傷つきやすさも高い値を示している。成人の頻度は，平均約10％の線上にとどまる。「標準的な人」，その中でもとりわけ男性に，分割〔切断もしくは折ること〕の能力があるように思われる。

阻害された傾向を示す

自己創造の傾向	活動の欲求	にもかかわらずという-態度 (Trotzdem-Einstellung)
表現の喜び	影響力の欲求	生の意欲
何かを企てたいという意欲		

欠けたものを示す

自信の欠如	後に遅れたと感じること	トラウマ：疾患，障碍，葛藤，失望，失敗，運命の打撃による
自尊心の欠如	理解されていないと感じること	未完のもの，未完成のもの
効果の可能性の欠如	妨害されたという感情	
劣等感		

表現されていないもの

打ち解けない性格〔内向的〕	阻害	切り揃えられた
感情を抑えること	控えめな態度	刈り込まれた
せき止め	教育	

変化の象徴として

| 思春期に | | 人生の重要な時期や成熟期に |

58. 三次元（正面〔に突き出た〕枝）(Dritte Dimension [Frontaläste])

前に出てくる枝は，バウムが体のようなものとして捉えられていることを暗に示す。平面から三次元への跳躍は必ずしもしばしば起こるわけではなく，この描写がたいていは若干の能力を必要とするものであるだけになおさらである。中等度発達遅滞者が正面へ突き出す枝を描いても，その描写が可能となることは極めて稀であり，枝の付け根が単に幹の真ん中にあって外に伸びている場合，本当に三次元のことを考えているのだろうか，と問うてよい。というのも，中等度発達遅滞者は，枝の始まりを太く描くということを忘れているから

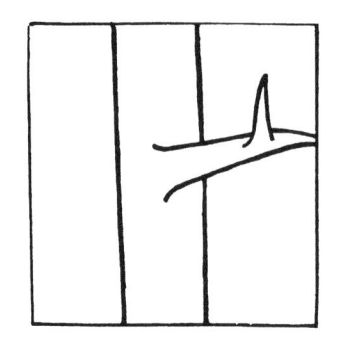

である。

　たいていの人が単に二次元で描写する傾向がどれほど強いかについては，通常，十分イメージされることはほとんどない。これが非常にわかりやすい形で示されるのが，針金を曲げる試みをするときで，1本の針金を好きな形に曲げてもらうように頼む。すると，被験者の中で二次元の描写から出てあえて三次元へと出て行く割合は微々たるものにすぎない。あえて飛び出していくためには，まさしく勇気か無頓着のどちらかが必要なように思われる。いずれにせよ跳躍には既存の秩序から離れることがつきまとい，それ以外の自明な指標に期待される場合よりも，慣習からは大きく逸れる。それで，この指標が語りかけるのは，オリジナリティ，ポジティブな意味での才能，ある種の臆するところのなさなどだが，後者はネガティブな面では容易に生意気へと変貌する。勇気と生意気とはいずれも，普通のものから離れるという印象を与える。

　この表で奇妙なのは，女子よりも男子の方でその指標が優位であり，標準児童では初等学校5年生と6年生で頻度の上昇が見られるのに対して，その後はいくぶん頻度が下がることである。これを理解するためには，5年生と6年生のクラスにはギムナジウム〔基礎学校〕の生徒と実科学校の生徒とが含まれてい

指標：三次元　　　　　　　　　　　　　　　　　　　　　　　　　　　　表36

学年		K	P1	P2	P3	P4	P5	P6	P7	P8	S1	S2	S3
年齢		6-7	-8	-9	-10	-11	-12	-13	-14	-15	-14	-15	-16
男	%	0.0	0.0	0.0	3.7	7.8	9.6	14.2	6.6	3.8	1.9	7.6	6.9
女	%	0.0	0.0	1.9	0.0	4.6	5.4	0.9	2.6	3.6	5.4	2.8	2.3
合計	%	0.0	0.0	1.0	1.9	6.2	7.5	7.5	4.6	3.7	3.6	5.2	4.6
年齢		-8	-9	-10	-11	-12	-13	-14	-15	-16	-17	中等度発達遅滞	
												(平均29歳)	
軽度発達遅滞	%	0.0	0.0	2.5	0.0	0.0	0.7	1.7	0.0	1.7	0.0	3.6	

初等学校8年卒の半熟練工（男女）			商店員	アフリカ人のミッションスクールの生徒（平均15.5歳）
年齢	15-16	17-19	+20	19-32
%	—	—	—	7.5	5.0

K：幼稚園　　P：初等学校　　S：第二学校

るし，さらに第二学校でもごく一部しかいないような才能のある者も含まれている，ということが手がかりとなる。このことは，三次元の指標が実際に何らかの才能と関係があることを意味しているのかもしれない。〔三次元を示す〕商店員の割合は，第二学校の生徒よりも高いところを推移していて，再び，この中のごく一部の選抜集団を表している。半熟練工ではこの指標はカウントされていない。

才能	無頓着	適応が難しい
生産的な才能	臆することのない態度	外交的手腕のない
独自の理念	自立	反抗的であること
創意に富む	作業能力のあるインテリ	自分の意思を通す〔／わがまま〕
オリジナリティ	自立した思考	強情
並外れたことをする勇気	心の積載能力	慣習を否定する
気後れしない態度	臆することのない	生意気
慣習から出ていく	規律のない	尊大
たくさんやれる自信がある		自由快活な
大きな自信		

59. 正面の枝の切断面（目）（Frontaler Astschnitt [Auge]）

三次元と似たような意味もあるが，阻害されたとか後退させられた結果生じることもある。

60. 空白の空間（Leerräume）

バウムの理想像としてはおそらく，形に，特に樹冠の形に，ある程度の調和と完全性が求められる。内側への凹み，省略，凹み（Kelbe）〔刻み目〕，平坦化，隙間などは，形の均斉を崩し，部分的にありそうにない比率を生じさせる。不均斉それ自体は撹乱するものと感じられるが，それ以上に，欠けたものとして感じられる。考えられる完全な空間と比較して，空白の空間が，空虚が，心理学的には心の空虚な部分が，生じる。全体よりも足りない部分，「劣っている」部分は，最もわかりやすい，これまでの観察によって正しいことが確認されている一般的な意味へと通じる。それは劣等感である。欠如の感情，何かが欠けているという感情，ある方向を断念するという

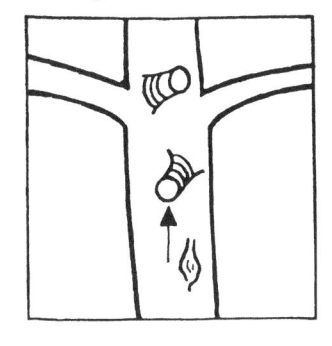

232

　　　空白の空間　　　　　　　　　　　　　　白い染み

　感情がはっきりしていても，その背後にある動機との関連で，描画から特定できないのは当然である。
　樹冠に時折，強い凹みが見られることがあり，ほどほどに似ている本来のものではない形と取り違えることがある。空白の空間は葉叢冠（はむら）の中の白い染みとして生じることもある。これはおそらくある程度しか欠如を意味しない。灯りを消して，別の部分だけ強く光らせるために，ある部分を「適切な光の下に」置き，光と影の共演が巧みな表現に取り入れられる。それは開放と閉鎖の共演，表出と見通しのきかないこととの共演でもあり，それゆえ，性格学的にも慎重に解釈すべきである。
　平坦化した樹冠は，葉叢冠（はむら）としてだけでなく枝樹冠としても平坦化され，その点ではたいてい二重の意味を持つが，というのも一方では上部に空白の空間を生じさせ，同時に枝は水平に押しつぶされているので退行を示し，それはかなり強い印象を与える。平坦化は圧力に屈することとしても理解され，下へ押さえつけられるか単に押さえられ，荷重を受けてそれ自身倒壊するか，平坦に押しつぶされるかのようである。

61. 平坦化した樹冠，平板化した樹冠（Krone abgeflacht, abgeplattet）（123から127ページの例を参照）

　図25は催眠状態で描かれたものである。暗示の内容は次の通りである。「あなたは内向的で，阻害されたと感じ，劣等感を持っています」。その効果には目を引くものがある。樹冠は下に押しつぶされ，水平方向の枝が，退行の徴として生じている。劣等感は，その性質上，明らかな欠如の感情としてだけではなく，原初の状態への退行をともなっている。ここではそれは，暗く塗ること，まっすぐな根元，とりわけ枝の水平な配置に示されている。もっとも，催眠状

図 25
暗示：「あなたは内向的で，阻害されたと感じ，劣等感を持っています」。
被験者はゆっくりと，典型的な阻害やためらいを示しながら，中断しては何度も吟味して描いた。「あなたはとても阻害されています。非常に強い劣等感を持っています」という暗示の後で，被験者はバウムに強く陰影をつけた。

態では，十分に健康な被験者が人工的に加えられた低い評価を通して，2番目の，上に重ねられた劣等感で反応しているという点は顧慮すべきである。というのも，被験者は本来の劣等感を持っている上に，さらに暗示によって劣等性を感じるからである。だからといって，そこで示される図像表現はにせものではなく，むしろより純粋で明確なものである。その調査の間，被験者はゆっくりと，阻害やためらいを示しながら描き，何度も中断しては吟味していた。劣等感の表現は，その態度全体に見ることができる。

圧力を感じる	活動性の低下
圧力の下に置かれる	抵抗できない
圧迫された	「教育された」あるいはむしろ「覆われた」
従順な，従順であると感じている	諦める
場合によって，無理強いされた〔／自由意志によらない〕	「絶望した」
従順さ	劣等感
強制（Zwang）〔／強迫〕に曝された	妨害された感じ〔／侵害された感じ〕
自由でない，打ち解けない〔閉じ込められた〕	後退させられたと感じる
独立していない	阻害された自己顕示欲
生まれでていない（nicht ausgezeugt）	阻害されている状態〔／内気・人見知り〕
発展が阻まれた	

62. 洗練（豊かで細かな枝分かれ）（Verfeinerungen [reiche, feine Verästelungen]）

樹冠の外面の分化は，細かな枝分かれのイメージで示される。しばしば，驚

くほどの繊細さが〔魔法によって〕生み出されるかのようで，とはいえ，時には樹冠の核の周りに濃密な網がかけられるかのようで，開くというよりもむしろ覆い隠しているように思われることもある。「木を見て森を見ず」ということわざは，ここでは，繊細に枝分かれした樹冠にも転用できる。

他方，洗練の中にあるのは，高度な繊細さの表現，細かな神経のアンテナシステムの表現で，それは繊細な感受性はほとんど媒介性（Medialität）まで増していて，その過敏なタイプに相応しいが，利口ぶった振舞い〔文字通りには「ノミの咳払いを聞く」〕とも言える。

高い感受性
神経過敏
媒介性まで増した繊細な感受性
すぐに感動しやすいこと
神経が繊細であること
軽い〔／手軽な，軽快な，弱い〕理解力
高い反応性
偏見のなさ〔心の広い，関心を示す〕
敏感な感覚の犠牲となる危険
タイプ：「利口ぶる」〔ノミの咳払いを聞く〕

網の目状になった分枝の場合

打ち解けないこと〔閉鎖性〕	複雑さの中に立ち往生している
「木を見て森を見ず」	本題に入らない
見通しが利かないほど生い茂っていること	

枝の外側が尖っている場合

批判的	攻撃的
敏感〔傷つきやすい〕	尖った〔鋭い，とげのある〕

外側が箒の形の場合

たいてい，教育が難しい場合

63. 変質した形（Degenerierte Formen）

（いびつな，ほつれた，クラゲのようにぶよぶよした輪郭，時に，ひれのついた手のような枝）（141 ページの「変質」の節を参照）

64. 主枝から分枝への移行（均衡をとることと分化）（Übergang vom Ast zum Zweig［Proportionierung und Differenzierung］）

細い幹から太い枝が出ると，粗い印象を与え，自然の均衡が失われる。粗野な二線枝から離れて描かれる一線の分枝は，より分化していない描き手に特有で，粗野な二線枝と細かな分枝の間にある自然に語りかける段階に落差があるように思われる。

65. とげの形，短刀の形（Dornen- und Dolchformen）

時折，枝にはとげが置かれたり，枝先が短刀のように尖ることがある。攻撃性，それもしばしば自分自身に対する攻撃性が優勢であり，防御的な振舞い，傷つきやすさから敵意までいずれにせよ鋭さも優勢である。短刀の表現は，サディズムに見られた。トゥルネル Thurner はとげのあるバウムを殺人者や自殺者に見出した。

66. 本来の形ではない形（Uneigentliche Formen）

思春期の年齢では，ときおり，具体的な〔木の〕形とは関係なく描かれたに違いないと思われるような描画が見られる。それらは確かにオリジナルで表現的だが，そこで何が表現されているのか言うことはできない。描き手自身もできない。その中には，明らかにマンダラの性質を持つものもある。困った状況を解決しようとすること以上のことが現れているように思われる。バウムの樹冠はしばしば，一部は様式化の試みを思わせるような，また一部は困った状況の解決とみえるような，奇妙な形をしていて，というのも，描き手はまだ自分の形を見出していないから，あるいは，一度見出してもそれを否定しようとして覆い隠すマスクのようなものが産み出されるからである。本来的ではないもの，自分ではまだ見出していないもの，単に困った状況から，マスクや置き換えまでは大きな一歩であるが，両方で使われるのは同じ形である。樹冠はしばしば，クローバーの形，ハートの形などをとる。

本来のものではないもの	ものおじした〔先入観にとらわれている〕	マスク〔覆い〕
自分自身まだ見つけていないもの	おどおどした〔内気な〕	（不誠実な）
困った状況	不透明な〔よくわからない〕	（不正直な〔偽りの〕）
心的にどう振舞ったらよいかわからない	内向的な〔打ち解けない〕	（置き換えられた）

67. 交替指標 (Wechselmerkmale)

「交替指標という場合，指標の確定性が交替するものと理解される」（ローベルト・ハイス Robert Heiß）。

同一のバウムの絵の中での指標の交替は，それほどよく見られる現象ではない。「主題の交替」という見出しの下に，付録の一覧表の中でその数値が示されている。標準児童と軽度発達遅滞者では，その割合が1から2％を超えることはなく，ミッションスクールの生徒では36％となっている。われわれの資料では，描き手はまさに首尾一貫していて，少なくとも，幼い子どもで見られたほかの描画主題よりはかなり首尾一貫していた。軽度発達遅滞者は時折，描画様式を突然変えることがあったが，それでもそのようなことは稀である。二線枝の樹冠に一線枝が混じっているのはよくみられるが，あまり目立たない〔指標の〕変化として，加算されない。形と手法とが脈絡なく混じっているものだけを，筆相学で言う「書字の多重の筆致」（plusieurs trains d'écritures）というフランス語の意味で，指標の変化とみなしたくなる。いろいろな指標が相互に入り混じり，あるいは並列することは，それ自体，バウムの絵に自然なことであり，互いに重なり合った円のように，いろいろな形の重なりや部分的な重なりを可能にする。

変化しやすい〔不安定な〕	楽観主義	不定であること〔漠然としていること〕
生き生きとしていること	趣向変え〔／気晴らし〕の才能	実験への欲求
妨げ得ること	多面的な適応の用意	遊んでばかりいること〔／戯れ〕
いらだたせること	多面性	自分自身を見出していないこと
逸らし得ること	一義性の欠如	当惑した生き方

感化されやすいこと　　　　（誠実さ〔／正直〕の欠如）　　異国の生き方への同一化
気分の変動　　　　　　　　本来のものではないこと
考えを変えること〔／思想的
転向〕

68. 配置（Die Anordnung）

　図画空間における位置を判断することは，教示の際に特別な制限が一切なされなければ，そのつど，適切になされねばならない。先に扱った指標の中から，少なくとも明白なことは，幼い子どもが好んで用紙の下縁からバウムを描き，それゆえ〔バウムを〕低い所に置くのと同じように，多くの若者にはかなり早くからちょうど反対の傾向も見られ，つまり，バウムを大きく高く描くので，紙面が足りず，用紙の上縁からはみ出るように描く。

　表によると，その頻度は10歳までは増大し，その後低いところにまた落ち込む。この描き手のことを紙面の外への逃亡者とみなすことが出来る。与えられた世界とはうまくいかず，「羽目を外す」が，それは既定の制約を踏み越える思慮のなさが必要とされる時期（トゥルネル Thurner）のことである。自分を拡大しようという衝動が過度に高まったこの状態を，トゥルネルは，最も普遍的な意味の可能性と呼んでいる。目標があまりに高く置かれ，しばしば自分の外に出て，願望の世界が強調され，限界の感覚とか距離の感覚があまりに育っていないこともよくある。男子におけるこの指標の強調は，大きなファンタジー

指標：上縁はみ出し　　　　　　　　　　　　　　　　　　　　　　　　　　表37

学年		K	P1	P2	P3	P4	P5	P6	P7	P8	S1	S2	S3
年齢		6-7	-8	-9	-10	-11	-12	-13	-14	-15	-14	-15	-16
男	%	4.0	4.5	11.2	27.0	21.4	13.4	14.7†	13.1	5.0	4.8	9.5	2.0
女	%	0.0	1.1	12.7	17.6	3.7	10.7	3.6	5.3	4.8	7.3	1.9	4.6
合計	%	2.0	3.1	12.0	22.3	12.9	12.0	9.1†	9.2	4.9	6.0	5.7	3.3
年齢			-8	-9	-10	-11	-12	-13	-14	-15	-16	-17	中等度発達遅滞（平均29歳）
軽度発達遅滞	%		0.0	4.0	3.8	1.5	0.0	2.2	3.3	0.0	2.6	0.0	0.0
初等学校8年卒の半熟練工（男女）									商店員		アフリカ人のミッションスクールの生徒（平均15.5歳）		
年齢			15-16		17-19		+20		19-32				
	%		0.0		1.4		0.0		1.5		0.0		

K：幼稚園　　P：初等学校　　S：第二学校

衝動と強い活動への衝動を示す。しばしば，人は天に育つ木のことを思うが，それが指しているのは，またしても，ほかならぬ拡大衝動の過度の高まりである。

右側，左側，あるいは四隅のうちの一つ（ニオイアラセイトウ[1]）などのバウムの位置については，筆相学的な観点から解釈することが可能である（36ページの空間図式参照）。

当然のことながら，その濃密度，充満度，内容の豊富さによって，さらに，それを乏しいとみるか痩せているとみるか，みすぼらしいとみるか単純化されているとみるかなどで，バウムは評価される。筆相学的なカテゴリーも，多かれ少なかれ，当てはまる。診断をするものにとっては，一つの体系と並行して，先入観にとらわれない視線を保つのがよく，そのような視線こそ，あまりに広くみられる解剖〔的な細部を分析していくような見方〕よりも，外観の全体を正当に評価する。もっとも，そのような解剖的な見方なしには，学問的な研究は必ずしも先に進まないのであるが。

69. 風景（Landschaft）

木は常に風景の中に立っていて，風景と一緒に全体を形作る。風景のない木は，ほとんど一つの抽象といってよい。バウムを描いてもらう際には，風景を描くように言われることはないが，それが禁じられているわけではない。いずれにせよ，〔「果物の木を描いてください」という〕教示形式のために，多くの人が風景を描くのを思いとどまるが，中にはこの境界をためらいなく踏み越えて，山，丘，太陽などを描き込む人もいる。太陽は，幼児の場合，たいていは人間の顔として描かれる（人間の形にすること[2]）。さらに，そこに，雲とか木の陰，低木，芝，花，生垣，地面などが描かれる。小さい子どもは，しばしば，年長のものよりも，それ自体は静的な木にいろいろと描き込んで活力を与える。描きこまれるのは，何かをしている人間とか，頻度は少ないが動物など，ただし木の周りを飛び回っている鳥は別〔で，よく描かれるの〕だが，そういったものが描き込まれると，動的な体験要素を含むことになるし，雨や吹雪が描写された場合にもそれらの要素が役割を演じていることは疑いない。にもかかわらず，

---

1) 壁の花，ダンスの相手がいなくて壁際に立つ女性。
2) anthropomorphisiert.

子どもに尋ねずに，純粋に静的な特徴と動的なそれとを区別することは難しい。さらに，質問することによって，子どもに，もともとは全く考えもしていなかったようなことが後から顔を出すというようなことも起こる。

描かれた風景の大きさは，極めて多様である。厳密にいえば，地面線，一つ一つの草の束のようなものもそれぞれ，純粋な木ではなく，既に風景である。それでも，この単にほのめかされるだけの風景は，しばしば描かれる広大な風景や，単に「多くの風景」と呼ばれるものとは異なる。

統計的な記述は，見たところ相対的に当を得ていると判断される。というのも，折に触れて，時間の不足のために風景を付け加えられない，ということが

指標：多くの風景　　　　　　　　　　　　　　　　　　　　　　　　　　　　表38

学年		K	P1	P2	P3	P4	P5	P6	P7	P8	S1	S2	S3
年齢		6-7	-8	-9	-10	-11	-12	-13	-14	-15	-14	-15	-16
男	%	26.2	43.4	19.8	9.2	5.8	19.2	0.0	4.4	11.0	9.6	3.8	10.4
女	%	23.5	25.1	18.4	17.6	8.3	11.6	0.9	2.6	8.4	1.8	1.0	0.8
合計	%	24.8	34.2	19.1	13.4	7.1	15.4	0.5	3.5	9.7	5.7	2.4	5.6
年齢		-8	-9	-10	-11	-12	-13	-14	-15	-16	-17	中等度発達遅滞（平均29歳）	
軽度発達遅滞	%	10.0	10.8	15.2	7.6	9.0	5.2	0.0	4.8	5.2	9.8	7.2	

初等学校8年卒の半熟練工（男女）					商店員	アフリカ人のミッションスクールの生徒（平均15.5歳）	
年齢		15-16	17-19	+20	19-32		
	%	—	—	—	9.0	15.0	

K：幼稚園　　P：初等学校　　S：第二学校

指標：ほのめかされるだけの風景　　　　　　　　　　　　　　　　　　　　表39

学年		K	P1	P2	P3	P4	P5	P6	P7	P8	S1	S2	S3
年齢		6-7	-8	-9	-10	-11	-12	-13	-14	-15	-14	-15	-16
男	%	20.6	21.3	14.3	28.6	50.0	31.8	64.0	64.0	53.0	63.0	46.0	46.0
女	%	36.5	32.0	26.2	33.5	43.5	38.0	60.0	50.0	81.0	43.1	42.0	43.0
合計	%	28.6	26.7	20.2	31.0	46.7	35.0	62.0	57.0	67.0	53.0	44.0	44.5
年齢		-8	-9	-10	-11	-12	-13	-14	-15	-16	-17	中等度発達遅滞（平均29歳）	
軽度発達遅滞	%	4.3	12.2	16.4	12.2	9.8	21.5	12.4	17.0	27.5	22.0	37.5	

初等学校8年卒の半熟練工（男女）					商店員	アフリカ人のミッションスクールの生徒（平均15.5歳）	
年齢		15-16	17-19	+20	19-32		
	%	41.5	30.3	44.0	52.0	0.0	

K：幼稚園　　P：初等学校　　S：第二学校

起こらないようにしているからである。にもかかわらず，その記述は症状論的にも見ることができる。それは外的な条件によって課せられる制約はどこでも同じだったからである。風景は，それについての本来の主題が背景に押しやられて自我肥大（インフレーション）のごときものが入ってこれるほどの広さを持つ。そのような絵を精神疾患の患者に見出してきたが，彼らはおそらく木を単独で描くこともできるのに，そのような〔風景が描き込まれた〕絵を描く。

単にほのめかされるだけの風景は，「多くの風景」（「大きな風景」とも呼ばれる）という指標とは，その頻度から見ると完全に別の動きを示す。「大きな風景」の場合は，7歳から8歳で最大値になり，その後13歳まで減少して最小値となるのを繰り返し目にするが，ほのめかされるだけの風景の場合は，ちょうどその正反対になっている。その頻度は，決して稀なものではなくて，年齢の増加とともに増える。興味深いことに，〔初等学校〕7年生から8年生の生徒では，第二学校の生徒よりも多く増加している。それについては次のような理由が考えられる。ほのめかされるだけの風景は，一方では，世界像の細分化を描写するものであり，それゆえにより大きな分化を前提とする。が，また一方では，前思春期から思春期に入るにつれ，それに応じた退行が勢いを盛り返すのを考慮に入れるべきであり，それ〔退行の盛り返し〕が〔描き手に〕いくぶん広い記述をさせるが，大きな風景の非常に目立つイメージのところまで戻ろうとはしない。標準児童は7年間の内に28％から67％まで上昇する。その事実から暗示されることがより明確になるのが，軽度発達遅滞者の場合で，4.3％から27.5％まで来るのだが，そのために，分化という点では，標準児童より後に取り残されていて，最大値のところで大体とどまっているとはいえ，その値は標準児童の最小値とほぼ等しい。心的精神的な分化は，それゆえ，著しい差異が見られる。第二学校の生徒が初等学校7年生と8年生の生徒よりもいくぶん穏やかに反応しているのは，第二学校の生徒の批判的といえるような考え方に，おそらくその理由があるだろう。彼らの方が，確かに，ファンタジーと現実とをより適切に区別するからである。

中等度発達遅滞者の水準については，今しがた述べたことが当てはまらないことは明らかである。というのも，彼らの場合，37.5％がほのめかされる風景を描いているが，それらは「分化したもの」では全くないからである。ここではむしろ，その原始的な状態を，それにふさわしい大きな風景に描く〔仕上げ

る〕ことに成功していないのではないか，その結果，ほのめかされるだけの風景は，単に，多くのものを持ち出すことができないと解釈できるのではないか，と問わねばならない。もちろん，あえて異論を唱え，それ〔37.5%という高い数値〕に留まる代わりに，その不愉快な数字を解釈し直す者もでてこよう。しかし，朝日と夕日は，地平線からの距離がたとえ測って同じだとしても，それぞれの位置が同一の意味を持たないように，まさに状況によって，ある描画における一つの指標を，中等度発達遅滞者と標準児童とで，それぞれ異なる出発点から適切に解釈することができる。

　卒業生と成人とは，第二学校の生徒の高さにとどまる。すなわち，半熟練工は，学生時代にふさわしいと思われる数値よりもむしろ少ない割合を示し，一方，商店員はむしろいくぶん高い値となっているが，その差は必ずしも大きなものではなく，あまり重要な意義は認められない。というのも，その頻度は，多くの外的な要因によって影響を受けるからで，また同じく時間の経過でも変化を受けるからである。

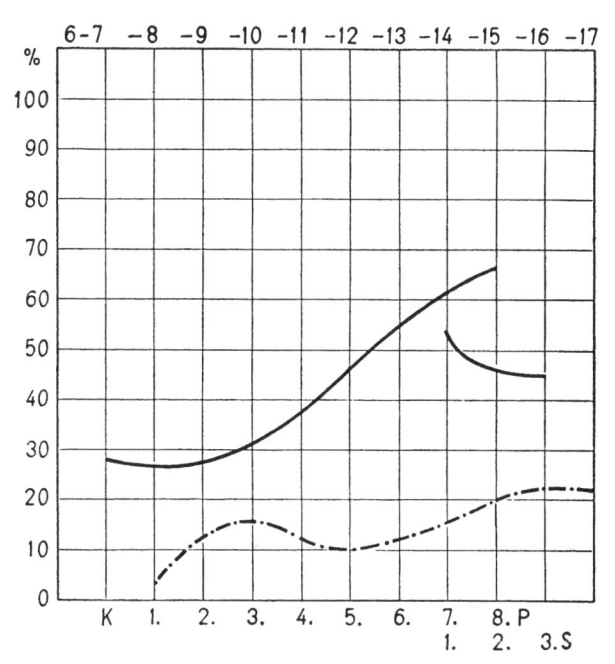

図39a　ほのめかされるだけの風景

「多くの風景」は一つの指標であり，幼児では，ほのめかされるだけの風景とおよそ同じ頻度を示す。義務教育の前にはおよそ25%になり，1年生では34%と最大値に達する。そして既に6年生ではほとんど見られなくなるが，その後まもなく，再び平均6%まで増加する。ところどころで，男子の方が女子よりも多くの風景を描くが，第二学校でもそうである。軽度発達遅滞者は標準児童と同じように少ない頻度だが，その最大値に達するのは，例のごとく遅れる。最小値になるのは〔標準児童と〕同じように6年生で，その後17歳の9.7%まで上昇する。この値は商店員と同じ水準である。中等度発達遅滞者はそれよりも下の値にとどまる。

それゆえに，標準児童と軽度発達遅滞者には次のことが当てはまる。

ほのめかされる風景は，心的-精神的な分化の一つのものさしであり，思春期の年齢では退行的な色合いを含む。

「多くの風景」は早期型と呼べるものだが，後の年齢ではむしろ，退行的な意義を持つ。

大きな風景（「多くの風景」）の意義は，統計から言えることはあまり多くない。描かれた風景は描写したもの（Schilderung）であり，絵に描いたもの（Malen）である。境界は本来は無く，実際の画家が，その課題に若干の敬意を示し，ある風景を描く理由には根拠がある。どこから始めてどこで終わったのかわからない。不確定性は明らかで，漂うこと，境界が無いこと，輪郭の無いことも明らかである。同時に，すべてが幅と奥行きの広さの中に入り込んでさまよい（schweifend），しばしば非常に詳しくなる（weitschweifig）。印象派の絵画では，際立つ領域が，指標の特徴となり，実際すべてが不鮮明で，昼と夜の間，明暗の間，境界と無境界の間に置かれる。空想への衝動と幻想とが狂想を奏でる。現実は夢の世界に沈み，現実世界というよりは願望世界であるような，一つの世界の中に耽る。そして，ブリューゲル Breughel が『失楽園』に描いたようなイメージが浮かんでくる。描き手は〔外からの〕印象になされるがままで，不活発で，脆く，現実世界の向こう側で，その心情にまどろみ，ついには，自身の中にある暗い力が権力を握って自身を支配するようになり，すべてが抑うつの中に沈むか，妄想によって作り出された生の中に沈む。またしても，意識的に舵を取ることができるというよりも無意識によって定められている。その点を，年上の描き手は子どもと共有している。ここでは，「子どもから出よ

うとはしない」というのとは違って，雲や他の風景の指標を書かないと木が描けないというわけではない。思春期の抑うつの多くが，バウム画における風景として表現される。当然のことながら，その指標はポジティブな側面もある。叙述の才能，情緒性，表象能力，才能のある場合は，才能と夢の世界とに一つの美しい統一性をもたらすような描写の才能などである。

情緒性	現実からの逃避
情緒的な雰囲気	外界から脅かされていると感じる
夢見の傾向	外的な力のなすがままである
まどろみ，耽る	現実に対して自由でないこと
平穏	強迫的なこと
瞑想	沼地の，薄暗い，とりとめない白日夢に耽る
注視〔／考察〕	激情に対して優位を保つこと（イメージの構成と明晰さに応じて）
無我夢中〔／我を忘れること〕	空想〔／ファンタジー〕の活動
情緒的な	夢想家
叙述の才能	表象能力
さまよう〔／さすらう〕	具象的な，本当の深化なしに
非常に詳しい〔／冗長な〕	印象のなすがまま
	感化されやすいこと
	不活発な，不精な，脆い
	不確定〔決まっていないこと，漠然としていること〕
	輪郭と結果の欠如
	精神的な不確実
	未決定の状態
	夢見心地の，内気な，ゆっくりととどまった，静かな，目立たない
	抑うつ的な気分と不機嫌
	元気のない，麻痺した
	疲れ
	不安
	自分を失うこと
	暗い力のために自分で抑えが利かなくなる（しばしば精神疾患の患者に観察される）
	妄想によって「作り出された生」
	現実の喪失

単に「ほのめかされるだけの風景」は，その基本的な意味が，これまでのところ一般的な表現の「分化」の上につむぎだされるものではない指標である。その中でも，まさに地面線は多様であり，いくつかの指標に分けられる。

70. 地面線（Bodenlinien）

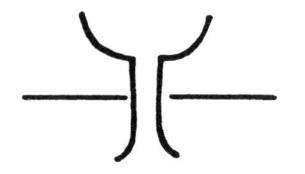

「幹の根元の上にある地面線」はまず，サナトリウムの患者（と元患者）に目立って頻発してみられた。無理やり手に入れることになった長い余暇〔入院生活のことを指す〕は，現実を遠くに追いやってしまうことになる。直接の現実（大地とか土地）の表現としての地面線は遠ざけられて，その結果，水平線，遠方の線へと変わる。現実への距離を獲得すると同時に，現実から遠く離れていく。その状態は余暇から生まれるもので，受身的に思案に耽る態度を示し，それは，思春期の異国への憧れにもしばしばみられる。

「幹の根元と根の起始部と地面線の融合」は，木と大地の区別がないことを示す。両者が一つのものを形作り，その指標は，若者の場合，主として，以下の「固有な性質」をもつものと捉えられる。

意識〔自覚〕の欠如
原初的な状態
客観化の能力の乏しさ

「斜めの地面線」は，描かれた場合であれ，あるいは幹の根元の高さが異なるという形でほのめかされる場合であれ，常に「斜面」（Abbang）を形成する。「ab」という前綴〔離脱・除去などを示す〕から始まるあらゆる言葉の言い回しが，ここではぴったりと当てはまるように思われる。それは傾いた平面で，人はその上を滑ることもできるし，文字通りに反-感だったり，離反的な性格（Abwendungscharakter）一般の徴候を示すものだったりする。[1] いずれにせよ，その指標は，それに属する指標を常に把握できるとは限らないようにうまく演じるし，時には全体構造の単なる色調だけを意味したりもする。

---

1) Ab-Neigung = ab（離れて）＋ neigung（傾き）abneigung（反感）。日本語では「斜に構える」という感じだろうか。

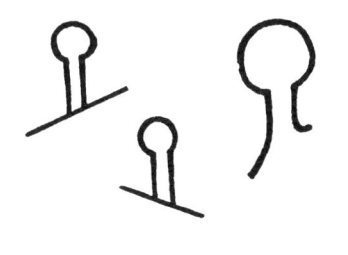

離反，反感
貯え〔控えめな態度〕，用心
信用していないこと，遠慮深い態度〔／冷ややかな態度〕
反抗の準備
適応の意志の無いこと
自身の性質の効果に対して信用しないこと
「滑ること」
「滑り落ちること」
不確実
支えの弱さ
意志の弱さ

71. 幹の根元の下の地面線（Bodenlinie unterhalb der Stammbasis）

幹の根元が地面線から浮いているのは，情動的に激しく興奮している間に描かれた場合とか，時には非常に急いで描いた場合に見られる。トゥルネ Thurner は，描き手が，その基盤の一部もろとも，生きていくのに必要な支えとなる環境との関係から，そしてそれゆえに生命との関係から引き離されたと感じていることを見出した。根こそぎになったということである。

72. 丘や島に立つ幹（Stamm auf Hügel und Insel）

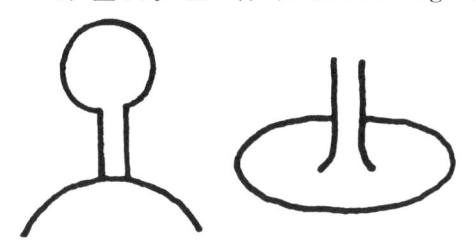

楽園の芸術的な描写はほとんどすべて，それを島として，「神が人間に与えた場所として」（ローゼンベルク Rosenberg）描写する。島は，周りから離れた寂しい場所（Abgeschiedene），孤独な場所，周りを取り囲まれた場所（Umgrenzte）である。島は孤立している。丘や山もほとんど同じだが，同時に他の風景から上に持ち上がっている。高いところにあるものは見上げたいという気持ちをそそるし，上にいる人は他のそれより下にあるものを容易に眺められる。上にいる人は，やはり，孤立する（Vereinzelung）し，地位が高く（hochgestellt）[1]，展示される（ausgestellt）[2]。

---

1) hoch（高い）+ gestellt（置かれた）。
2) aus（外に）+ gestellt（置かれた）。

彼は演壇の上，説教壇の上に立っていて，万能への要求，知恵への要求が大きくなるが，同時に転落の危険も大きくなる。島の隣には深い海があり，山には断崖がある。丘の上に立つ人は，記念碑のような印象も与えるが，記念碑は賛美されるためにある。人が表彰するものはすべて，より高くに置かれるし，そのため，一般のもの（Gemeinen），共通のものから見られることになるし，際立って〔浮き出て〕見える。それゆえ，丘の上に立つ木，島の上に立つ木は，強調されている（herausgehoben）〔持ち上げられている〕が，しかし孤独で，見捨てられている。この指標はあらゆる年齢で生じるが，それでも稀である（付録の表を参照）。〔この指標を〕あまり深刻に受け取るべきではないが，それでもしばしば，価値の高いヒントを与えてくれる。

孤立	自閉	記念碑のようなもの
孤独〔一人になる〕	自立	自己賛美
一人だけだと感じる	自分の描写	万能と知恵を要求すること
取り残されたと感じる	虚栄心	自分を引き合いに出すこと
一匹狼	（気取った）姿勢，ポーズ	不安

73. 付属品（Zubehör）

〔付属品としては〕以下のようなものを想定している。鳥の巣箱，餌置き，巣，卵，鳥，小男，かご，つるされたハート型のもの，何らかの方法で「掛けられているもの」全般。

「木の魂，エルフの精霊[1]，神をめぐっては，人は後の異教の時代に様々な形で木と関係づけて，木に贈り物（花，リボン，絵とかその類のもの）を掛けたいという気持ちを持ってきた。ちょうど，かつてウプサラの聖なる木に，犠牲に捧げられた人間や獣の死体が掛けられたように」（古典古代事典）。古代ゲルマンには，戦争捕虜を木に吊るす習慣があった。絞首台（Galgen）はそのような木の子孫のように見える。そしてまさに独特と思われるのが「絞首台のユーモア[2]」という言葉だが，それと並んで先の解釈は，すべての吊るされたものに，自ずと与えられる。——木に犠牲が捧げられるのである。ヴァレーゲルン Warägernからは，アラブ人のファドランの報告がある。「船が係留地に着くやいなや，おのおの，パンや肉，タマネギ，ミルク，アルコール飲料を持って上

---

1) ゲルマン神話に出てくる小妖精。
2) Galgenhumor：痩せ我慢の陽気さ。

陸し，高く立てられた木材のところまで赴く。その木材は人間の顔を持ち，小さな像で囲まれているかのような様子で，その後ろにはやはりもう一本の高い木が立てられているのがわかる。彼はその大きな木製の像に歩み寄り，その前で身を大地に投げ出して，こう言う。「おお，主よ，私は遠くの国からやって参りました，たくさんの美しい娘と，たくさんのクロテンの毛皮を持ってまいりました」。それから，彼は良い買い手がつきますようにとお願いして，その像の前に贈り物を置く。すべてが望みどおりに進み，決められた数の牛と羊を屠殺して，肉の一部を横木に捧げ，残りをその像と，その周りにある小さな像に運び，牛と羊の死体をその木材に掛ける」。古代ザクセン族のイルミンスールの幹にも犠牲が捧げられた。

　1952年の『スイスの青少年』46号に，E. ロイツィンガー E.Leuzinger が「西スーダンの黒人たちと」というタイトルで次の報告をしている。「西スーダンのバンバラ族の黒人にとって，祖先の霊はたいてい，そこにあり，生き生きとして，大きな効果をもつ。それらは要求を突きつけ，方向を示し，呪い，復讐し，殺す。黒人たちは，死んだ人間や狩猟された動物が仕返しをしてくると固く信じている。その有害な作用を村から遠ざけておくために，村の周囲で行進が行われ，村に入る前の十字路で，犠牲と該当する恐怖をもたらすものの一部，たとえば死者の靴とか狩猟された動物の足などを，二股に分かれた枝の下に置く。さらに犠牲として，いくつかの山芋の球根や卵なども置く。バンバラ族は霊木（Geisterbaum）のことを，彼らの祖先が住んでいると信じている木のことを知っている」。

　われわれの先祖もそのように信じていたとしたら，木の成長を願って，りんごを一つや二つは掛けておいたに違いないが，それは木の霊に捧げられた犠牲に他ならない。

　おのずとクリスマスツリーのことが浮かんでくる。それは，太古に広く分布していた冬の五月柱の後継とみなされている。クリスマスツリーは，エルザスでは1605年から文書に残っていて，ドイツ州の風習とみなされていたが，おそらく，エルザスから徐々に，18世紀の間にドイツ全体に広がっていったものと思われる。特に19世紀にはスカンジナビア北部へと広がり，19世紀後半以降，

---

1) ザクセン族が信仰の対象とした大木の幹。
2) フランスのアルザス地方のドイツ名。

全世界へと広がった。シュトラスブルグの，最古のものとされているニュースにはこうある。「クリスマスイブになると，部屋の中にモミの木をシュトラスブルグに向けて立て，それに色紙を切って作ったバラ，りんご，パン生地，薄手のクッキー，砂糖などを掛けた……」。この習慣は，古くから普通に行われていた類のものとして言及されている。

　シュヴァーベンでは，前世紀70年までは，クリスマスツリーの代わりにバルベーラの木が，果実とマルチパン，シュプリンゲルレで飾られた。チューリンゲンでは，これと同じ方法でナナカマドの枝が砂糖物で飾られ……五月柱（Maibaum）と冬の五月柱（Wintermai）とは，木と枝とは生命の泉であり生命のお守りであるという信仰まで遡る。それらは豊穣と健康とを与えてくれ，災いを追い払ってくれる。スウェーデンの七月柱（Julbäume）はドイツの五月柱のように枝を切り取られ，一部は柱にして，その先端に様々な像が整えられる。現在，五月柱とクリスマスツリーに並んで知られているのは，色の塗られた三角旗で飾り付けをした大工のモミの木で，上棟祭に屋根の棟に飾られる。元来，これは，家と家に住むものを災厄から遠ざけるという意味を持っていた。

　木に掛けられている捧げものは，まず最初に，犠牲にされたものでもある。犠牲から贈り物への変化は，老ニコラウスの贈り物，枝（若枝），実，菓子が転用されたものであるように思われる。若枝というのは生命の若枝であり，今日子どもたちに紹介されるような，杖の道具とは関係ない。既に古代ローマにおいて，新年になると，ストレナエ（strenae）という祝福の小枝を捧げていた。この名前は，後に，捧げられるもの一般の名前となり，さらに今日ではフランス語の「エトレンヌ」（étrenne）（贈り物）に転用されている。

　バウムに立てかけられた梯子は，早期指標としての価値がある，ということを表がはっきりと示している。この指標はそれ自体よく考察せねばならない。

---

1) フランスの都市。
2) ドイツ南西部の地方。
3) 赤ワイン用ブドウ。
4) アーモンド入りの甘い菓子。
5) アニス入りクッキー，ドイツ菓子。
6) ドイツ中部の州。
7) バラ科の落葉小高木。約10m。材は硬くて腐朽しにくく，七度かまどに入れても燃えないという俗説あり。
8) 5月の祭りに立てる白樺の木。いろいろな飾りをつける。

指標：付属品　　　　　　　　　　　　　　　　　　　　　　　　　　　　　　表 40

学年		K	P1	P2	P3	P4	P5	P6	P7	P8	S1	S2	S3
年齢		6–7	–8	–9	–10	–11	–12	–13	–14	–15	–14	–15	–16
男	%	4.0	10.3	7.3	2.7	8.7	5.8	4.7	5.5	8.0	1.0	1.9	6.9
女	%	5.2	3.9	2.9	23.0	9.2	11.7	7.3	4.5	3.6	0.9	1.9	3.8
合計	%	4.6	7.1	5.1	12.8	9.0	8.8	6.0	5.0	5.8	1.0	1.9	5.4
年齢		–8	–9	–10	–11	–12	–13	–14	–15	–16	–17	中等度発達遅滞	
												(平均29歳)	
軽度発達遅滞	%	1.4	0.0	3.8	2.0	0.9	2.2	2.5	0.8	0.9	0.0	0.0	
初等学校8年卒の半熟練工（男女）							商店員		アフリカ人のミッションス				
年齢			15–16		17–19		+20		19–32		クールの生徒（平均15.5歳）		
	%		1.3		0.9		0.0		0.0		0.0		

K：幼稚園　　P：初等学校　　S：第二学校

指標：梯子　　　　　　　　　　　　　　　　　　　　　　　　　　　　　　　表 41

学年		K	P1	P2	P3	P4	P5	P6	P7	P8	S1	S2	S3
年齢		6–7	–8	–9	–10	–11	–12	–13	–14	–15	–14	–15	–16
男	%	15.0	6.2	7.3	2.7	0.0	1.9	2.4	1.1	2.0	0.0	1.0	1.0
女	%	11.2	7.8	2.9	3.5	1.8	0.0	0.9	0.0	1.2	0.0	1.9	1.5
合計	%	13.1	7.0	5.1	3.1	0.9	1.0	1.6	0.6	1.6	0.0	1.4	1.2
年齢		–8	–9	–10	–11	–12	–13	–14	–15	–16	–17	中等度発達遅滞	
												(平均29歳)	
軽度発達遅滞	%	1.4	0.0	6.3	2.0	0.9	2.2	0.8	0.8	0.9	0.0	1.8	
初等学校8年卒の半熟練工（男女）							商店員		アフリカ人のミッションス				
年齢			15–16		17–19		+20		19–32		クールの生徒（平均15.5歳）		
	%		—		—		—		—		—		

K：幼稚園　　P：初等学校　　S：第二学校

　根本においては，梯子は，収穫に必要なもので，それゆえ実にも必要である。子どもは実を眺めるだけでは満足せず，これをもちたいと思うだけではなく，明らかに，梯子の助けを借りて，実を取ろうと試み，そして実際にそれを食べるために自分のものにしようとする。梯子の頻度は義務教育就学年齢前に最大（13.1％）となり，10歳以降はほんのわずかを残すに過ぎない程度まで下がる。軽度発達遅滞者においては，生き生きとした願望と占有を示すにはほど遠い。8歳と9歳の間でその割合は6.3％になるが，この値はその年齢だけに限定されている。この指標は実の意味を強調するものである。

　木に掛けられているもの，その外の方法で木を飾るもの，木に群がるもの（木

はほとんどの鳥の巣でもある）は，子どもの発達のあらゆる段階で描かれるが，特に目立つのは9歳から12歳の間である。これは，これまでの体験にも合っている。軽度発達遅滞者ではその割合は，全くわずかで，9歳で最大となる。奉献，犠牲，木の食べ物（Baumspeise）〔木が食べるために捧げられるもの〕といった原初的な意味が失われているのは明らかである。鳥とか鳥の巣箱，小さな人間とか小さなハート型などわかりやすいものがあればあるほど，次の意味を考慮することがはっきりしてくる。

遊びの	馬鹿にした
面白がる	嘲笑的な
大はしゃぎの	機知にとんだ
愉快な〔冗談好きの〕	からかった
おどけた	

　抵抗の姿勢はしばしば，有刺鉄線に巻かれた幹によって象徴化される。この象徴はたいてい，「私に触れてはならない」ということを語っている。クリストフェル Christoffel は，結婚を前提とする交際を拒絶する不感症の女性のバウム画に，純潔を守る帯の形をした密着する輪が描かれるのを観察した。これは木の保護のため，害虫を遠ざけるために木に帯を巻くのと似ていた。トゥルネル Thurner が法に抵触した同性愛者に，りんごの木が，その幹には蛇が巻きついていて，紙面全体は有刺鉄線で取り囲まれていることを見出した。蛇によって象徴化される性的なものは，鉄条網によって禁じられた領域になっており，そのことは，項記号〔§〕によってさらに明確に示されている。トゥルネルは心理学的に解釈している。性的な分野で私は法に抵触していて，この楽園の庭は私には禁じられている，と。

74. 人間の形にすること（Anthropomorphisierungen）

　バウムの球形樹冠を人の顔に描くことを多くの子どもはいとも簡単に思いつくかもしれないが，これはまさに，太陽の絵が非常にしばしば人間の形になるのと同じである。それどころか，文字ですら，人間の描写に役立つ可能性が多

少ともある。つまり，二つの全く異なる動因が一つに融合する，あるいは，あるものに人間の相貌が押し付けられる。花のおとぎ話は，ずいぶん前からこの人間化を知っていた。ルードルフ・ボルヒャルト Rudolf Borchart は，花の伝説を逆向きから述べている。「花の伝説は，花の中に人間に似たものを発見することであった。伝説が示す心的な事象はそのように言うべきで，'人間の形にすること'〔／擬人化 anthropomorphisch〕と言うべきではない。——それは人間性全体，人間精神の統一性に深く絡み合った事象なのだから。……花の背後に第二の生を発見すること，そして，それに見舞われ，それと出会ったことを何らかの形に表現したいという情熱的な欲求は，われわれの時代まで続いており，人類が最後の時を迎えるまで，消え失せることはないだろう」。

　人間の形をしたバウムは，これまでのところ，小さい子どもに見出されているが，さらに，いたずら描きとか，宣伝の絵，精神疾患の患者の絵にも見られる。ある統合失調症患者の描いた柳の木のごつごつした切り株は，人間の顔になった。また，ある統合失調症者は，ただでさえ解体して接合部が外れている木の枝の上に，人間の顔を描いた（図26）。仮に，次のような問いを立ててみるのもよいかもしれない。精神疾患の患者に見られるバウム画の人間化には，子どもに見られるような人間の形にするという早期徴候が再び現れてきたものだろうか，と。あるいは，完全な人格の喪失を前にして人間の姿にしがみついているのだろうか。はっきりした答えは，精神疾患患者の厳密で広範な研究が必要だろう。時に完全に健康な人が冗談半分にバウムに人間の顔を描くという事実は，当然ながら，

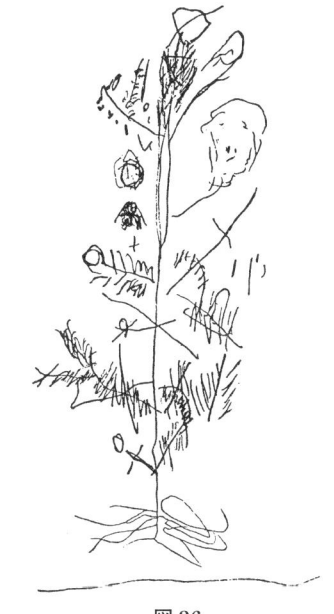

図26

測定を難しくする。この文脈で忘れてはならないのは，生命の木におけるキリスト像と聖母マリア像を織り込んだ，かの美術史の文献であり，あるいは，樹冠に子どもの頭の輪を示すような樹木の描写であり，それは古代ゲルマンの習慣にふさわしいものでもある。その風習によると，助産婦は聖なる木の元へ行き，その木に新しく生まれてくる子どものために魂を請う（木は魂の座である）。それは太古の人間の所産であり，それは今日でもなお，自然民族や原初的な状態においては浮上してくるものであるため，診断的な価値は，単に暗示されるにとどまる。

75. 花（Die Blüte）

ボヴェの聖エティエンヌ教会には，1512年に作られた象徴性の強いガラスの像がある[1]。系統樹の巨大な花皿（Blütenteller）の上には，先祖代々の神々の胸像がある。実際には領主の胸像なのだが。それ〔系統樹の花皿〕によって，華麗さと栄光と，そしてその範囲での過去とが暗示されている。実際，花（Blüte）は最も好まれる姿であり，最も美しい飾り，樹木の婚礼衣装である。しかしながら，それは短命で，咲いたと思ったらすぐに消えてしまう。不思議なのは，西洋の文化の歴史においてこの指標に言及されることが稀であったということである。今に伝えられているのは，宿命についての迷信のように思われる。果物の木が1年のうちに2度，あるいは1度でも普通ではない時期に花を咲かせたら，家族の誰かが亡くなる徴とみなされる。桜の花が2度咲いたら戦争を意味する。不毛の地に一つだけ花が咲いたらつぎの収穫は豊作になる。――子どもは木の花が咲く時期までは乳離れさせてはならない，そうしないと白髪になる，といった類いである。――当然ながら，花一般（Blume）[2]としての樹木の花（Blüte）[3]は，過去からの豊かな象徴をもっていて，特にバラ，あるいはロマン派の「青い花」[4]

---

1) パリの北北西にある商工業の町。
2) 花一般，草花を指す。
3) 特に樹木の花を指す。
4) ドイツロマン派の憧憬の象徴。

はそうである。ルードルフ・ボルヒャルト Rudolf Borchart（『情熱の庭師』）はそれについて当を得たことを述べている。「花が告げるのは死であり，花が告げるのは生，すなわち，命の永生（Überleben），後生（Nachleben），再生である。それは，死を体験し，死を忘れることができず，人間の心のようにそれを苦しみ，人間の精神のようにそれを乗り越える。苦しみから新たな創造を行い，イメージにイメージを積み重ねていくことによって，乗り越えるのである」。

　われわれの資料では，全体に男子には花は見出されなかった。女子ではたまに見られるが最大値でも2%であった。永続的なもの，持続するもの，堅固なものがほとんど道徳的ともいえる意味を持つスイスの文化圏では，これはさほど驚くに当たらない。業績〔／成果〕にそれほど専心しなくてもすむ地域では，この数値は変わる可能性がある。おそらく，心配なく生きられた時代には，東洋文化圏で花が中心に置かれているように，花はむしろ中心に置かれるのだろう。

自己讃美	外面や装飾に左右されること
つかの間のもの，最新流行のもの，一日だけのものへの喜びと賛美	自分を飾る，装飾する，装う
歴史的に考えることができないこと	輝いていることを欲する
表面に留まる	長続きしない〔すぐ息切れする〕
自己讃美に留まる，甘やかすこと，予見とか計画性の欠如	春を生きる，「新婚気分」
	濃密な〔／狭い〕現在を生きる
	業績よりも輝き

76. 葉（Blätter）

　ギリシアでは，生贄に捧げられるものは葉の輪（Blätterkranz）を頭に置いた。葉の輪で飾ることは宗教的な風習であり，葉の輪で飾られた者を聖別することを意味する。葉の輪の飾りは冠のようなものであり，時の流れとともに勝利のしるし，勲章となった。根本においては，勲章とは勝者の聖別のことをいう。ヨハネの黙示録22章2節にはこう書かれている。「木の葉は人々を治すのに使われる」。葉は木の装飾であり，呼吸器官でもある。葉（Blatt）は実より前からあって〔実よりも〕長く残る。葉（Laub）は移ろいやすいものであるが，花

---

1) Laub は集合的に使われる。これに対して Blatt は一枚一枚の葉。

や実よりも短命ということはない。成長し繁殖し腐敗していくことから，生の象徴でもある。葉（Blätter）は木の表面にあって，同時に動かされるもの，容易に動かせるものでもある。

「緑の枝が浮かんでくる」（auf einen grünen Zweig kommen）〔成功する，暮らし向きがよくなる，の意〕という諺は，間違いなく，成果に結びついた喜びのことを示している。

すべての年齢を通して葉は描かれる。軽度発達遅滞者は明らかに標準よりも低い割合に留まるが，その頻度曲線は不思議と並行していて，9歳までは減少し，その後は上昇に転じた後，わずかに減少する。第二学校の生徒は，同じ年齢の7年生，8年生よりも少なく葉を描く。女子の方が男子よりも葉を多く描き，13歳から15歳になって初めて，男子よりも着飾るようになる。半熟練工は男女ともかなりの数値を示し，いずれも商店員よりも高い値となっている。アフリカのミッションスクールの95％という数値は，おそらく，常緑の風景と親密な関係を持つという特殊性を描写している。おそらく彼らが葉の落ちた木を目にするのは乾季だけだろう。

外面を観察する才能	副次的な事柄と外面的なものによって判断が決まる
活発さ	承認の要求
容易いこと〔／軽さ〕	勲章の要求
目の才能	（虚栄心）
感覚的な	装飾の衝動
描写の喜び〔／欲求〕	成果に左右される
発言の喜び〔／欲求〕	「自分を第一にする」
外面への感受性	機敏な目
味覚〔／好み，趣味〕	素朴に幸福を信じること
若々しい，新鮮なやり方〔／性質：Art〕	熱狂的な〔／夢中になった〕
体験に飢えている	非現実的なもの
快活な	素朴なファンタジーの活動〔空想活動〕
活発な	「夢想」
若々しい	美化〔美しくすること〕
子どものような	装飾の素質
	描写の才能

葉の描画は，当然ながら，一枚一枚正確に眺められねばならない。時に葉っぱには見えないような飛び散っている断片が，丹念に描かれた望ましい描写と交替する。リズムのある構成は，退屈なステレオタイプや無秩序に傾いている

指標：**葉**　　　　　　　　　　　　　　　　　　　　　　　　　　　　　　表 42

学年		K	P1	P2	P3	P4	P5	P6	P7	P8	S1	S2	S3
年齢		6-7	-8	-9	-10	-11	-12	-13	-14	-15	-14	-15	-16
男	%	35.6	32.0	25.5	35.0	46.0	39.0	31.0†	13.2†	25.0	9.6	11.4	21.5
女	%	35.8	36.0	26.2	48.0	43.5	41.0	48.0	40.0	54.0	39.5	28.6	22.3
合計	%	35.7	34.0	25.8	42.5	44.7	40.0	39.5	26.6†	39.5	24.5	20.0	21.9
年齢		-8	-9	-10	-11	-12	-13	-14	-15	-16	-17	中等度発達遅滞 (平均29歳)	
軽度発達遅滞	%	12.8	4.0	3.8	14.5	33.0	31.0	20.7	28.0	21.4	26.8	3.6	

初等学校8年卒の半熟練工（男女）				商店員	アフリカ人のミッションスクールの生徒（平均15.5歳）
年齢	15-16	17-19	+20	19-32	
%	女 36.0	女 42.0	39.0	24.0	95.0

K：幼稚園　　P：初等学校　　S：第二学校

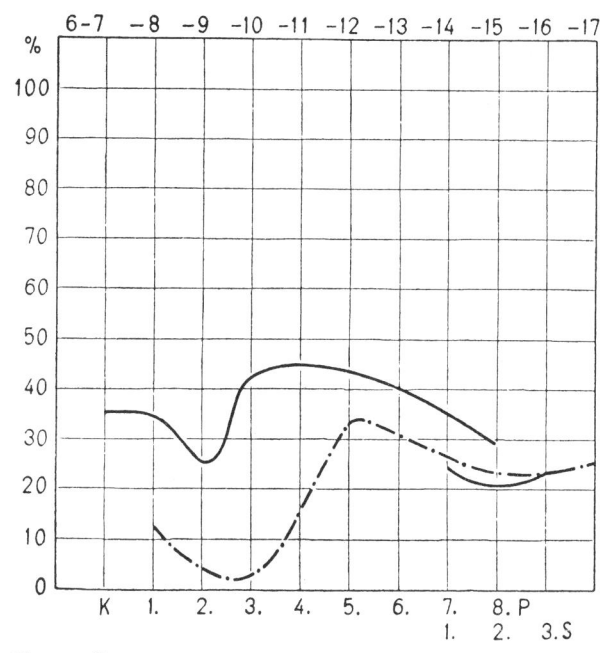

図 42a　葉

ものよりも，まとまっているという印象を与える。葉を描く者，少なくとも巧みに描く者は，実際よりも知的な印象を与える。彼らは製品を売る術を心得ている。工場では，葉を描く女性社員（ただし，自発的にこれを描く者）は，審美眼のようなもの，好ましい描写の感覚，形と線へのセンスが必要とされる仕事においては，優れていることが示された。彼らが特別厳密な人々というわけではない。彼らの正確さは，美しく見えるものに限られている。特に深いことは彼らには向かない。その審美眼，観察の才能，機敏な性質のため，彼らはいわゆる表面的な仕事（美化）に向いているが，それでも，その趣向を大きく変えずに彼らがその才能を発揮することさえ出来れば，そういったことは問題ではない。女性販売員では，このタイプはまさに魅力的な印象を与える。

77. 実（Früchte）

創世記 1 章 29 節には，こうある。「そして神は言われた。見よ，全地に生える，種持つ草と種持つ実をつける木を，すべてあなたたちに与えよう。それがあなたたちの食べ物となる」。2 章 9, 16, 17 節にはこう書かれている。「主なる神は，見るからに好ましく，食べるに良いものをもたらすあらゆる木の芽を地に出させ，また園の中央には命の木と善悪の知識の木の芽を出させた。／主なる神は人に命じて言われた。園のすべての木からとって食べなさい。／ただし，善悪の知識の木からは，決して食べてはならない。食べると必ず死んでしまう」。それゆえ，実は人間に委ねられ，人間の食料〔／栄養，糧〕として与えられる。さらに，2 種類の実がある。生命の木の救いをもたらす実と，善悪を認識する木の死をもたらす実である。実（Frucht）は豊穣（Fruchtbarkeit）の象徴であり，命をもたらすものである。C. G. ユング C. G. Jung（『心理学と錬金術』）は，ピタゴラス Pythagoras の次の言葉を引用している。「汝らは子孫たちのために，この最も価値高き樹が植えられる事の顛末を，そして，その実を食べる者はもはや決して空腹を覚えることがないという事実を書き記し，すでに書き終った」[1]。アリスレウス Arisleus の幻視では，死んだ王の息子が，哲学の木の実を食べると命がまた蘇る。ギリシア文化では，祭壇の神に捧げられた実は聖なるもので，そこから生じる木もすべてのものも聖なるものとされる。

---

1) 池田紘一・鎌田道生訳『心理学と錬金術 II』人文書院，179 ページ。

『ドイツ風俗辞典』には，原初のままの風俗がたくさん書きとめられている。りんごの実を収穫するときには，一つか二つの実を，その木の精への捧げものとして，残しておかねばならない。豊穣の象徴としてのりんごは，古代においては重要な役割を果たしていた。りんごはデメーテルの，特に（マルメロやザクロと並んで）アフロディーテの，本質的特長であった。黄金の「ヘスペリアのりんご」[1]はマルメロと解釈される。北欧のサーガ（エッダ）[2][3]では，イドゥン（Idun）[4]の黄金のりんごと，フライアー（Freyer）〔北方神。豊穣と平和の男神〕が〔妻の〕ゲルド（Gerd）のために得ようと求めた 11 の黄金のりんごが，豊穣の象徴と関連していることが示されている。ヴォルスング（Wölsung）[5]の誕生もりんごによって仲立ちされた。メルヘンでもサーガでも，目に見える豊饒性に，りんごを味わう楽しみが与えられる。キルギス人[6]の場合には，不妊の女性が，子どもが授かるようにと，一本だけで立っているりんごの木の下で転がされる。ドイツの民間信仰では「彼女はりんごの知らせを持っていない（Sie hat des Apfels Kunde nit）」とは，まだ性の交際を知らない女性のことを意味する。たくさんのりんご（別の場所ではくるみのこともあるが）が成った年には，次の年にたくさんの男の子が生まれるとされている。若い女性はダブルりんごを食べてはならない，さもなければ双子が生まれるから，といわれている。豊穣の象徴は，あらゆるインド・ゲルマン民族の結婚式の習俗にも現れる。「花嫁のりんご」は金貨を差し込んだりんごだが，それを持って競争するという風習がある。花嫁は，安産を願って，祭壇の後ろで，体と帯の間にりんごをすべり落とすという風習もある。結婚式では男性のダンサーが女性ダンサーにジョッキのビールを

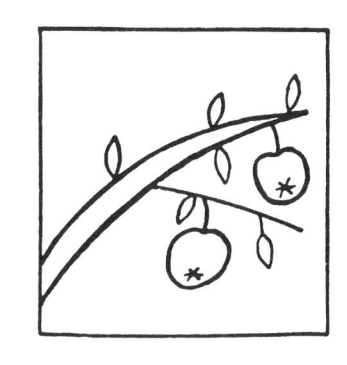

---

1) 古代ギリシア・ローマ人が西ヨーロッパ，特にイタリア・スペインに対して用いた名称。
2) 12，3 世紀のアイスランドの散文文学。
3) 古代アイスランドの神話・伝説・ことわざの集成書。
4) 春の女神。神々に永遠の若さと生命を与えるりんごの守り手。
5) 北欧神話ヴォルスングのサーガの登場人物。オーディンの曾孫。その両親に子どもが生まれなかったのでオーディンと妻のフリッグが豊穣のりんごを大女のリオッドに持たせて送り，生まれたのがヴォルスング。
6) 中央アジアに住むトルコ系遊牧民。

手渡し，それと引き換えにりんごを受け取るという風習もある。ジーベンビュルゲンでは，花嫁の付人が，りんごで合図する。フランスでは，ルネサンスの時代に，選ばれた求婚者はりんごを差し出して，それを食べねばならないという風習があった。

　りんごは愛の象徴でもあった。〔ギリシア・ローマの〕古典時代，りんごを埋めることは愛のしるしとされた。魔術的方法として，異性の愛を得るために，神秘的な文字をりんごに書いてそれを意中の人に食べさせた。

　愛の神託において，迷信はりんごを最も奇妙な形で使う。

　サーガには，聖なる夜に花を咲かせ瞬く間に実をつけたりんごの木のことが語られている。これを事実と関係づけるなら驚くべき発言となるが，われわれの調査の結果，子どもたちが実を描くのはたいてい，成熟の時が来るはるか前であった。ラテンハウゼン北部のホイベルク Heuberg では，金曜日には大きなりんごの木の周りに魔女が集まって踊るとされ，魔女の木（Hexenbäumle）と呼ばれる。妖精がりんごの姿であらわれるか，りんごがヒキガエル（変容の象徴）に姿を変える。りんごは死の食べ物とされることもある。民間医療においては，聖なる時にりんごを味わうと，りんごが守ってくれるとされる。復活祭の月曜日，あるいは他の大祭日の早朝，何も口にしていない状態でりんごを食べた人は，その１年間は，病気をしないとされている。他の多くの木と同じように，りんごの木も病気の身代わりとなってくれる。妊娠中にりんごをたくさん食べると美しい子どもを授かるといわれている。――大酒飲みに酒を不快なものに思ってもらうために，死につつある人が手にしたりんごを与える。この章を「争いのりんご」[1]にしないために，実の象徴の考察そのものに目を転じよう。

　ある「専門家」が，ある女性のバウム画を持ってきたことがある。そのバウムには五つの実が入ったかごが描かれていた。「その実はその女性の５人の子どもです」というのがその専門家の解釈だった。そのような論理でいけば，可能性のあることないことすべてを意味することが可能となり，そのようなテクニックを許さない方がよいように思われる。

　実は何を意味するのだろうか。実は最初にあるものではない。その前に花が

---

1) 女神エリスの投じたりんご。これがトロイ戦争のきっかけとなった。

指標：実　　　　　　　　　　　　　　　　　　　　　　　　　　　　　　　　　表43

学年		K	P1	P2	P3	P4	P5	P6	P7	P8	S1	S2	S3
年齢		6-7	-8	-9	-10	-11	-12	-13	-14	-15	-14	-15	-16
男	%	56.4	49.5	38.0	27.0	15.5	9.6	16.0	7.7	2.0	3.8	4.7	10.4
女	%	80.0	58.0	40.0	44.0	34.2	10.7	12.5	13.3	23.0	11.2	5.7	5.4
合計	%	68.2	53.7	39.0	35.5	25.0	10.1	14.2	10.1	12.5	7.5	5.2	7.9
年齢		-8	-9	-10	-11	-12	-13	-14	-15	-16	-17	中等度発達遅滞 (平均29歳)	
軽度発達遅滞	%	42.0	39.0	73.0	64.0	59.0	55.0	45.5	40.0	19.6	39.0	32.0	

初等学校8年卒の半熟練工（男女）				商店員	アフリカ人のミッションスクールの生徒（平均15.5歳）
年齢	15-16	17-19	+20	19-32	
%	—	15.0	24.0	12.0	55.0

K：幼稚園　　P：初等学校　　S：第二学校

あり，それが受粉して初めて実の成熟が可能となり，それには数カ月を要する。実は長い成熟のプロセスの最終結果でもある。実は時間を必要とする。それは出来上がったもの，結果，最後のもの（Ende）〔終わり，目的〕，目標（Ziel）である。実は栄養，利用できるもの，食べられるもの，嬉しいもの，助けになるもの（Nützliche）〔役に立つもの，有益なもの〕でもある。役に立つ木は実で評価される。実は，手でつかめるもの〔/すぐ使えるもの〕，いわゆる現金（bare Münze）である[1]。それは外観と味によっても人目を引く。それは食欲をそそる。実はいわば成長と豊饒の結果ともいえる。同時に，それは繁殖の種を宿している。

　子どもは驚くほど頻繁に実を描く。7歳で68％，このわれわれの調査資料は冬の最中，実を描くように示唆するものが〔外界には〕全くない状態で得られたものである。時には，実と一緒に描かれた梯子（249ページの一覧を参照）やかごによって，収穫作業が強調されることもある。

　図表には，標準児童で，実を描く頻度が一定の割合で減少することが示されている。第二学校の生徒では8年生よりもさらに低いところまで下がっている。女子の方が平均的に男子よりも多く実を描く。軽度発達遅滞者は10歳で頻度は最大値に達し，これは標準児童の最大値よりもわずかに高い割合だが，その後減少には抵抗を示し，17歳でもまだ39％〔が実を描く〕。この割合は，ずっと年

---
1) et für bare Münze nehmen（真に受ける）という慣用表現がある。

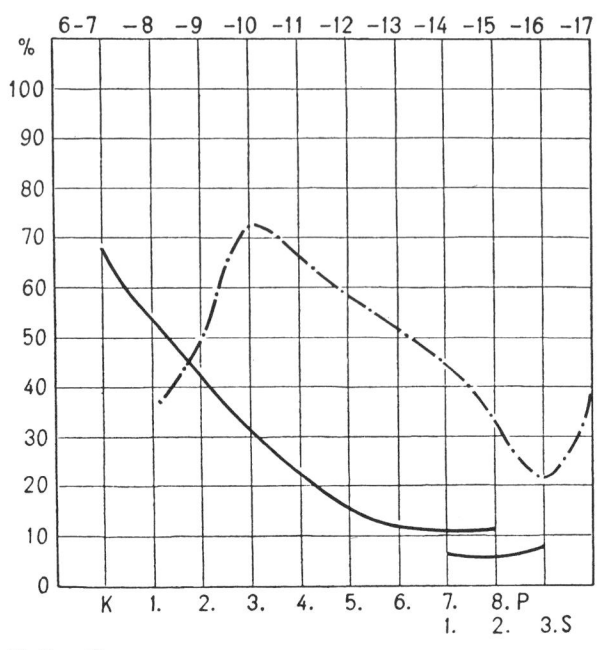

図43a 実

上の中等度発達遅滞者の値に近い。実は小さい子どもには非常に大きな印象を残す。子どもは，いわば，すぐに実をとろうと手を伸ばす。というのも，子ども自身が「実」であり，子どもはこれを無意識のうちに明らかにしている，という印象をしばしば持つからである。小さい子どもだけではなく，子どものような実を描く描き手にも，永遠に繰り返される認識の木〔創世記2章17節〕という公然たるドラマが上演されているのを見出そうとしたくなることも多い。祖先は待つことが出来ず，すぐに誘惑に負けてしまった。そして同じように多くの人が成熟するまで待てない。時間が来る前に実を味わって，決して働いて手に入れたのではない結果を味わうことになる。そういう人には，一足飛びに成長と成熟が訪れ，終わり，まさに実を先取りして，これが禁断の木の実となるだけである。青少年も待たないし，待てない。多くのものがすぐに結果を欲しがり，直ちに見ようとする。目に見える結果は納得できる。多くの人が結果に飢えていて，すぐに結果を捉えようとする。結果への意志がまじめな道を辿る人もあるが，原動力は同一である。実を描く人はたいてい待つことが出来な

いので，長続きしない。判断は時機に依存し，決定は直接利用できる有用性と結果に依存する。同時に，直接的なもの，目に見えるものに訴えかけることによって，彼は活気付き，行動を起こし，感化され，感銘を受け，軽くなり，容易に自分の考えを表す。彼はしばしば「近視眼的」で，広い視野から考えることができない。それどころか，短絡思考をしばしば示す。彼は近視眼的な現実主義者で，明日の百より今日の五十〔直訳は「屋根の鳩よりも手の中の雀の方がよい」〕，と考える——彼は鳩を捕まえようなどとは決して思わない。一瞬の思いつきで生き，一瞬に生き，手から口に〔／その日暮らし〕という生き方をする。目の前でまさに目にしたものが一番重要である。新しいものは何でもすぐに一番大切に思え，若い人にはたくさんの新しいものが次々と襲い掛かるので，移り気となり，しばしば衝動的，遊び半分になる。見かけを現実と受け取り，しばしば誇張される。影響の受けやすさは大きい。職業選択においても，不思議と，わかりやすい物質的な見通しによって決めることが多く，さもなければ，外見的に強い印象を残すことによって決める。彼は高い報酬（実は報酬である）を求める。お金，報酬，有用性が原動力となる。時に，援助の意思によって動機付けられることもある。「自分の母親を助けるために」というような形で。実を描く人は，光るものすべてを金と受け取る[1]。現実は誇張して誤って評価される。素朴な，子どものような未熟な青年は，特に好んで実を描くが，それは，その中に，心地よいもの，ゆっくり味わうもの，脆いものも生む。輝く世界に耽る。その中では，この若者は元気だが，そこから引き離そうとすると，激しく反応する。しばしば，その輝く世界と安楽〔／怠惰〕を守るために費やされるエネルギーの大きさには，驚かされる。現実に即して投入されれば，全くすばらしい業績をあげる能力が生じる。

しかし，成熟した人が実を描く場合，その解釈はもはや当てはまらず，というのも実は実際の成熟を意味するからである。手にしたもの，仕上げられたもの，克服されたものは落ちる。図〔43a〕をじっくり眺めると，徐々に成熟していくにつれ，標準児童では実を描く頻度が徐々に減っている。見かけと現実とを区別できるようになり，外観をもはやそれほど重要なものとは考えなくなる。

---

1) Früchtezeichner nehmen gerne alles für Gold, was glänzt.「光るものがすべて金ではない（Es ist nicht alles Gold, was glänzt）」（諺で「外見のりっぱなものが必ずしも内容がいいわけではない」という意味）を踏まえての表現。

成熟（まれ）	外面的なことへの感受性
見る能力	観察の才能
描写能力	結果を意思する事
出来ることを示すこと	近視眼的な現実主義
能力を誇示すること	手短な理解
結果を捉えること，結果を求めること	現実の過大な誤った評価
自己顕示欲	快適な
長続きしないこと	感化されやすいこと，感銘を受けやすいこと
待つことが出来ない	享楽の〔ゆっくり味わうような〕
直接納得できる結果によって決められる行動	遊びの
判断は，時機によって決める	表面的な
取得への衝動	忍耐力の欠如
日和見主義	遊び半分の
高い報酬を求める	即興の
職業選択を，場合によっては，収入によって決める	すぐに結果を得ようとする
成熟への願望	見かけを現実と受け取る
原動力としての，お金，報酬，有用性	手から口にという生き方をする〔／その日暮らし，手にしたものをすぐ使う〕
場合によっては，援助の意思として動機付けられた	移り気，常に新しい可能性に影響されるので
さらに考えることができない	苛立ち
短絡思考	素朴な，子どものような，未熟な
「禁断の木の実」に刺激された	子どものまま，思春期にはまり込んでいる

　外面のもの，目に見えるものを非常に重視する人は，その意味が広がるかもしれない。小さなことを大きな物語にして，感情を交えてとても生き生きと話す子どものことが思い浮かぶ。それで大きすぎる実（あるいは葉）が生じる。
　7歳では，大きすぎる実の指標は標準的にみられる。〔7歳で〕46％であったのが，既に学校の最初の学年で半分まで下がり，その後一定の割合で，ごくわずかに残るところまで下がる。成人は学生よりもいくぶん高い値となるが，有用性とか報酬がごくわずかでも改善することがこの段階には〔／大人にとっては〕どんな重要性を持つかがわかっていれば，それは驚くに当たらない。
　軽度発達遅滞者では，最大値から始まるのではない。10歳になってようやく

最大値（57.0％）に達し，いくぶん下がって平均23％くらいにとどまり，それと合わせて，彼の感化されやすさと感銘の受けやすさが中等度発達遅滞者のそれよりも少なくはなく，そのことがおそらく大きく影響して，現実の誤った評

指標：**大きすぎる実や葉**　　　　　　　　　　　　　　　　　　　　　　　表44

学年		K	P1	P2	P3	P4	P5	P6	P7	P8	S1	S2	S3
年齢		6-7	-8	-9	-10	-11	-12	-13	-14	-15	-14	-15	-16
男	%	45.0	24.0	12.7	13.8	5.8	6.7	6.3	2.2	0.0	2.9	1.0	2.9
女	%	47.0	19.4	9.3	12.4	10.1	4.5	3.6	7.1	2.4	3.6	1.9	0.0
合計	%	46.0	21.7	11.0	13.1	8.0	5.6	5.0	4.6	1.2	3.2	1.4	1.4
年齢		-8	-9	-10	-11	-12	-13	-14	-15	-16	-17	中等度発達遅滞 (平均29歳)	
軽度発達遅滞	%	21.5	27.0	57.0	36.6	28.5	22.2	23.1	23.0	15.4	31.6	25.0	
初等学校8年卒の半熟練工（男女）								商店員		アフリカ人のミッションスクールの生徒（平均15.5歳）			
年齢		15-16		17-19		+20		19-32					
	%	6.6		11.2		8.7		6.0		45.0			

K：幼稚園　　P：初等学校　　S：第二学校

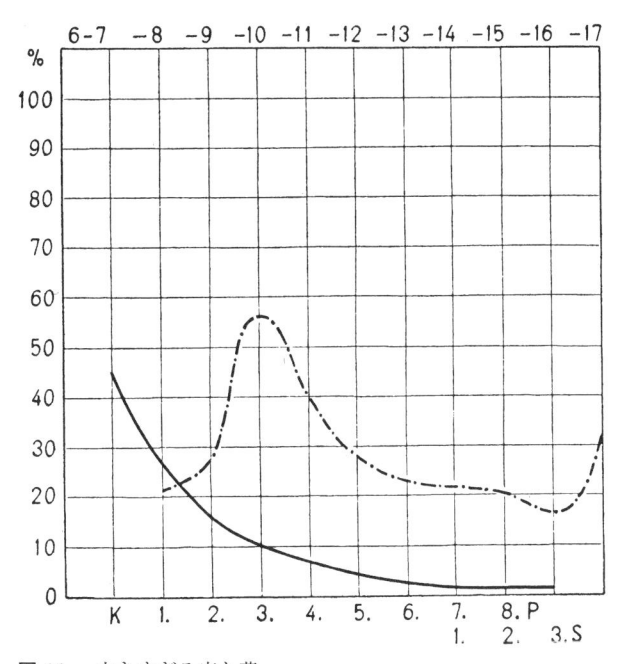

図44a　大きすぎる実と葉

価のために，望むもの，つまり結果を手にしないことになる。赤道地帯の人々の場合，われわれの解釈も，われわれとは異なる豊富な植生の形態を考慮する必要がある。大きすぎる実（あるいは葉）は，真の早期型とみなすことが出来る。年上の年齢では，この指標は，情動的な遅滞のしるしとしてみなすのがふさわしい。17歳の青年が，普通の適性検査の後で，その結果はまずまずだったが，ある肉屋のところに見習いに行った。彼はまもなくうまくいかなくなった。果物の木を描くように勧められて，彼は木を描くのではなく，小さな枝とそれについている巨大なりんごを描いた。この若者は，情動的な遅滞があり，それに加えて，中等度発達遅滞があったが，それは実を描く人の巧みな発言の才能のために，非常にしばしば覆い隠されて，自分を実際よりもよく見せることを心得ているのである。

78. 空中の実 （Früchte frei im Raum）

ウィリアム・スターン William Stern は，子どもの場合，最初の絵の認識はほとんど輪郭だけにかかっていると指摘した。子どもは部分をモザイク状に接ぎ合わせて全体を作るが，その際，少なくとも，適切な図式的な手本のイメージなしにはできない。子どもの場合，「絵を描くことは省略することである」とはいえない。つなぐことを省略することはあっても，さらにそこに追加して描くということはない。われわれはこの指標を最初に聴覚障碍者に発見したが，それは積み重ね型の思考形式や感情形式に相応しくないものでは決してない。にもかかわらず，そこに〔／その指標を描いた一群の中に〕標準児童の姿はあまり見られない。表によると，この図式的な描画の割合が最も高くなるのは1年生で，幼稚園ではない。明らかにある種の能力が必要とされる。この指標は，標準では急速に低下し，上の学年ではもはや実質的には見られなくなる。軽度発達遅滞者では徐々に上昇が始まり11歳で24.5%となり，5%まで漸減するが，残りはそのまま留まる。この値は中等度発達遅滞者のそれに近い。大人の場合，この指標がほとんど枝の兆しさえない状態で現れると，退行と関係があるか，軽度

指標：**空中の実**　　　　　　　　　　　　　　　　　　　　　　　　　　　　　表45

学年		K	P1	P2	P3	P4	P5	P6	P7	P8	S1	S2	S3
年齢		6-7	-8	-9	-10	-11	-12	-13	-14	-15	-14	-15	-16
男	%	16.0	25.6	11.2	1.8	2.9	2.9	0.8	1.1	1.0	1.9	0.0	0.0
女	%	13.2	19.4	6.7	0.9	3.7	1.8	0.9	1.9†	0.0	0.0	0.0	0.0
合計	%	14.6	22.5	8.8	1.4	3.3	2.4	0.9	1.5	0.5	1.0	0.0	0.0

年齢		-8	-9	-10	-11	-12	-13	-14	-15	-16	-17	中等度発達遅滞
												（平均29歳）
軽度発達遅滞	%	8.5	12.2	20.2	24.5	7.3	15.5	11.6	9.7	1.7	4.9	5.4

初等学校8年卒の半熟練工（男女）				商店員	アフリカ人のミッションス
年齢	15-16	17-19	+20	19-32	クールの生徒（平均15.5歳）
%	0.6	0.9	0.9	1.5	0.0

K：幼稚園　　P：初等学校　　S：第二学校

発達遅滞に与する部分がある。一般的に，この指標は，標準では9歳[#]からもはや見られなくなる。

　黒く塗られた実と葉は「暗く塗ること」の項で扱われている。暗く塗ることにも，大きすぎる実と同じような意味がある。この指標はその対象となるもの〔塗る対象，大きく描かれる対象，つまり，実のこと〕を強調し，それを重要なものとみなすものである。

79. 落下中の，あるいは落下した実，葉，枝
（Früchte, Blätter, Äste abfallend oder abgefallen）

　落下中のものと落下したものとは，おそらく，それぞれの年齢で，同じものを意味するのではない。落ちるもの，落ちたものは，離れている。子どもは容易に，部分的に離れる。特に今取り組んでいる主題から，時には今自分が持っている物から離れる。子どもの集中力は続かず，緩みがちである。頼んだことをすぐに忘れる。何かが「抜け落ちる」と健忘症といわれる。繰り返し見捨てられるものも，

逃げていくものとなり得る。既に表明されたものは人から「抜け落ちた」ものであり，すぐに発言したりおしゃべり好きな人は，すぐに多くのものを引き離したり，落とさせたりする。「着想」（Einfall）〔ein（中に）＋Fall（落下）〕だけがそうではない。表現の緩みには，ある程度の感受性と繊細な感覚，時にオジギソウのような敏感さや，敏感な感傷主義がある。

　成熟した人の場合でも，落下中の実と落下した実は，分離（Lösung）の指標である。落下したものは失われたもの（Verlorene）〔見捨てられたもの〕，喪失，「見捨てたままにしておかねばならない」もの，断念したもの，捧げたもの，贈ったもの，放棄したものである。子どもの場合，この指標は，人に譲ること，プレゼントとして贈ることの徴候である。成熟した人の場合，その中に「死と再生」のようなものが含まれている。この指標はたまに死が迫った人にも見られる。――落ちてくることは，バウム画において，数少ない動的な要素の一つである。難民にはしばしばこの指標が見出される。

喪失	あるものを断念する	贈与の衝動
失われたもの〔見捨てられたもの〕	あるものを放棄する	
捧げられたもの	「落とされた」もの	
容易に引き離された	オジギソウのような〔敏感な〕	
容易に発言〔表明〕する	（媒介の才能）	瞬時であること〔／軽率さ〕（Flüchtigkeit）
感受性	思考と感情が容易に交代（Ablösbarkeit）〔はがすことが出来る，交代可能なこと〕すること	健忘症
繊細な感覚	安定度（Festigkeit）〔強さ〕の欠如	条件付で：人格の奪取
神経過敏		

　この指標はその頻度が7歳と8歳で最大となり，その後約半分まで下がり，7年生から8年生で，特に女子において，もう一度上昇する。第二学校の生徒の場合，低い値にとどまっている。軽度発達遅滞者では，標準児童よりも低い値にとどまる。成長するとさらに低くなる。徐々に教育を受けるにつれて，その

1）「解決，打開，分離，弛緩，溶液，解消」といった意味がある。

指標：**落下中の，あるいは落下した実，葉，枝**　　　　　　　　　　　　　　　表 46

学年		K	P1	P2	P3	P4	P5	P6	P7	P8	S1	S2	S3
年齢		6-7	-8	-9	-10	-11	-12	-13	-14	-15	-14	-15	-16
男	%	17.4	10.3	6.4	3.7	8.7	4.8	8.6	9.9	3.0	2.9	2.7	4.9
女	%	15.3	28.2	8.7	15.0	12.0	5.4	6.2	19.5	19.4	4.5	6.6	4.6
合計	%	16.3	19.3	7.5	9.3	10.4	5.1	7.4	14.7	11.2	3.7	3.7	4.7
年齢		-8	-9	-10	-11	-12	-13	-14	-15	-16	-17	中等度発達遅滞 (平均29歳)	
軽度発達遅滞	%	1.4	5.4	8.9	3.8	0.0	6.7	5.8	3.6	2.6	4.9	7.2	

初等学校8年卒の半熟練工（男女）					商店員	アフリカ人のミッションスクールの生徒（平均15.5歳）	
年齢		15-16	17-19	+20	19-32		
	%	2.0	3.7	2.2	1.5	9.0	

K：幼稚園　　P：初等学校　　S：第二学校

割合は下がっていくように見える。この指標はまさにはっきりと，注意の集中と弛緩をめぐって動いている。軽度発達遅滞者はそのわずかな感受性のために，この指標に反応することは極めて少ないが，このことは，注意が行き届いているということを意味しているのでは全くない。7年生から8年生にかけての女子における急上昇は不思議に思われるが，第二学校の女子学生とは全く異なっている。ここでは，たいていの生徒が迎えた初潮がそのような弛緩を助長しているかどうか，といった問いが立てられるのがせいぜいである。

　神話的な意味での豊穣の象徴は，性格学にも共通するところがある。何かへの願望，すぐに自分のものにしたいと思うことなどがそうである。実の文化史からの連想で，子どもを欲しいと思っている女性，恋をしている女性が，リンゴを描くかどうかは，われわれの知るところではない。心理学がこの領域を不当に占拠しないことを願う。

　実という言葉は当然ながら比喩的な意味でも理解される。「人は行いを見て判断すべきである」〔マタイ伝7章15-20節〕〔文字通りには「その実を見ればどんな人かわかる」〕。「スズメバチがかじった実は悪い実ではない」。このような言葉は，時に有用な考えへと結び付けてくれるし，しばしば，独自の方法による表現となる。ひどく荒れた少女が，スズメバチによってかじられた実を描いたが，彼女の状態をこれほど見事に投影するものはないだろう。

80. 芽（Knospen）

芽が描かれるのは稀で，これを指標として見過ごしてしまうほどである。自然においては，芽そのものよりも芽が開くのを重視するのが普通である。芽が実際に出るのは春になってからではなく，葉が落ちる前の秋であるから。殻に守られた芽は冬を越し，春になると蕾をつけ花を咲かせ葉をつける。芽は寒さに耐え，だめになるのは，木に水が不足するときだけである。芽のことを，保存された生命，冬眠している生命と呼ぶことも出来る——そう呼ぶことで既に心理学的な意味が示唆される。それは描かれた芽にも適用することが出来る。バーゼルの H. クリストフェル H. Christofell は，私信の中で，冬のりんごの木に芽を描いたある患者のことを報せてくれた。厳しくしつけられたその男性は，妻が初めて妊娠した後で，子どもを無理やり流産させようとした。生存能力のない子どもが生まれた後で〔／流産した後で〕結婚は終結を迎えた。その患者は，未発達であること，ちゃんとした発達を遂げていないことがわかった。——描かれた芽の徴候は，実際の発達不全を指し示しているということも出来るだろうが，それよりもむしろ，それが指している状態は次のようなことを予感させるように思われる。つまり，発達の時期が延期されていること，それゆえ，成長停止状態のようなもの，冬眠状態のようなものがあり，これは，クリストフェルの患者の場合，あきらかに，かなりの心的な厳寒状態を耐えている，そんなことを予感させる状態である。バウム画においてこの指標が稀であるので，当然ながら，あまりよく考えもしないで分析者が思いついたような解釈が許されるものではない。

81. 境界線上のケースの扱い（Die Behandlung der Grenzfälle）

描き手にとりついた，野性的なもの，荒廃したものへの欲望がどんなものかわかると，しばしば驚かされる。このテーマはしばしば，誇張を助長するように思われる。描画とその根本にある事態との間には，状態の重さ，強さ，広がりに関連する類比（Analogie）の法則が常にあるわけでは決してない。絵は拡大される可能性があるし，実際に拡大される。バウム画の試みは，拡大された筆相学である。表現は〔文字とは違って〕，長年にわたって教え込まれる学校の

---

1) 第3版で追加された。
2) 第3版で追加された。

手本にそれほど強く縛られることはないので，教育の影響のようなものは抜け落ちるが，筆跡の場合，教育によって最も個性的なものでさえ学校の手本の影響がぬぐえない。さらに，目立つものは，まさに目立つということによって，隠されたもの，マスクされたもの，滑り落ちるもの，匿名のものよりも，害が少ないことが多い。この批判的な反論は，表現可能性の性質を誇張しすぎない限り，テストの価値をそれほど減じることはない。

　たくさんの描かれたバウムが，干渉（Eingriff）〔「手術」という意味もある〕の跡，傷の跡を示しており，それは草で覆われ（verwachsen）〔傷がふさがる，治る，傷痕が消える〕，短く刈り込まれ，切られ，折られる。それもしばしば切り株の上まで。それは手足のように感じられる。バウムの手足が切断されている。不足，欠けているものははっきり目に見える。それは傷だったり，切断だったり，思春期に見られるような生のための枯死のしるしであることもある。バウムのトラウマと心的な（そして身体的な）トラウマとの間に大きな類比に驚かされることがしばしばある。それでもはっきりと述べておかねばならないことがある。心的な（そして身体的な）傷は描画に表現されることはあり得ることだが，そうでなければならない，ということではない。そのようなサインが見られないからといって，その人に何らかの損害（Schäden）〔被害，傷，障害〕がないということにはならない。一連の描画を見ていると，なるほど，それ〔傷〕がかなりの確からしさ（Wahrscheinlichkeit）で目に見えるようになるが，その確率（Wahrscheinlichkeit）がどのくらいであるかについては考慮されていない。そして，そのような描画が実際に目にした場合でも，それ〔バウムのトラウマ〕が語るのはその事例の客観的な重さについてではなく，もしかしたら大きな，あるいはもしかしたら単に取るに足りない傷の，主観的に体験された重さなのである。

　精神疾患患者のバウム画は健常者の描画と明瞭に対比されるものではない，という反論については既に述べた。いずれにせよ，こういう一般的な理解において，そのテーマはまだあまり取り組まれていない。心理学者や，とりわけ心理療法家に割り当てられる人たちの層は，決して全く健康というわけではない。最も標準的とされる部分は，職業相談，学校などから得られたものである。もちろんいずれにも困難な事例は混在している。

　職業コンサルタントはさらに，かなり強く，思春期の形態を掴んでいる。

神経症と精神疾患との間にすぐに共通点を見出したいと思うのは素朴すぎる。精神疾患患者のバウム画はまだ統計的な調査がなされておらず，疾患のイメージに関するそのような調査がなされねばならない。精神疾患患者のバウムの構造には外見上わずかな変化しか見られないことには特別な理由がある。大部分の事例において，心的な空間図式は患者でも保たれたままになっている，そうでなくともバウムの構造に相当する身体図式は少なくとも保たれているからである。身体の対称性に適合しないような投影テストは，いずれにしてもうまく働かない。これはヘルマン・ロールシャッハの根本的な認識であった。非対称的な〔インクの〕しみは，既にビネー Binet が使ってきたが，真の投影が手に入れられるようになったのは，ロールシャッハが対称的な図版を使ったときからである。描画は，いずれにせよ，非常に長く忘れられないものだし，患者においても同じである。時に空間倒置（Verlagerung）が生じるが，その場合，これまでわれわれが見出してきたのは，神経学的な損傷が問題となるということであった。4本の幹が，座標軸のように配列されて描かれる場合などである。バウムの幹の構造がほとんど完全に崩れているのを，われわれは，ある重篤な癲癇性認知症の患者に見出したが，ある統合失調症の女性庭師は，かろうじてバウムの樹冠を仕上げ，1本の幹の代わりに，下の方にひび割れた枝のようなものを生やして，描画領域全体を意味もなくさまよう葉の蔓で埋め，七つの領域に分割された帯を描いて，これら全体が彼女の署名を意味するものだとのことだった。しかしながら，そのような描き間違え，意味の置き違えは，極めて稀なものである。エリーザベト・アブラハム Elizabeth Abraham は，ソンディ Szondi の考えを〔引用して〕次のように書いている。「遺伝生物学の理論によると，精神疾患患者と健常者の区別は，原則として，質的なものではなく，量的なものである。一つ一つの衝動遺伝子の量は，健常者よりも患者の方で大きくなっている。さらに患者においては，衝動が広範囲に及んで混ざり合っていて，一つの衝動にある二つの衝動欲求が，一つのまとまった方向には向いていない。精神疾患患者において突発的に顕在化するものは，ある衝動の度を越した作用によるものだが，それは健常者においても見られるものである」。さて，そのことは確かにその通りだが，表現においては，まさに量的なものに関して，引き出せるものは何もない。しかしながら，軽度発達遅滞者と中等度発達遅滞者の調査は隣接した外観を示している。量の不足や超過によって，ある種の均衡が

妨げられるが，そのことが目に見えるようになるのはもちろん，集団調査の評価によってである。バウム画における表現の分野が徹底的に十分研究されるまでは，次のことが原則として有用である。バウムテストを用いた診断の作業において，まず第一に来るのが，表現の形と方向である。表現された状態の強さとか量については，描画はあまり多くを語らない。新たな，もっとよい評価基準を見出すのに成功する時点までは，表現が発生してくる地平（Ebene）〔水準，次元〕から解釈に取り掛からねばならない。精神疾患患者の場合も，彼らの地平から取り掛からねばならない。だからといって，そのテスト〔／バウムテスト〕が患者の理解に新たなもの（Zugang）〔立ち入り，接近，理解，増大〕を何も提供しないと主張することにはならない。われわれに重要と思われる関心事は，なじみのない病的なものの分野にあるのではない。このテストは，まず第一に健常者を，そして教育がやりにくい者，発達遅滞者などを包含する線上に由来している。人は，たとえ同時に多くの症状が影を落としていたとしても，すぐに仕事に取り掛かることも出来る。統合失調症に由来するとされている，真ん中から引き裂かれたバウムは，なるほどわかりやすいが，統合失調症類似の患者では，「引き裂かれている」にもかかわらず，あいにく，繰り返し起こるものではない。

第6章　臨床事例

事例A　35歳，技術職，上役

　バウム画の全体の印象は決して調和の取れたものではない。これは，枝の形や太さが様々であること，姿勢の変化，幹の中央で太くなっていることなどによる。

　被験者はいわゆるモミ型幹を描いている。幹は力強く，だんだん太くなり，〔幹と樹冠の〕移行線を越えたところで甲状腺腫のように膨らんで，それから先細りとなっているが，〔幹の〕先端は開いたままで，管状になっている。

　モミ型幹の描き手は，幹に象徴化されている素質，衝動，生命力を，樹冠部において花束のような形には展開しない。被験者は，その振舞い，感情，思考の全体において，強烈に突き動かされている（dranghaft）〔衝動的である〕ように見える。突き動かすもの（Dranghafte）〔衝動性〕と駆り立てるもの（Triebhafte）〔欲動性〕とは，ここでは，日々の生活において向こう側〔無意識〕に持ち去られた圧力のことだが，その欲動的なエネルギーを日々の生活のとるに足りない日課に割り当て〔て解消す〕ることはできない。エネルギーは目の前に突き上げてくるものであるが，原始的な形というわけではない。幹が向かう先端部分は，外界と接する部分であるが，ほとんど尖ってはいるものの同時に開いたままになっている。何本かの枝の先端が管状になっているのを見ると，さらにそういう印象が広がる。実際，被験者は，意識して適応しようとしている。それは適応の意志を持つ者の適応能力である。強烈なエネルギーと比較して，情動性は，ほとんど貧弱な形でしか流れ出ることができない。管状に開いた枝の先端は，その量を測りながら情動を放出することを指し示している。量を測りながら[1]

1）　滴定のイメージ，スポイトから滴が落ちていくイメージと重なっていると思われる。

図像 A

(dosiert), というのは, 先が尖っていることに, まさしく適応の意志が表現されているからであり, 特に, すべてのエネルギーがしばしばせき止められ, はまり込んで立ち往生し, 跳ね返されているからである。幹の中央の目立つふくらみは, それを表現したものであり, はまり込んで立ち往生していること, 詰まっていること, 停滞状態, 阻害されていることの表現, いわゆる抑圧 (Verdrängung) 〔押しのけられていること〕の表現である。表に出すことを抑えるところに, 多量の自制心がある。もっともここでは, その自制心は痙攣するところまで増大していて, 型にはめられた, はさみ込まれた情動を指し示している。被験者ははさまれて動けなくなっている〔という印象を受ける〕が, 彼自

身の言葉によってこれが正しいことを確認している。それゆえ，ある葛藤状況におかれることになる。被験者は，食いしばって，はさまれて動きが取れなくなり，下に押し込んで，「胸に納めてじっと我慢して」おり，反応を取り消すのではなく，自制している。

　しかしながら，この自制のやり方は，強い不安へとつながっている。実際，仕上げが不十分で衝動的な意志に追いついていないのだからなおさらである。被験者は，自分ができること以上のものを望むが，同時に使われていないエネルギーも持っていて，まさにそのエネルギーで解決すべき課題を要求してくる。その原動力を様々な経路に分化させることには成功していない。まさしくここで後退が生じ，後退から失敗が，失敗から劣等感が，生じる。そのことに被験者はひどく苦しんでいる。それだけではない。消化されないものが消化に支障をきたしている。被験者は既に，便秘（Verstopfung）[1]に苦しんでおり，これまで非常に健康に過ごしてきたことを心配し始めている。「神経」には荷が重すぎ，絶えず意志と能力との不均衡を感じて過度に刺激されている。それゆえ，劣等感があるという結論を導き出すことができる。図像表現からは次の解釈ができる。樹冠の上半分には枝の切断が2箇所認められるが，接ぎ木されたように見える。切断されたもの，短く刈り込まれたものの表現として，その指標は欠如を物語っているが，それは体験されているものである。接ぎ木によって新しい芽が出ていることからは一つの道（Weg），うまくすれば，逃げ道（Ausweg）〔aus（外へ）＋Weg（道）〕が暗示され，打開策を捜し求めている様子が伺われるが，場合によっては，自分自身の中からそれを引き出すのではなく，外から枝が上に置かれる〔という形で解決がもたらされることが暗示される〕。実際に被験者は〔物事を〕決められず，方向性もはっきりしない。そのことは，管状枝によっても表現されている。そして被験者は，全体のぎこちなさのために，いとも簡単に方法を間違えて自分の性に合わないことをする。彼の間違いは，「心が寛大」（Großzügigkeit）で，細かいことを看過するところがあるのだから，なおさらである。なお，これは了見が狭いという意味ではない。物事を決められない性格，これは管状枝によって表現されているが，そういう性格と細部の軽視とが一緒になって，仕事に関して被験者は，浮遊状態，表面的なところにと

---

1) Verstopfung は「詰まること，渋滞，便秘」などの意味がある。幹の中央がふくらんでいることを消化不良と見立て，便秘という症状をそこに重ねてみている。

どまっている。管状枝を描く人は，〔物事を〕決められないでいて，一つの方向に決められず，状況に応じた判断についても方向が定められない。たとえば，どのように仕事がなされるべきかを逐一指示しなければならず，「逐一」というのは解釈の余地を与えてはならないということで，というのも，彼らの判断の冗漫さを特に根拠もないまま〔仕事にも〕持ち込むからである。内的な困惑から見せかけの多面性が生じるが，自分で選んだ逃げ道や，決まり文句，そして的を射たことにも，その成分は含まれている。

　自己感情〔／自尊心〕は，猛烈な自己顕示欲と強い名誉心とにより特色付けられている。自己感情がどれほど問題であるかは，幹から出ている左右の枝の位置が示している。右側には，〔枝は〕力強く水平方向に突き出していて，水平方向の姿勢には，同時に慎重な選択がみられ，外界に向けて，あるいは相手，周囲の世界に対して「理性的な」調節がなされているが，これらは，この身振り〔／枝振り〕の稚拙な調節と原初的な勢いとは奇妙な対比を示している。樹冠の上の位置では，まず，枝が上に向かって伸びるという特徴があるが，枝先にいくに従って弓形の形となり，弓形に反る文字列と同じように，最初の高揚の後で意気消沈と士気の低下があることを示している。同様の弓形は，幹の左側にもある。左下には，それに対して，2本の主枝が下向きに出ていて，1本はまっすぐに伸びており，もう1本は先端で下向きと上向きとに分枝している。右側と左側を，秤悍（ひょうかん）の刃の上で左右のバランスをとっている天秤の棹の棒にたとえると，右側には重々しい，どっしりとした主枝が水平方向にあるのが見え，左側の下向きに伸びている主枝とは対照的である。右側には表明 (Äußerung)〔外に向かうこと〕，相手とか課題への振舞い，前面に立つものがある。左側は内的な生の営みや背景になるものがある。この場合，外向きに，確かに意識され，慎重に，しかし力強く，強調しすぎるくらいに，いや傲慢なほどに情熱のこもった確信を持って前面に持ち出されているものが，心の中では本当にそうだと思われていない。内なる人物は，外向きの顔が望んで行っていることに疑問を抱いている。まさしく，アドラー派やキュンケル (Künkel) 派の個人心理学の図式が浮かんでくる。外的に自己顕示欲が示されれば示されるほど，内的には自信が少なくなる。被験者は，自分ができること以上のものをしようとしている。

---

1) 枝先が閉じていることを指していると思われる。

彼は独特の名誉欲に躓いている。彼は本当にたくさんのことをしようとしている。並外れたことを望んでいる。左下の主枝は三次元的に幹から出ているが，通常の紙面から離れ，普通のものから離れて尋常ではないものになっている。ここで，性向のあり方が，同時に一緒に示されている。その指標〔三次元的表現〕は独創的な思考の筋道を持つことを物語っているが，本物の独創性があるかどうかについては語っていない。独創性への願望があることは確かだが。少なくとも調べた限りでは，この特色については本物である。

　平凡ではないものが，意思され，同時に内的にも駆り立てられ，さらに思考の筋道にある種の独創性が発揮されるならば，本来は，注目すべき業績の素地にもなる。われわれの描き手〔／被験者〕は熱心に働くが，長期的な視野で見れば，それにもかかわらず忍耐が欠けている。というのも，実行可能な技術に習熟しておらず，あるいは外的な状況がその才能にふさわしくなかったり，あるいはさもなければ何かが欠けていたりするからである。全体の釣り合いが取れていないことと，部分的に不毛な緊張，そして意志と能力のこれらの対立の中で，その男性は中途で断念しているが，完全にあきらめているというわけではない。ここで十字について考えるなら，バウムに座標軸（Achsenkreuz）〔Achse（車軸）＋Kreuz（十字）〕を描いてみると，この人の緊張とほとんど不毛な力動とを理解することができる。上部の長さは，下の部分の２倍の高さに伸びていて，勤勉で努力している様子が伺われ，目標は遠く高くに置かれ，おそらく長期的な目標を追求しやすい。しかしそれはあまりに遠くはなれたところにある目標なので，なるほどそれを期待して待ちながら，得ようと努めはするものの，むしろ夢想しているという方がいいくらいで，そのことは〔先端の〕開いた主枝が目標の設定が不確かであることを指し示しているので，なおさらである。現実を超えたものを欲する危険は少なくはなく，たとえどれほど上や右へ繰り返し力強い〔枝の〕突き出しが現実に基づいて企てられたとしてもそうである。それに続いて努力がみられる（上部の主枝）が，それは単に弱々しい衰弱した残響のように思われる。左側の十字の梁は，こわばった，痙攣したような断念のために落ちてい〔くように下向きに伸びてい〕る。

　これらの高揚と落胆の間の消耗させるような緊張には，素質と能力の不十分な発達がある。モミ型の木が示している事実とは，ほとんど常に，仕上げ（Ausgezeugung）ができない，あるいは，しばしば仕上げようとしない，とい

うものである。パート職の労働者の80％がしばしば，モミ型幹を描くという事実は，明らかに，パート職において展開の可能性（Entfaltungsmöigkeit）〔／発展の可能性〕が欠けていることで発達（Ausgezeugung）が制限されていることを十分に指し示している。その線引きは，素質自身の不利な響きによっても引くことができる。内的，外的，あるいはその両者が原因となってこのイメージが出来上がるが，いずれにしても，狼狽すると，失敗の原因を自分なりのやり方で捜し求めることになる。しかしこの事例では，差し当たり，ロールシャッハの所見が，ある特定の方向を指し示す。12の解剖反応は，私の解釈では，ある「知的な劣等感」，知的コンプレックスを指している。彼を一番憔悴させる弱い部分について直接尋ねてみると，被験者は自発的に次のように語った。「学校教育をほとんど受けていないことです」と。さて，実際に受けた教育は，既に就いている職と比較すると，決して足りないものではないが，彼が追求している不明瞭な目標と比べると劣っているというわけである。彼には，自分の人生行路がまだ閉じられたもの（abgeschlossen）ではない（管状枝）という，ぼんやりとした予感があるが，どこを目指すべきであるかについては，実際のところわかっていない。責任と成果への衝動は大きいとはいえ，確証も支援もないままあえて危険を冒そうとするほどではない。自分自身のことは全く信じていないのである。

　このバウム画で一つ否認できないことがある。この絵は退屈なものでもないし，単調なものでもないし，型にはまったものでもないが，やはり，分化したものではない。われわれの描き手〔被験者のこと〕もそうである。頑健で（robust）〔「粗野な」という意味もある〕，というよりもむしろ痙攣するほどにこわばって，衝動的な衝撃を通り抜け，体験される落胆もある程度の深さなら十分乗り越えていくことができる。社会的な問題がテーマとなっているという事実は，驚くべきことではない。幹や枝の樹皮の特徴に注意を向けてみよう。樹皮の表面はざらざらしているし，樹皮は外面である。そこは，私と同世代の人々，外界との接触の場所である。反応しやすい人，いわゆる神経過敏な敏感な人だけが，樹皮をざらざらとした形で，ほとんどかさぶたのように描く。彼らは周囲の世界を感じ，非常によく周囲を観察し，すべてを鋭く感じ――そして，現実との摩擦が起こり，容易に傷つき，結局のところ，自分と相手との関係におけるすべての困難を，いくぶんの知能と洞察によって，社会的な問題の体験へとして

しまう。それがこの事例でも当てはまる。さらに進めて次のように言うことができる。

　幹の根元を見ると，まず，適切な終わり方もしていないし，根を下ろす兆しもないことがわかる。幹の下端を結ぶ補助線を引くと，土台は傾き，斜面（Abhang）が生じる——ここでは〔ab という前綴で始まる言葉の中で〕，軽い回避（Abwendung）〔逸らすこと・転じること〕，回避反応（Abwendungsreaktion）の指標である。

　心の姿勢がほとんど悲劇的ともいえるほどに真面目であるのとは対照的に，付加の指標が見られる。ここでは小さな鳥の巣箱が描かれている。その指標は同時に多義的な意味を持つ。そのような付加を描くのはひょうきん者（Spaßvogel）〔Spaß（冗談）+Vogel（鳥）〕である。この被験者は冗談をよく言う。それどころか，冗談は辛辣になることもあり，時としてふざけ半分とか嘲りの響きを伴う。この解釈は一般に適切であり，ここでは急所をついている。しかし，描き手は鳥を描かず，小さな巣箱を描いた。ひょうきん者にはおそらく巣も必要なのだろう。さらに詳しく尋ねると，次のような事情が明らかとなった。被験者は，会社のある特別な事情のために，家族と離れて仕事をすることを強いられている。彼は自分の家を持てるものなら持って家族といっしょに暮らしたいと強く望んでいる。しかし，家庭へのこの衝動は，彼の長期目標とは繰り返し対立し，そのために，家族を無視して，もしチャンスがあれば，外国で先駆的な仕事を引き受けたいと思っている。当然のことながら，この解釈全体を一律に描画に要求するのは無理であり，というのもここでは〔詳しい質問をしているので〕いとも容易に被験者の身になって解釈できるからである。詳しい質問によって得られた資料と描画の指標とを比較することで両者の類比〔／アナロジー〕が示される。

　さらに，被験者が途切れ途切れの地面線や草を描いていることには目を留めておくべきである。地面線は紙幅いっぱいに広がっていることから，この地面は風景へと変わり，それゆえ，脆弱で，生命力があって，ややぞんざいな，でも粗野（derb）〔／頑丈〕ではなく，とりわけ地面にしっかり立っているというのでもなく，前に出て目立とうとするのでもない，そんな印象のようなもの，

1）　第5章，70. 地面線の項（244ページ）を参照。
2）　草が生えていることからの連想。

雰囲気の兆しがある。この脆い側面と印象，繊細な感覚がそこにはあり，外観の頑健な性質と十分に調和している。

あらゆる細分化〔部分的にみていくこと〕から離れてバウム画〔全体〕に目を転じると，情動のバランスが取れていないことの影響がある，と診断者が述べることは可能で，ほとんど原初的ともいえる，突き動かす力（Drangkraft）〔／衝動的な力〕と突き出す力（Stoßkraft）の性質を見て取る（feststellen）ことができ，情動にはさまれて動きが取れなくなっていると診断するのはさほど困難なことではない。このような確認（Feststellung）に基づいてのみ，更なる調査の方向とやり方を決めることができ，同時に，適性に関する助言に有益な基盤を見出すこともできるし，部下の上に立つリーダーとしての適性に有益な基盤を見出すこともできる。このことは，次のように簡潔な形で述べることができる。この男性は，3週間は勇敢に戦うが，日常的な些細な問題が生じるや否や，対決をやめて帰国する兵士のようなもので，そうなると，もはや，勢いよく力任せに衝突するようなことはしなくなる。ここでは情動性が持ち合わせていた洞察よりも強くなる。この男性は，思春期の時期に過激になる若者と同じように反応している。「消化されていない（unverarbeittete），はまり込んで立ち往生している思春期」という診断は悪くないように思われる。

特に指標の判読のために，いくつかのあまり目立たない例が選択された。それらは，むしろ，目立った特徴を持つ絵よりも，読むのが難しい。目立つ絵では，多くの状況の様態がしばしば，幾分誇張されて表示されるからである。

事例B　23歳，女性

明瞭な（eindeutig）性質の線で，まさに疑いたくなるほどの極度の明瞭さで描かれた明快な絵で，その他の状態に対して補償的なものが作用しているように思われる。

領域：右強調ははっきりしている。右強調の表のほとんどすべての項目がここでは当てはまる[1]。夢想，ファンタジーにふけること，我を忘れる，制止，落ち着きのなさ，自分が弱いこと。この女性はしばしば「放心した」ようになり，

1）　53. 右側の強調（219ページ）を参照。

図像 B

自分自身の世界に繰り返し没入する。

　上下の領域はほとんど同じ高さで，この意味では，標準から著しく逸れているということは全くない。これに反して，樹冠の幅は目立つが，押しつぶされたようには見えないので，十分な発展の極致に力強く近づいていることになる。ごくわずかだが，ここには，発展が和らいだような，従順さの色合いがあるが，その従順さは規律から意識的な断念に至るまで，さまざまな手段として利用される。

　幹は軽く右に傾いている。すぐに身を捧げ，自分を犠牲にしそうになるのが際立つ。適応の構えがある。同時に支えの弱さを思い起こさせるところもある。

幹は下の方が広くなった楔形をしている。鈍重，阻害。この女性も学ぶのが遅かった。

　それとは全く対照的に，枝先は敏感なセンサーのように尖っていて，美しく弓形に伸びている。感情移入の才能と感受性。敏感な感受性と鈍重さとの対照が実際にあり，その中庸，中間がない。

　太くなること：幹の上では，枝が瘤のように膨らんで太くなったり，先の方に向かって広がったりしている。ここでは阻害の特徴が立体的に（plastisch）〔具体的に〕現れている。情動がせき止められ，はまり込んで動きが取れなくなり，閉じ込められている。

　ここで既に規律を守ろうとする努力から抑圧が生まれていることは，左側の力強い枝が曲げて歪められていることによって示される。自己規律，そう，いわゆる適応は，自己否定になりかかっている。均一な筆の運びには，発展の代わりに強迫のようなものが生じている。

　偏見を取り払って樹冠を眺めると，二つの方向性を見出せる。一つは燃え上がるような上へ伸びていく方向性と，もう一つは水平方向へ，いやそれどころか右に流れるまで押さえつけるような下への方向性とがある。上に伸びる方向には，燃え上がる熱意，本当の感激（Begeisterung）。下へ沈む方向，水平方向には，反省（Relexion）〔反射，省察〕，計算，算出，計画と見通しへの意志。上方と水平方向の交替には（とりわけ，せき止められていることと上述の対立を考慮すると），信じることと熟考すること，心が開かれていることと疑念を抱くこと，危険と安全などの間を振り子のように揺れている。「天にも昇る喜び─死への悲しみ」，そんな風に彼女は気分の状態が絶えず揺れている。ロールシャハテストでは，彼女は Fb-F 反応〔CF 反応〕をたくさん示していることから，それが正しいことが確認される。彼女は適応の構えがあるが，適応できていない。

　地面線は描かれていないが，幹の輪郭をつなぐと，傾いた線ができる。逸らす〔背ける〕ような反応。これは，右への移動が強調されていることにも生じている。ここで問題となる抑うつは，いわば，内的な不均衡の結果である。葛藤状況は問題となっておらず，神経症の概念から始めることはできない。中庸の欠如には，むしろ精神病質の姿が見えるが，精神病質では社会的能力に困難

1）　第 3 版ではこの指標 Keilform は「円錐型」Kegelform と名前が変わった（本書 124 ページ，155 ページ参照）が，事例部分にはその訂正が及んでいない。

があり，積極的な道徳的意思を考慮に入れれば，〔このケースでは〕社会的に障害が生じるところまでは至らないだろう。

事例 C　17 歳，男子

全体を眺めていると，描かれたバウムはかなり病んでいるという気持ちになってくる。この絵は，細かく分析しなくとも，人を驚かせるところがある。

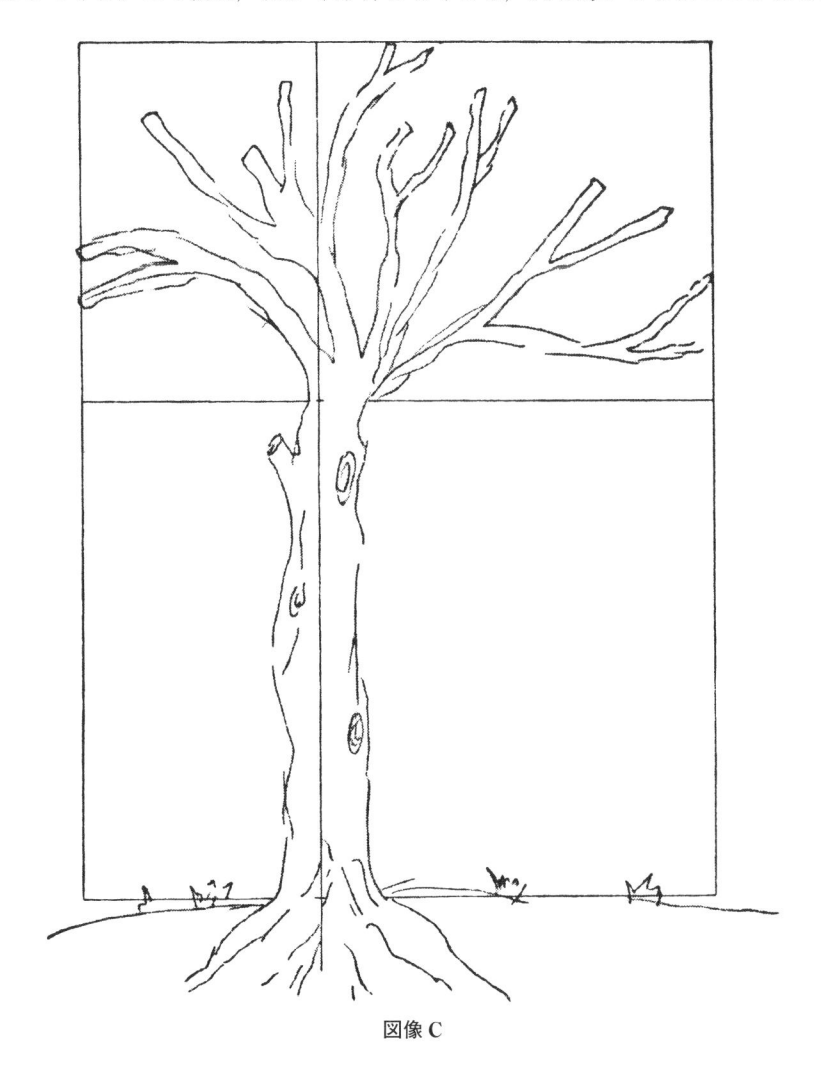

図像 C

にもかかわらず，そのような外観はそれほど珍しいものではない。

　領域：強い右強調；下の領域のやや強めの強調：樹冠に比べてかなり長い幹。根。わずかに丘のような形をした地面線，しかし広々としていて，植物も混ざっている：風景。枝先の切断端：鋸で切られたような，短く刈り込まれたような枝が幹から出ている：正面の枝の切断面（目），幹の左側で本来の樹冠の下側にも：切断されたような枝の一部。描線の運びも定まらない感じで，とりわけ，幹と枝は不連続線になっている。右強調に対して，軽く左へ流れる傾向があり，右側のまっすぐな主枝とは対照的に，左側では弓形に垂れ下がるような枝が描かれている。幹は不規則でところどころ食い込むような形になっている。平行で同じ太さの二線枝。〔ところどころ〕太くなっている。

　診断者の目を引くのは，二つの動因（Moment），すなわち，長い幹と，樹冠の下の切断された枝の残った部分である。いずれも退行の表現であるが，この少年を「大きな子ども」とみなしても，まだ控えめな記述である。「やや幼い」という方がよいように思われる。彼は幻想を抱いていて，並外れたもの（正面の枝の切断端）を欲するが，自分で責任はとらないで，あらゆる失敗の後で，「切り取られた，刈り込まれた」と感じるのである。その一部は教育によるものであり，教育によってこの疲れた男子を少なくとも学校で育て上げることはできなかった。劣等感という結論が得られる。ここでそう解釈するのは，切断された枝，左側の下降している枝の形に見られる断念とか力なさがあるからであり，それらは内的な対抗心の弱さを明らかにもするが，それを外向きに力強く補償している（幹から右側にまっすぐ伸びる枝）。右強調：ファンタジーの営みにおける，「もう一つの世界」への逃避。同時に：逃げている，集中していない，やや感化されやすい，落ち着きのない，不確実な，強い体験衝動，自己顕示欲の強い，そして傲慢な。この男子は避けていて（左へ流れる傾向），夢を見ているかのようで，自分へとらわれた状態で，極めて敏感である。同時に，彼は支え（根）を捜し求めている。彼は自分のことを孤独で孤立している（丘の形をした地面線）と感じており，ほどほどに強調された風景に再び表れているのは，現実からの逃避，夢見がちであること，あてもなくさすらっている様子，描写している様子，おしゃべり，適度な印象などである。それにまぎれてわずかに抑うつ的な特徴や落ち込んでいる様子なども窺われ，そのことはもちろん，ほとんど病的ともいえるほどのどろどろしたような描線の方にもっと表れている。

描線の途切れ：神経質な興奮，激情，激怒。もしよい方法がみつからなければ，大量の情動の爆発に至る。せき止められていることは，枝の一部に表現されている。同じ太さの枝が表しているのは衝動性，体験に飢えていること，そしてしばしば，傲慢さと横柄さ，そしてもちろん，欲動性と短気さに加えて，勉学よりも「手っ取り早く済ますこと」(handgreiflich)〔具体的なもの〕の方が向いているという可能性である。

発達の遅れも問題である。この男子には知的なものよりも手を使う仕事の才能があるが，彼が学ばなければならなかったこと，やらねばならないことは，自分の嫌なこと，現実からの逃避をただ助長するだけだったことであり，さらには内的な放任状態を導くことになったのである。ここで進行している思春期的な出来事は，実際的な手仕事の面に成熟をもたらすが，それはその考えを現実に近づけることに成功したときだけの話である。

根本においては，上記の分析に類比されるべきものが逐一描画の中に見出されるというわけでは必ずしもない。細部を一つ一つ検討することは，正しさを証明する可能性があるという利点を持つが，いくつかの支配的な特徴を掴めば，経験を重ねることで，それらをひとまとめにしてどういう振舞いをする可能性があるかがわかるようになる。

事例D　16歳，少女

この描画は球形のバウムを示している[1]。同時に，樹冠はもう少し細かく見ていく必要がある。非常によくあることだが，図の外観は，優勢な形に本質的な意味が含まれているとはいえ，様々な側面から吟味して定めなければならない。図的には，樹冠は中心に置かれていて，その形にはアーケード型の特徴があり，左右の均衡はほぼ取れていて，聖体顕示台の形の特徴がある[2]。小さな半円は実を表し，葉叢（Laubwerk）の中に垣間見られる。

樹冠はいくぶん平板で，幹は比較的，立体的にまっすぐに描かれていて，幹の表面には縦線がある。地面線はやや丘のような形で，同時に風景が描かれている。樹冠の下には，切断された枝の残った部分が幹から出ている。

〔描き手の〕少女らしいセンスの形はアーケード型に表現されているが，実際

---

1) 本書72ページ，170ページ参照。
2) 本書43ページ，178ページ参照。

には，描画の才能と装飾の傾向という形で現れている。この少女は一人っ子で，長い間，大切に育てられてきた。これを土台として，絵の成績は特によくなっていった。樹冠の下の枝の付け根が残っているところに幼さが垣間見え，年齢の割には遅れがあるように思われ，同心円状の，聖体顕示台の樹冠の形には，積極性の欠如が，自分の中で落ち着いている様子が垣間見られる。自己描写は，最高に美しい方法で表現されていて，形を喜ぶことと併せて，美への傾倒があるだけではなく，美的存在や美的所有への傾倒もある。既にボール型の基本的性格の中に，幼い素朴な性質があり，幻想やメルヘンに生き

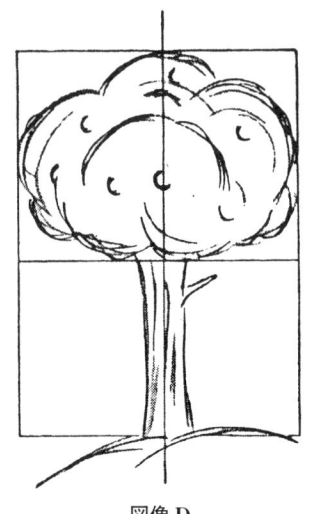

図像 D

ること，現実から遠ざかることが表現されている。さらに，目の才能，鑑賞を喜ぶこと，情緒的であること，怠惰な部分もあることが表れている。丘のような弓形の地面線は，自己描写の性格を強調しているし，幹の表面の縦線には，観察の才能，外観における敏感な感受性と反応性が出ている。描線の引き方に見られる筆圧の違いは立体的な表現力を強調し，同時に，幹の輪郭にみられる描線の途絶は，感じやすい神経過敏さを指し示している。

　描かれた実は実際には暗示されているだけで，その意味では次のような事実とも極めてよく合っている。自己顕示欲[1]，努力が長続きしないこと，現実を誤って評価すること，外見を中身と〔間違って〕受け取ること，短気，幼さ，豊かでありたいという願望などである。夢見がちの，甘やかされた，幼い性格が十分に描写されている。樹冠の軽度の左強調には，熟考し，引きこもることへの傾倒が暗に示されていて，ここでは特に健康状態によるところが大きい。自己表現に対立するものは何もない。この少女は輝こうとする，あるいは美しさによって働きかけようとする，あるいは，努力しようとするよりは「存在する」ことを望む。もしかすると，その少女も美しく，この美点が見出されれば，彼女が自己讃美するのも理解できる，ということになるかもしれない。それほど

1）　Geltungsbedürfnis（自己顕示欲）：Geltung（効果）＋ Bedürfnis（欲求）。

美が強調されるのであれば，花が描かれることを期待してもよい。TATという他のテストには，この側面がみられる。与えられたテーマについて空想を膨らませて作文をするこのテストは，ここでは足りない部分を見事に補っている。「銀色に輝いているのは，花の香りがあふれてくる春の夜です。少女は窓辺に立っていて，外の闇に耳を済ませています。うっとりするような花の香りが少女の方へ立ち昇ってきます。その中へ滑り込んでいる月の穏やかな光が，少女を物悲しい気分で満たします。それが彼女をベッドから誘い出し，目に見えない強い力が彼女を窓辺まで連れてきました。まず少女は，夢のような，でも現実の，夜のイメージを眺めています。彼女は遠い国のこと，異国の人のことを夢見ています。少女が建てた空中楼閣は巨大なものですが，再び底知れぬ深みへと音もなく崩れ落ちていきます」。

その文章を投影による自己判断という見方で判読するなら，基調をなす気分が見事に捉えられていることがわかるだろう。暗示を受けやすいことは，この記念碑のようなバウムよりも強く表現されているが，いずれにせよ生き生きとした描画はできる。花は，自己讃美，つかの間のもの，外見を求めること，美しくあること，装飾，といったものの表現である。「うっとりするような花の香り」は，幻想的なものと自画自賛（Selbstbeweihräucherung）[1]とを強調している。少女は〔外からの〕影響には抵抗せず，外に「誘い出」されて，夢のイメージと現実とを同一視している。しかし，「巨大な空中楼閣」は音もなく底知れぬ深みへと崩れ落ちてしまう。

異なるテストの結果を比較することは，ここに示されるように，調査結果を診断的に十全なものにするのに役立つ。同時に，テスト方法を相互にチェックすることができる。この事例においては，一方の結果が他方の正しいことを裏書している。実際には，次のような問題が生じる。どちらのテストが，確実で信頼できるものとみなせるのか。どちらが合理的で，質を落とすことなく時間を節約することができるか。もっとも，本例では，テストをしなくとも診断できなくもないが，それは，母親がその少女のことを「生意気で，人生の何たるかをまだ知らない」と述べているからである。

---

[1] beweihräuchern はもともと「香を焚き染めること」（「香り」からの連想だろう）で，転じて「誉めそやすこと」の比喩としても使われる。sich beweihräuchern で「自画自賛する」。

事例 E　15歳，男子

ここで取り上げる事例は，空間象徴をうまく適用できる典型例である。一見しただけで，描画の位置が目立ち，2番目に形が目立つ。そのバウムは紙の上端にぶら下がっているように見える。

位置の確定：紙面全体に対角線の〔斜〕十字をひいてみると，描かれた絵の基線は紙の中心のやや上あたりにあり，幹の中央線は中心から左へ約36ミリずれていることがわかる。描かれた絵では紙面の左上の領域に，外見上特色のある幹が置かれている。

枠を付けること：〔バウムの領域を示す〕枠の中に座標軸と対角線とを書き込むと，上部にある樹冠の右強調が目立つのがわかる。樹冠の右半分は左側のおよそ2倍の幅があり，しかし同時に，左よりは空間に隙間がある。同時に，バウムの上部は紙面の上端まで，あるいは紙面を越えて描かれているので，管状枝が生じ，もしそうでなければ〔紙からはみ出しているのでなければ〕その〔管状枝という〕指標を指摘することができる。

右側のぶら下がった枝は，折られて垂れ下がっているが，それは思春期の内的変容の徴である。その若者は根本的な変化の中にあり，両親から離れ落ちるところである。

そのほかのところは力強く形作られたバウムの細部を検討しないと，矛盾するかのような外観に向き合うことになる。つまり，領域の位置からは左強調が，広く張り出した樹冠からは右強調が与えられる。これについては，本来どこを目指しているのか，と問うことにより理解が容易になる。それで，三つの方向をもつことが明らかになる。左へ，上へ，右上へ，という三つである。

上へ：部分的には，この方向は描かれた絵が紙の上方へはみ出そうとしていることから明らかとなる。この若者は，紛れもなく欄外へ逃げていく者であると同時に，バウム画をいわば空中にぶら下げたままにしている。紙の下半分の空白の空間（Leerraum）は，すべてが宙に浮いたままになっている様子を示している。上向きには，彼は，本来はその中で収めるべき境界線の外に出ていこうとしている。紙面は，生の領域そのものを象徴している。この若者はそこでやっていくのではなく，少なくとも今は確実に，現実的ではないようなものに傾いている。彼の願望世界が優位になっていて，その願望はおよそ天まで伸びている。ある程度の現実感覚の欠如は，思春期のファンタジー衝動にみられる

第 6 章　臨床事例　289

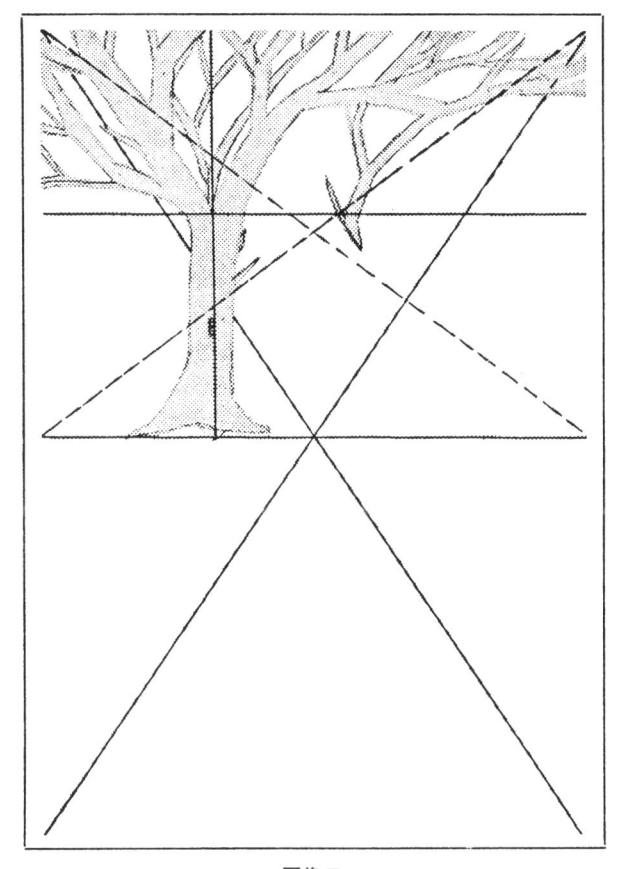

図像 E

ように，稀なものではなく，以下のような意味も持っているかもしれない。この若者がなりたい職業として第一に述べているのは，訓練将校あるいは，体育教師，スポーツ教師であり，第二が技術者だが，その場合，建築設計士や機械製図工のことをかすかに匂わせている。最初に名前を挙げた職業は 15 歳では実現できるものではなく，習得して初めて，あるいは他の基礎的な仕事を学んで初めて可能となるものである。彼の願望は，もはや体験へと駆り立てることを意味しているのではなく，運動の喜びや力の誇示を意味している。それは遠くの目標であって，既にほとんど撤収されているように思われる（垂れ下がった枝）。それでも常に，程度に対する感情が欠けている。それに加えて，用紙の上

縁を超えて出て行くような描画徴候には，退行のようなものがある。

紙の左上の領域への配置：この徴候には，回避の傾向，退却の傾向，現実との直面化から逃避する傾向がある。それは責任をともなわない願望世界への逃避であり，とりわけ，単なる傍観者の受動性へと逃避することである。学校では「やる気さえあればもっとやれたのに」というタイプである。学校での振舞いについては，ある程度の無気力があって，主導権を適切に発揮することはなく，いろいろな点で怠惰とみなされていたに違いない。多くのことを求められると，彼は激しくいらいらした反応をするが，それは彼の願望世界を守ろうとするからである。しかし，それは状態の一面に過ぎない。

右強調：右上方を指し示す大きく広がる枝ぶりは，成功への意欲と目標を求めようと努力することを指し示しているが，それはいずれも，現実に存在している受動性と対立している。もちろん，単に努力の方向が暗示されているだけで，実施ではなく，また行動そのものでもなく，せいぜいそれらが期待されるというところである。実際，この男子は，ボーイスカウトではとても積極的だが，技術的・実際的な課題を解かなければならなくなると，彼の無気力は引っ込む。実際に働くことができるとなるとすぐに，彼は積極的で快活になるのである。

アンビヴァレンツ〔両義性〕のイメージが表されていて，意志（右強調）と非意志（左上の領域の強調）の間で揺れている。学校の成績も両者が混ざり合って平均的な成績となっているが，それは実際に彼が持っている能力よりも明らかに低い成績となっている。行動においても，内気なところと大胆さとの間を揺れている。彼は好んで指揮をとりたがるが，責任を前にすると物怖じしてしまう。彼は，いわば，左上の生の傍観領域で行動していて，彼はあれこれと，とりわけ彼に強いられた課題が必要なものかどうかについて，判断を下すことばかりしている。うまくいけば，傍観者は「哲学する」し，しばしば，知ったかぶりをするが，同時に彼ができることについては何も語られない。

思春期という移行期の，バランスがとれなかったり，本来の姿ではなかったりすることの影響を受けていることが，これらの空間イメージからわかる。その際，発達状態は年齢に比べて遅れているとする理由は何もない。物事を決められないと同時に物事に開かれていることは，管状枝に十分暗示されており，どっしりとしたほとんど平行な枝の形もそれを示していて，この若者は，たと

えこれらすべてが分化した様子がほとんど見られなくとも，自分の能力を示すことができる実際的な活動を強く求める。幹と幹の根元のほとんど図式化された形は，機敏さに欠けることと，ほとんど痙攣したような意志とが混ざり合っていることを指している。

全体としてみると，この絵は，思春期の特定の時期に特徴的な状態を表現している。同時に，職業の成熟はまだ全く成し遂げられていない。当然のことながら，同じ事態が，バウム画のほかの表現手段によっても現れることはありうる。このケースは，空間象徴の利用という点で好都合な条件を備えているが，あまり極端な形で，あるいは少なくともそれほどはっきりとした形で繰り返し起こるものではない。

事例F　パート職，18歳男性

ここで描かれたバウムは，適性検査の枠で行われたものだが，以下のような指標を示している。

1　樹冠に比べて長すぎる幹。その比率は33：10である。
2　用紙の下縁に置かれた幹〔幹下縁立〕
3　幹上直
4　円錐幹
5　全一線枝の樹冠
6　逆向きの動き（Gegenzüge）〔筆の運び〕。特に，左側の主枝から出た分枝に見られる。
7　描き直し。幹の上半分は，先に描かれた輪郭を残したまま，追加的に広げられて描かれている。
8　枝の一部は明らかに，幹―樹冠の移行線よりも下に落ちている。
9　樹冠は紙の上端から上にはみ出るように描かれている。
10　樹冠の左半と右半の比率は10：12で，標準範囲を示している。
11　樹冠の右半分では，〔左半分よりも〕多くの分枝が，主枝から離れ，ところどころ，空間の中で全体と合わない形で漂っている。
12　〔分枝の〕逆向きの動きを無視すれば，主枝は成長の方向に向いている。まっすぐでもなく，角の多い動きでもなく，さまよった，波型の動きがある。

指標は本事例では，非常にわかりやすくはっきりと確定できる。解釈は，ある範囲内では何ら困難を引き起こさない。

印象の分析は，当然のことながら，複写を見るよりも現物を見る方がより適切にできるが，以下の印象は容易に得られるだろう。原初的で，調和が取れていない。これは，上下のバランスの欠如，上部のある程度の分化と下部のどっしりとした，しかし同時に空白の印象を与える重さとの対立によって生じる。

その印象は細部を見ていけば確かめられる。バウムを用紙の下縁から描くことは，早期指標とみなされる。これは 10 歳までは標準的と受け取られるが[1]，それ以後は，軽い遅滞現象と評価できる。

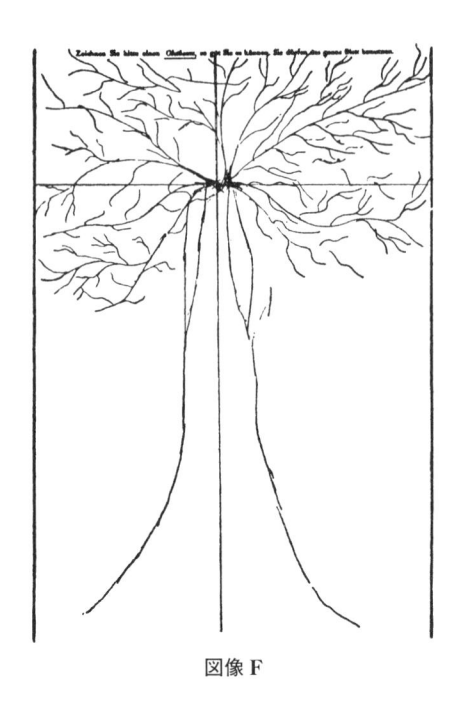

図像 F

幹／樹冠比は 33：10 で，5 歳から 7 歳の子どもに見られる比率である。それゆえ，描き手は，遊ぶ子どもの段階に固着しているか，あるいは遅滞しているか，退行状態にあって早期の段階に逆戻りしているか，である。この指標は，描き手が意識的にコントロールできるものではなく，極めて重要なものと受け取ることができ，原初的な状態を指し示している。幹上直も，10 歳#以後では実質的には見られなくなる指標であり，この事例においては，遅滞を指し示している。底部が広く先端部が細くなる，はっきりとした円錐幹は，標準児童ではおよそ 11 歳から 12 歳以後では見られなくなるが，軽度発達遅滞者ではおよそ 5% の割合で 17 歳まで見られ，彼の知能はおそらくあまり良い状態ではないと示唆される。実際この被験者の才能はかろうじて普通の範囲に収まっているが，平均値に達したことは一度もない。この事例に見られるように，遅滞の指

---

[1] この指標は初版では 7 歳#までが標準的とされていた。

標が頻発していることは，情動的な成熟の遅れの徴候を示すだけでなく，知的な発達の阻害も考慮に入れる必要がある。しかしながら，その際，そのような解釈は，当然ながら確率的な性格を持つ一時的なものであり，確認も容易にできる。

　一線枝だけを描く手法は，確かに部分的な遅滞を示唆するが，極端な大きさの比率などのように，すぐさま重要なものと考えない方がよい。第二学校の生徒ですら，その指標〔一線枝〕が既にそれ以前にただ稀にしか生じないものになっているにもかかわらず，13％くらいまでは一線枝の反応を示すことがある。標準的な思春期の退行がはっきりと確認されることもあれば，誤解しようのない退行的な性格が指し示されることもある。逆向きの分枝は，ここでは樹冠の左側に生じているが，二重の意味を持つ。つまり，逆向きの動きと同時に空間倒置が表示されている。これはまさに遊び盛りの年齢だけに生じ，大きくなるとごく稀にしか見られなくなるものだが，逆向きの動きは第二学校の生徒でも1から5％の頻度で散発し，若いパート職にはしばしば目立って見られる。図式主義とそれによって生じる原初の状態を伴う子どもっぽい空間倒置の二重の意味は，部分的には無思慮な仕事と結びついていて，コントロールが効かず，それゆえ，突然，指示に逆らって意識的な意図とは反対のことが出てくるようなことが生じる。あるいは，部分的には，逆向きの動きの描き手は，規準（Norm）に逆らい，時流に逆らって，正道や慣習の反対のことを意識させる。彼は「人をさかなでること」[1]，理に合わないこと，筋の通らないこと，異議を唱えるようなことをやる。どことなく，ここには，不平ばかり言うような要素と，適応とは反対のこと，すなわち適応の欠如があるように思われる。安定した標準的な方向が反対方向に捻じ曲げられている。背景にあるこの方向転換は，左半分の領域に特徴的に見られ，外へ向かう右半分の領域には生じていないが，それと関連して，気まぐれ（Unbeständigkeit）〔不安定，気まぐれ，移り気〕，変化，信頼できないこと，などの事態が明らかになっている。信頼できる人というのは，その考え方とか行動が，突然の気分や気まぐれや考えをころころ変えるといったことに脅かされない人を言う。しかしながらここでは，信頼できないという事態は，仕事の特性というレベルだけではなく，道徳的なレベ

---

1)　gegen den Strich：文字通りには「線の動きと反対に」。

ルでも当てはまっている。この若者は，まさに自分の手にしたもの，自分で使えると思うもの，万年筆，タバコ，お金などを盗む。もちろん，逆向きの動きは，自分自身への動きとみなすことも出来るが，それゆえ，それは自分へ持ち込み，寄せ集め，手に入れるというしるし（Geste）〔身振り，間接的な意思の表示〕といえないこともない。

　幹の輪郭からは明らかに，その先細りの円錐幹に，その中身の弱さを体験していて，ぎこちなくバランスをとろうとしているということが示唆される。瓶の首にあたる部分のバランスの取れなさが補足的に修正され，糊塗され，隠され，よくしようとされている。そしてその結果，より適切な修繕がなされ，実際のところ非本来的なものになっている。仕事のやり方と仕事の特徴に関しては，修繕への傾向が会社からはっきりと確認される。この若者は，仕事では，決まって図式的に修繕しようとするが，その決まり文句が，「親方，仕事は終わりましたが，直しましょうか？」である。彼はまず，うっかりとしたミスを犯し，誤りを見つけても不十分な方法でしかそれを改めない。一見神経症的な自己統制の中に，ポジティブな態度の有望な兆しがどれほどあろうとも，それは単に，誤りから学ばない，改善の余地のないものでしかない。緩んだ，ほとんど遊び半分の，責任のない関心の向け方を反映しているのが，右側の散乱したような小枝で，それは，一部は，枝を自分の思うように全く使えず，それゆえ解体したような振舞いを示している。

　樹冠は全体として十分分化していて，とりわけ，中が詰まった様子は，中身が空白の幹の形と対照的である。茂みとか枝というよりも，痩せてはいるが繊細に枝分かれした，と呼びたくなるような樹冠のイメージには，繊細な枝分かれをした，ある程度の反応しやすさと感受性の表現が残っている。外側の部分は，現実との接触点であり，印象を受け（Eindruck）表出を行う（Ausdruck）器官は比較的豊富だといえるが，血の気が通っていなくて，中身がない。理解（Anfassung）〔捉えること〕，刺激しやすさ（Anregbarkeit）〔regen 動くこと〕，影響の受けやすさといった点での反応性は，かなり大きい――ある程度までは，いわゆる情動的な素質という意味でも当てはまり，それは，植物系〔／自律神経系〕の過剰な興奮性（Übererregbarkeit）として表現され，そこから過度の刺激のされやすさをともなう逆上（Wallung）〔煮え立つこと，鬱血，のぼせ〕が引き起こされる。主にみられるやわらかい弓なりの線には，軽やかさと可動性と

が表れているが，目立つのは，ほとんど蛇のようなしなやかさ，それどころか，何か優雅なそぶりといったようなものも表れていて，巧みに困難を切り抜けることも含まれている。とはいえ，方向の変化からは，このしなやかさが二面的な顔をもつようになる。脆弱性や被刺激性という面と，本来のものではなく，困惑し適応させられないという面とである。適応の構えは，原初的な状態に接木された補償的な姿勢のように見え，その原初的な状態は表面的な方法では消えるものではない。原初的な形態と分化した形態との間にある一貫性のなさとか矛盾によって，この若者は，一方の極端な状態からもう一方の極端な状態に陥ることになる。それが本来のものではないということは，内面的にも本物ではないということである。これらをもとに考えると，不誠実が増しているという疑いが濃くなる。つまり，不誠実への前提条件は与えられるのだが，完璧な不誠実の事実があるかどうかは別問題である。本来のものではないことと，遅滞とは，道徳的なレベルに否定的な作用をもたらすものでは必ずしもない。道徳的な感情が弱いということを言いたいのではなく，それがただ推測されるということであって，そのことは現実の状態に基づいてのみ示されるべきことである。

　はっきりしているのは，この絵が原初的な段階を表現しているということである。当然，描き手が単に幼児的であるとか，発達が全く止まってしまったというのではなく，部分的な遅滞が認められる。18歳という年齢において，それよりも若い年齢で見られる表現が含まれていて，それがここでは優勢を占めている。これは神経症者に当てはまることかもしれない。ここでは，むしろ，支えの弱さのイメージがあって，その背景は，遊び盛りの年齢にみられる象徴によって描かれ，そこから行動のモデルを借用している。この若者はあまり信頼が置けず，わずかな忍耐力しか示さず，その行動は突飛で，遊び半分，「軽率」，そして原初的である。子どものような頭を持つ大人で，非常に影響を受けやすく，それが彼を駆り立てて，道徳的な間違いの素地となる。仕事ではすぐに仕上げ，すばやく掴み，長く留めておくことはしない。つぎはぎ的にはやるが，仕事が念入りになされることはなく，根本においては無精で，ほとんどすべてがこの調子で，多くの遅滞に苦しみ，そのために自制心に欠け，いとも簡単にことあるごとに影響を受ける。反社会的な（窃盗）特徴は，原則として，常に幼児性と結びつくものではないが，それでも，道徳的に弱い人の場合は，非常

に有用な前提条件となる。

　この事例では遅滞の問題が前面に押し出される。しかしながら，性格学的な次元，あるいはたとえば仕事上の振舞いといった次元への遅滞の影響は，大体の輪郭を規定するものではあるが，その影響は非常に大きくて，分化した形で絵を描くことを断念させることもある。適性検査の枠組みでは心的な積載能力の手がかり，その人が責任をちゃんと取れるかどうかを決める手がかりを見出せれば十分である。職場からの要求が少なければ少ないほど，負担も少なくなる。事情によっては，かなり多くの遅滞〔の指標〕が目立ってもパート職をこなすことはできるだろうが，仕事が自立したものとして評価されねばならないような場合とか，単に自動的に当てはめるだけでは本物の質に至るには不十分な場合には，うまくいかない。たいていは，遅滞と仕事の特色との間には高い相関がある。例外は，土台は原初的でも，十分な表現能力と描写の才能を持っている人，物を売ることを心得ている人である。彼らは傍から見ると「自分でできる」人として手際よく，しばしば迅速に仕事をし，多少とも明確なことをしている間はダウンすることもなく，飾ったりアレンジしたりできるが，深める方向に行くとなると，うまくいかなくなる。

事例 G　28歳，女性

　3歳のときに髄膜炎，6歳のときに感電事故で，おそらく脳に重い衝撃を受けた。それ以来，一時的に「気絶」し，緊張すると失神する。事故の後は意識を失う時間が長くなった。

　描かれたバウムの図像的な特徴は容易に定められる。：

　球形樹冠。やや左に寄っている。

　宙に浮いた大きな実。

　落下した大きな実と葉。

　標準的な幹，やや低位から出た，平行に描かれた管状枝[1]，それにブランコがぶら下がっている。

　枝を左に向かって描こうとしたが，本来のものではないように見え，途中で描くのを諦めている。

1）　先まで同じ太さで描かれた，という意味。

斜めに下がっている弓なりの地面線。幹の高さと樹冠の高さの比率は 1：1 で，初等学校生の標準に相当するとはいえ，よく発達した者のばらつきの範囲内である。これに対して樹冠の高さと樹冠の幅の比率は 7：10 で標準である。樹冠は幹の方に向かって開いていて，幹自身も同じように上が開いている。球形樹冠について：中は空白のように見え，輪郭は，実際にぴんと張っているのでもなく，張りがないわけでもない。差し当たり，そこに映し出されているのは大いに外から印象を受けやすいこと（Beeindruckbarkeit）で，というのもこれが平面的であることから大きな目のように見え，目に見えるものすべてに開かれていて，思い描かれるものには閉ざされているからである。とりあえず，このほとんど区分けされていない領域には，理想像が躍動する場所があり，子どもっぽいファンタジーが行き交い，活力（Leben）が半ば非現実的な方へ流れ，軽い左強調からは，より内向的な振舞いが指摘される。幹の近くに見られる線の途切れは感じやすさを物語っていて，そのことは既に繊細な描線だけをみても十分に表現されている。よく見ると枝の線にも多くの場所で途切れがある。とはいえ，どちらかというと，神経症よりは神経過敏を物語るものと捉えたい。幹も枝も成熟の遅れを示すものではない。大きな実は，樹冠の中には一つだけ宙に浮いているが，これは少なくとも部分的には子どもの状態への固着があることを十分に示していて，おそらく部分的な遅滞を読み取れるだろうが，ここではもちろん，病気とか事故によって引き起こされている可能性がある。

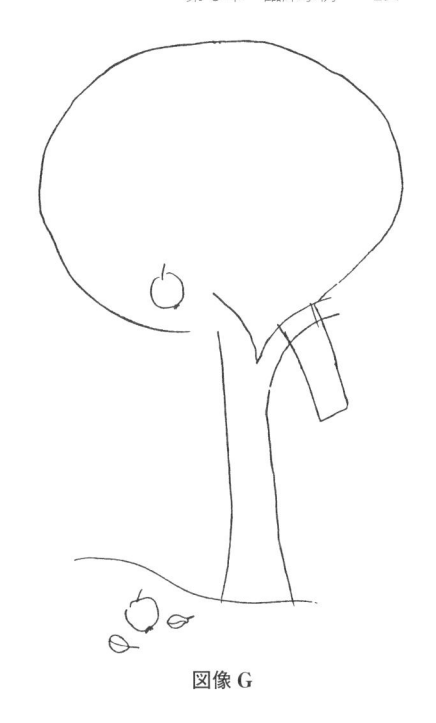

　大きな実は，ある程度全般的に見られる場合には，早期徴候の一つである。空間に宙に浮いた状態は，同様に，幼い発達段階の徴候である。平たい球形樹冠は，図像的には早期型には分類できない。樹冠の比率はほぼ不変で全年齢を

図像 G

通して同じにとどまるからである。にもかかわらず，樹冠の形を解釈すると，幼い世界像も含まれている。というのも，理想像とファンタジーの力があるからで，それは同時に，生産的な才能の条件でもありうる。大きな実は，確かに子どもの状態に分類することはできるが，同時に，強すぎる体験様式のようなものも示していて，それはいわば増大して，それによって成果（Erfolg）〔結果，成功，成果〕につながること[1]もあれば，それぞれの体験が高められることもあれば，現実が過大評価されることもある。実は豊穣（Fruchtbarkeit）〔多産，肥沃〕の象徴であり，現代的な言い方をすれば，成果の象徴であり，すぐ手に取れる結果や息切れすること（Kurzatmigkeit）[2]，遊びや即興の象徴である。当然ながら，結果への意欲には，成果を挙げたいという動機があり，息切れには，成果を妨げるものがある。被験者は常に両者の間を揺れていて，結果は出るが失敗も生じて，両極間の緊張が，ほとんど悲劇的なほどに体験される。病気の結果として生じる部分もあるのは止むを得ない。2時間も仕事をすると疲労困憊して，蓄えを使い果たし，再び充電されるまで待たねばならない。そのような人はよく，貯水湖に依存している発電所にたとえられる。湖に水が溜まると発電機が作動するし，湖の水がなくなると発電機は停止し，再び十分な水が溜まるまで待たなければならない。しばしば，この上昇と下降のプロセスが，内的な〔反転周期の〕間隔の短さ（kurz）にも観察される。短さ（Kurz）。身体的な条件によって息切れ（Kurzatmigkeit）を強いられている。この事例ではそれは脳の損傷によって引き起こされる。とはいえ，それは一面にすぎない。この女性は，普段は，普通に見えるような振舞いをする傾向があり，即興の才能や感受性，表現を喜ぶ，といった特徴を示す。そのことは，〔バウムに描かれた〕実が象徴的に示している。彼女は芸術的な才能に恵まれた家族の出で，一番なりたいのはダンサーだった。それは彼女にとってすべての意味と夢に値する特別な仕事（der Beruf）である。彼女はスイス人ではない。スイス人は，スラブ人とかスラブ混血の民族の少女たちのようには，それほど頻繁にはその仕事をしたいとは思わないからである。〔彼女自身の〕素質と教育上要求された隔離と孤立を通して，芸術的なものに高められた体験能力は，ダンスの活動ができないこ

---

[1] am Erfolg hängt：文字通りには「結果がぶら下がっている」。「実がぶら下がっている」を言い換えたもの。
[2] おそらく，枝がなく実だけ描かれているところからの連想だろう。

との補償にもなっている。それが，身体的にも心理的にもすぐに消耗するようなことを禁じるのである。しかしそれでも彼女は動く。枝にぶら下がっているブランコは一体何を意味するのですか，と尋ねられ，彼女はこう言った。「私は宇宙でブランコに乗っているんです」と。彼女はかつて，「シゾイド」《schizoid》という御旗の元で過ごしたが〔シゾイドという診断を受けていた時期があったが〕，もしそうしようと思えば，宙に浮いていることとブランコで揺れていることとをそれと関連付けることはできる。しかしながら，それは一つの〔可能性の〕極として，ということに過ぎない。そしてすぐに2番目の極を探す必要がある。それがペダントリー〔必要以上に小事にこだわること〕である。これはこのバウムには描き込まれているものでは全くないが，にもかかわらず強迫的なところがある。正確さへの強迫は，ペダントリー―ブランコという対立緊張の，一つの極を形成する。これ〔ブランコ〕がシゾイド的なイメージにふさわしいものだとすると，正確さへの強迫には，補償の強迫があるということになる。まさにまっすぐなことを通そうとするが，病気と本来の素質のために断念へと至ったに違いない。てんかん発作的な意識消失は，彼女がひどい一撃を喰らうことに反映されている。彼女は文章を書くとき，突然文字や単語を省略するし，意識消失発作時にはブレーキを引くことが出来ないので，既に何度も交通事故に遭っている。彼女はひどく忘れやすい。それについては落下した実と葉を眺めていると，それが不用意な発言とか抜け落ちたり忘れたりすることの象徴に見え，平均まで高められた感受性と神経過敏，省くことへの衝動（Schenktrieb）〔schenken：贈る，免除する，省く〕の象徴にも見える。彼女はこれを同時に目に見える形で示している。困っていた彼女はよくしてもらったからと，検査〔バウムテスト〕が終わった30分後に，紙袋に入ったブドウを持って現れ，私の子どもにと差し出してくれた。バウム診断の公表にも彼女はあっさりと同意してくれた。贈り物，紛失すること，忘れること，これらは，表現においては，同一線上に並ぶように思われる。ここでも再び，忘れてしまうことは補償を呼び寄せる。ついでにいえば，遅滞がその人全体に及んでいれば，補償が生じる可能性はほとんどない。まさに，人格のかなりの部分が標準的に発達していて，

---

1) ブドウをもってきてくれたことと同意してくれたことが贈り物に相当する。
2) 裏を返せば，この事例では補償が起こっているので遅滞はあるとしても部分的なものである，ということになるだろう。

部分的にだけ遅滞があるのだから，実り多い緊張が生じていて（この緊張は，他の人の場合，たいてい不毛なものとなるが），それが弱いところを補償しようとさせることになる。彼女は記憶に関しては書き込んだメモ用紙で対処しようとしていた。そのメモ用紙はゆうに一箱になるほどで，そういう姿には，賛嘆に値する忍耐力が一目瞭然である。しかし彼女はさらに先へ進んでいる。意識の次元ではしばしばうまくいかないことに気がついた彼女は，それによって，精神的な発達をもたらすために無意識を訓練しているのだということを自ら発見した。この考え方は少なくとも驚くべきもので，その開かれた心とファンタジーとによって彼女は一歩前進したことを示している。補償するものにはもちろん，もう一つの意味が含まれている。それは，今の姿とは異なる別の自分の可能性があることを意味する。不正確なものが正確なものになり，夢想家が現実を求め，ここでは女性が男性でありたいと思っている。彼女は小説を書いていて，そこでは男性として話している。ここで，女性性の抑圧（Verdrängung）〔押しのけ〕が問題であるかどうかは，バウム画の中においては，実をつけているという象徴が左に移されている〔／押しのけられている〕こと〔に表れている〕だろうか。当然，そのような解釈には自由さ〔／恣意性〕がある。それでも，ここでは，診断的な現実と夢想家(ファンタジー)の心理学とを区別できるような限界を超えていて，それゆえ，広範囲に及ぶ推論は断念して，人物の深層を探るのは訓練された分析家に委ねるのが好ましい。

このバウムは，開いた主枝が１本あり，典型的な管状枝を示している。枝自身は，同じ太さで，やや低い位置から出ているが，にもかかわらず，それによって遅滞の指標が推測されるほど明白なものではない。しかしながら，〔枝の先端が〕開いていることは，多面的な関心を抱き，目的が定まらず，あるいは目的を失っている，総じて開かれていて全く偏見がない，といった解釈とあわせて，この被験者の特性を非常によく言い当てている。自分の立場を決められず，というのも手仕事には意味が感じられず，事務仕事には吐き気を催し，芸術的なものはすぐに美的な世界像に達してしまうからである。彼女は慣れることが出来るだろうかと問うのは無駄である。むしろ彼女は消耗しやすさを通して，何とかして実際的なことから遠ざかろうとする。感受性はそのまま芸術となるわけではないが，自分の嗜好に合う形でそちらの方〔芸術の方〕に通じていくのを好み，もしそれを実現させられなければ，さらに先へと進んで心理学へと，か

の有名な心理学へといたる。それは事物の間を浮遊して，中身が全くないように思われるものである。それがここでも当てはまる。その芸術的なものが，好ましい，決して「役に立たない」ことはない芸術愛好（Schöngeistigkeit）〔文字通りには「美的な精神」〕となる。実際的なものへの道は，この素質と才能を評価するところに存在する。

　今や，神経学的な問題に関する問いを正当に問うことが出来る。一部は髄膜炎によって，また後にはてんかん的な状態によって生じているこの脱落は，バウムにおいて目に見える形で表れているだろうか，と。とりあえず言えるのは，明確にそれを指摘できるようなところはない，ということだけである。バウムのイメージは，おそらく，どことなく不完全で，樹冠は最低限の部分しか使われていない。ありふれたイメージでは決してなく，それが不遜にも〔／大胆にも〕特定の障害を主張させるのだろうが，これに反して，ある問いには興味を抱く。つまり，才能に関する問いである。被験者はかつて，精神薄弱というレッテルをつけられたことがある。失神発作や集中力の低下などによる作業能力の欠落や消耗しやすさといったことの全体を考慮に入れると，不適応が生じるのは，正確さが強調され過ぎて，本質的なものを捉え損ねた場合で，それでときどきは作業能力が劣るというイメージが生じるが，それは軽度発達遅滞（Debilität）とは関係がない。もちろん，大きすぎる実という指標は単独で一般的な発達遅滞（Entwicklungsrückstand）を示唆する場合も時にはあり，幼稚症（Infantilismen）がこのような形で表現される場合は，周知のように作業能力を妨げる。

　一方，基本的に才能が劣ることを物語るような指標はこのバウムには見当たらない。社会的慣習への不適応，固有の世界像は，どちらかといえば，自分の頭だけで考えて何かをすることに通じている。これらの世界が傷つけられると，彼女は爆発的な反応をするが，それは管状枝が図的に表現している。テスト的には，知能検査はここでは不適応程度の良い結果はでる。彼女はありきたりの作業能力を記録することもあるいは作業能力の低下を記録することもあるだろうが，それと併せて，当人の作業の前提条件が顧慮されない限り，判断を誤ることになる。まさに以下のごとくである。十分な知能と作業を妨げるもの。知能の才能について云々する代わりに，そう言うのがよいだろう。この事例はわずかな指標が豊かに物語り，病歴とあわせて全体としてみると被験者の理解に

多くの寄与がなされるという点で教訓的である．もちろん，このバウムについては，バウムがすべてを示しているというわけではないことは明白だろう．強い補償の意志は目に見えるのではなく，せいぜい推論されるといったところである．精神科医の診断は，破瓜型統合失調症である．

事例 H　15 歳，男性，7.5 カ月で帝王切開，出生時体重 4 ポンド〔約 1800 g〕
　ここに再現されているバウムは 2 枚目に描かれたものである．最初の描画では，中が空白の球形樹冠が，紐で縛られたような幹の上にある．樹冠の輪郭は不規則だが震えた線ではない．診断的には，最初の描画からはあまり多くのことは言えない．それゆえ，2 枚目の描画は樹冠部分を枝で描いてもらうように求める．そうすると，最初の表示ではぼんやりと予感されるだけだったものがすべて，もっと感銘深い形で表現されるようになる．
　指標：ほとんど平行な，やや不規則な幹．幹上直と枝先直．二線枝の直交分枝と一線枝の直交分枝．強いふくらみと〔紐で縛ったような〕くびれ．枝の輪郭はところどころ（特に右側に強い）変質的な変形，一線枝のほとんどが同じように描かれていること，紙幅全体に広がる地面線．幹─樹冠移行線より少し下まで落ちている樹冠．左側のほとんど水平方向の主枝．寸法：幹高と樹冠高の比率は 8.5：10 で，初等学校と第二学校で見られる標準範囲内．この男子は第二学校に通っていて，成績は平均．樹冠の左半分と右半分の比率は 10：13，樹冠幅と樹冠高の比率は 10：7.7 で，ほぼ標準的な値である．樹冠は左側よりも右上の方が密集していて，それゆえ左側にはある程度の空白の空間が想定されるかもしれない．主枝を枝先直と捉えるなら，ここではそこから二つの考え方が指示されるだろう．枝の切断については容易に言うことは出来ないのだが，それは，左側の下から 2 番目の主枝の側枝は先端が丸くなっているからである．丸いのは枝先直に続く段階であり，枝先直が消失し始めるときから見られる．真の枝の切断にはそのような特徴が混在することはない．少なくとも枝の切断と枝先直との合金を想定する自由はあるが，これは実際に裏付けることはできない．真ん中の主枝は，外に向かって太くなり，再び，紐で縛られたようになっているが，これを先太りの枝という指標と捉えることは出来ない．指標を正しく読む鍵は右側の主枝にある．枝の付け根の〔紐で縛ったような〕くびれと，枝が外に向かって太くなっていくことが重要である．とはいえ，それです

図像 H

べてが明らかになるわけではない。変質的な形態は，単に不規則な描線の輪郭を検出できるだけでなく，未分化なひれ足に似た枝の形でもあり，大きく押しつぶされたように見える。ここで，〔紐で縛ったような〕くびれ，ふくらみ，変質的といった形が重要であり，それは，経験が乏しい場合には，図的特徴を誤って受け取る可能性が十分にある。もちろん，すべての描画がそれほど多義的であるというわけではない。

　解釈のためには，早期型の量が間違いなく中心的な判断根拠となる。幹上直，枝先直，直交分枝はすべて，早期の発達段階に属する。直交分枝が優勢で，ある程度でも成長方向に描かれている枝はごく一部しかない。幼稚園の年齢まで後退しているはずだが，このような特徴の表れ方は標準でも見られるものである。一方，枝先直は，実質的には10歳までに消失するはずのもので，同様に，幹上直は実際的には発達の制止の際にのみ生じる。要約：遅滞の指標は全く明白である。ここで浮上してくる問いは，この遅滞が知的な，あるいは情動

的な，あるいは身体的なもののいずれだろうか，という問いである。身体的には，標準的な成長と体重，色覚障害（これは遅滞とは関係がない），強い斜視，そしてとりわけすぐに疲れやすい，といった点がある。さらに，次のような現象がある。体調が悪い時には転んで地面に叩きつけられることがあり，激しく転倒するときには意識を失うこともある。最初，これは，おじのてんかんと関係づけて考えられていたが，おじには何らかの意識消失発作は全くなかった。これに対して，膝外腱反射はほとんど消失していて，遅延収縮が認められるのみで，ちょうどやまびこが何度も響きながら次第に小さくなっていくかのようである。そういうわけで，この男子は神経学者に見てもらっている。この若者は，食事の後でテーブルを拭かねばならないといったことだけでも，強い吐き気を訴える。そのような光景は，早産で生まれた人にはそれほど稀なものではなく，神経障害の素質を指し示している。この若者はめまいからも解放されていない。さらに偏平足もある。彼がサッカーをやると，すぐにひどい筋肉の痛みを覚える。それでも，主要な指標は，早産そのもののようにも見えてくるし，それは事故と同じものとみなすことができる。一般的な経験から言えば，早産したものは発達には何年か余分に必要で，それは何カ月か早くこの世に出てきたからである。この男子に見られるような神経質な過度の敏感さは，他の人なら容易にこなせることでも，彼に多大な苦労をもたらす。

　運動性はそれだけで一章を要する問題である。バウム画は，結局は，動きと中枢の制御なしにはうまくいかないが，しばしば，全く興味深い動きの形を示し，運動性の評価と併せて動きと動きの姿の評価が広く利用される。ここでは，変質的な形態が一番目につくが，それは本来，発育不良あるいはまだ出来上がっていない姿であり，いわゆる胎児の状態にある形であり，緩むと同時にひきつった形である。ピアノの演奏とかタイピストに見られるように，自動的に手が動くようなところでは，障害は全く確認されない。これに対して，手先の器用さの方は発達が劣っている。この若者は，ごつごつした，不器用で機敏さに欠ける形で反応している。彼は，構成的な課題に際して適応する能力が欠けている。もっともここでは，遅滞を加えておかねばならない。幼児的な部分の残遺が運動性にも指摘できる。

　学校の成績は揺れ動く。遅滞の指標によると，発育不全があるに違いない。バウムの大きさの比率だけは，標準的な知的発達に見合うものとなっているの

で，推測されるとおり，障害はそれほど強いものではない可能性がある。この男子は，知能商が，1.0に十分届くものではない。彼はゆうに，1年は発達が遅れていて，このため，彼の学校の成績は平均値ぎりぎりのところまで押し下げられている。彼は第二学校に通うことは出来たが，それは特別な計らいのおかげであり，そのほかにも配慮がなされたからである。ついでながら，彼の場合，測定される知的水準は揺れ動くかもしれないが，それはこの若者が強い制止と遮断を受けているからである（紐で縛ったようなくびれとふくらみ）。その制止と遮断とは家族の素質によって道徳的な躊躇いにまで強められたため，彼は非常に良心的に見えると同時に，強い劣等感を抱くことになり，さらに，彼自身恥ずかしく思っていた斜視も絶えずそれを強めた。こわばったような遮断は，長く慣れた後で初めて緩んでくる。平行な幹は，正確さと良心的であること〔／厳密であること〕への努力を指していて，それどころか，ある程度は，この若者が秩序感覚の模範とみなされるということも指している。少なくとも，樹冠の左半の空白の空間と，わずかに枝先直に表現されているような，後戻りした状態とは，劣等感の徴候に値するとみなされるかもしれない。部分的な遅滞は，少なくとも，不ぞろいの発達段階の間に内的な対立緊張を容易に引き起こすが，その結果，非常にしばしば，そしてこのケースでも，すぐに落胆するという素質をもたらし，強く修正したいと思うにもかかわらず忍耐力が妨げられる。情動面の未成熟も，素質的な側面を検出できる。かなえてほしい願いは何ですか，と尋ねたところ，次のような答えが返ってきた。「有名になって車を持ちたい」。「有名」ということからは，既に思春期に入っていることの影響もあるだろうが，それよりもむしろ，有名なものへ傾斜する幼稚な面を持つ青年であり，一方自動車は，熟練の運転手を何人も驚きの目で見たことの影響もあるだろうが，2歳から6歳の子どもが遊ぶおもちゃの車でもあるだろう。その年齢の子どもは熱狂的に車を持ちたがる。彼が車を希望するとき，これらの人生早期の層に手が伸びている。

　変質的な形については，この若者は単に変質〔／腐敗・堕落〕していて，腐ったような〔／怠惰な〕臭味〔Beigeschmack：本来の味を損なうような添え味〕がある，というようなことは決して意味しない。そういった内容が発言権を持つという意味ではない。神経障害の体質があるということからこの方向に確実な推論が許されるとしても，せいぜい，すぐに疲れるということと関係があると言

えるくらいだろう。既に催眠研究のところで示したように，変質的な形は下意識のひどい消耗の後に生じるし，疲労した姿を描写するものであって，身体的な側面も道徳的な側面も持ち合わせているものでは決してない。この徴候は筆跡においては証明できるものとはされていないし，ついでに言えば，筆跡においては全く認知されていない。とりわけこの事例を選んだのは，図像的な判読が難しくなっているためである。部分的遅滞は，この事例においては特に，見事に示すことができる。たいてい，変質的な形という解釈は重大な困難をもたらすだけである。ここでは，図像的に示されるように，その外観にはっきりと表れている，と言うことは許されないし，まして，彼の心の基礎を成しているものがそうだなどと言ってはならない。

事例Ⅰ　16歳，男子。リトル病[1]（両側の痙攣性麻痺）。歩行は困難で松葉杖が必要。まる4年，養護学校の施設に入っている。

　このバウム画から標準という第一印象を受ける人はいないだろう。指標：一線幹，モミ型幹，一線枝，水平枝，十字型，地面までの枝，どちらかというと大きい実，空間倒置（実の一部が枝の軸の方向に置かれている）。ステレオタイプ，2箇所で積み上げられている幹。

　それゆえ，幼稚園ではまだほとんど見られないような，早期型の集合が見られる。はっきりとした図式主義は，早期の段階を指し示すが，情緒的な成熟を念頭に置く限り，この形は6歳より下の年齢を指している。ついでながら，この若者は，枝を葉とみなしていて，それに実がついていると思っている。そのような形は軽度発達遅滞者と中等度発達遅滞者にのみ検出されるものであり，6歳以下の子どもで見られるのは稀である。この描画はまさに発達系列の評価分類に相応しい。軽度発達遅滞の系列では，彼は8歳より上ということにはほとんどならない。知的な年齢は8歳相当である。それゆえ，彼は標準に比べてかなり発達が遅れているということになる。養護学校ではそれ以上のものをもたらすことができなかった。自分の名字も，非常に複雑な名前ではあったとはいえ，彼は書けない。複雑な単語は，書き写し模写するのがせいぜいである。読めるものも，1年生より少ない。三角形を描かせると正方形を描く。これに

---

[1]　脳性麻痺。

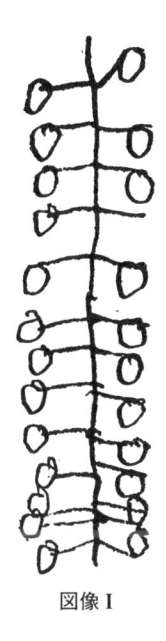

対して，あまり上手ではないにせよ，人物を写生することはできる。一方で彼はドイツ語とイタリア語を話すことができるが，それは彼が両方の言葉を話す地域に住んでいるからである。没頭して取り組むということを知らず，せいぜい遊ぶことが出来るくらいである。しかし彼は読めない。読む力はあまりにも弱いからである。右手には運動障害があり，特に手先の器用さが求められる部分では弱さが目立つ。

　この事例が興味深いのは，リトル病という障害を受ける場所に特徴のある病像を示す病気が，バウム画からは推測すらされないということである。つまり，この若者は，リトル病だから描画の才能が劣っているというのではなく，描画の才能が劣っていると同時にリトル病にみまわれている。標準的な，あるいはすぐれた知能は，リトル病であっても十分ありうる。この若者は軽度から中等度の発達遅滞があり，ほとんど絵が描けない。いずれにせよ，学習においては進歩がない。

図像 I

それは才能の欠如による部分もあるが，原初的な段階に固着していることによる部分もある。分化した性格の記述については，バウム画からは，一言も述べられない。描画が図式化するやいなや，自由な表現の動きが止まってしまい，発達系列の範囲内での図式化の分類以外の何ものでもなくなる。当然ながら，知能の程度を決定するために，バウムテストは全く必要ない。他方，職業適性検査の枠内で集団の調査をする際には，そのように原初的な段階に分類されるバウム画は目立つ。一目見ただけで選別することは，特にそのような精神薄弱の形態の場合には，欺かれる〔／判断を誤る〕可能性がある。特に女性のセールスマンで，奇妙に思われるほどよく理解していて，「派手に着飾り」，振舞っている場合はそうである。それゆえ，そのような原初的な形態が現れた場合，「美しい目」はもはやあまり役に立たない。当然のことながら，バウムテストだけで終わりにするのは，不当である。これ〔バウムテスト〕は，発達が遅れていることを単に示唆するだけであり，それは状況によっては退行として，知的な人が原初的な形で反応するということもあり得る。要するに：さらに調査を試みる義務があり，というのも，どの人も，公正，すなわち，事実に即した徹底的に裏付けられた評価を受ける権利を持っているからである。

事例 K　15 歳，男子，思春期

バウム画の比率は次のような結果となった。：

幹高と樹冠高の比は 6.2：10 で被験者のいる第二学校のほぼ標準に相当する。

樹冠の左半と右半の比率は 1：1.6（標準は 1：1.3）[1]で，明らかな右強調が話題になる。樹冠の幅と高さの比は 7.3：10 である。

樹冠：球形樹冠で陰影手法，濃淡をつけて柔らかい感じに（aufgelockert）〔／ほぐれた感じに〕なっている。カール状（Lockenmanier）がやや強調されている。暗く塗られ散りばめられた枝。左側に，1 本の枝が樹冠から突き出ていて，折られ，今にも落ちそうである。幹：暗く塗られ，平行に描かれているが，硬い輪郭ではない。地面には陰影が付けられていて，このやり方は「ほのめかされる風景」とか「小さな風景」と呼ばれる。

すぐに言えるのは，この若者は 2 年生（第二学校）としては知的には全く標準的で平均的であるということである。思春期初期の最中にあって，それがこのバウムには図像的に見事に表されている。バウムの比率も，少なくとも重大な発達の阻害や退行は示しておらず，そのことは幹高と樹冠高の比率に何よりも強く表現されている，と。

陰影手法：この若者は，明確な分節化を放棄して，べたっと塗る陰影手法を選んだ。それは雲の描写のように見え，立体的で浮遊しているように見える。彼は，ある種の浮遊状態にはまり込んでいて，夢見がちで，やや不安定なところもあるが，少なくとも深く落ち込むような不安定さではない。なぜなら，平行な幹が見事に示すように，しっかりとした規律と義務の理解とが十分に働いていて，それどころか，明らかに規律ある従順な態度があって，今手にしている力強い体験の衝動の手綱も握っているからである。陰影手法にお

図像 K

---

[1] この事例は第 2 版から掲載されており，第 2 版では標準は 1：1.3 とされていた。第 3 版では標準は 1：1.13 に訂正されている。本書 102 ページ参照。

いては，気分に相応しい形で語りかけてくるようなもの，漠然としているが，少なくとも具体的な形に従ったもの，無関心ではなく，体験を誘い語りかけるようなものがあり，たとえ非現実的で，そのために子どものように見えるとしても，そうである。それは特に幹と枝の断片の強く塗られた暗色にはっきりと姿を表しているのだが。後者〔枝の断片の暗色〕は，短く強く煌いていて，ほとんど鮮明といってもいいほどの黒白の対比の色合いを帯びているが，これは情動的な緊張のしるしであり，それが怒りを爆発させる。子どものような所は，少しは浮遊の特徴に，特に暗く塗ることに現れているが，お金持ちになりたいという，子どもに典型的な願望にもある。それは確かにそうだが，精神病質的な血筋を全く持たない，ほとんどすべての標準的な子どもが思春期に入るときにもみられるので，幼児的な心の動きがあるとはいっても，その若者は，これが未熟だということを自分で理解するだけの力をもっている。しかしながら，気分に相応しいもの，〔外からの〕印象を受けやすいこと，現実的な方向性の欠如，体験の側にだけ向かう方向性，といったことを理解するためには，右強調を考慮に入れねばならない。右強調はこの事例でははっきりと認められ，体験への衝動，効果への意思，目立つこと，などを意味するが，中心から外に向かってほどよく逃走（Flucht）することからあるいは外向も意味し，ここでは，もしかすると儚さ（Flüchtigkeit）〔／瞬時であること，軽率〕とか，外へひきつけられること，そして〔外から〕印象を受けやすいことなども意味する。その際，常にそうであるように，右へ多く向かうということは，左には空白ができるということで，それによって，自己意識と不確実さとの間の落ち着きなさが脈打つことになるが，これらはすべて標準の範囲内である。体験への衝動は，カール・マイ冒険物語（Karl-May-Buch）の中に解消され，なるほど，これらの本は15歳にもなると脇へ追いやられているが，良い手段というのは，体験への渇望を解放する。教師や両親は，窓ガラスが割られないようにとかちゃんとした人々のところで殴り合いなどしないことを評価するのだから，なおさらである。さらに，この青年は，ほとんどの同年代の若者と同じように，恋の冒険の欲求を

---

1) 暗い色が強く塗られるのは青年よりも子どもに多いということを踏まえてのことだろう。指標42-46を参照。
2) カール・マイ（1842年2月25日～1912年3月30日）：ザクセン州ホーエンシュタイン=エルンストタール出身。ドイツの小説家。冒険小説で有名。

合法的に満足させるボーイスカウトを選んでいた。彼は商店員になりたいと思っており，現実的な目標は既に手にしている。思春期の望みとしての「外交官」とかパイロット，無線通信士などは2番目に来ている。ついでながら，「パイロット」は思春期の状態に極めてよく対応する職業である。パイロットは英雄であり，空の征服者で，危険を冒しても年金のことなど考えず，「空中に留まり」，「足の下の地面はもはやない」。浮遊状態は，パイロットという職業の願望にもあると同時に，陰影付けと右強調にもよく表現されている。もし全く異なる方法で得られた調査結果を解釈して，さらに似たような結果であれば，診断が正しい可能性も増す。小さな風景は気分に相応しいものを示唆し，ついでながら，これは陰影手法にはよくあることだが，すこしだけ不精なところ，わずかながら非現実的なものも示唆している。いずれもまさしく，まだ目覚めていないもの（黒く塗ること）が大半を占め，安心してその中にとどまっていられる。樹冠の描線の描き方をじっくりと眺めていると，カール状，円を描くような動きがところどころ目につく。それで，輪郭は波状の柔らかい感じになっている。その指標は接触の才能，話し好きで，即興の才があり，多分に社交的な性格であることを物語っている。実際，人との交際範囲は急き立てられるように広がって，行動の欲求を生という大きな舞台の上で満たすのを好むのかもしれない。それでも折られた枝の問題が残っている。この枝は旗のように樹冠から突き出ている。通常の意味におけるいわゆるトラウマは，この事例では存在しない。枝が折れていること（Bruch）は，むしろ，過去との決別（Bruch），子どもとの決別を象徴化している。そうしてこの若者は一人前になることが出来るのであり，彼は幼年時代や早期発達段階と，子どもであることと決別しなければならず，実際の生に踏み込んでいくならば，学校とも一度は決別しなければならなくなる。この若者は，思春期の退行状態を表現するために，事細かにとりあえずあらゆることをやった後で，彼はさらに，並外れたやり方で変化のシグナルを示しているのである。そのようなシグナルが，その効果がはっきりと指摘できる前に生じるのは変だと思われるかもしれないが，周知のように，今や〔家や教会の〕呪縛から脱し，新たな生が始まっている。思春期の意味が，さらに，固有の人格への変化が，自立した自我〔Ich〕への変化が，始まっているではないか。当然，そのような本性は，漠然とした対立を抱えるしばらくの間は多彩に輝き，絶えず土台を増して，目に見えて成熟していく。

文　献

Abegg Emil, Indische Psychologie. Rascher-Verlag, Zürich 1945.
Abraham Elisabeth, Zum Begriff der Projektion, unter Berücksichtigung der experimentellen Untersuchung des Projektionsvorganges. Berner Dissertation. Buchdruckerei Dr. J. Weiß, Affoltern a. A. 1949.
Adler Alfred, Praxis und Theorie der Individualpsychologie. 2. Aufl. Verlag von J. F. Bergmann, München 1924.
Arruda Elso, O Team da arvore em Psiquiatria, Rio de Janeiro 1956.
Bachelard G., La Terre et les Rêveries du Repos. Librairie José Corti, Paris 1948.〔G. バシュラール『大地と休息の夢想』饗庭孝男訳，思潮社，1970 年〕
Becker Minna, Graphologie der Kinderschrift. Niels-Kampmann-Verlag, Heidelberg 1926.
Benjamin E. Im., Ronald A., Lehrbuch der Psychopathologie des Kindesalters. Rotapfelverlag, Erlenbach-Zürich 1938.
Bleuler E., Lehrbuch der Psychiatrie. 4. Aufl. Verlag von Julius Springer, Berlin 1923.
Bönner Karl-Heinz, Die diagnostischen Möglichkeiten des Baumtestes bei der Schulreifevermittlung. Diplomarbeit an der Pädagogischen Akademie Essen, 1956.
Borchart R., Der leidenschaftliche Gärtner. Arche-Verlag, Zürich 1951.〔R. ボルヒャルト『情熱の庭師』小竹澄栄訳，みすず書房，1997 年〕
Brändle-Barth E., Der Grünwald-Formlegeversuch. Diplomarbeit am Psychologischen Seminar, Prof. Dr. H. Biäsch. Zürich 1955.
Bühler Charlotte, Praktische Kinderpsychologie. Otto-Lorenz-Verlag, Wien/Leipzig 1937.
Burkhardt H., Über Verlagerungen räumlicher Gestalten.《Neue psychol. Studien》, herausgegeben von F. Krüger und H. Volker Bd. 7, München 1934.
Busch Lothar, Weihnachtliche Symbolpflanzen, Therapeutische Berichte, Bayer Leverkusen 28. Jahrg. 1956, Heft 6.
Crépieux-Jamin J., ABC de la Graphologie. Librairie Felix Alcan, 1929.
Deutsches Wörterbuch von Grimm, Leipzig 1954.
Duparchy-Jeannez, Essai de la Graphologie scientifique. Paris, Albin Michel, éditeur.
Elliade Mircea, Psychologie et Histoire des Religions. Eranos-Jahrbuch 1950. Rhein-Verlag, Zürich.
Etymologisches Wörterbuch, Kluge und Götz. Verlag Walter de Gruyter & Co., Berlin 1951.
Frey Gebhard, Über Jungsche Psychologie.《Schweizer Rundschau》, 48. Jahrgang, Heft 1, April 1948.
Frieling Rudolf, Von Bäumen, Brunnen und Steinen in den Erzvätergeschichten. Verlag Urachhaus, Stuttgart 1953.

Graber G. H., Seelenspiegel des Kindes (Einblick in tiefenpsychologische Erziehung und Kinderanalyse). Artemis-Verlag, Zürich 1946.

Handwörterbuch des deutschen Aberglaubens, Bd. I, Herausgegeben unter besonderer Mitwirkung von E. Hoffmann-Krayer und Mitarbeit zahlreicher Fachgenossen von Hanns Bächtols-Stäubli. Berlin/Leipzig 1927. Verlag Walter de Gruyter & Co., Berlin.

Hauer J. W., Symbole und Erfahrungen des Selbst. Eranos-Jahrbuch 1934. Rhein-Verlag, Zürich.

Heiß Robert, Die Deutung der Handschrift. H.-Coverts-Verlag, Hamburg 1943.

Heiß Robert, Allgemeine Tiefenpsychologie. Verlag Hans Huber, Bern und Stuttgart 1956.

Hertz Herbert, La Graphologie; Presses universitaires de France, 1956.

Hetzer Hildegard, Die symbolische Darstellung in der frühen Kindheit. Wiener Arbeiten zur päd. Psych. Herausgegeben von Charlotte Bühler und V. Fadrus. Deutscher Verlag für Jugend und Volk. Wien 1926.

Hiltbrunner H., Bäume. Artemis-Verlag, Zürich.

Hofstätter P. R., Einführung in die Tiefenpsychologie. Wilhelm Braumüller, Universitätsverlags-Buchhandlung GmbH., Wien 1948.

Imhof Beat, Die Entwicklung der Baumzeichnungen bei Debilen vom 7. bis zum 17. Lebensjahr. Diplomarbeit aus dem Institur für Pädagogik und Angewandte Psychologie der Universität Freiburg. Prof. Dr. L. Dupraz und Prof. Dr. E. Montalta, 1953.

Jakobi J., Ich und Selbst in der Kinderzeichnung.《Schweizer Zeitschrift für Psychologie》, Nr. 1, Bd. 12, Bern 1953.

Jakobi Jolan, Psychologische Betrachtungen (Eine Auslese aus den Schriften von C. G. Jung). Rascher-Verlag, Zürich 1945.

Jung C. G., Der Geist des Mercurius. Eranos-Jahrbuch 1942. Rhein-Verlag, Zürich.

Jung C. G., Psychologie und Alchemie. Rascher-Verlag, Zürich 1944.〔C. G. ユング『心理学と錬金術 I・II』池田紘一・鎌田道生訳，人文書院，1976年〕

Jung. C. G., Welt der Psyche. Rascher-Verlag, Zürich 1954.

Kerschensteiner, Die Entwicklung der zeichnerischen Begabung. München 1905.

Klages Ludwig, Ausdrucksbewegung und Gestaltungskraft. Verlag Johann Ambrosius Barth, Leipzig 1923.

Klages Ludwig, Einführung in die Psychologie der Handschrift. 2. Aufl. Niels-Kampmann-Verlag. Heidelberg 1926.

Koch Rudolf, Das Zeichenbuch (welches alle Arten von Zeichen enthält, wie sie gebraucht worden sind, in den frühesten Zeiten, bei den Völkern des Altertums, im frühen Christentum und im Mittelalter). Insel-Verlag, Leipzig 1936.

Krauß Reinhart, Über graphischen Ausdruck. Verlag Johann Ambrosius Barth, Leipzig 1930.

Leuzinger Elsi, Bei den Negern des Westsudans.《Schweizer Jugend》, Heft 46, 15. November 1952.

de Longe Olga, Der Baumtest angewandt bei Kindern im Schulalter. Diss. Psychologisches Institut der Universität Graz, 1955.

Lossen Heinz, Bedeutung und Methode der Eindruckserfassung in der Graphologie. Ausdruckskunde, Heft 3, II. Jg., 1955.

Lübker Friedrich, Baumkultus. Reallexikon des klassischen Altertums. Leipzig/Berlin 1914.

Lüscher Max, Psychologie der Farben. Basel 1949.

Maas Alfons, Der Baumzeichenversuch bei Grundschulkindern (6. bis 14. Lebensjahr). Diplom-Vorexamen am Institut für Psychologie und Charakterologie der Universität Freiburg i. Br., 1953.

Mägdefrau Karl, Bau und Leben unserer Obstbäume. Herder, Freiburg 1949.

Melzer Friso, Der christliche Wortschatz der deutschen Sprache. Eine evangelische Darstellung. Verlag Ernst Kaufmann, Lahr-Baden 1951.

Paulys Realencyclopädie der klassischen Altertumswissenschaft. Bd. 3. Stuttgart 1899.

Przyluski J., Ursprung und Entwicklung des Kultes der Mutter Göttin. Eranos-Jahrbuch 1938, Rhein-Verlag, Zürich.

Pulver Max, Symbolik des Schriftfeldes. Orell-Füßli-Verlag, Zürich 1949.

Pulver Max, Intelligenz im Schriftausdruck. Orell-Füßli-Verlag, Zürich 1949.

Reallexikon der indogermanischen Altertumskunde. Bd. 2.

Reallexikon der Vorgeschichte. Bd. 7. Herausgegeben von Max Ebert, Berlin 1926. Verlag Walter de Gruyter & Co.

Reallexikon der germanischen Altertumskunde. Bd. 1. Herausgegeben von Johannes Hoops, Straßburg. Verlag J. Trübner, 1911-1913.

Rießler-Storr, Die Heilige Schrift des Alten und des Neuen Bundes. Mathias-Grünewald-Verlag, Mainz 1934.

Städeli Hermann, Der Baumtest nach Koch als Hilfsmittel bei der medizinisch-psychologischen Pilotenselektion und ähnlichen Verfahren. Dissertation Zürich 1954.

Stralkowski Edith, Untersuchungen über den Baumtest an Abnormen und Normalen. Dissertation, Wien 1957.

カール・コッホについて

　コッホについては，娘さんから寄せられた手紙に基づく藤岡ら（1971）による紹介と，コッホ夫人から寄せられた手紙に基づく紹介（林ら，1970），吉川（1978）による紹介がある。吉川の紹介は基本的には藤岡らの紹介を再掲したものだが，それに含まれていない情報も掲載されている。ここではそれらの情報を総合する形でコッホを紹介しておきたい。

　カール・コッホ Karl Koch（1906-1958）は，「スイス北部にある人口17400人余りの小都市であるアーラウに1906年9月14日に生誕した。しばらくアーラウに住んでいたが，のちに中部のルツェルンに移った」（吉川，1978）。コッホが11歳のときに父が亡くなり，「15歳で起重機製造工場に職を求め母を助け，勤務の余暇に夜間工業高校に通学し，優秀な成績で卒業した」（林ら，1970）。「ルツェルンの工場に勤めて機械技師の見習いをし，その期間が過ぎるとウィメントールに行き，工業学校で勉強した」（藤岡ら，1971）。
　「1926年，20歳になったコッホはチューリッヒにある精神技術研究所で勉強を始め，心理学卒業の免状を取った」（藤岡ら，1971）。さらに心理学の勉強のためにパリのソルボンヌ大学に行き学位をとった。職業適性に関する研究であったという（林ら，1970）。ソルボンヌでは，研究だけの生活でなく，「シトロエン自動車工場にも勤務」（林ら，1970）していたとのことで，現場で勤務する労働者の視点を持ちつつ研究を行っている。本書でも被験者の視点を尊重する姿勢が貫かれているが，それは若いときから苦学をし，現場の大変さを実感していればこそであると思われる。
　「パリののち，ドイツ，オーストリア，チェコスロバキアを講演旅行し，リトアニア共和国のカウナスに2年間滞在して，その間にカウナス大学に精神技術研究所を創設した」（藤岡ら，1971）。「リトアニアの官報の主筆をも兼任し」（林ら，1970），「リトアニアの新聞に啓蒙記事を送っていた」（藤岡ら，1971）。
　「スイスのルツェルンに帰ったコッホは，1933年に精神技術研究所（現在の

応用心理学研究所）を創設し，同年にルツェルン在住の有名な医師の娘，ハアグ・アンネマリと結婚し，6人の子どもをもうけた。

その後の活動としては，はじめの10年間はルツェルンの町の青少年の職業指導を行い，チューリッヒ大学の学生を実地指導し，工場では人間性涵養の指導をし，学校では社会活動についての講演を行った。

研究所においては，特に病弱の人たちや意志の弱い人たちの職業指導をし，筆跡学や心理学的研究を行った」（吉川，1978）。「職業カウンセラー委員会の長として，またチューリッヒのスイス連邦工業高校教育委員として活動した」（林ら，1970）。「コッホは学会にも多くの業績発表を行ったが，晩年には他の国の学会からの招きを受けて講演に行き，スイス以外の地にいることが多かった。1958年に，突然襲った心臓麻痺のため52歳で逝去した」（藤岡ら，1971）。

（岸本寛史）

文献

林勝造・国吉政一・一谷彊訳（1970）『バウム・テスト』補遺「日本におけるバウム・テストの研究」（C. コッホ『バウム・テスト』林勝造・国吉政一・一谷彊訳，日本文化科学社，所収）

藤岡喜愛・吉川公雄（1971）「人類学的に見た，バウムによるイメージの表現」季刊人類学，2(3)，p.4

吉川公雄（1978）人間生態学．東海大学出版会．

訳者あとがき 1

　本書は Karl Koch（1957）の *Der Baumtest.* 3. Auflage, Hans Huber の翻訳である。原著が出版されてから 50 年以上たった今この時期に，敢えて本書を翻訳して出版することの意義を訝（いぶか）しがる向きもあるかもしれない。しかしながら，その内実もよく考えず題目のようにエビデンス・ベイストということが唱えられる現代だからこそ，心理テストの本質に深く切り込んだ本書のようなオリジナルな仕事を，原点・原典に立ち返って味読することの必要性を痛切に感じる。さらに後述するような本書を巡る複雑な事情もあり，バウムテストを「臨床に生きる」（村瀬嘉代子の言）ものにするためにも，コッホのオリジナルな思想を紹介することが不可欠なのである。

　筆者がバウムテストのことを知ってからすでに 20 年以上になる。それは本書の序文をいただいた山中康裕先生のケースを初めて聞かせていただいたときであった。そのケースを伺いながら，私は魂が揺さぶられるような体験をし，基礎医学と臨床医のいずれの道に進むか迷っていた私が臨床の道に進みたいと思うようになった。内科医となってからは，臨床の中で実際にバウムを描いてもらうようになったが，バウムのおかげで臨床の幅が広がると感じることがしばしばあった。一見元気そうに見える方でもバウムを描いてもらうと葉が落ちてしまった守りの薄そうな木や今にも倒れそうな木が描かれたり，逆に茫然としていて大丈夫かしらと心配していた方が，バウムを描いてもらうとしっかりした木を描かれたり，ということがしばしばあり，外見と言葉のやり取りだけでその人のことを判断してしまうことの危険性を痛感した。また，バウムを描いてもらうとそれまで身体症状のことしか話されなかったのに，実家の話とか子どもの幼稚園の話などいろいろな話が語られるきっかけとなることもよく経験した。バウムを占いのように用いてその人のことを見抜いていくというよりは，バウムのイメージを温めながらその人のことを考えたり話を伺ったりするというスタンスでバウムを用いてきた。

　臨床経験が 10 年を過ぎたころ，私は臨床に行き詰まりを感じ，診療も最低限

にしてもらって苦悩する日々が続いた。本書と出会ったのはそんなときである。概論（本書第2章）から読み始めたが，そこに述べられているコッホの基本姿勢に深く共感した。特に，「当初はわからない部分をそのまま持ちつづけ，どう理解したらいいかという問いを，何日も，何週も，何カ月も，何年も，見え方の成熟過程がある地点に達するまで，問い続けていると，秘密に関わる何かが自然と姿をあらわしてくる」という部分には，私自身が山中先生から見よう見まねで行ってきた「イメージを温める」というやり方を強く支持される思いがして，非常に勇気づけられた。コッホの著書を翻訳していくことは私のもつれた思考を解きほぐすアリアドネの糸となった。

コッホのこのような考え方が紹介されてこなかったことに疑問を抱き，いろいろと調べるうちに，当時わが国で普及していたコッホの訳本（林ら訳，1970）には様々な問題があることが明らかとなった。これについては，山中先生が本書序文で，また中島先生があとがき2で述べておられるし，筆者自身も「『バウムテスト第三版』におけるコッホの精神」（岸本，2005）（山中康裕他編『バウムの心理臨床』創元社，所収），「Karl Koch "Der Baumtest"」（岸本寛史，2010）（臨床心理学，10(3)，470-473）で述べたのでここでは繰り返さないが，ともかく，コッホの基本姿勢も深い洞察も伝えられていないことが残念であった。残念なだけではなく，被験者が不当に評価される危険を孕んだ書物が，一切訂正されることなく40年にわたって版を重ねている現在の状況は，何としても打破しなければならない，という義務感のようなものも私の中には生まれていた。

2002年9月ごろから下訳に取り組み，2005年までには下訳は完成していた。運よく2005年に科学研究費が採択され（「バウムテスト輸入時の問題点とコッホの思想の再評価」），研究に着手すると同時に，京都（臨床バウム研究会，後に心身臨床学研究会に発展的解消），東京（東京バウム研究会），富山大学，天理大学など各地で研究会を行って，コッホのテキストを読み込みながら検討を重ねた。研究会では特に京都学園大学の山愛美先生，東京カウンセリング・センターの藤井光恵先生，富山大学保健管理センター長の斎藤清二先生をはじめとして多くの先生方に大変お世話になった。心から感謝申し上げたい。訳文の推敲に当たっては，これらの研究会での議論が大いに役立った。

この間に共訳者の中島ナオミ先生や宮崎忠男先生との出会いがあり，筆者よ

りもはるかに以前からコッホの原著第3版に関心を持ち，(担当箇所の)訳に取り組んでおられたこと，しかしながら様々な事情でそのお仕事が黙殺あるいは圧殺されてきたことを伺い，ぜひとも訳者として加わっていただきたいことを申し上げ，承諾していただいた。宮崎先生が訳された第1章の原稿のコピーを中島先生からいただいたので，筆者の訳と照合しつつ訳文を調整していった。その中で，特に宮崎先生のあとがき3にあるようにコルマール写本に関する訳注は中世ドイツ語の文章であったので先生のお助けがなければ叶わなかった。中島先生と長野まで伺って直接事情を説明申し上げたところ，先生には訳者に加わっていただくことを大変喜んでいただき，積年の思いの一端も伺うことができた。本書の出版で先生のその思いに少しでも応えられれば，と願っている。

　また，中島先生は発達がご専門なので，私のちょうど影になる部分に光を当てていただいて，指標名，統計表などの細かな点についてご指摘をいただき，何度もディスカッションを行った。先生のお仕事を拝見して，専門家の厳しさを教えていただいた。本書の表の一つ一つの数値を再計算し，原著以上に正確な表を提供することができたのも先生のおかげである。先生にも心からの感謝を申し上げたい。先生の本書に対する思いは本書のあとがき2や，先生の論文（中島ナオミ，2006）(「『バウム・テスト――樹木画による診断法』の問題点」臨床描画研究，21号，151-168) などに述べられているので是非そちらも参照していただきたい。

　訳者として，本書を読みやすいものにすべく，全力で取り組んできたが，本書はもともと読みやすい本ではない。翻訳を進めるうちに，コッホと読者をつなぐような仕事の必要性も感じてきた。現在の業務の中からその時間を捻出することはなかなか厳しい状況であるが，何らかの工夫を施して取り組みたいと考えている。ここではコッホとユングの関係についてのみ，ごく簡単に触れておく。コッホは第1章の最後の部分で，グリム童話の「ガラス瓶の中の聖霊」についてのユングの見解を引用している。「まず最初に生じたのは，自然の神を体験すること，戦慄そのものを体験すること」(第1段階)であり，それは道徳とは無縁であること，次に区別が生じ，「自然なるものが分裂し……高次の分化した意識として立ち上がる」(第2段階)，そして三番目に道徳的な質の評価がなされ，それは悪霊の声だと説明する(第3段階)。しかし現在のわれわれは，木の守護霊が存在するなどとは考えられないので，兵士が体験したのは「幻覚

であり，彼が聞いたのは自分の無意識の声であって，それが木に投影されたのだと主張するより他ない」（第4段階）。そして第5段階で，それでも何かが起こったのだと考えざるを得なくなり，それは「無意識の中から立ち現れてきた現象」であるとするより他なくなる。

　これについてコッホはわざわざ，「読者は，この象徴の歴史に関する短い脱線を，本書の各所で補足されるとはいえ，テスト心理学の沈着冷静な言葉には，あまりにも無礼なものと感じるかもしれない。……心理学的な思考を，頻度曲線を読むだけでよしとするものは，当然，比喩や対立についての思考や，宇宙的かつ魂の空間についての思考を扱うことはできず，一つの表現がこれと同時にその逆のものを意味することがありうることも決して理解することができない……」と述べて，その重要性を強調している。ここにコッホのバウムテストに対する考え方の根本・原点を見ることができるように思う。つまり，バウムテストにおいても，「自然の神を体験すること，戦慄そのものを体験すること」が大切であって，そうしてイメージを温めていると，徐々に区別が生じてくる，細部が見えるようになってくる。その細部に対して，様々な価値判断が付されるようになる（第3段階）が，それを精神医学的な体系から説明する（第4段階）ところに留まるのではなく，「無意識の中から立ち現れてきた現象」としてそのまま受け取ることが大切なのだ，とコッホは言いたかったのではないかと思う。このようなスタンスを基本に置くバウムテストは，コッホの後に続いた研究者の多くが採る指標アプローチとは大きく異なるように思う。コッホのバウムテスト観にはユングの思想が大きく影響を与えており，そういった角度からの研究も今後必要になってくるだろう。

　最後になったが，本書に序文をいただいた山中康裕先生に心からの感謝を申し上げたい。先生のバウムテストとの取り組みは40年以上に及び，現在もバウムテストの臨床と研究に積極的に取り組まれているお姿を拝見すると，われわれ後に続く者も，常にその本質を問い続けるような仕事に取り組まねばならないと痛切に感じる。山中先生のバウムテストに関するお仕事は先生の著作集第5巻『たましいの形』（岩崎学術出版社）に収められているが，山中先生の根本姿勢はコッホのそれと通じている。優れた記述はそのまま優れた解釈になるという解釈の出発点も共通であるし，発達研究の重要性を認識してそれに取り組まれたことも共通である（山中先生の縦断研究が論文になっていないのは誠に

残念ではあるが，未整理の膨大な資料の一部はお預かりしている）。先生のお導きなしに本書はあり得ず，人名や訳語についていくつかの示唆をいただいたことにもお礼を申し上げておきたい。

　このように訳者の様々な思いが結集して本書の翻訳が完成した。本書がわが国におけるバウムテストの実践・研究のあらたな原点・原典として活用されることを願っている。誤訳を最小限にすべく全力で取り組んできたとはいえ，コッホの著書は誤解元型とでも呼びたくなるような誤解の渦に取り囲まれていると感じることがあり，思わぬ読み間違いや誤解などがあるかもしれない。中島先生もあとがき2で書いておられるが，われわれ訳者としては，間違いは速やかに訂正していきたいと考えているのでお気づきの点があれば遠慮なくご指摘いただければと思う。本書が，心理テストとは何か，心理療法とは何かといったことを深く考える契機となれば幸いである。

　　平成22年8月8日

岸本寬史

訳者あとがき 2

　今，私は，長年の願いがやっと叶ったという思いで一杯です。
　今から 30 年ほど昔に，バウムテストを学ぶために『バウム・テスト——樹木画による人格診断法』(1970，原本は英語版) を熟読しましたが，読めば読むほど疑問点が次々と現れ，なかでも最大の疑問点は，異常に低い二線幹の出現率でした。当時，既にわが国の 5 歳児クラスの幼児の出現率は，ほぼ 100% というのは当たり前であり，私のデータも同じ結果でしたが，英語版に示された極めて低い出現率は，なぜか疑問視されなかったのです。わが国の幼児が示す出現率と，英語版で示された出現率とは切り離されて考えられていたようです。
　ところが 1983 年 10 月に，258 ページから成る第 7 版 (1976) を見せていただく機会があり，巻末の統計表にある二線幹の出現率は，幼稚園の段階からほぼ 100% でした。やはり，「二線幹の出現率は，スイスも日本も同じ」だったことから，『バウム・テスト』に頼った理解には限界があることがわかりました。バウムテストを学ぶには，コッホが彼の母国語で著したドイツ語の原著で学ぶのが確実な方法です。そのためには，ドイツ語版を入手しなければならないのですが，当時は，「英語版は，コッホが 1949 年に著したドイツ語原著の簡略版である」という見解が横行し，英語版の訳者ら以外の多くの研究においても，「1949 年のドイツ語原著」が引用文献として挙げられていた時代でした。私が見た第 7 版と「1949 年のドイツ語原著」との関係は，そのときにはわかりませんでしたが，第 7 版から，簡略版である英語版が作成されたとは到底考えられない状況でした。なぜなら，出現率の表示は，英語版では年齢区分，第 7 版では学年区分であり，二線幹以外の指標でも，英語版の値と巻末の統計表の値は異なっていました。いくら簡略版であっても数値は変わらないはずです。
　そこで，同年 12 月に大阪大学の当時の中之島図書館の協力を得て「1949 年のドイツ語原著」について調べたところ，英語版 (1952)・改訂第 2 版 (1954)・改訂第 3 版 (1957)・非改訂第 4 版 (1962) の存在を確認しましたが，肝心の「1949 年のドイツ語原著」については何もわかりません。でも，英語版発行後

にドイツ語原著は2度も改訂されていたことが判明したのです。それまで，第3版は『バウム・テスト』以前に発表された論文では1949年の原著とともに紹介されていましたが，『バウム・テスト』の「補遺」になると一切言及されなくなり，1949年版だけがコッホの原著として紹介されていました。その理由は，おそらく先の見解のせいかもしれませんが，文献調査で改めて第3版の存在が確認でき，コッホの没年（1958年）から，コッホが遺した最後の原著は第3版で，それ以降の版は重版だから第7版に「第3版への序」が載っていると理解しました。第7版については，その存在を知った時点から，発達に関係するところから少しずつ訳し始めたので，当初，私が抱いた『バウム・テスト』の疑問，たとえば，「T型の幹」・「マツの木」・「T字型の幹」などと訳語が変わり，多くの読者を混乱させた"T-Stamm"（モミ型幹）も，Tの由来がわかると，実に単純明快に指標の判定基準が理解できたのです。疑問を抱いた他の指標（その多くが発達に関連する指標）も，同様に解決しました。

次に，第7版と英語版（88ページ）の概要を調べた上で，1984年10月に，直接，林先生にお会いして，① 英語版の後に，ドイツ語原著は2度改訂されている，② 英語版にある二線幹と一線幹の値はおかしい。特に，二線幹の出現率は，健常児のデータとは考えられないほど異常な値だ，③ 第7版と比較すると，日本語版には他にもおかしな箇所がある，④（もし，二線幹の出現率がその通りなら）英語版は，本当にコッホが著わしたのか疑わしい，ということなどをお伝えしました。

翌月には，林先生から，国吉先生とも相談したが，① コッホにミスはない。英語版のミスは考えられない，② 英語版のデータは，アメリカでの出版に向けて，コッホがアメリカで収集したデータに違いない。われわれも，外国のテストを日本で使う際には，日本のデータで標準化する，③ T幹のTは，モミのTであることは知っていた，という返事をいただきました。でも，二線幹の出現率についての説明には全く納得できません。二線幹は，国によって出現率が左右される指標ではなく，スイスも日本もそしてアメリカも同じはずで，もし，それがアメリカの健常児の出現率なら，バウムテストの妥当性にかかわる重大な問題だと認識したのです。

その後，1985年3月には，第2版が239ページから成る大部の原著であることがわかり，第2版と第7版の目次を比較して，「1949年のドイツ語原著」と

みなされていたのは，第7版，すなわち第3版だと判断し，同時に，英語版を「1949年のドイツ語原著」の簡略版とする根拠は消えました。しかしながら，英語版での二線幹の問題は未解決です。そこで，林先生からレグラ・コッホ女史の連絡先を教えていただき，1985年4月に，① 英語版で示された二線幹の出現率が第2版や第7版と異なるのはなぜか，② 日本では，初版を入手できなかった。初版での出現率は英語版と同じか，③ もし英語版の通りであるなら，スイスの7歳児はどのような幹を描くのか教えて欲しい，④ 巻末の一覧表の出現率と本文に挿入された表の出現率が微妙に違うのはなぜか，などを問い合わせました。私の質問に対して，1986年1月に，① 英語版は初版の英訳版であり，初版は88ページから成る，② 初版で使用した資料は，出版の2年前のものと思う，③ 出現率が異なる理由はわからない，などの返事が届きました。二線幹の出現率については特に言及されていませんでしたが，この返信によって，初版の頁数が初めて判明し，そして英語版は，初版の英訳版（実際には，内容の一部が改訂されたほぼ英訳版）であることが明らかになったのです。

初版が手元にあれば，あるいは，英語版の後にドイツ語原著が改訂されたという事実が把握されていたら，英語版を「1949年のドイツ語原著」の簡略版とする，わが国だけで主張された誤った見解は決して生まれなかったと思います。初版を確認せず，英語版を安易に簡略版と決めつけた研究姿勢が，わが国におけるバウムテストの利用や研究に，混乱を招いたことは否定できません。英語版に拘泥したために，第3版は補助的な存在に留め置かれ，その結果，コッホのバウムテストに対する考え方，解釈の着眼点である指標の設定およびその判定基準などの理解が，断片的になって新たな誤解が生まれ，コッホのバウムテストは批判されました。しかし，本書を読んでいただければ，誤解が解けると思います。

ところで，私の疑問は，その後あっけなく解決しました。1989年8月に林先生から，初版（レグラ女史が古書店で入手したもの）の全頁複写が届き，当該個所を見ると二線幹ではなく，予測通り，二線枝でした。バウムテストの有効性を実感していた私は，二線幹の出現率は何らかのミスによるもので，おそらく，英語版作成時に，branch（枝）とすべきところが trunk（幹）になったと推測していました。第7版にある二線枝の出現率と英語版の二線幹の出現率が似ていたからです。1986年7月に，レグラ女史に私の予測を伝えたのですが，

1987年4月に届いた返信には，具体的なことには言及されていませんでした。

　以上が，英語版と「1949年のドイツ語原著」との関係を正し，第3版こそがコッホの最終原著であることを明らかにした過程です。このような長い文章は，「あとがき」には相応しくないかもしれませんが，これを読まれた特に若い方々に伝えたいことが三つあるからです。一つ目は，文献引用における孫引きの危険性，二つ目は，研究において疑問を感じたら着実に解決すること。そうすれば必ず，研究の発展につながります。三つ目は，間違いに気づけば（あるいは，間違いを指摘されたら），訂正することです。

　コッホの4冊の原著を特定するだけでも，とても長い時間がかかりました。また，1984年に行った巻末の統計表の再計算は，計算尺よりはましですが，電卓で計算したものです。当時は，指標の特徴を出現率から把握したいという一心で，気の遠くなるような作業をしましたが，今は，研究を支えてくれる便利なツールがいっぱいあります（因みに，付表1〜6は，表計算ソフトで作成し，再計算値の確認をしました）。ぜひ，本書を出発点にして，スイス生まれのバウムテストを，わが国の文化や風土に馴染んだバウムテストになるように発展させてほしいと思います。

　本書の出版に際しては，何度も検討し，誤りの無いようにしたつもりですが，完全ではありません。誤りやご意見があれば，ぜひご指摘ください。指摘を受け，訂正するのは当然であり，研究は，批判と修正の繰り返しで発展するものです。初めに『バウム・テスト』があったからこそ，この第3版へと繋がったことは，忘れていません。

　最後になりましたが，お礼を述べたいと思います。私が，第7版を手にし，どうしても「発達テストとしてのバウムテスト」の章（本書では「バウムテストの発達的基礎」）を，ぜひ読みたいと思ったとき，苦手で大嫌いなドイツ語は，大きな壁でした。そんなとき，西ベルリンでの在住経験のある榎本 居(すえ)氏のご協力を得ました。このご協力がなければ，私の第3版へのその後の長い取り組みがなかったかもしれません。

　次に，宮崎忠男先生です。共訳者に対する謝辞も異例かもしれませんが，お許しください。当時，補助的に扱われていた第3版に対し，心理臨床家の関心を促すために，第5回の日本心理臨床学会（1986）で発表しました。あまり反響はありませんでしたが，宮崎先生は，私の指摘の意義を認めてくださり，以

来，ずっと励ましてくださいました。

　続いて，岸本寛史先生です。原著に関する取り組みを一時中断した時期があります。でも，やり遂げなければと思い直し，第24回の日本心理臨床学会（2005）に抄録（「バウムテストに関するコッホの原著」）を送った丁度その日に，岸本先生の第3版についての論文が掲載された『バウムの心理臨床』のことを知ったのです。さっそく読ませていただき，私と同じ問題意識を持つ方が現れたことを知って，勇気づけられました。以来，第3版の訳を通してお付き合いが続き，岸本先生の相当なご尽力のお陰で，本書の出版が実現したのです。

　そして，私のバウムテスト研究を見守り，優しく支え続けてくださっている甲子園大学の高橋依子先生に心からの感謝を述べたいと思います。他にも，私のバウムテスト研究を励まし支え続けてくださった先生方はおられますが，ここでは本書に限定した謝辞だけとしました。

　最後の最後になりましたが，誠信書房編集部の児島雅弘氏に感謝いたします。本文は勿論ですが，バウムテストに関心のない人にとっては，おそらく無味乾燥で煩雑な数表としか映らないであろう，あの巻末の統計表や本文中の表の校正にも実に丁寧に加わっていただきました。

　本書によって，これまでのコッホへの誤解が解け，バウムテストに対するコッホの考え方が理解されることを願って，この長いあとがきを終えたいと思います。

　　　2010年8月1日

　　　　　　　　　　　　　　　　　　　　　　　　　　　　　　中島ナオミ

訳者あとがき 3

　本書 5 ページ脚注 2）の宮崎訳注のコルマール歌謡写本の文章は，恩師故西丸四方先生（前信州大学医学部名誉教授，専門：精神医学，ドイツ語）が私のために書き残してくださったものである。この文章を見つけていただいたのは同教授の私への慈しみのまなざしに他ならない。

　「ドイツ語を学びたい」という私の申し出に先生は快諾してくださって，どんな幼稚な内容のドイツ語の訳にも，単純明快でなおかつ平易を旨とされた文章でお答えをいただいた。一週間以内には必ずお答えをいただくことができた。

　少し先生のお人柄について書いてみたい。まず一番最初に受ける印象は，大学教授という肩書にこだわりを持っていらっしゃらないということだと思う。先生はある冬の日の午後一日をあけてくださって，患者さんからいただいたというお土産の柿の実を剝いてわけてくださった。寒い日だったので，鼻をすすっておられた。「ああ，おいしい。どうぞ召し上がってくださいよ」と遠慮がちな私に柿をすすめてくださった。気さくで肩のこらない雰囲気に私はすぐに馴染んでいた。「これは女子閉鎖病棟の Y さんのご家族からいただいたものでしてね。この Y さんとは……」と患者さんのエピソードになっていく。その話がまたおもしろい。すでにデフェクト（欠陥状態）のある患者さんであり，今結婚の話があるというのである。

　こんなわけで，話が次々と展開し，その内容は西丸四方先生の書かれた本にたどりつく（西丸四方の本 1・2，『精神科の臨床から』『精神医学の人と書物』，1991 年，みすず書房，である）。

　次に臨床バウムと私の論文について若干触れておく。そもそもバウムテストとの出会いは大学を出てからである。藤田洋一君（現在教職についておられる）があるとき私の勤務する上松病院に研究にきてくださった。当時はまだ上松病院においてはバウムテストは実施されていなかった。1974 年の頃である。藤田君は患者様や一般の人々にバウムテストを実施してたちまち流行した。統合失調症の患者がテスト対象者となったのは，いかにも「精神科的」であった。

さて，今回ご縁があった私たち3人が，カール・コッホの『バウムテスト第3版』を翻訳することになった。仕事の仕上がりは読者諸氏にゆだねたいと思う。ただ訳者としてはバウムテストの愛好者に喜んでいただけることを願うのみである。

平成22年1月

宮崎忠男

付録

バウム統計表

付表1 標準児（男女）

No	指標	学年 年齢 数	幼稚園 6-7歳 255	%	初等学校1年 7-8歳 216	%	初等学校2年 8-9歳 229	%	初等学校3年 9-10歳 221	%	初等学校4年 10-11歳 211	%
1	全水平枝		2	0.8	0	0.0	0	0.0	0	0.0	0	0.0
2	一部水平枝		12	4.7	7	3.2	0	0.0	10	4.5	10	4.75
3	直線枝		71	28.0	12	5.6	24	10.5	10	4.5	4	1.9
4	十字型		26	10.1	22	10.1	15	6.5	7	3.1	9	4.25
5	一線幹		4	1.6	2	0.9	2	0.9	0	0.0	3	1.4
6	二線幹		251	98.0	214	99.1	227	100.0	221	100.0	208	98.6
7	一線枝		157	61.0	113	52.0	89	39.0	58	26.2	62	28.4
8	一部一線枝		5	2.0	4	1.8	5	2.2	8	3.6	8	3.8
9	二線枝		45	17.5	52	24.0	114	50.0	158	71.0	141	78.0
10	全直交分枝		49	19.2	2	0.9	3	1.3	10	4.5	1	0.47
11	一部直交分枝		56	*22.0*	53	24.5	79	*39.5*	53	24.0	46	21.8
12	地面までの枝		15	5.9	2	0.9	1	0.44	0	0.0	2	0.95
13	一部低在枝		13	5.1	14	6.5	12	5.2	15	6.8	13	6.2
14	幹の中の葉や実		1	0.4	0	0.0	0	0.0	0	0.0	0	0.0
15	樹冠のない幹，付属程度の短い枝のある幹		5	2.0	1	0.46	0	0.0	0	0.0	0	0.0
16	日輪型や花型		16	6.3	0	0.0	0	0.0	0	0.0	0	0.0
17	暗く塗られた幹		153	59.0	56	26.0	31	13.5	62	28.0	32	15.5
18	暗く塗られた枝		31	12.0	17	8.0	10	4.4	38	17.2	15	7.1
19	陰影手法の樹冠（枝なし）		25	10.0	5	2.3	3	1.3	11	5.0	3	1.4
20	実		172	67.0	116	54.0	89	39.0	79	35.7	53	25.0
21	葉		93	35.6	73	33.0	59	26.0	92	41.7	94	44.5
22	花		1	0.4	1	0.46	0	0.0	1	0.45	2	0.95
23	大き過ぎる実や葉		121	48.0	47	22.0	26	11.4	29	13.1	17	8.0
24	黒塗りの実や葉		100	39.0	24	11.0	17	7.5	19	8.6	8	3.8
25	空中の実（球形樹冠）		35	14.0	49	23.0	21	9.2	3	1.3	7	3.3
26	落下中の，あるいは落下した実，葉，枝		43	17.0	41	19.0	17	7.5	21	9.0	22	10.4
27	空間倒置		53	21.0	4	1.8	9	3.9	5	2.2	2	0.95
28	一線根		4	1.6	5	2.3	5	2.2	5	2.2	7	3.3
29	二線根		3	1.2	8	3.2	10	4.4	39	17.6	26	9.0
30	モミ型幹		10	3.9	4	1.8	19	8.3	8	3.6	15	7.1
31	半モミ型幹		24	7.2	35	16.2	32	14.0	31	14.0	12	5.7
32	円錐幹		11	4.3	26	12.0	27	11.4	16	7.2	15	7.1
33	幹下縁立		192	75.0	103	48.0	98	43.0	69	31.0	39	18.4
34	まっすぐな根元		110	43.0	65	30.0	41	18.0	16	7.2	19	9.0
35	球形樹冠		54	21.0	51	23.5	25	11.0	12	5.4	14	6.6
36	カール状樹冠		4	1.6	0	0.0	0	0.0	2	0.9	1	0.47
37	もつれた線の樹冠		0	*0.0*	1	0.46	1	0.44	3	1.3	0	0.0
38	管状枝		1	0.4	0	0.0	31	13.5	12	5.4	18	8.5
39	さまよった長すぎる枝		41	16.0	30	14.0	29	12.7	31	14.0	28	13.2
40	さまよって空間をうめる		1	0.4	2	0.9	3	1.3	7	3.1	8	3.8
41	樹冠における主題の変化		6	2.3	2	0.9	2	0.9	1	0.45	0	0.0
42	幹上直		179	70.0	95	44.0	85	37.0	50	22.5	28	13.2
43	枝先直		32	*17.5*	11	4.6	34	15.0	23	10.4	11	5.4
44	切断された枝，折れた枝，折れた幹		4	1.6	4	1.8	12	5.2	22	10.0	39	18.4
45	幹の瘤や凹み		0	0.0	0	0.0	0	0.0	4	1.75	2	0.95
46	積み重ね型		9	3.5	11	5.1	15	6.5	12	5.4	5	*1.8*
47	ステレオタイプ		47	18.5	14	6.5	22	9.6	15	6.8	12	5.7
48	留め杭や支柱		2	0.8	2	0.9	1	0.44	3	1.3	8	3.8
49	梯子		30	12.0	15	*0.7*	12	5.2	7	3.1	2	0.95
50	格子で保護，針金		0	0.0	0	0.0	0	0.0	2	0.9	0	*0.0*
51	変質型		0	0.0	0	0.0	5	2.2	3	1.3	4	*1.8*
52	三次元（「目」を除く）		0	0.0	0	0.0	2	0.9	4	1.8	13	6.2
53	逆向きの分枝		0	0.0	3	1.4	0	0.0	5	2.2	7	3.3
54	付属品		14	5.6	16	7.4	12	5.2	29	13.1	19	9.0
55	多くの風景		57	22.0	75	35.0	44	19.2	30	13.6	15	7.1
56	ほのめかされるだけの風景		64	25.0	57	26.4	45	19.6	69	31.0	99	47.0
57	島や丘の形		1	0.4	9	4.1	0	0.0	7	3.1	3	1.4
58	上縁はみ出し		5	2.0	6	2.8	27	11.8	49	22.0	26	12.2

網かけについては凡例（xviiページ）を参照．

付録　バウム統計表　331

初等学校5年 11-12歳		初等学校6年 12-13歳		初等学校7年 13-14歳		初等学校8年 14-15歳		第二学校1年 13-14歳		第二学校2年 14-15歳		第二学校3年 15-16歳	
216	%	243	%	204	%	183	%	220	%	205	%	232	%
3	1.39	1	0.41	1	0.49	0	0.0	1	0.49	0	0.0	0	0.0
10	4.6	17	7.0	9	4.5	15	8.2	7	3.2	14	6.8	2	*0.86*
4	1.85	2	0.82	5	2.45	0	0.0	2	0.9	5	2.45	3	1.3
8	3.7	23	9.5	6	2.95	3	1.74	7	3.2	2	0.98	2	0.86
0	0.0	2	0.82	0	0.0	0	0.0	0	0.0	0	0.0	1	0.43
216	100.0	241	99.18	204	100.0	183	100.0	220	100.0	205	100.0	231	99.57
22	10.2	74	***30.5***	31	15.0	34	18.6	25	11.4	9	4.4	0	0.0
4	1.85	11	4.5	8	3.9	15	8.2	16	7.2	10	4.9	16	6.7
187	87.0	172	71.0	185	***91.0***	136	***75.0***	167	76.0	185	90.0	171	74.0
1	0.46	3	1.2	0	0.0	3	1.74	0	0.0	0	0.0	0	0.0
35	16.2	67	27.5	62	30.5	36	19.6	39	17.6	52	25.4	25	10.4
0	0.0	2	0.82	0	0.0	1	0.55	0	0.0	0	0.0	0	0.0
20	9.4	15	6.2	12	5.9	19	10.4	21	9.5	21	10.1	20	8.6
0	0.0	0	0.0	0	0.0	0	0.0	0	0.0	0	0.0	0	0.0
0	0.0	0	0.0	0	0.0	0	0.0	0	0.0	0	0.0	0	0.0
29	13.4	68	***33.0***	56	27.5	76	41.0	90	41.0	95	46.4	129	56.0
17	7.9	45	18.5	41	20.0	46	25.0	60	27.3	84	41.0	89	38.5
4	1.85	7	2.9	15	7.4	10	5.5	35	15.4	56	27.4	41	17.6
22	10.2	34	14.0	22	10.8	21	11.4	17	7.7	11	5.3	18	7.8
73	***34.0***	100	41.0	70	***34.5***	70	38.2	56	25.5	42	***29.5***	51	22.0
2	0.92	2	0.82	0	0.0	0	0.0	2	0.92	0	0.0	0	0.0
12	5.5	12	5.0	10	4.9	2	1.1	7	3.2	3	1.46	3	1.3
11	5.1	15	6.2	10	4.9	18	9.8	4	1.82	13	6.3	18	7.8
5	2.3	2	0.82	2	1.0	1	0.55	2	0.92	0	0.0	0	0.0
11	5.1	18	7.4	31	15.2	19	10.4	8	3.64	10	4.9	11	4.75
1	0.46	3	1.2	3	1.5	0	0.0	0	0.0	0	0.0	0	0.0
3	1.4	14	5.7	4	1.96	1	0.55	5	2.27	1	0.48	3	1.3
43	20.0	26	10.7	31	15.2	25	13.6	37	16.8	17	8.3	26	11.2
12	5.5	36	14.8	18	8.8	9	4.9	10	4.5	25	12.2	22	9.5
9	4.2	4	1.64	9	4.5	1	0.55	5	2.27	2	0.98	1	0.43
8	3.7	9	3.7	6	2.45	3	1.74	1	0.45	4	1.95	0	0.0
7	3.25	2	0.82	19	9.3	9	4.9	7	3.2	5	2.45	0	0.0
5	2.3	10	4.1	0	0.0	8	4.3	9	4.1	6	2.93	5	2.15
33	15.2	7	2.9	31	15.2	29	15.4	40	18.1	46	22.5	38	16.4
2	0.92	5	2.05	3	1.5	8	4.3	5	2.27	5	2.45	12	5.2
4	1.85	3	1.2	3	1.5	1	0.55	5	2.27	9	4.4	3	1.3
33	15.1	23	9.5	30	14.8	32	17.5	30	13.6	39	19.0	10	4.3
26	12.0	49	***20.0***	27	13.3	13	6.6	38	17.3	19	9.3	20	8.6
7	3.25	1	0.41	2	1.0	4	2.2	5	2.27	10	4.9	8	3.45
3	1.4	0	0.0	0	0.0	0	0.0	0	0.0	0	0.0	0	0.0
2	0.92	10	4.1	4	1.96	1	0.55	1	0.45	1	0.48	1	0.43
0	0.0	2	0.82	1	0.49	0	0.0	0	0.0	1	0.48	0	0.0
28	13.0	9	3.7	27	13.3	26	14.2	16	7.3	32	15.6	33	14.2
22	10.2	8	3.3	8	3.9	3	1.74	8	3.64	8	3.9	6	2.6
6	2.76	8	3.3	11	***0.49***	1	0.55	9	4.1	6	2.93	2	0.86
11	5.1	9	3.7	3	1.50	1	0.55	4	1.82	0	0.0	0	0.0
5	2.3	12	5.0	14	6.8	26	14.2	11	5.0	13	6.3	25	10.4
2	0.92	4	1.64	1	0.49	3	1.74	2	0.9	3	1.46	3	1.3
1	0.46	4	1.64	0	0.0	3	1.74	4	1.82	4	1.95	2	0.86
7	3.25	3	1.2	8	3.9	2	1.1	5	2.27	6	2.93	3	1.3
16	7.4	19	7.8	9	4.5	6	3.3	8	3.64	11	5.3	10	***5.2***
7	3.25	9	3.7	2	***0.1***	5	2.7	2	0.92	12	5.85	4	1.72
18	8.3	14	5.7	10	4.9	11	6.0	2	0.92	4	1.95	12	5.2
33	15.1	1	0.41	14	***6.8***	11	9.8	1	2.45				
76	35.0	148	60.0	114	56.0	120	65.0	116	52.5	93	45.0	103	44.0
5	2.3	4	1.64	2	1.0	7	3.8	3	1.36	7	3.4	6	2.6
26	12.2	10	***4.1***	18	8.8	9	4.9	13	5.9	12	5.85	8	3.45

付表2 標準児（女）

No	指標	幼稚園 6-7歳		初等学校1年 7-8歳		初等学校2年 8-9歳		初等学校3年 9-10歳		初等学校4年 10-11歳	
	学年年齢数	98	%	103	%	103	%	113	%	108	%
1	全水平枝	0	0.0	0	0.0	0	0.0	0	0.0	0	0.0
2	一部水平枝	1	1.0	4	3.9	0	0.0	8	7.1	3	2.7
3	直線枝	25	25.6	4	39	1	14.8	6	5.3	3	2.7
4	十字型	6	6.2	11	10.7	5	3.5	4	3.5	3	2.7
5	一線幹	0	0.0	2	1.9	2	1.9	0	0.0	1	0.9
6	二線幹	98	100.0	101	98.0	101	98.0	113	100.0	107	99.0
7	一線枝	67	68.0	65	63.4	68	66.0	39	34.5	41	38.0
8	一部一線枝		1.0	2	1.9	3	2.9	8	7.1	2	1.8
9	二線枝	18	18.4	16	15.5	24	23.4	73	65.0	61	56.0
10	全直交分枝	26	26.5	1	1.0	1	1.0	6	5.3	1	0.9
11	一部直交分枝	13	13.2	20	19.4	30	29.3	27	24.0	21	19.5
12	地面までの枝	13	13.2	1	1.0	0	0.0	0	0.0	0	0.0
13	一部低在枝	5	5.6	3	2.9	3	2.9	7	6.2	4	3.7
14	幹の中の葉や実	0	0.0	0	0.0	0	0.0	0	0.0	0	0.0
15	樹冠のない幹, 付属程度の短い枝のある幹	1	1.0	0	0.0	0	0.0	0	0.0	0	0.0
16	日輪型や花型	1	1.0	0	0.0	0	0.0	0	0.0	0	0.0
17	暗く塗られた幹	60	61.0	32	31.0	14	13.6	30	26.5	22	20.0
18	暗く塗られた枝	13	13.2	13	12.7	4	3.9	16	14.2	8	7.4
19	陰影手法の樹冠（枝なし）	9	9.2	0	0.0	0	0.0	0	0.0	2	1.8
20	実	79	80.0	60	58.0	41	40.0	50	44.0	37	34.2
21	葉	35	35.8	37	36.0	27	26.2	54	48.0	47	43.5
22	花	0	0.0	1	1.0	0	0.0	1	0.9	2	1.8
23	大き過ぎる実や葉	46	47.0	20	19.4	10	9.8	14	12.4	11	10.1
24	黒塗りの実や葉	34	**34.7**	13	10.7	12	11.7	9	8.0	5	4.6
25	空中の実（球形樹冠）	13	13.2	20	19.4	7	6.7	1	0.9	4	3.7
26	落下中の, あるいは落下した実, 葉, 枝	15	15.3	29	28.2	9	8.7	17	15.0	13	12.0
27	空間倒置	21	21.5	2	1.9	4	3.9	4	3.5	1	0.9
28	一線根	1	1.0	2	1.9	2	1.9	2	1.8	2	1.8
29	二線根	0	0.0	4	3.9	6	5.8	15	13.3	13	12.0
30	モミ型幹	1	1.2	0	0.0	2	1.9	1	0.9	1	0.9
31	半モミ型幹	4	4.1	9	8.7	12	11.7	10	8.8	1	0.9
32	円錐幹	4	4.1	13	12.7	9	8.7	6	5.3	9	8.3
33	幹下縁立	72	73.5	58	56.5	30	29.3	25	22.0	15	13.8
34	まっすぐな根元	51	52.0	37	36.0	29	28.2	10	8.8	13	12.0
35	球形樹冠	18	18.4	20	19.4	7	6.7	0	0.0	10	9.2
36	カール状樹冠	4	4.1	0	0.0	0	0.0	0	0.0	0	0.0
37	もつれた線の樹冠	0	0.0	0	0.0	1	1.0	1	0.9	0	0.0
38	管状枝	0	0.0	0	0.0	10	9.3	3	2.6	8	7.4
39	さまよった長すぎる枝	12	12.2	9	8.7	12	11.7	10	8.8	12	11.5
40	さまよって空間をうめる	0	0.0	0	0.0	0	0.0	6	5.3	3	2.7
41	樹冠における主題の変化	2	2.05	1	1.0	0	0.0	0	0.0	0	0.0
42	幹上直	77	78.5	53	51.5	48	46.6	33	29.2	17	15.8
43	枝先直	12	12.2	0	0.0	8	7.8	10	8.8	4	3.7
44	切断された枝, 折れた枝, 折れた幹	1	1.0	0	0.0	3	2.9	4	3.5	15	13.8
45	幹の瘤や凹み	0	0.0	0	0.0	0	0.0	1	0.9	0	0.0
46	積み重ね型	3	3.1	6	5.8	4	3.9	3	2.6	1	0.9
47	ステレオタイプ	15	15.3	5	4.3	6	5.8	9	8.0	2	1.8
48	留め杭や支柱	0	0.0	1	1.0	0	0.0	2	1.8	2	1.8
49	梯子	11	11.2	8	7.8	3	2.9	4	3.5	2	1.8
50	格子で保護, 針金	0	0.0	0	0.0	0	0.0	0	0.0	0	0.0
51	変質型	0	0.0	0	0.0	0	0.0	3	2.6	5	4.6
52	三次元（「目」を除く）	0	0.0	0	0.0	2	1.9	0	0.0	5	4.6
53	逆向きの分枝	0	0.0	1	1.0	0	0.0	3	2.6	3	2.7
54	付属品	5	5.2	4	3.9	3	2.9	26	23.0	10	9.2
55	多くの風景	23	23.5	26	25.1	19	18.4	20	17.6	9	8.3
56	ほのめかされるだけの風景	36	36.5	33	32.0	27	26.2	38	33.5	47	43.5
57	島や丘の形	0	0.0	9	8.7	0	0.0	4	3.5	3	2.7
58	上縁はみ出し	0	0.0	1	1.0	13	12.7	20	17.6	4	3.7

333

初等学校5年 11-12歳		初等学校6年 12-13歳		初等学校7年 13-14歳		初等学校8年 14-15歳		第二学校1年 13-14歳		第二学校2年 14-15歳		第二学校3年 15-16歳	
112	%	116	%	113	%	83	%	116	%	105	%	130	%
0	0.0	0	0.0	0	0.0	0	0.0	0	0.0	0	0.0	0	0.0
7	6.2	8	7.3	4	3.5	9	10.8	5	4.5	9	8.6	2	1.5
3	2.7	1	0.9	1	0.9	0	0.0	0	0.0	1	1.0	1	0.8
3	2.7	10	9.0	3	2.6	1	1.2	4	3.6	2	1.9	1	0.8
0	0.0	1	0.9	0	0.0	0	0.0	0	0.0	0	0.0	0	0.0
112	100.0	115	99.0	113	100.0	83	100.0	116	100.0	105	100.0	130	100.0
19	17.0	47	42.0	23	21.4	28	33.8	23	20.0	8	7.6	10	7.7
2	1.8	5	4.5	3	2.6	11	13.2	12	10.7	8	7.6	11	8.5
86	77.0	72	64.0	83	74.0	55	61.0	89	77.0	88	84.0	92	70.0
0	0.0	0	0.0	0	0.0	1	1.2	0	0.0	0	0.0	0	0.0
19	17.1	35	31.2	33	29.2	19	23.0	17	14.8	25	23.7	11	8.5
0	0.0	1	0.9	0	0.0	0	0.0	0	0.0	0	0.0	0	0.0
11	9.8	6	5.4	6	5.3	4	4.8	12	10.7	7	6.6	11	8.5
0	0.0	0	0.0	0	0.0	0	0.0	0	0.0	0	0.0	0	0.0
0	0.0	0	0.0	0	0.0	0	0.0	0	0.0	0	0.0	0	0.0
10	9.0	26	23.2	24	21.3	42	50.0	37	32.0	41	39.0	67	51.6
7	6.2	11	9.8	16	14.2	22	26.5	23	20.0	32	30.5	52	40.0
0	0.0	1	0.9	3	2.6	2	2.4	4	3.6	24	23.0	18	13.8
12	10.7	14	12.5	15	13.3	19	23.0	13	11.2	6	5.7	7	5.4
46	41.0	54	48.0	45	40.0	45	54.0	46	39.5	30	28.6	29	22.3
2	1.8	2	1.8	0	0.0	0	0.0	2	1.8	0	0.0	0	0.0
5	4.5	4	3.6	8	7.1	2	2.4	4	3.6	2	1.9	0	0.0
9	8.0	8	7.3	6	5.3	13	15.4	4	3.6	9	8.6	11	8.5
2	1.8	1	0.9	1	1.9	0	0.0	0	0.0	0	0.0	0	0.0
6	5.4	7	6.2	22	19.5	16	19.4	5	4.5	7	6.6	6	4.6
1	0.9	0	0.0	1	0.9	0	0.0	0	0.0	0	0.0	0	0.0
0	0.0	4	3.6	3	2.6	1	1.2	2	1.8	0	0.0	1	0.8
14	12.4	10	9.0	13	11.5	7	8.4	24	21.0	4	3.8	11	8.5
3	2.7	7	6.2	5	4.5	2	2.4	2	1.8	8	7.6	8	6.2
5	4.5	2	1.8	0	0.0	0	0.0	3	2.7	2	1.9	1	0.8
3	2.7	7	6.2	6	5.3	3	3.6	1	0.9	4	3.8	0	0.0
2	1.8	1	0.9	12	10.3	8	9.6	4	3.6	4	3.8	0	0.0
3	2.7	4	3.6	0	0.0	6	7.2	5	4.5	2	1.9	3	2.3
15	13.4	0	0.0	11	9.3	9	11.0	9	7.8	18	17.2	16	12.3
0	0.0	3	2.7	0	0.0	3	3.6	1	0.9	1	1.0	8	6.2
2	1.8	1	0.9	0	0.0	0	0.0	2	1.8	4	3.8	2	1.5
11	9.8	12	10.7	13	11.5	17	20.5	14	12.5	13	12.4	9	6.9
13	11.6	21	18.6	18	16.0	7	8.4	26	22.5	14	13.4	13	10.0
5	4.5	1	0.9	2	1.8	3	3.6	4	3.6	5	4.7	4	3.1
3	2.7	0	0.0	0	0.0	0	0.0	0	0.0	0	0.0	0	0.0
1	0.9	6	5.4	3	2.6	1	1.2	0	0.0	1	1.0	1	0.8
0	0.0	2	1.8	1	0.9	0	0.0	0	0.0	1	1.0	0	0.0
10	9.0	0	0.0	9	8.0	10	12.0	12	10.7	14	13.4	12	9.2
4	3.6	4	3.6	7	6.2	1	1.2	6	5.4	3	2.8	4	3.1
4	3.6	7	6.2	6	5.3	0	0.0	7	5.2	5	4.7	1	0.8
9	8.9	1	0.9	1	0.9	0	0.0	3	2.7	0	0.0	0	0.0
4	3.6	4	3.6	10	8.8	8	9.6	3	2.7	5	4.7	12	9.2
1	0.9	1	0.9	0	0.0	1	1.2	0	0.0	2	1.9	2	1.5
1	0.9	2	1.8	0	0.0	3	3.6	3	2.7	1	1.0	0	0.0
1	0.9	1	0.9	5	4.5	1	1.2	3	2.7	3	2.8	2	1.5
6	5.4	1	0.9	3	2.6	3	3.6	6	5.4	3	2.8	3	2.3
6	5.4	5	4.5	2	1.8	3	3.6	1	0.9	7	6.6	2	1.5
12	11.7	8	7.3	5	4.5	3	3.6	1	0.9	2	1.9	5	3.8
13	11.6	1	0.9	1	0.9	7	8.4	2	1.8	1	1.0	1	0.8
43	38.0	67	60.0	56	50.0	67	81.0	50	43.1	44	42.0	56	43.0
5	4.5	4	3.6	2	1.8	3	3.6	1	0.9	2	1.9	4	3.1
12	10.7	4	3.6	6	5.3	4	4.8	8	7.3	2	1.9	6	4.6

付表3 標準児（男）

No	指標	学年 年齢 数	幼稚園 6-7歳 126	%	初等学校1年 7-8歳 113	%	初等学校2年 8-9歳 126	%	初等学校3年 9-10歳 108	%	初等学校4年 10-11歳 103	%
1	全水平枝		2	1.6	0	0.0	0	0.0	0	0.0	0	0.0
2	一部水平枝		11	8.7	3	2.6	0	0.0	2	1.8	7	6.7
3	直線枝		43	34.0	8	7.1	9	7.3	4	3.7	1	1.0
4	十字型		18	14.3	11	9.3	10	8.0	3	2.7	6	5.8
5	一線幹		2	1.6	0	0.0	0	0.0	0	0.0	2	1.9
6	二線幹		124	98.0	113	100.0	125	99.0	108	100.0	101	98.0
7	一線枝		67	53.0	48	42.5	21	16.6	19	17.6	21	20.5
8	一部一線枝		4	3.2	2	1.8	2	1.6	0	0.0	6	5.8
9	二線枝		22	17.4	36	33.0	90	73.0	85	78.5	80	78.0
10	全直交分枝		20	16.0	1	0.9	2	1.6	4	3.7	0	0.0
11	一部直交分枝		21	16.6	33	29.0	49	39.0	26	24.0	25	24.5
12	地面までの枝		1	0.8	1	0.9	1	0.8	0	0.0	2	1.9
13	一部低在枝		7	5.5	11	9.3	9	7.3	8	7.4	9	8.7
14	幹の中の葉や実		1	0.8	0	0.0	0	0.0	0	0.0	0	0.0
15	樹冠のない幹，付属程度の短い枝のある幹		4	3.15	1	0.9	0	0.0	0	0.0	0	0.0
16	日輪型や花型		15	12.0	0	0.0	0	0.0	0	0.0	0	0.0
17	暗く塗られた幹		74	59.0	24	21.3	17	13.5	32	29.5	10	9.8
18	暗く塗られた枝		18	14.3	4	3.5	6	4.8	22	20.0	7	6.7
19	陰影手法の樹冠（枝なし）		12	9.5	5	4.5	3	2.4	11	10.1	1	1.0
20	実		71	56.4	56	49.5	48	38.0	29	27.0	16	15.5
21	葉		45	35.6	36	32.0	32	25.5	38	35.0	47	46.0
22	花		0	0.0	0	0.0	0	0.0	0	0.0	0	0.0
23	大き過ぎる実や葉		57	45.0	27	24.0	16	12.7	15	13.8	6	5.8
24	黒塗りの実や葉		48	38.0	11	9.3	5	4.0	10	9.2	3	2.9
25	空中の実（球形樹冠）		20	16.0	29	25.6	14	11.2	2	1.8	3	2.9
26	落下中の，あるいは落下した実，葉，枝		22	17.4	12	10.3	8	6.4	4	3.7	9	8.7
27	空間倒置		19	15.0	2	1.8	5	4.0	1	0.9	1	1.0
28	一線根		3	2.4	3	2.6	3	2.4	3	2.7	5	4.3
29	二線根		2	1.6	4	3.5	4	3.2	26	24.0	13	12.7
30	モミ型幹		8	6.4	4	3.5	17	13.5	7	6.5	14	13.6
31	半モミ型幹		17	13.5	26	23.0	20	16.0	21	19.5	11	10.7
32	円錐幹		3	2.4	13	11.5	18	14.3	10	9.2	6	5.8
33	幹下縁立		94	75.0	45	40.0	68	54.0	44	40.5	24	23.4
34	まっすぐな根元		50	40.0	28	25.0	12	9.6	6	5.5	6	5.8
35	球形樹冠		36	28.5	31	27.5	18	14.3	12	11.0	4	3.9
36	カール状樹冠		0	0.0	0	0.0	0	0.0	2	1.8	1	1.0
37	もつれた線の樹冠		2	1.6	1	0.9	0	0.0	2	1.8	0	0.0
38	管状枝		1	0.8	0	0.0	21	16.6	9	8.3	10	9.8
39	さまよった長すぎる枝		21	16.6	21	18.5	17	13.5	21	19.5	16	15.5
40	さまよって空間をうめる		1	0.8	2	1.8	3	2.4	1	0.9	5	4.3
41	樹冠における主題の変化		2	1.6	1	0.9	2	1.6	1	0.9	0	0.0
42	幹上直		81	64.0	42	37.0	37	29.4	17	15.8	11	10.7
43	枝先直		17	13.5	11	9.3	26	20.6	13	12.0	7	6.7
44	切断された枝，折れた枝，折れた幹		3	2.4	4	3.5	9	7.3	18	16.6	24	23.4
45	幹の瘤や凹み		0	0.0	0	0.0	0	0.0	4	3.2	2	1.9
46	積み重ね型		3	2.4	5	4.5	11	8.7	9	8.2	4	3.9
47	ステレオタイプ		21	16.6	9	8.1	16	12.7	6	5.5	10	9.8
48	留め杭や支柱		1	0.8	1	0.9	1	0.8	1	0.9	6	5.8
49	梯子		19	15.0	7	6.2	9	7.3	3	2.7	0	0.0
50	格子で保護，針金		0	0.0	0	0.0	0	0.0	2	1.8	2	1.9
51	変質型		0	0.0	0	0.0	5	4.0	0	0.0	0	0.0
52	三次元（「目」を除く）		0	0.0	0	0.0	0	0.0	4	3.7	8	7.8
53	逆向きの分枝		0	0.0	2	1.8	0	0.0	2	1.8	4	3.9
54	付属品		5	4.0	12	10.3	9	7.3	3	2.7	9	8.7
55	多くの風景		33	26.2	49	43.4	25	19.8	10	9.2	6	5.8
56	ほのめかされるだけの風景		26	20.6	24	21.3	18	14.3	31	28.6	52	50.0
57	島や丘の形		1	0.8	0	0.0	0	0.0	3	2.7	0	0.0
58	上縁はみ出し		5	4.0	5	4.5	14	11.2	29	27.0	22	21.4

付録　バウム統計表　335

初等学校5年 11-12歳		初等学校6年 12-13歳		初等学校7年 13-14歳		初等学校8年 14-15歳		第二学校1年 13-14歳		第二学校2年 14-15歳		第二学校3年 15-16歳	
104	%	127	%	91	%	100	%	104	%	106	%	102	%
3	2.9	1	0.8	1	1.1	0	0.0	1	1.0	0	0.0	0	0.0
3	2.9	9	7.1	5	5.5	6	6.0	2	1.9	5	4.7	2	2.0
1	0.9	1	0.8	4	4.4	0	0.0	2	1.9	4	3.8	2	2.0
5	4.8	13	10.1	3	3.3	2	2.0	3	2.9	0	0.0	1	1.0
0	0.0	1	0.8	0	0.0	0	0.0	0	0.0	0	0.0	1	1.0
104	100.0	126	99.0	91	100.0	100	100.0	104	100.0	106	100.0	101	99.0
3	2.9	27	21.3	8	8.8	6	6.0	2	1.9	1	0.95	13	12.9
2	1.9	6	4.7	5	5.5	4	4.0	4	3.8	2	1.9	5	4.9
101	97.0	100	79.0	83	91.0	81	81.0	78	75.0	97	91.0	79	77.0
1	0.9	3	2.4	0	0.0	2	2.0	0	0.0	0	0.0	0	0.0
16	15.4	32	*25.0*	29	32.0	17	17.0	22	21.0	27	25.5	14	13.8
0	0.0	1	0.8	0	0.0	1	1.0	0	0.0	0	0.0	0	0.0
9	8.6	9	7.1	6	6.6	15	15.0	9	8.6	14	13.2	9	8.9
0	0.0	0	0.0	0	0.0	0	0.0	0	0.0	0	0.0	0	0.0
0	0.0	0	0.0	0	0.0	0	0.0	0	0.0	0	0.0	0	0.0
0	0.0	0	0.0	0	0.0	0	0.0	0	0.0	0	0.0	0	0.0
19	18.4	42	33.0	32	35.0	34	34.0	53	51.0	54	50.0	62	61.0
10	9.6	34	27.0	25	27.5	24	24.0	37	35.5	52	49.0	37	36.0
4	3.8	6	4.7	12	13.1	8	8.0	31	30.0	32	30.0	23	22.0
10	9.6	20	16.0	7	7.7	2	2.0	4	3.8	5	4.7	11	10.4
41	39.0	46	31.0	25	13.2	25	25.0	10	9.6	12	11.4	22	21.5
0	0.0	0	0.0	0	0.0	0	0.0	0	0.0	0	0.0	0	0.0
7	6.7	8	6.3	2	2.2	0	0.0	3	2.9	1	0.95	3	2.9
2	1.9	7	5.5	4	4.4	5	5.0	0	0.0	4	3.8	7	6.9
3	2.9	1	0.8	1	1.1	1	1.0	2	1.9	0	0.0	0	0.0
5	4.8	11	8.6	9	9.9	3	3.0	3	2.9	3	2.7	5	4.9
0	0.0	3	2.4	2	2.2	0	0.0	0	0.0	0	0.0	0	0.0
3	2.9	10	7.8	1	1.1	0	0.0	3	2.9	1	0.95	2	2.0
29	28.0	16	12.6	18	20.0	18	18.0	13	12.7	13	12.3	15	14.9
9	8.6	29	23.0	13	14.3	7	7.0	8	7.7	17	16.0	14	13.9
4	3.8	2	1.6	9	9.9	1	1.0	2	1.9	0	0.0	0	0.0
5	4.8	2	1.6	0	0.0	0	0.0	0	0.0	0	0.0	0	0.0
5	4.8	1	0.8	7	7.7	1	1.0	3	2.9	1	0.95	0	0.0
2	1.9	6	4.7	0	0.0	2	2.0	4	3.8	4	3.8	2	2.0
18	17.3	7	5.5	20	22.0	20	20.0	31	30.0	28	26.4	22	21.5
2	1.9	2	1.6	3	3.3	5	5.0	4	3.8	4	3.8	4	3.9
2	1.9	2	1.6	3	3.3	1	1.0	3	2.9	5	4.7	1	1.0
22	21.0	11	8.6	17	18.5	15	15.0	16	15.4	26	24.5	1	1.0
13	12.4	28	14.2	9	9.9	6	6.0	12	11.6	5	4.7	7	6.9
2	1.9	0	0.0	0	0.0	1	1.0	1	1.0	5	4.7	4	3.9
0	0.0	0	0.0	0	0.0	0	0.0	0	0.0	0	0.0	0	0.0
1	0.9	4	3.1	1	1.1	0	0.0	1	1.0	0	0.0	0	0.0
0	0.0	0	0.0	0	0.0	0	0.0	0	0.0	0	0.0	0	0.0
18	17.3	9	7.1	18	20.0	16	16.0	4	3.8	18	17.0	21	20.5
18	17.3	4	3.1	5	5.5	2	2.0	2	1.9	5	4.7	2	2.1
2	1.9	1	0.8	5	5.5	1	1.0	2	1.9	1	0.95	0	0.0
2	1.9	8	6.3	2	2.2	1	1.0	1	1.0	0	0.0	0	0.0
1	0.9	8	6.3	4	4.4	18	18.0	8	7.7	8	7.6	13	12.0
2	1.9	3	2.4	1	1.1	0	0.0	0	0.0	1	0.95	1	1.0
0	0.0	0	0.0	2	1.6	0	0.0	1	1.0	3	2.7	2	2.0
6	5.8	2	1.6	3	3.3	1	1.0	2	1.9	3	2.7	1	1.0
10	9.6	18	14.2	6	6.6	3	3.0	2	1.9	8	7.6	7	6.9
1	0.9	4	3.1	0	0.0	2	2.0	1	1.0	5	4.7	2	2.0
6	5.8	6	4.7	5	5.5	8	8.0	1	1.0	2	1.9	7	6.9
20	19.2	0	0.0	0	0.0	11	11.0	10	9.6	4	3.8	11	10.4
33	31.8	81	64.0	58	64.0	53	53.0	66	63.0	49	46.0	47	46.0
0	0.0	0	0.0	0	0.0	4	4.0	2	1.9	5	4.7	2	2.0
14	13.4	6	*4.7*	12	13.1	5	5.0	5	4.8	10	9.5	2	2.0

付表4　養護学校生徒
(軽度発達遅滞の男女)

No	指標	学年 年齢 数	初等学校1年 6-8歳 70	%	初等学校2年 8-9歳 74	%	初等学校3年 9-10歳 79	%	初等学校4年 10-11歳 131	%	初等学校5年 11-12歳 112	%
1	全水平枝		3	4.3	4	5.4	0	0.0	1	0.8	0	0.0
2	一部水平枝		0	0.0	3	4.0	1	1.3	8	6.1	3	2.7
3	直線枝		0	0.0	16	21.5	15	19.0	14	10.7	15	14.4
4	十字型		3	4.3	9	12.2	5	6.3	1	0.8	2	1.8
5	一線幹		29	42.0	22	29.6	9	11.2	8	6.1	4	3.6
6	二線幹		31	44.0	52	70.0	70	88.6	123	94.0	108	96.0
7	一線枝		32	46.0	42	57.0	40	50.0	75	57.0	62	55.0
8	一部一線枝		0	0.0	0	0.0	1	1.3	0	0.0	0	0.0
9	二線枝		3	4.3	6	8.2	14	17.7	21	16.0	24	21.5
10	全直交分枝		2	2.8	3	4.0	1	1.3	7	5.3	2	1.8
11	一部直交分枝		0	0.0	5	8.1	7	8.9	10	7.6	13	11.6
12	地面までの枝		6	8.5	15	20.3	3	3.8	5	3.8	4	3.6
13	一部低在枝		0	0.0	1	1.3	0	0.0	3	2.3	5	4.5
14	幹の中の葉や実		0	0.0	0	0.0	0	0.0	0	0.0	0	0.0
15	樹冠のない幹, 付属程度の短い枝のある幹		0	0.0	0	0.0	0	0.0	0	0.0	0	0.0
16	日輪型や花型		7	10.0	3	4.0	4	5.0	6	4.6	4	3.6
17	暗く塗られた幹		10	14.2	19	25.6	41	52.0	34	26.0	28	25.0
18	暗く塗られた枝		3	4.3	6	8.1	6	7.6	6	4.6	6	5.9
19	陰影手法の樹冠 (枝なし)		2	2.8	3	4.0	6	7.6	4	3.0	5	4.5
20	実		29	42.0	29	39.0	58	73.0	83	64.0	66	59.0
21	葉		9	12.8	3	4.0	3	3.8	19	14.5	37	33.0
22	花		0	0.0	0	0.0	0	0.0	0	0.0	0	0.0
23	大き過ぎる実や葉		15	21.5	20	27.0	45	57.0	48	36.6	32	28.5
24	黒塗りの実や葉		11	15.8	10	13.5	21	26.5	38	29.0	25	22.3
25	空中の実 (球形樹冠)		6	8.5	9	12.2	16	20.2	32	24.5	8	7.3
26	落下中の, あるいは落下した実, 葉, 枝		1	1.4	4	5.4	7	8.9	5	3.8	0	0.0
27	空間倒置		3	4.3	5	8.1	16	20.2	8	6.1	11	9.8
28	一線根		2	2.8	3	4.0	3	3.8	11	8.4	9	8.0
29	二線根		0	0.0	0	0.0	0	0.0	4	3.0	2	1.8
30	モミ型幹		9	12.8	12	16.2	8	10.0	10	7.6	5	4.5
31	半モミ型幹		2	2.8	8	10.8	5	6.3	14	10.7	9	8.0
32	円錐幹		0	**0.0**	1	**1.3**	2	**2.5**	9	**6.9**	12	**10.7**
33	幹下縁立		26	37.0	28	38.0	41	52.0	65	50.0	38	34.0
34	まっすぐな根元		17	24.2	23	31.0	22	28.0	30	23.0	31	27.6
35	球形樹冠		17	24.2	17	23.0	16	20.2	32	24.5	17	15.2
36	カール状樹冠		0	0.0	0	0.0	0	0.0	0	0.0	0	0.0
37	もつれた線の樹冠		5	7.1	3	4.0	0	0.0	0	0.0	0	0.0
38	管状枝		0	0.0	0	0.0	0	0.0	0	0.0	2	1.8
39	さまよった長すぎる枝		0	0.0	8	10.8	15	19.0	10	7.6	23	20.5
40	さまよって空間をうめる		0	0.0	0	0.0	0	0.0	0	0.0	0	0.0
41	樹冠における主題の変化		0	0.0	2	2.7	0	0.0	0	0.0	3	2.7
42	幹上直		19	27.0	26	35.0	30	38.0	49	37.5	45	40.0
43	枝先直		0	0.0	1	1.3	2	2.5	2	1.5	6	5.9
44	切断された枝, 折れた枝, 折れた幹		0	0.0	0	0.0	0	0.0	0	0.0	2	1.8
45	幹の瘤や凹み		0	0.0	0	0.0	0	0.0	4	3.0	1	0.0
46	積み重ね型		1	1.4	0	0.0	0	0.0	3	2.0	3	2.7
47	ステレオタイプ		4	5.7	10	13.5	12	15.2	12	9.2	15	14.4
48	留め杭や支柱		0	0.0	0	0.0	0	0.0	0	0.0	0	0.0
49	梯子		1	1.4	0	0.0	5	6.3	3	2.0	1	0.9
50	格子で保護, 針金		0	0.0	0	0.0	1	1.3	0	0.0	0	0.0
51	変質型		0	0.0	0	0.0	1	1.3	0	0.0	1	0.9
52	三次元 (「目」を除く)		0	0.0	0	0.0	2	2.5	0	0.0	0	0.0
53	逆向きの分枝		0	0.0	0	0.0	0	0.0	0	0.0	1	0.9
54	付属品		1	1.4	0	0.0	3	3.8	3	2.0	1	0.9
55	多くの風景		7	10.0	8	10.8	12	15.2	10	7.6	10	9.0
56	ほのめかされるだけの風景		3	4.3	9	12.2	13	16.4	16	12.2	11	9.8
57	島や丘の形		1	1.4	1	1.3	0	0.0	9	6.9	0	0.0
58	上縁はみ出し		0	0.0	3	4.0	3	3.8	2	1.5	0	0.0

付録 バウム統計表 337

初等学校6年 12-13歳		初等学校7年 13-14歳		初等学校8年 14-15歳		初等学校9年 15-16歳		16-17歳		軽度-中等度 発達遅滞 29歳	
135	%	121	%	82	%	117	%	41	%	56	%
1	0.7	4	3.3	0	0.0	0	0.0	0	0.0	5	9.0
2	1.5	1	0.8	4	4.9	1	0.9	0	0.0	7	12.5
16	11.8	15	12.4	3	3.6	11	9.4	2	4.9	18	32.0
3	2.2	5	4.1	2	2.5	5	4.3	0	0.0	17	30.0
8	5.9	7	5.8	0	0.0	0	0.0	0	0.0	10	17.8
127	94.0	114	94.0	82	100.0	117	100.0	41	100.0	42	75.0
78	58.0	77	64.0	43	52.5	43	37.0	11	26.8	35	62.5
0	0.0	0	0.0	1	1.2	2	1.7	0	0.0	1	1.8
20	14.8	21	17.4	29	35.3	61	52.0	24	58.5	8	14.3
1	0.7	0	0.0	0	0.0	0	0.0	0	0.0	7	12.5
29	21.5	23	19.0	7	8.5	11	9.4	3	7.3	9	16.0
6	4.5	1	0.8	0	0.0	0	0.0	0	0.0	26	41.5
3	2.2	2	1.7	2	2.5	7	6.0	0	0.0	2	3.6
0	0.0	0	0.0	0	0.0	0	0.0	0	0.0	0	0.0
0	0.0	0	0.0	0	0.0	0	0.0	0	0.0	1	1.8
3	2.2	0	0.0	0	0.0	0	0.0	0	0.0	3	5.4
37	27.5	15	12.4	16	19.6	25	21.4	6	14.6	25	45.0
5	3.7	0	0.0	5	6.2	12	10.2	1	2.5	6	10.7
6	4.5	2	1.7	4	4.8	3	2.6	2	4.9	3	5.4
74	55.0	55	45.5	33	40.0	23	19.6	16	39.0	18	32.0
42	31.0	25	20.7	23	28.0	25	21.4	11	26.8	2	3.6
0	0.0	0	0.0	0	0.0	0	0.0	0	0.0	1	1.8
30	22.2	28	23.1	19	23.0	18	15.4	13	31.6	14	25.0
25	18.4	18	14.8	4	4.8	8	6.8	4	9.8	7	12.5
21	15.5	14	11.6	8	9.7	2	1.7	2	4.9	3	5.4
9	6.7	7	5.8	3	3.6	3	2.6	2	4.9	4	7.2
6	4.5	9	7.5	6	7.3	4	3.4	4	9.8	11	19.6
9	6.7	10	8.2	4	4.8	12	10.2	2	4.9	5	8.9
1	0.7	4	3.3	8	9.7	5	4.3	4	9.8	4	7.2
16	11.8	10	8.2	8	9.7	0	0.0	4	9.8	17	30.0
8	5.9	12	9.9	11	13.4	8	6.8	1	2.5	6	10.7
4	*3.0*	10	*8.2*	4	*4.8*	4	*3.4*	2	*4.9*	5	*8.9*
52	38.5	33	27.4	31	37.7	32	27.5	9	22.0	7	12.5
30	22.3	21	17.4	11	13.4	8	6.8	0	0.0	18	32.0
29	21.5	22	18.2	18	22.0	24	20.5	13	31.6	4	7.2
0	0.0	0	0.0	2	2.5	6	5.2	1	2.5	0	0.0
0	0.0	0	0.0	0	0.0	0	0.0	0	0.0	0	0.0
5	3.7	1	0.8	9	11.0	8	6.8	3	7.3	1	1.8
29	21.5	13	10.7	15	18.2	42	36.0	11	26.8	7	12.5
0	0.0	0	0.0	0	0.0	0	0.0	0	0.0	0	0.0
0	0.0	0	0.0	0	0.0	1	0.9	0	0.0	0	0.0
49	36.4	34	28.2	30	36.5	16	13.6	2	4.9	16	28.5
1	0.7	0	0.0	2	2.5	0	0.0	1	2.5	1	1.8
4	3.0	8	6.6	2	2.5	2	1.7	1	2.5	0	0.0
4	3.0	3	2.5	3	3.6	3	2.6	0	0.0	0	0.0
7	5.2	2	1.7	4	4.8	1	0.9	1	2.5	1	1.8
20	14.8	16	13.2	8	9.7	5	4.3	0	0.0	14	25.0
1	0.7	0	0.0	0	0.0	1	0.9	0	0.0	0	0.0
3	2.2	1	0.8	1	0.8	1	0.9	0	0.0	1	1.8
0	0.0	0	0.0	0	0.0	0	0.0	0	0.0	0	0.0
1	0.7	0	0.0	0	0.0	0	0.0	0	0.0	1	1.8
1	0.7	2	1.7	0	0.0	2	1.7	0	0.0	2	3.6
2	1.5	1	0.8	0	0.0	0	0.0	0	0.0	2	3.6
3	2.2	3	2.5	1	0.8	1	0.9	0	0.0	0	0.0
7	5.2	0	0.0	4	4.8	6	5.2	4	9.8	4	7.2
29	21.5	15	12.4	14	17.0	32	27.5	9	22.0	21	37.5
9	6.7	1	0.8	0	0.0	0	0.0	0	0.0	1	1.8
3	2.2	4	3.3	0	0.0	3	2.6	0	0.0	0	0.0

付表5　半熟練工・商店員・アフリカ人生徒

初等学校8年卒の半熟練工

No	指標	学年年齢	女性 15-16歳		男性 15-16歳		男女 15-16歳		女性 17-19歳		男性 17-19歳	
		数	91	%	63	%	154	%	172	%	43	%
1	全水平枝		0	0.0	0	0.0	0	0.0	4	2.3	6	14.0
2	一部水平枝		6	6.6	3	4.8	9	5.8	14	8.1	2	4.7
3	直線枝		3	3.3	1	1.6	4	2.6	1	0.6	0	0.0
4	十字型		0	0.0	0	0.0	0	**0.0**	1	0.6	2	4.7
5	一線幹		2	2.2	1	1.6	3	2.0	0	0.0	0	0.0
6	二線幹		89	98.0	62	99.0	151	98.0	172	100.0	43	100.0
7	一線枝		22	24.2	8	12.6	30	19.5	51	30.0	5	11.6
8	一部一線枝		7	7.7	3	4.8	10	7.3	7	4.1	1	2.3
9	二線枝		64	70.0	53	84.0	117	76.0	105	61.0	37	86.0
10	全直交分枝		1	1.1	0	0.0	1	0.6	2	1.2	0	0.0
11	一部直交分枝		23	25.0	18	28.6	41	26.5	50	29.0	13	30.0
12	地面までの枝		2	2.2	0	0.0	2	1.3	1	0.6	0	0.0
13	一部低在枝		6	6.6	6	9.5	12	7.9	9	5.2	4	9.3
14	幹の中の葉や実		0	0.0	0	0.0	0	0.0	0	0.0	0	0.0
15	樹冠のない幹, 付属程度の短い枝のある幹		0	0.0	0	0.0	0	0.0	0	0.0	0	0.0
16	日輪型や花型		0	0.0	0	0.0	0	0.0	0	0.0	0	0.0
17	暗く塗られた幹		16	17.6	19	30.0	45	**29.0**	46	27.0	20	47.0
18	暗く塗られた枝		4	4.4	13	20.5	17	11.0	13	7.5	15	35.0
19	陰影手法の樹冠（枝なし）		0	0.0	0	0.0	0	0.0	1	0.6	4	9.3
20	実		未計算		未計算				52	30.0	4	9.3
21	葉		未計算		未計算				72	42.0	9	19.0
22	花		未計算		未計算				0	0.0	0	0.0
23	大き過ぎる実や葉		9	9.9	2	3.3	11	7.1	21	12.0	4	9.3
24	黒塗りの実や葉		1	1.1	0	0.0	1	**0.6**	14	8.1	1	2.3
25	空中の実（球形樹冠）		1	1.1	0	0.0	1	0.6	1	0.6	1	2.3
26	落下中の, あるいは落下した実, 葉, 枝		3	3.3	0	0.0	3	2.0	7	4.1	1	2.3
27	空間倒置		3	3.3	2	3.2	5	3.2	3	1.7	2	4.7
28	一線根		11	12.0	3	4.8	14	9.1	18	10.4	1	2.3
29	二線根		7	7.7	9	14.3	12	7.9	13	7.5	12	28.0
30	モミ型幹		19	21.0	12	19.0	31	20.0	30	18.1	8	18.6
31	半モミ型幹		9	9.9	15	23.8	24	15.6	12	7.0	5	11.6
32	円錐幹		10	11.0	2	3.2	12	7.9	23	13.4	9	19.1
33	幹下縁立		11	12.0	3	4.8	14	9.1	5	2.9	1	2.3
34	まっすぐな根元		4	4.4	7	11.0	11	7.1	8	4.6	0	0.0
35	球形樹冠		8	8.8	2	3.2	10	7.3	5	2.9	3	7.0
36	カール状樹冠		1	1.1	2	3.2	3	2.0	6	3.2	0	0.0
37	もつれた線の樹冠		0	0.0	0	0.0	0	0.0	0	0.0	0	0.0
38	管状枝		14	15.4	13	20.6	27	17.5	25	14.6	10	23.0
39	さまよった長すぎる枝		19	21.0	18	28.6	37	24.0	12	7.0	4	9.3
40	さまよって空間をうめる		1	1.1	0	0.0	1	0.6	0	0.0	0	0.0
41	樹冠における主題の変化		0	0.0	0	0.0	0	0.0	4	2.3	0	0.0
42	幹上直		14	15.4	6	9.5	20	13.0	23	8.2	4	9.3
43	枝先直		2	2.2	1	1.6	3	2.0	4	2.3	1	2.3
44	切断された枝, 折れた枝, 折れた幹		6	6.6	13	20.6	19	12.3	14	8.2	9	19.0
45	幹の瘤や凹み		2	2.2	6	9.5	8	5.2	9	5.2	5	11.6
46	積み重ね型		4	4.4	12	19.0	16	10.4	14	8.2	4	9.3
47	ステレオタイプ		3	3.3	4	6.3	7	4.5	5	2.3	1	2.3
48	留め杭や支柱		0	0.0	2	3.2	2	1.3	2	1.2	0	0.0
49	梯子		0	0.0	0	0.0	0	0.0	0	0.0	0	0.0
50	格子で保護, 針金		0	0.0	0	0.0	0	0.0	1	0.6	0	0.0
51	変質型		2	2.2	2	3.2	4	2.6	9	5.2	3	7.0
52	三次元（「目」を除く）		未計算		未計算		0	0.0	0	0.0	0	0.0
53	逆向きの分枝		10	11.0	12	19.0	22	14.2	15	8.7	5	11.6
54	付属品		0	0.0	2	3.2	2	1.3	2	1.2	0	0.0
55	多くの風景		0	0.0	0	0.0	0	0.0	0	0.0	0	0.0
56	ほのめかされるだけの風景		35	38.4	29	46.0	64	41.5	43	25.0	22	53.0
57	島や丘の形		3	3.3	5	8.0	8	5.2	2	1.2	2	4.7
58	上縁はみ出し		0	0.0	0	0.0	0	0.0	1	0.6	2	4.7

付録　バウム統計表　　339

	男女 17-19歳		女性 20歳以上		男性 20歳以上		男女 20歳以上		商店員 男女 20-35歳		アフリカ人 生徒 14-18歳	
	215	%	161	%	68	%	229	%	66	%	22	%
	10	4.7	3	1.9	7	10.4	10	4.4	0	0.0	0	0.0
	16	7.4	12	7.9	2	2.9	14	6.1	7	10.0	0	0.0
	1	0.5	1	0.6	0	0.0	1	0.5	1	1.5	1	5.0
	3	*1.4*	0	0.0	0	0.0	0	0.0	0	0.0	3	*15.0*
	0	0.0	6	3.7	0	0.0	6	2.6	0	0.0	0	0.0
	215	100.0	155	96.4	68	100.0	223	97.4	66	100.0	22	100.0
	56	26.0	67	41.6	6	8.8	73	32.0	15	23.0	13	59.0
	8	3.7	11	6.8	2	2.4	13	5.6	1	1.5	1	5.0
	142	66.0	87	52.2	58	85.4	142	62.0	39	17.0	9	41.0
	2	0.9	2	1.2	1	1.5	3	1.3	0	0.0	0	0.0
	63	29.3	10	6.2	28	41.2	38	16.5	7	10.0	12	55.0
	1	0.5	0	0.0	0	0.0	0	0.0	0	0.0	0	0.0
	13	6.0	5	3.1	4	5.9	9	3.9	2	3.0	6	27.0
	0	0.0	0	0.0	0	0.0	0	0.0	0	0.0	0	0.0
	0	0.0	0	0.0	0	0.0	0	0.0	0	0.0	0	0.0
	0	0.0	0	0.0	0	0.0	0	0.0	0	0.0	0	0.0
	66	*30.6*	33	20.5	22	32.4	55	24.0	18	27.0	13	59.0
	28	*13.0*	17	10.5	11	16.2	28	12.2	14	21.0	3	15.0
	5	2.3	0	0.0	5	7.4	5	2.2	10	15.0	0	0.0
	56	26.0	44	27.4	11	16.2	55	24.0	8	12.0	12	55.0
	81	37.6	72	44.7	18	26.5	90	39.0	16	24.0	21	95.0
	0	0.0	0	0.0	0	0.0	0	0.0	0	0.0	2	9.0
	25	11.6	14	8.7	6	8.8	20	8.7	4	6.0	10	45.0
	15	*7.0*	10	6.2	3	4.4	13	5.6	1	1.5	4	18.0
	2	0.9	2	*3.1*	0	0.0	2	0.9	1	1.5	0	0.0
	8	3.7	5	3.1	0	0.0	5	2.2	1	1.5	2	9.0
	5	2.3	1	0.6	1	1.5	2	0.9	2	3.0	3	15.0
	19	8.8	22	13.7	5	7.4	27	11.8	1	1.5	22	100.0
	25	11.6	8	4.9	10	14.7	18	7.8	12	18.0	0	0.0
	38	17.6	24	14.9	11	16.2	35	15.2	8	12.0	2	9.0
	17	7.9	14	8.7	6	8.8	20	8.7	7	10.0	10	45.0
	32	15.0	15	9.3	7	10.3	22	9.5	7	10.0	2	9.0
	6	2.8	12	7.5	1	1.5	13	5.6	5	7.5	6	27.0
	8	3.7	7	4.3	2	2.9	9	3.9	5	7.5	0	0.0
	8	3.7	10	6.2	10	14.2	20	8.7	33	50.0	0	0.0
	6	2.8	7	4.2	5	7.4	12	5.2	10	15.0	0	0.0
	0	0.0	0	0.0	0	0.0	0	0.0	2	3.0	1	5.0
	35	16.5	24	14.9	25	38.8	49	21.5	9	14.0	9	41.0
	16	7.4	9	5.6	1	1.5	10	4.4	4	6.0	0	0.0
	0	0.0	1	0.6	1	1.5	2	0.9	0	0.0	1	5.0
	4	1.9	2	1.2	0	0.0	2	0.9	0	0.0	8	36.0
	27	12.6	25	15.5	4	5.9	29	12.6	0	0.0	2	9.0
	5	2.3	2	1.2	0	0.0	2	0.9	0	0.0	0	0.0
	23	10.8	8	4.9	4	5.9	8	3.5	8	12.0	0	0.0
	14	*6.5*	4	2.5	7	10.3	11	4.8	1	1.5	1	5.0
	18	8.4	2	1.2	3	4.4	5	2.2	0	0.0	4	18.0
	6	2.8	4	2.5	1	1.5	5	2.2	0	0.0	0	0.0
	2	0.9	1	0.5	0	0.0	1	*0.9*	0	0.0	0	0.0
	0	0.0	0	0.0	0	0.0	0	0.0	0	0.0	0	0.0
	1	0.5	0	0.0	0	0.0	0	0.0	0	0.0	2	9.0
	12	*5.6*	4	2.5	0	0.0	4	1.8	2	3.0	0	0.0
	0	0.0	0	0.0	0	0.0	0	0.0	5	7.5	1	5.0
	20	9.3	14	8.5	4	5.9	18	*7.8*	2	3.0	1	5.0
	2	0.9	0	0.0	0	0.0	0	0.0	0	0.0	0	0.0
	0	0.0	0	0.0	0	0.0	0	0.0	6	9.0	3	15.0
	65	30.3	55	34.2	45	66.3	100	44.0	35	52.0	0	0.0
	4	1.9	10	6.2	4	5.9	14	6.2	0	0.0	0	0.0
	3	1.4	0	0.0	0	0.0	0	0.0	1	1.5	0	0.0

340

付表 6

	学年	幼稚園 (6〜7歳)			初等学校 1 年 (7〜8歳)			初等学校 2 年 (8〜9歳)		
	性	男	女	男女	男	女	男女	男	女	男女
1	全水平枝	1.6	0.0	0.8	0.0	0.0	0.0	0.0	0.0	0.0
2	一部水平枝	8.7	1.0	4.7	2.7	3.9	3.2	0.0	0.0	0.0
3	直線枝	34.1	25.5	27.8	7.1	3.9 ❼	5.6	7.1	14.6 ❾	10.5
4	十字型	14.3	6.1	10.2	9.7	10.7	10.2	7.9	4.9	6.6
5	一線幹	1.6	0.0	1.6	0.0	1.9	0.9	0.0	1.9	0.9
6	二線幹	98.4	100.0	98.4	100.0	98.1	99.1	99.2	98.1	98.7 ❿
7	一線枝	53.2	68.4	61.6	42.5	63.1	52.3	16.7	66.0	38.9
8	一部一線枝	3.2	1.0 ❶	2.0	1.8	1.9	1.9	1.6	2.9	2.2
9	二線枝	17.5	18.4	17.6	31.9	15.5	24.1	71.4	23.3	49.8
10	全直交分枝	15.9	26.5	19.2	0.9	1.0	0.9	1.6	1.0	1.3
11	一部直交分枝	16.7	13.3	22.0 ❷	29.2	19.4	24.5	38.9	29.1	34.5 ⓫
12	地面までの枝	0.8	13.3	5.9	0.9	1.0	0.9	0.8	0.0	0.4
13	一部低在枝	5.6	5.1	5.1	9.7	2.9	6.5	7.1	2.9	5.2
14	幹の中の葉や実	0.8	0.0	0.4	0.0	0.0	0.0	0.0	0.0	0.0
15	樹冠のない幹, 付属程度の短い枝のある幹	3.2	1.0	2.0	0.9	0.0	0.5	0.0	0.0	0.0
16	日輪型や花型	11.9	0.0	6.3	0.0	0.0	0.0	0.0	0.0	0.0
17	暗く塗られた幹	58.7	61.2	60.0	21.2	31.1	25.9	13.5	13.6	13.5
18	暗く塗られた枝	14.3	13.3	12.2	3.5	12.6	7.9	4.8	3.9	4.4
19	陰影手法の樹冠 (枝なし)	9.5	9.2	9.8	4.4	0.0	2.3	2.4	0.0	1.3
20	実	56.3	80.6	67.5	49.6	58.3	53.7	38.1	39.8	38.9
21	葉	35.7	35.7	36.5	31.9	35.9	33.8	25.4	26.2	25.8
22	花	0.0	0.0	0.4	0.0	1.0	0.5	0.0	0.0	0.0
23	大き過ぎる実や葉	45.2	46.9	47.5	23.9	19.4	21.8	12.7	9.7	11.4
24	黒塗りの実や葉	38.1	34.7 ❸	39.2	9.7	12.6	11.1	4.0	11.7	7.4
25	空中の実 (球形樹冠)	15.9	13.3	13.7	25.7	19.4	22.7	11.1	6.8	9.2
26	落下中の, あるいは落下した実, 葉, 枝	17.5	15.3	16.9	10.6	28.2	19.0	6.3	8.7	7.4
27	空間倒置	15.1	21.4	20.8	1.8	1.9	1.9	4.0	3.9	3.9
28	一線根	2.4	1.0	1.6	2.7	1.9	2.3	2.4	1.9	2.2
29	二線根	1.6	0.0	1.2	3.5	3.9	3.7	3.2	5.8	4.4
30	モミ型幹	6.3	1.0	3.9	3.5	0.0	1.9	13.5	1.9	8.3
31	半モミ型幹	13.5	4.1	9.4 ❹	23.0	8.7	16.2	15.9	11.7	14.0
32	円錐幹	2.4	4.1	4.3	11.5	12.6	12.0	14.3	8.7	11.8
33	幹下縁立	74.6	73.5	75.3	39.8	56.3	47.7	54.0	29.1	42.8
34	まっすぐな根元	39.7	52.0	43.1	24.8	35.9	30.1	9.5	28.2	17.9
35	球形樹冠	28.6	18.4	21.2	27.4	19.4	23.6	14.3	6.8	10.9
36	カール状樹冠	0.0	4.1	1.6	0.0	0.0	0.0	0.0	0.0	0.0
37	もつれた線の樹冠	1.6	0.0	0.8 ❺	0.9	0.0	0.5	0.0	1.0	0.4
38	管状枝	0.8	0.0	0.4	0.0	0.0	0.0	16.7	9.7	13.5
39	さまよった長すぎる枝	16.7	12.2	16.1	18.6	8.7	13.9	13.5	11.7	12.7
40	さまよって空間をうめる	0.8	0.0	0.4	1.8	0.0	0.9	2.4	0.0	1.3
41	樹冠における主題の変化	1.6	2.0	2.4	0.9	1.0	0.9	1.6	0.0	0.9
42	幹上直	64.3	78.6	70.2	37.2	51.5	44.0	29.4	46.6	37.1
43	枝先直	13.5	12.2	12.5 ❻	9.7	0.0	5.1	20.6	7.8	14.8
44	切断された枝, 折れた枝, 折れた幹	2.4	1.0	1.6	3.5	0.0	1.9	7.1	2.9	5.2
45	幹の瘤や凹み	0.0	0.0	0.0	0.0	0.0	0.0	3.2	0.0	1.7
46	積み重ね型	2.4	3.1	3.5	4.4	5.8	5.1	8.7	3.9	6.6
47	ステレオタイプ	16.7	15.3	18.4	8.0	4.9	6.5	12.7	5.8	9.6
48	留め杭や支柱	0.8	0.0	0.8	0.9	1.0	0.9	0.8	0.0	0.4
49	梯子	15.1	11.2	11.8	6.2	7.8	6.9 ❽	7.1	2.9	5.2
50	格子で保護, 針金	0.0	0.0	0.0	0.0	0.0	0.0	0.0	0.0	0.0
51	変質型	0.0	0.0	0.0	0.0	0.0	0.0	4.0	0.0	2.2
52	三次元 (「目」を除く)	0.0	0.0	0.0	0.0	0.0	0.0	0.0	1.9	0.9
53	逆向きの分枝	0.0	0.0	0.0	1.8	1.0	1.4	0.0	0.0	0.0
54	付属品	4.0	5.1	5.5	10.6	3.9	7.4	7.1	2.9	5.2
55	多くの風景	26.2	23.5	22.4	43.4	25.2	34.7	19.8	18.4	19.2
56	ほのめかされるだけの風景	20.6	36.7	25.1	21.2	32.0	26.4	14.3	26.2	19.7
57	島や丘の形	0.8	0.0	0.4	0.0	8.7	4.2	0.0	0.0	0.0
58	上縁はみ出し	4.0	0.0	2.0	4.4	1.0	2.8	11.1	12.6	11.8

付録　バウム統計表　341

	初等学校3年(9〜10歳)			初等学校4年(10〜11歳)			初等学校5年(11〜12歳)			初等学校6年(12〜13歳)			初等学校7年(13〜14歳)		
	男	女	男女	男	女	男女	男	女	男女	男	女	男女	男	女	男女
	0.0	0.0	0.0	0.0	0.0	0.0	2.9	0.0	1.4	0.8	0.0	0.4	1.1	0.0	0.5
	1.9	7.1	4.5	6.8	2.8	4.7	2.9	6.3	4.6	7.1	6.9	7.0	5.5	3.5	4.4
	3.7	5.3	4.5	1.0	2.8	1.9	1.0	2.7	1.9	0.8	0.9	0.8	4.4	0.9	2.5
	2.8	3.5	3.2	5.8	2.8	4.3	4.8	2.7	3.7	10.2	8.6	9.5	3.3	2.7	2.9
	100.0	100.0	100.0	98.1	99.1	98.6	100.0	100.0	100.0	99.2	99.1	99.2	100.0	100.0	100.0
	17.6	34.5	26.2	20.4	38.0	29.4	2.9	17.0	10.2	21.3	40.5	30.5❶❾	8.8	20.4	15.2
	0.0	7.1	3.6	5.8	1.9	3.8	1.9	1.8	1.9	4.7	4.3	4.5	5.5	2.7	3.9
	78.7	64.6	71.5	77.7	56.5	66.8❶❸	97.1	76.8	86.6	78.7	62.1	70.8	91.2	73.5	81.4❷❼
	3.7	5.3	4.5	0.0	0.9	0.5	1.0	0.0	0.5	2.4	0.0	1.2	0.0	0.0	0.0
	24.1	23.9	24.0	24.3	19.4	21.8	15.4	17.0	16.2	25.2❷⓿	30.2	27.6	31.9	29.2	30.4
	0.0	0.0	0.0	1.9	0.0	0.9	0.0	0.0	0.0	0.8	0.9	0.8	0.0	0.0	0.0
	7.4	6.2	6.8	8.7	3.7	6.2	8.7	9.8	9.3	7.1	5.2	6.2	6.6	5.3	5.9
	0.0	0.0	0.0	0.0	0.0	0.0	0.0	0.0	0.0	0.0	0.0	0.0	0.0	0.0	0.0
	0.0	0.0	0.0	0.0	0.0	0.0	0.0	0.0	0.0	0.0	0.0	0.0	0.0	0.0	0.0
	29.6	26.5	28.1	9.7	20.4	15.2	18.3	8.9	13.4	33.1	22.4	28.0❷❶	35.2	21.2	27.5
	20.4	14.2	17.2	6.8	7.4	7.1	9.6	6.3	7.9	26.8	9.5	18.5	27.5	14.2	20.1
	10.2	0.0	5.0	1.0	1.9	1.4	3.8	0.0	1.9	4.7	0.9	2.9	13.2	2.7	7.4
	26.9	44.2	35.7	15.5	34.3	25.1	9.6	10.7	10.2	15.7	12.1	14.0	7.7	13.3	10.8
	35.2	47.8	41.6	45.6	43.5	44.5	39.4	41.1	40.3❶❽	36.2❷❷	46.6	41.2	27.5❷❾	39.8	34.3❷❾
	0.0	0.0	0.0	0.0	1.9	0.9	0.0	1.8	0.9	0.0	1.7	0.8	0.0	0.0	0.0
	13.9	12.4	13.1	5.8	10.2	8.1	6.7	4.5	5.6	6.3	3.4	4.9	2.2	7.1	4.9
	9.3	8.0	8.6	2.9	4.6	3.8	1.9	8.0	5.1	5.5	6.9	6.2	4.4	5.3	4.9
	1.9	0.9	1.4	2.9	3.7	3.3	2.9	1.8	2.3	0.8	0.9	0.8	1.1	0.9❸⓿	1.0
	3.7	15.0	9.5	8.7	12.0	10.4	4.8	5.4	5.1	8.7	6.0	7.4	9.9	19.5	15.2
	0.9	3.5	2.3	1.0	0.9	0.9	0.0	0.9	0.5	2.4	0.0	1.2	2.2	0.9	1.5
	2.8	1.8	2.3	4.9	1.9	3.3	2.9	0.0	1.4	7.9	3.4	5.8	1.1	2.7	2.0
	24.1	13.3	18.6❶❷	12.6	12.0	12.3❶❹	27.9	12.5	19.9	12.6	8.6	10.7	19.8	11.5	15.2
	6.5	0.9	3.6	13.6	0.9	7.1	8.7	2.7	5.6	22.8	6.0	14.8	14.3	4.4	8.8
	19.4	8.8	14.0	10.7	0.9	5.7	3.8	4.5	4.2	1.6	1.7	1.6	9.9	0.0	4.4
	9.3	5.3	7.2	5.8	8.3	7.1	4.8	2.7	3.7	1.6	6.0	3.7	0.0	5.3	2.9
	40.7	22.1	31.2	23.3	13.9	18.5	4.8	1.8	3.2	0.0	1.7	0.8	7.7	10.6	9.3
	5.6	8.8	7.2	5.8	12.0	9.0	1.9	2.7	2.3	4.7	3.4	4.1	0.0	0.0	0.0
	11.1	0.0	5.4	3.9	9.3	6.6	17.3	13.4	15.3	5.5	0.0	2.9	22.0	9.7	15.2
	1.9	0.0	0.9	1.0	0.0	0.5	1.9	0.0	0.9	1.6	2.6	2.1	3.3	0.0	1.5
	1.9	0.9	1.4	0.0	0.0	0.0	1.9	1.8	1.9	1.6	0.9	1.2	3.3	0.0	1.5
	8.3	2.7	5.4	9.7	7.4	8.5	21.2	9.8	15.3	8.7	10.3	9.5	18.7	11.5	14.7
	19.4	8.8	14.0	15.5	11.1	13.3	12.5	11.6	12.0	14.2❷❸	18.1	16.0❷❹	9.9	15.9	13.2
	0.9	5.3	3.2	4.9	2.8	3.8	1.9	4.5	3.2	0.0	0.9	0.4	0.0	1.8	1.0
	0.9	0.0	0.5	0.0	0.0	0.0	0.0	2.7	1.4	0.0	0.0	0.0	0.0	0.0	0.0
	15.7	29.2	22.6	10.7	15.7	13.3	1.0	0.9	0.9	3.1	5.2	4.1	1.1	2.7	2.0
	12.0	8.8	10.4	6.8	3.7	5.2	0.0	0.0	0.0	0.0	1.7	0.8	0.0	0.9	0.5
	16.7	3.5	10.0	23.3	13.9	18.5	17.3	8.9	13.0	7.1	0.0	3.7	19.8	8.0	13.2
	4.6	0.9	2.7	1.9	0.0	0.9	0.0	0.0	0.0	3.1	3.4	3.3	5.5	6.2	5.9
	8.3	2.7	5.4	3.9	0.9	2.4❶❺	1.9	3.6	2.8	0.8	6.0	3.3	5.5	5.3	5.4❸❶
	5.6	8.0	6.8	9.7	1.9	5.7	1.9	8.0	5.1	6.3	0.9	3.7	2.2	0.9	1.5
	0.9	1.8	1.4	5.8	1.9	3.8	1.0	3.6	2.3	6.3	3.4	4.9	4.4	8.8	6.9
	2.8	3.5	3.2	1.0	1.9	1.4	1.9	0.0	0.9	2.4	0.9	1.6	1.1	0.0	0.5
	1.9	0.0	0.9	1.9	0.0	0.9❶❻	0.0	0.0	0.0	1.6	1.7	1.6	0.0	0.0	0.0
	0.0	2.7	1.4	0.0	4.6	2.4❶❼	5.8	0.9	3.2	1.6	0.9	1.2	3.3	4.4	3.9
	3.7	0.0	1.8	7.8	4.6	6.2	9.6	5.4	7.4	14.2	0.9	7.8	6.6	2.7	4.4
	1.9	2.7	2.3	3.9	2.8	3.3	1.0	5.4	3.2	3.1	4.3	3.7	0.0	1.8	1.0❸❷
	2.8	23.0	13.1	8.7	9.3	9.0	5.8	10.7	8.3	4.7	6.9	5.8	5.5	4.4	4.9
	9.3	17.7	13.6	5.8	8.3	7.1	19.2	11.6	15.3	0.0	0.9	0.4	4.4	2.7	3.4❸❸
	28.7	33.6	31.2	50.5	43.5	46.9	31.7	38.4	35.2	63.8	57.8	60.9	63.7	49.6	55.9
	2.8	3.5	3.2	0.0	2.8	1.4	0.0	4.5	2.3	0.0	3.4	1.6	0.0	1.8	1.0
	26.9	17.7	22.2	21.4	3.7	12.3	13.5	10.7	12.0	4.7❷❺	3.4	4.1❷❻	13.2	5.3	8.8

付表 6（つづき）

	学年	初等学校 8 年 (14〜15 歳)			第二学校 1 年 (13〜14 歳)			第二学校 2 年 (14〜15 歳)		
	性	男	女	男女	男	女	男女	男	女	男女
1	全水平枝	0.0	0.0	0.0	1.0	0.0	0.5	0.0	0.0	0.0
2	一部水平枝	6.0	10.8	8.2	1.9	4.3	3.2	4.7	8.6	6.6
3	直線枝	0.0	0.0	0.0	1.9	0.0	0.9	3.8	0.0	2.4
4	十字型	2.0	1.2	1.6	2.9	3.4	3.2	0.0	1.9	0.9
5	一線幹	0.0	0.0	0.0	0.0	0.0	0.0	0.0	0.0	0.0
6	二線幹	100.0	100.0	100.0	100.0	100.0	100.0	100.0	100.0	100.0 ㊱
7	一線枝	6.0	33.7	18.6	1.9	19.8	11.4	0.9	7.6	4.3
8	一部一線枝	4.0	13.3	8.2	3.8	10.3	7.3	1.9	7.6	4.7
9	二線枝	81.0	66.3 ㉞	74.3 ㉟	75.0	76.7	75.9	91.5	83.8	87.7
10	全直交分枝	2.0	1.2	1.6	0.0	0.0	0.0	0.0	0.0	0.0
11	一部直交分枝	17.0	22.9	19.7	21.2	14.7	17.7	25.5	23.8	24.6
12	地面までの枝	1.0	0.0	0.5	0.0	0.0	0.0	0.0	0.0	0.0
13	一部低在枝	15.0	4.8	10.4	8.7	10.3	9.5	13.2	6.7	10.0
14	幹の中の葉や実	0.0	0.0	0.0	0.0	0.0	0.0	0.0	0.0	0.0
15	樹冠のない幹, 付属程度の短い枝のある幹	0.0	0.0	0.0	0.0	0.0	0.0	0.0	0.0	0.0
16	日輪型や花型	0.0	0.0	0.0	0.0	0.0	0.0	0.0	0.0	0.0
17	暗く塗られた幹	34.0	50.6	41.5	51.0	31.9	40.9	50.9	39.0	45.0
18	暗く塗られた枝	24.0	26.5	25.1	35.6	19.8	27.3	49.1	30.5	39.8
19	陰影手法の樹冠（枝なし）	8.0	2.4	5.5	29.8	3.4	15.9	30.2	22.9	26.5
20	実	2.0	22.9	11.5	3.8	11.2	7.7	4.7	5.7	5.2
21	葉	25.0	54.2	38.3	9.6	39.7	25.5	11.3	28.6	19.9 ㊲
22	花	0.0	0.0	0.0	0.0	1.7	0.9	0.0	0.0	0.0
23	大き過ぎる実や葉	0.0	2.4	1.1	2.9	3.4	3.2	0.9	1.9	1.4
24	黒塗りの実や葉	5.0	15.7	9.8	0.0	3.4	1.8	3.8	8.6	6.2
25	空中の実（球形樹冠）	1.0	0.0	0.5	1.9	0.0	0.9	0.0	0.0	0.0
26	落下中の, あるいは落下した実, 葉, 枝	3.0	19.3	10.4	2.9	4.3	3.6	2.8	6.7	4.7
27	空間倒置	0.0	0.0	0.0	0.0	0.0	0.0	0.0	0.0	0.0
28	一線根	0.0	1.2	0.5	2.9	1.7	2.3	0.9	0.0	0.5
29	二線根	18.0	8.4	13.7	12.5	20.7	16.8	12.3	3.8	8.1
30	モミ型幹	7.0	2.4	4.9	7.7	1.7	4.5	16.0	7.6	11.8
31	半モミ型幹	1.0	0.0	0.5	1.9	2.6	2.3	0.0	1.9	0.9
32	円錐幹	0.0	3.6	1.6	0.0	0.9	0.5	0.0	3.8	1.9
33	幹下縁立	1.0	9.6	4.9	2.9	3.4	3.2	0.9	3.8	2.4
34	まっすぐな根元	2.0	7.2	4.4	3.8	4.3	4.1	3.8	1.9	2.8
35	球形樹冠	20.0	10.8	15.8	29.8	7.8	18.2	26.4	17.1	21.8
36	カール状樹冠	5.0	3.6	4.4	3.8	0.9	2.3	3.8	1.0	2.4
37	もつれた線の樹冠	1.0	0.0	0.5	2.9	1.7	2.3	4.7	3.8	4.3
38	管状枝	15.0	20.5	17.5	15.4	12.1	13.6	24.5	12.4	18.5
39	さまよった長すぎる枝	6.0	8.4	7.1	11.5	22.4	17.3	4.7	13.3	9.0
40	さまよって空間をうめる	1.0	3.6	2.2	1.0	3.4	2.3	4.7	4.8	4.7
41	樹冠における主題の変化	0.0	0.0	0.0	0.0	0.0	0.0	0.0	0.0	0.0
42	幹上直	0.0	1.2	0.5	1.0	0.0	0.5	0.0	1.0	0.5
43	枝先直	0.0	0.0	0.0	0.0	0.0	0.0	0.0	1.0	0.5
44	切断された枝, 折れた枝, 折れた幹	16.0	12.0	14.2	3.8	10.3	7.3	17.0	13.3	15.2
45	幹の瘤や凹み	2.0	1.2	1.6	1.9	5.2	3.6	4.7	2.9	3.8
46	積み重ね型	1.0	0.0	0.5	1.9	6.0	4.1	0.9	4.8	2.8
47	ステレオタイプ	1.0	0.0	0.5	1.0	2.6	1.8	0.0	0.0	0.0
48	留め杭や支柱	18.0	9.6	14.2	7.7	2.6	5.0	7.5	4.8	6.2
49	梯子	2.0	1.2	1.6	0.0	0.0	0.0	0.9	1.9	1.4
50	格子で保護, 針金	0.0	3.6	1.6	1.0	2.6	1.8	2.8	1.0	1.9
51	変質型	1.0	1.2	1.1	1.9	2.6	2.3	2.8	2.9	2.8
52	三次元（「目」を除く）	3.0	3.6	3.3	1.9	5.2	3.6	7.5	2.9	5.2
53	逆向きの分枝	2.0	3.6	2.7	1.0	0.9	0.9	4.7	6.7	5.7
54	付属品	8.0	3.6	6.0	1.0	0.9	0.9	1.9	1.9	1.9
55	多くの風景	11.0	8.4	9.8	9.6	1.7	5.5	3.8	1.0	2.4
56	ほのめかされるだけの風景	53.0	80.7	65.6	63.5	43.1	52.7	46.2	41.9	44.1
57	島や丘の形	4.0	3.6	3.8	1.9	0.9	1.4	4.7	1.9	3.3
58	上縁はみ出し	5.0	4.8	4.9	4.8	6.9	5.9	9.4	1.9	5.7

付録　バウム統計表　343

第二学校3年(15～16歳)			軽度発達遅滞（男女）									軽度～中等度発達遅滞
男	女	男女	6～8歳	8～9歳	9～10歳	10～11歳	11～12歳	12～13歳	13～14歳	14～15歳	15～16歳	16～17歳	
0.0	0.0	0.0	4.3	5.4	0.0	0.8	0.0	0.7	3.3	0.0	0.0	0.0	8.9
2.0	1.5	1.7 ㊳	0.0	4.1	1.3	6.1	2.7	1.5	0.8	4.9	0.9	0.0	12.5
2.0	0.8	1.3	0.0	21.6	19.0	10.7	13.4	11.9	12.4	3.7	9.4	4.9	32.1
1.0	0.8	0.9	4.3	12.2	6.3	0.8	1.8	2.2	4.1	2.4	4.3	0.0	30.4
1.0	0.0	0.4	41.4	29.7	11.4	6.1	3.6	5.9	5.8	0.0	0.0	0.0	17.9
99.0	100.0	99.6	44.3	70.3	88.6	93.9	96.4	94.1	94.2	100.0	100.0	100.0	75.0
12.7	7.7	9.9	45.7	56.8	50.6	57.3	55.4	57.8	63.6	52.4	36.8	26.8	62.5
4.9	8.5	6.9	0.0	0.0	1.3	0.0	0.0	0.0	0.0	1.2	1.7	0.0	1.8
77.5	70.8	73.7	4.3	8.1	17.7	16.0	21.4	14.8	17.4	35.4	52.1	58.5	14.3
0.0	0.0	0.0	2.9	4.1	1.3	5.3	1.8	0.7	0.0	0.0	0.0	0.0	12.5
13.7	8.5	10.8	0.0	6.8	8.9	7.6	11.6	21.5	19.0	8.5	9.4	7.3	16.1
0.0	0.0	0.0	8.6	20.3	3.8	3.8	3.6	4.4	0.8	0.0	0.0	0.0	46.4
8.8	8.5	8.6	0.0	1.4	0.0	2.3	4.5	2.2	1.7	2.4	6.0	0.0	3.6
0.0	0.0	0.0	0.0	0.0	0.0	0.0	0.0	0.0	0.0	0.0	0.0	0.0	0.0
0.0	0.0	0.0	0.0	0.0	0.0	0.0	0.0	0.0	0.0	0.0	0.0	0.0	1.8
0.0	0.0	0.0	10.0	4.1	5.1	4.6	3.6	2.2	0.0	0.0	0.0	0.0	5.4
60.8	51.5	55.6	14.3	25.7	51.9	26.0	25.0	27.4	12.4	19.5	21.4	14.6	44.6
36.3	40.0	38.4	4.3	8.1	7.6	4.6	5.4	3.7	0.0	6.1	10.3	2.4	10.7
22.5	13.8	17.7	2.9	4.1	7.6	3.1	4.5	4.4	1.7	4.9	2.6	4.9	5.4
10.8	5.4	7.8	41.4	39.2	73.4	63.4	58.9	54.8	45.5	40.2	19.7	39.0	32.1
21.6	22.3	22.0	12.9	4.1	3.8	14.5	33.0	31.1	20.7	28.0	21.4	26.8	3.6
0.0	0.0	0.0	0.0	0.0	0.0	0.0	0.0	0.0	0.0	0.0	0.0	0.0	1.8
2.9	0.0	1.3	21.4	27.0	57.0	36.6	28.6	22.2	23.1	23.2	15.4	31.7	25.0
6.9	8.5	7.8	15.7	13.5	26.6	29.0	22.3	18.5	14.9	4.9	6.8	9.8	12.5
0.0	0.0	0.0	8.6	12.2	20.3	24.4	7.1	15.6	11.6	9.8	1.7	4.9	5.4
4.9	4.6	4.7	1.4	5.4	8.9	3.8	0.0	6.7	5.8	3.7	2.6	4.9	7.1
0.0	0.0	0.0	4.3	6.8	20.3	6.1	9.8	4.4	7.4	7.3	3.4	9.8	19.6
2.0	0.8	1.3	2.9	4.1	3.8	8.4	8.0	6.7	8.3	4.9	10.3	4.9	8.9
14.7	8.5	11.2	0.0	0.0	0.0	3.1	1.8	0.7	3.3	9.8	4.3	9.8	7.1
13.7	6.2	9.5	12.9	16.2	10.1	7.6	4.5	11.9	8.3	0.0	0.0	9.8	30.4
0.0	0.8	0.4	2.9	10.8	6.3	10.7	8.0	5.9	9.9	13.4	6.8	2.4	10.7
0.0	0.0	0.0	0.0 ㊵	1.4 ㊵	2.5 ㊵	6.9 ㊵	10.7 ㊵	3.0 ㊵	8.3 ㊵	4.9 ㊵	3.4 ㊵	4.9 ㊵	8.9 ㊵
0.0	0.0	0.0	37.1	37.8	51.9	49.6	33.9	38.5	27.3	37.8	27.4	22.0	12.5
2.0	2.3	2.2	24.3	31.1	27.8	22.9	27.7	22.2	17.4	13.4	6.8	0.0	32.1
21.6	12.3	16.4	24.3	23.0	20.3	24.4	15.2	21.5	18.2	22.0	20.5	31.7	7.1
3.9	6.2	5.2	0.0	0.0	0.0	0.0	0.0	0.0	0.0	2.4	5.1	2.4	0.0
1.0	1.5	1.3	7.1	4.1	0.0	0.0	0.0	0.0	0.0	0.0	0.0	0.0	0.0
1.0	6.9	4.3	0.0	0.0	0.0	0.0	1.8	3.7	0.8	11.0	6.8	7.3	1.8
6.9	10.0	8.6	0.0	10.8	19.0	7.6	20.5	21.5	10.7	18.3	35.9	26.8	12.5
3.9	3.1	3.4	0.0	0.0	0.0	0.0	0.0	0.0	0.0	0.0	0.0	0.0	0.0
0.0	0.0	0.0	0.0	2.7	0.0	0.0	2.7	0.0	0.0	0.9	0.0	0.0	0.0
0.0	0.8	0.4	27.1	35.1	38.0	37.4	40.2	36.3	28.1	36.6	13.7	4.9	28.6
0.0	0.0	0.0	0.0	1.4	2.5	1.5	5.4	0.7	0.0	2.4	0.0	2.4	1.8
20.6	9.2	14.2	0.0	0.0	0.0	0.0	1.8	3.0	6.6	2.4	1.7	2.4	0.0
2.0	3.1	2.6	0.0	0.0	0.0	3.1	0.9 ㊶	3.0	2.5	3.7	2.6	0.0	0.0
1.0	0.8	0.9	1.4	0.0	0.0	2.3	2.7	5.2	1.7	4.9	0.9	2.4	1.8
0.0	0.0	0.0	5.7	13.5	15.2	9.2	13.4	14.8	13.2	9.8	4.3	0.0	25.0
12.7	9.2	10.8	0.0	0.0	0.0	0.0	0.0	0.7	0.0	0.0	0.9	0.0	0.0
1.0	1.5	1.3	0.0	0.0	6.3	2.3	0.9	2.2	0.8	1.2	0.0	0.0	1.8
2.0	0.0	0.9	0.0	0.0	1.3	0.0	0.0	0.0	0.0	0.0	0.0	0.0	0.0
1.0	1.5	1.3	0.0	0.0	1.3	0.0	0.9	0.7	0.0	0.0	0.0	0.0	1.8
6.9	2.3	4.3 ㊴	0.0	0.0	2.5	0.0	0.0	0.7	1.7	0.0	1.7	0.0	3.6
2.0	1.5	1.7	0.0	0.0	0.0	0.0	0.9	1.5	0.8	0.0	0.0	0.0	3.6
6.9	3.8	5.2	1.4	0.0	3.8	2.3	0.9	2.2	2.5	1.2	0.9	0.0	0.0
10.8	0.8	5.2	10.0	10.8	15.2	7.6	8.9	5.2	0.0	4.9	5.1	9.8	7.1
46.1	43.1	44.4	4.3	12.2	16.5	12.2	9.8	21.5	12.4	17.1	27.4	22.0	37.5
2.0	3.1	2.6	1.4	1.4	0.0	6.9	0.0	6.7	0.8	0.0	0.0	0.0	1.8
2.0	4.6	3.4	0.0	4.1	3.8	1.5	0.0	2.2	3.3	0.0	2.6	0.0	0.0

付表6（つづき）

	職業	半熟練工(15～16歳)			半熟練工(17～19歳)			半熟練工(20歳以上)			商店員	アフリカ人生徒
	性	男	女	男女	男	女	男女	男	女	男女	男女	男女
1	全水平枝	0.0	0.0	0.0	14.0	2.3	4.7	10.3	1.9	4.4	0.0	0.0
2	一部水平枝	4.8	6.6	5.8	4.7	8.1	7.4	2.9	7.5	6.1	10.6	0.0
3	直線枝	1.6	3.3	2.6	0.0	0.6	0.5	0.0	0.6	0.4	1.5	4.5
4	十字型	0.0	0.0	0.0 ㊷	4.7	0.6	1.4 ㊽	0.0	0.0	0.0	0.0	13.6 ㊽
5	一線幹	1.6	2.2	1.9	0.0	0.0	0.0	0.0	3.7	2.6	0.0	0.0
6	二線幹	98.4	97.8	98.1	100.0	100.0	100.0	100.0	96.3	97.4	100.0	100.0
7	一線枝	12.7	24.2	19.5	11.6	29.7	26.0	8.8	41.6	31.9	22.7	59.1
8	一部一線枝	4.8	7.7	6.5	2.3	4.1	3.7	2.9	6.8	5.7	1.5	4.5
9	二線枝	84.1	70.3	76.0	86.0	61.0	66.0	85.3	54.0	62.0	59.1 ㊼	40.9
10	全直交分枝	0.0	1.1	0.6	2.3	1.2	0.9	1.5	1.2	1.3	0.0	0.0
11	一部直交分枝	28.6	25.3	26.6	30.2	29.1	29.3	41.2	6.2	16.6	10.6	54.5
12	地面までの枝	0.0	2.2	1.3	0.0	0.6	0.5	0.0	0.0	0.0	0.0	0.0
13	一部低在枝	9.5	6.6	7.8	9.3	5.2	6.0	5.9	3.1	3.9	3.0	27.3
14	幹の中の葉や実	0.0	0.0	0.0	0.0	0.0	0.0	0.0	0.0	0.0	0.0	0.0
15	樹冠のない幹, 付属程度の短い枝のある幹	0.0	0.0	0.0	0.0	0.0	0.0	0.0	0.0	0.0	0.0	0.0
16	日輪型や花型											
17	暗く塗られた幹	30.2	17.6	29.2 ㊸	46.5	26.7	30.7 ㊾	32.4	20.5	24.0	27.3	59.1
18	暗く塗られた枝	20.6	4.4	11.0	34.9	7.6	13.0 ㊿	16.2	10.6	12.2	21.2	13.6
19	陰影手法の樹冠（枝なし）	0.0	0.0	0.0	9.3	0.6	2.3	7.4	0.0	2.2	15.2	0.0
20	実	未計算	未計算	㊹	9.3	30.2	26.0	16.2	27.3	24.0	12.1	54.5
21	葉	未計算	未計算 ㊺	㊹	20.9	41.9	37.7	26.5	44.7	39.3	24.2	95.5
22	花	未計算	未計算	㊹	0.0 ㊹	0.0 ㊹	0.0 ㊹	0.0 ㊹	0.0 ㊹	0.0 ㊹	0.0	9.1
23	大き過ぎる実や葉	3.2	9.9	7.1	9.3	12.2	11.6	8.8	8.7	8.7	6.1	45.5
24	黒塗りの実や葉	0.0	1.1	0.6 ㊻	2.3	8.1	7.0 ㊿	4.4	6.2	5.7	1.5	18.2
25	空中の実（球形樹冠）	0.0	0.0	0.0	2.3	0.6	0.9	0.0	1.2 ㊽	0.9	1.5	0.0
26	落下中の, あるいは落下した実, 葉, 枝	0.0	3.3	1.9	2.3	4.1	3.7	0.0	3.1	2.2	1.5	9.1
27	空間倒置	3.2	3.3	3.2	4.7	1.7	2.3	1.5	0.6	0.9	3.0	13.6
28	一線根	4.8	12.1	9.1	2.3	10.5	8.8	7.4	13.7	11.8	1.5	100.0
29	二線根	14.3	7.7	7.8	27.9	7.6	11.6	14.7	5.0	7.9	18.2	4.5
30	モミ型幹	19.0	20.9	20.1	18.6	17.4	17.7	16.2	14.9	15.3	12.1	9.1
31	半モミ型幹	23.8	9.9	15.6	11.6	7.0	7.9	8.8	8.7	8.7	10.6	45.5
32	円錐幹	3.2	11.0	7.8	20.9	13.4	14.9	10.3	9.3	9.6	10.6	9.1
33	幹下縁立	4.8	12.1	9.1	2.3	2.9	2.8	1.5	7.5	5.7	7.6	27.3
34	まっすぐな根元	11.1	4.4	7.1	0.0	4.7	3.7	2.9	4.3	3.9	7.6	0.0
35	球形樹冠	3.2	8.8	6.5	7.0	2.9	3.7	14.7	6.2	8.7	50.0	0.0
36	カール状樹冠	3.2	1.1	1.9	0.0	3.5	2.8	7.4	4.3	5.2	15.2	0.0
37	もつれた線の樹冠	0.0	0.0	0.0	0.0	0.0	0.0	0.0	0.0	0.0	3.0	4.5
38	管状枝	20.6	15.4	17.5	23.3	14.5	16.3	36.8	14.9	21.4	13.6	40.9
39	さまよった長すぎる枝	28.6	20.9	24.0	9.3	7.0	7.4	1.5	5.6	4.4	6.1	0.0
40	さまよって空間をうめる	0.0	1.1	0.6	0.0	0.0	0.0	1.5	0.0	0.4	0.0	4.5
41	樹冠における主題の変化	0.0	0.0	0.0	0.0	2.3	1.9	0.0	1.2	0.9	0.0	36.4
42	幹上直	9.5	15.4	13.0	9.3	13.4 ㊼	12.6	5.9	15.5	12.7	6.0	9.1
43	枝先直	1.6	2.2	1.9	2.3	2.3	2.3	0.0	1.2	0.9	1.5	0.0
44	切断された枝, 折れた枝, 折れた幹	20.6	6.6	12.3	20.9	8.1	10.7	5.9	5.0	3.5	12.1	0.0
45	幹の瘤や凹み	9.5	2.2	5.2	11.6	5.2	6.5 ㊽	10.3	2.5	4.8	1.5	4.5
46	積み重ね型	19.0	4.4	10.4	9.3	8.1	8.4	4.4	1.2	2.2	0.0	18.2
47	ステレオタイプ	6.3	3.3	4.5	2.3	2.9	2.8	1.5	2.5	2.2	0.0	0.0
48	留め杭や支柱	3.2	0.0	1.3	0.0	1.2	0.9	0.0	0.6	0.4 ㊽	0.0	0.0
49	梯子	0.0	0.0	0.0	0.0	0.0	0.0	0.0	0.0	0.0	0.0	0.0
50	格子で保護, 針金	0.0	0.0	0.0	0.0	0.6	0.5	0.0	0.0	0.0	0.0	9.1
51	変質型	3.2	2.2	2.6	7.0	5.2	5.6 ㊽	0.0	2.5	1.7	3.0	0.0
52	三次元（「目」を除く）	未計算		㊼	0.0 ㊼	0.0 ㊼	0.0 ㊼	0.0 ㊼	0.0 ㊼	0.0 ㊼	7.6	4.5
53	逆向きの分枝	19.0	11.0	14.3	11.6	8.7	9.3	5.9	8.7	7.9	3.0	4.5
54	付属品	3.2	0.0	1.3	0.0	1.2	0.9	0.0	0.0	0.0	0.0	0.0
55	多くの風景	0.0	0.0	0.0	0.0	0.0	0.0	0.0	0.0	0.0	9.1	13.6
56	ほのめかされるだけの風景	46.0	38.5	41.6	51.2	25.0	30.2	66.2	34.2	43.7	53.0	0.0
57	島や丘の形	7.9	3.3	5.2	4.7	1.2	1.9	5.9	6.2	6.1	0.0	0.0
58	上縁はみ出し	0.0	0.0	0.0	4.7	0.6	1.4	0.0	0.0	0.0	1.5	0.0

58 指標の出現率表について

中島ナオミ

I　はじめに

　第2版（1954）から，巻末に10ページにもわたって58の指標（以下，58指標とする）の集団別の出現率表（以下，巻末の表）が掲載され，本文中にはその内の46の指標について指標ごとに6集団の出現率をまとめた表（以下，本文中の表）が挿入されている。そして，これらの2通りの表はそのまま第3版（1957）にも掲載され以後の重版も同様である。

　指標の特性を年齢（学年）による出現率の推移から検討することは，指標を象徴的に理解するのと同様に，バウムテストの解釈において重要な視点である。だから，コッホが作成したこの膨大な出現率表をぜひ活用していただきたいと思う。しかしながら，計算尺による計算には誤差（コッホも「計算の正確さは，計算尺の正確さ次第である」と述べている）があるので，数値を訂正した58指標の一覧表（付表6：340〜344ページ）を新たに追加した。巻末の表には度数が表示されていたので，この度数を基に再計算し，百分率を求めることができた。また，コッホは小数第二位を四捨五入したと述べているが，巻末の表には小数第二位まで示された箇所もあり，この際，すべて小数第一位までの表示とした。新たに算出した百分率のほぼすべてにおいて，コッホが示した値との差はごく僅かであったが，その中で，印字ミスないし校正ミスと思われる数値や明らかに計算ミスと思われる58箇所（本文中の表におけるミスも含む）の数値については，当該箇所に注を付けて訂正理由を説明した。

　訂正の際には本文中の表の数値も参考にしたが，巻末の表で示された百分率と本文中の表で示された百分率は，全体に微妙に値が異なる。これについて，1985年にレグラ・コッホ女史に問い合わせたが，その理由はわからなかった。おそらく，今日のように便利なデータベース・ソフトや表計算ソフトがない時代であったため，まさに人海戦術で巻末の表と本文中の表はそれぞれ別々に計算され，作成されたのではないかと思われる。

　巻末の58指標には提示順に従って番号が付けられているが，その提示順は本文中での指標の説明順とも異なる。提示順に意味を見いだしにくいが，あえて言うなら早期型に関する指標が前半部分に多いということであろう。

付表7　58指標の分類表

部位	分類の視点	指標名		グラフ	表	ページ
幹	幹の輪郭	5	一線幹		表1	73
		6	二線幹			(64)
	幹の形状	15	樹冠のない幹, 付属程度の短い枝のある幹			84
		30	モミ型幹		表17	64, 157
		31	半モミ型幹		表18	157
		32	円錐幹		表16	155
		45	幹の瘤や凹み		表19	161
	幹先端の処理	42	幹上直	図22a	表22	190, 64
	根元	33	幹下縁立	図11a	表11	85
		34	まっすぐな根元	図12a	表12	86
枝	主枝の輪郭	7	一線枝	図2a	表2	74
		8	一部一線枝		表3	76
		9	二線枝	図4a	表4	76
	主枝の方向	1	全水平枝			79
		2	一部水平枝			79
		4	十字型		表6	79
	主枝の形状	3	直線枝		表5	78
	枝先の処理	38	管状枝		表21	184
		43	枝先直		表23	193
	主枝の付け根の位置	12	地面までの枝		表9	81
		13	一部低在枝		表10	83
		52	三次元（「目」を除く）		表36	229
	分枝	10	全直交分枝		表25	197, 63
		11	一部直交分枝		表26	197
		53	逆向きの分枝		表33	218
樹冠	形や構成	16	日輪型や花型		表8	81
		19	陰影手法の樹冠（枝なし）		表30	211
		35	球形樹冠		表20	170
		36	カール状樹冠			186
		37	もつれた線の樹冠			187
実・葉・花	あり	20	実	図43a	表43	256
		21	葉	図42a	表42	253
		22	花			252
	場所	14	幹の中の葉や実			68
		25	空中の実		表45	264
	大きさ	23	大きすぎる実や葉	図44a	表44	263
	付き方	27	空間倒置		表7	80
	異種の実など	41	樹冠における主題の変化			(236)
根	根の輪郭	28	一線根		表14	152
		29	二線根		表15	153
表現	鉛筆で暗く塗る	17	暗く塗られた幹	図29a	表29	207
		18	暗く塗られた枝		表31	211
		24	黒塗りの実や葉		表32	212
	落下表現	26	落下中の, あるいは落下した実, 葉, 枝		表46	265
	さまよい	39	さまよった長すぎる枝		表27	199
		40	さまよって空間をうめる			200, 121
	切断表現	44	切断された枝, 折れた枝, 折れた幹		表35	227
	積み重ねた描き方	46	積み重ね型		表24	194
	規則的な描き方	47	ステレオタイプ		表28	203
	いびつな形	51	変質型		表13	141, 234
	用紙からのはみ出し	58	上縁はみ出し		表37	237
木以外の描き込み	木に掛けられたもの	54	付属品		表40	246
	風景	55	多くの風景		表38	239
		56	ほのめかされるだけの風景	図39a	表39	239
		57	島や丘の形			245
	その他	48	留め杭や支柱		表34	225
		49	梯子		表41	249
		50	格子で保護, 針金			(250)

指標名に付けた番号は, 巻末の表における58指標の提示順を示す. 図・表の番号は, 本文中の番号を示す.
ページ数は, 当該指標に関する表や見出しが掲載されている箇所を, （ ）内のページ数は関連する箇所を示す.

また，コッホは「グラフに何か意味があるときにはこれを用いたが，反対に，ほとんど示唆するところがない図はコストの関係で省略した」(73ページ)と述べているので，グラフと表の一覧を作成した（付表7：58指標の分類表）。この表では58指標をバウム画の5つの部位（幹，枝，樹冠，実・葉・花，根）に関する指標，表現方法に関する指標，そして木以外の描き込みに関する指標に大きく分け，さらにコッホの指標設定の視点に基づいて下位分類を設けた。

Ⅱ　教示と調査集団

　出現率調査で使用された教示は明記されていないが，教示形式として初版で紹介されている「果物の木を1本，できるだけ上手に描いてください。紙面全体を使ってもいいです」が使用されたと思われる。1957年発行の第3版で「紙面全体を使ってもいいです」の文言が削除され，新しい教示形式として「果物の木を1本，できるだけ上手に描いてください」(147ページ)が紹介されているが，この調査は1953年に実施されたので，旧い教示が使用されたと考えられる。

　ただし，初等学校と第二学校では一人につき2回実施され，「『果物の木を1本，描いてください。紙面全体を使ってもいいです』。2枚目の木については『最初のとは別の木を描いてください。ただし，最初に枝のない球形樹冠を描いた人は，枝のある樹冠を描いてください』」と教示が明記されている（72ページ）。また，軽度発達遅滞群については一人につき2回実施したと明記されていないが，総合的に判断すると，一人につき2回実施されたと思われる。これについては後述する。

　次に，出現率調査の対象となった6集団について説明する。対象数の詳細が本文での記述だけでわかりにくい場合は，巻末の表の度数を参考にし，年齢などの記述が，本文と巻末の表とで異なる場合は双方を示す。

　1．標準児（幼稚園児・初等学校児童・第二学校生徒）

　幼稚園児は，チューリッヒ市にあるフレーベルとモンテッソリの幼稚園児で人数は，70ページでは男女255名，89ページでは男女237名とある。ここでは，巻末の表では255となっているので，男女255が正しいと考えた。男女については，女児98・男児126で残り（31）は，男女まとめて評価された，と述べられているので，幼稚園児の出現率は，男児は126，女児は98，男女では255を対象数として算出されている。

　また，園児の年齢は「6〜7歳」，初等学校1年生の年齢が「7〜8歳」ということからスイス・チューリッヒ市における当時の就学年齢は7歳で，わが国の6歳

付表 8　標準児群における学年別の対象数（総計 2,641）

年齢	6〜7歳	7〜8歳	8〜9歳	9〜10歳	10〜11歳
学年	幼稚園	初等学校1年	初等学校2年	初等学校3年	初等学校4年
数（男・女）	255	216（113・103）	229（126・103）	221（108・113）	211（103・108）
年齢	11〜12歳	12〜13歳	13〜14歳	14〜15歳	15〜16歳
学年	初等学校5年	初等学校6年	初等学校7年 第二学校1年	初等学校8年 第二学校2年	第二学校3年
数（男・女）	216（104・112）	243（127・116）	204（91・113） 220（104・116）	183（100・83） 211（106・105）	232（102・130）

とは異なる。

　次に，初等学校と第二学校の人数は，男子 592 名，女子 601 名と示されているので，児童・生徒数は計 1193 名となる。ところで，本文中の記述では，児童・生徒に対しては一人につき 2 回実施したので，バウム画の枚数は男子では 1184 枚，女子では 1202 枚と述べられていてその総和は 2386 枚となるが，その内訳は，単純に人数を 2 倍して得られた数値ではない。そのことは，学年別の度数で奇数が生じていることからわかる。すなわち，必ずしも一人につき 2 枚のバウム画が得られたとは限らず，2 枚目を描くように言われても 1 枚しか描けない児童・生徒がいる一方，複数の木を描いた児童もいたのであり，木の本数の総計と人数の 2 倍の数値とが同じになったのは偶然にすぎない。標準児群における学年別の対象数については，付表 8 を参照されたい。

　巻末の表では第二学校 2 年生の男女の総数は 205 となっているが，男子の総数は 106・女子の総数は 105 となっているので，単純に和をとると 211 となる。205 では，幼稚園と初等学校と第二学校で収集したバウム画の枚数は 2635 となり，本文中の記述「全体で 2641 枚のバウム画が得られた」（70 ページ）とあわないため，205 は 211 と訂正すべきと思われる。

2. 軽度発達遅滞児

　ベルン市とフリブール市にある養護学校の軽度発達遅滞児と，アールガウ州のプレムガルテン（現在は市）にある聖ヨセフハイムの軽度発達遅滞児の計 411 名を対象とする。巻末の表では，10 段階の年齢区分に初等学校 1 年から 9 年の学年が併記されているが，本文には「学年別の記載は不要である。なぜなら，通常，はっきりと学年を分けることはできず」（73 ページ）と述べられているので，付表 6 では，年齢区分だけを示した。また，巻末の表の年齢区分の開始は 6 歳となっているが，本文では「7 歳から 17 歳までの各学年」とあり，当時の就学年齢が 7 歳であるとすると，巻末の 6 歳は 7 歳の間違いかもしれない。

　人数の実数は，「各学年に，平均 40 名」と記されているので 411 名で間違いな

いだろう（411÷10区分≒40）。対象数については，本文中には「軽度発達遅滞児411名から822枚の描画」（71ページ）と書かれていることから，軽度発達遅滞児に対しても2回実施されたと思われる。巻末の表の対象数の合計が962となるので，実施回数については明記されていないが，一人につき2回実施されたと考えるのが妥当であろう。

3. 軽度から中等度の発達遅滞者

バスラー作業所（Basler Webstube）に属する29名が描いた56本のバウムが対象数である。年齢については巻末の表では29歳としか記されていないが，本文中の表から平均29歳であることがわかる。

4. 初等学校8年を卒業した半熟練工

三つの年齢区分別（15〜16歳・17〜19歳・20歳以上）に，男女別および男女の出現率が求められている。バウムテストは，採用時に行われる職業適性検査として実施されたものであり，598名（男性：年齢区分順に63，43，68の計174名 女性：91，172，161の計424名）から598枚のバウム画が収集された。

5. 商店員

66名の男女から66枚のバウム画が収集され，半熟練工と同様に適性検査として実施されたものである。商店員（正確には，商店員を志望する人）の年齢は，巻末の表では「20〜35歳」，本文中の表では「19〜32歳」となっている。

6. アフリカ人のミッションスクールの生徒

南ローデシア（現在のジンバブエ）にあるミッションスクールの生徒22名から収集した22枚のバウム画。年齢は，巻末の表には「14〜18歳」，本文中の表には「平均15.5歳」と記載されている。アフリカ人生徒のバウム画は鉛筆ではなくインクで描かれ，対象数が少ないのでコッホは「その結果は参考程度」としながらも，スイス人生徒との違いに言及している。アフリカ人生徒に関する記述を根拠にしたコッホ批判があるが，それについては，岸本が凡例で述べているように，誤解から生まれた批判である。

以上で対象数の総数は，4345となる。内訳は，幼稚園の255，初等学校と第二学校で2641，軽度発達遅滞の962，軽度から中等度の発達遅滞の56，半熟練工の598，商店員の66，アフリカ人生徒の22である。1枚の用紙に1本のバウムが描かれる場合はバウム画の枚数と描かれた木の本数は一致するが，複数のバウムが描かれる場合，バウム画の枚数と木の本数は一致しない。巻末の表の単位は，バウム画の枚数ではなくバウムの本数と思われる。おそらく，幼稚園児の場合も255はバウム画の枚数ではなく，木の本数であろう。初等学校児童の場合も，1，2，3

年生で複数のバウムが描かれたという記述（89ページ）があるので，バウムの本数と考えられる。

これらのことからも，6集団に共通する単位はバウムの本数であり，それを基に出現率が算出されたと思われる。

Ⅲ　訂正理由についての注

巻末の表の数値を訂正する必要がない場合でも，本文中の表の当該箇所に誤りがある場合も含めて注を付けた。なお，そのうち再計算による数値の訂正箇所については付表9にまとめた。

付表9　百分率（%）対照表

注番号	巻末の表	本文中の表	再計算値
❷	22.0	14.9	22.0
❸	34.7	37.7	34.7
❹	7.2	8.8	9.4
❻	17.5	12.8	12.5
❼	39.0	3.9	3.9
❽	0.7	7.0	6.9
⓫	39.5	34.1	34.5
⓭	78.0	67.0	66.8
⓮	9.0	12.4	12.3
⓯	1.8	2.4	2.4
⓱	1.8	2.3	2.4
⓳	30.5	26.7	30.5
⓴	25.0	21.0	25.2
㉑	33.0	28.1	28.0
㉒	31.0	31.0	36.0
㉕	4.7	14.7	4.7
㉖	4.1	9.1	4.1
㉘	13.2	13.2	27.5
㉙	34.5	26.6	34.3
㉚	1.9	1.9	0.9
㉛	0.49	5.4	5.4
㉜	0.1	0.9	1.0
㉝	6.8	3.5	3.4
㉞	61.0	61.0	66.3
㉟	75.0	71.0	74.3
㊲	29.5	20.0	19.9
㊴	5.2	4.6	4.3
㊷	0.0	0.0	1.1
㊸	29.0	23.8	29.2
㊻	0.6	0.0	0.6
㊽	1.4	0.3	1.4
㊾	30.6	37.0	30.7
㊿	13.0	21.2	13.0
(51)	7.0	4.0	7.0
(52)	8.2	（男女のみ表示）	13.4
(53)	6.5	2.5	6.5
(54)	5.6	2.5	5.6
(56)	0.9	0.9	0.4
(57)	17.0	59.0	59.1
(58)	15.0	5.0	13.6

❶　百分率に訂正はないが，原著の巻末の表では度数の1の印字なし。

❺　巻末の表では男女の度数が0，百分率も0だが，度数は男2・女0なので男女2となり，男女の百分率は0.8となる。（本文中の表なし）

❾　巻末の表の度数は1だが15の印字ミス。百分率には大きな差はないが再計算で14.6となる。（巻末の表，本文中の表，共に14.8）

❿　巻末の表の男女の度数は227だが男125・女101なので計226となる。だから，

付録 バウム統計表　351

百分率は100.0ではなく、98.7である。（本文中の表なし）
- ⑫ 巻末の表の度数は39だが、男26・女15なので計41となる。だから、百分率は17.6ではなく、18.6である。（本文中の表では、18.7）
- ⑯ 巻末の表の男女の度数は0だが男2・女0なので計2となる。だから、百分率は0ではなく、0.9である。（本文中の表なし）
- ⑱ 巻末の表の男女の度数は73だが男41・女46なので計87となる。だから、百分率は34.0ではなく、40.3である。（本文中の表では40.0）
- ㉓ 巻末の表の男の度数は28だが百分率は表と本文中の表の双方で14.2であり、百分率が14.2を示す他の指標（52　三次元）の度数が18なので、度数を18に修正する。百分率に訂正はない（注24参照）。
- ㉔ 男の度数を18に修正したので（注23）、男女の度数は男18・女21、計39となる。だから百分率は20.0ではなく16.0となる（本文中の表では16.4）。
- ㉗ 巻末の表の男女の度数は185だが男83・女83なので計166となり、百分率は91.0ではなく、81.4である。（本文中の表では82.5）
- ㊱ 百分率に訂正はないが、度数は205ではなく、前述したように男106・女105で計211となる。211で再計算すると百分率はやはり100.0となることからも、第二学校2年生の男女の人数は211名が正しい。（本文中の表なし）
- ㊳ 巻末の表の男女の度数は2だが男2・女2なので計4となる。だから、百分率は0.86ではなく、1.7である。（本文中の表なし）
- ㊵ 本文中の表（155ページ）にある軽度発達遅滞・中等度発達遅滞の円錐幹の百分率はすべて誤りである。これらの数値は巻末の表にある半モミ型幹の数値と全く同じであることから、円錐幹の1行上にある半モミ型幹の数値が誤って転記されたと思われる。
- ㊶ 巻末の表の度数が1なので、再計算すると0.0ではなく0.9となる。ところが、本文中の表でも0.0なので度数が0の可能性も否定できないが、ここでは0.9とした。
- ㊹ 巻末の表では、0を示す―が記入されているが、女性、男性分は未計算なので男女も未計算。
- ㊺ 巻末の表では、男性と女性の度数・百分率は表示されず「未計算」と記入されているが、本文中の表には「15-16歳のW（女性）が36.0」とある。
- ㊼ 巻末の表では、0を示す―が記入されているが、女性、男性分は未計算なので男女も未計算。
- ㊺ 巻末の表では3.1、再計算で1.2となる。（本文中の表は男女のみ表示）

〔付表6は、平成19-20年度科学研究費補助金（基盤研究（C）課題番号（19530643））の一部で作成した。〕

人名索引

ア 行

アドラー（Adler, A.）　84
アブラハム（Abraham, E.）　270
アベク（Abegg, E.）　9
アリスレウス（Arisleus）　256
アルーダ（Arruda, E.）　vii, 44
アルチュス（Arthus）　33
アーンヘム（Arnhem）　147
インホフ（Imhof, B.）　vi, 71, 196
ヴァレーゲルン（Warägern）　246
ヴィトゲンシュタイン（Wittgenstein）　vii, 50, 51, 53, 54
ヴィードリッヒ（Widrig, E.）　59, 111, 130, 228
ヴィードリッヒ（Widrig, S. von）　147
ヴェガー（Waeger, A.）　71
ヴォイレ（Weule,　）　14
エリアーデ（Eliade, M.）　5
エンゲルハルト（Engelhardt, B. von）　198
オファーマン（Offermann）　149
オルデンベルク（Oldenberg）　225

カ 行

カリマコス（Kallimachos）　2
カンディンスキー（Kandinski, W.）　208
クセノポン（Xenophon）　2
クラウス（Klauß, R.）　115
クラーゲス（Klages, L.）　7, 58, 218
グラバー（Graber, G. H.）　108
クリストフェル（Christofell, H.）　250, 268
グリュンヴァルト（Grünwald, M.）　34, 37, 38, 41, 224
クレー（Klee, P.）　36
クレッチマー（Kretschmer, E.）　109, 110, 125, 138, 140
クレピュー=ジャマン（Crépieux-Jamin, J.）　168
ケルシェンシュタイナー（Kerschensteiner）　56

サ 行

サミクラウス（聖ニコラウス）　61
シュテッデリ（Städeli, H.）　vii, 44, 48, 49, 50, 162
シュプランガー（Spranger, E.）　124
ショアジー（Choisy）　183
シリウス・イタリクス（Silius Italicus）　8
スタニスラフスキー（Stanislawski）　21
スターン（Stern, W.）　80, 264
スタンリー（Stanley, H. M.）　22, 24, 44
聖ニコラウス　12, 61
ソンディ（Szondi, L.）　270

タ 行

チヒョルト（Tschichold, J.）　14
デュパルシィ=ジャンヌ（Duparchy-Jeannez）　28
トゥルネル（Thurner）　44, 235, 237, 245, 250
トラマー（Tramer）　140

ナ 行

ニサ（Nyssa, G. von）　30

ハ 行

ハイス（Heiß, R.）　27, 187, 236
ハウアー（Hauer, J. W.）　3
パウロ（Pauli）　30
バシュラール（Bachelard, G.）　151, 156
ハルトゲ（Hartge, M.）　165
ピタゴラス（Pythagoras）　256

ビネー（Binet, A.） 270
ヒルトブルンナー（Hiltbrunner, H.） 24, 43
フィルミクス・マテルヌス（Firmicus Maternus, J.）
　30
フェター（Vetter） 44, 224
プシルスキ（Przyluski, J.） 2
フライ（Frei, G.） 32
ブラント（Brant） 11
ブランベルク（Bramberg, O. von） 8
ブリューゲル（Breughel） 242
ブルクハルト（Burkhardt, H.） 80
プルファー（Pulver, M.） 28, 32, 33, 114, 165, 202
ブロイラー（Bleuler, E.） 131, 140, 142
ヘーゲル（Hegel, G. W. F） 151
ベシェル（Bescel, G.） 88, 89
ベッカー（Becker, M.） 55
ヘッツァー（Hetzer, H.） 55
ベナー（Bönner, K. -H.） 89
ヘルツ（Hertz, H.） 33
ベンヤミン（Bengamin, E.） 113
ホフシュテッター（Hofstätter, P. R.） 107
ボルヒャルト（Borchart, R.） 251, 253

マ　行

メークデフラウ（Mägdefrau, K.） 154

メンデルソン（Menselson, A.） 14
メンデルソン（Mendelson, G.） 14

ヤ　行

ヤコービ（Jakobi, J.） 56
ユスティヌス（Justin） 30
ユッカー（Jucker, E.） v, 19
ユービック（Ubbik, G.） 147
ユング（Jung, C. G.） 13, 14, 15, 18, 31, 39, 56, 108,
　109, 110, 170, 256

ラ　行

ラーナー（Rahner, H.） 2, 29, 31
リヒャルト（Richard, M.） 198
リュッシャー（Lüscer, M.） 208
レオナルド・ダ・ヴィンチ（Leonardo da Vinci）
　24, 224
レールマン（Lehrman） 10
ロイツィンガー（Leuzinger, E.） 247
ロセン（Lossen, H.） 150
ローゼンベルク（Rosenberg, A.） 26, 28, 245
ロテ（Rothe） 196
ロナルド（Ronald, A.） 142
ロールシャッハ（Rorschach, H.） 270

事項索引

ア 行

アーケード型　285
アスクル　6
アダム　31
アタルヴァ・ヴェーダ　4
アドラー派　276
アナクの子孫　23
アフロディーテ　257
争いのりんご　258
アリスレウスの幻視　256
アルコール依存者　152
怒り　117, 120
イグドラシル　4, 5, 7
意識　208
　　朦朧状態の——　9
意識性　40
イチイ　5
イチジク　4
　　——の木　225
一部水平枝　65
一部直交分枝　197
一部低在枝　83, 84
一線幹　62, 63, 65, 68, 73, 75, 196, 306
一線根　152
一線枝　63, 64, 65, 67, 68, 72, 74, 75, 76, 111, 112, 118, 121, 124, 177, 194, 196, 293, 306
イドゥン　257
糸杉　2, 3, 31
意味のない整合性　189
イルミンスールの幹　247
イルメン聖柱　10
陰影手法　210, 308
陰影付け　210, 224
インケタル族　14

印象　182
印象派　242
インスピレーション　21
ヴィトゲンシュタイン指数　40, 50
ヴェーダ　225
上に伸びること　214
上の長さの強調　97
上へ流れること　215
ヴォルスング　257
宇宙軸　3
ウパニシャッド　9
ウプサラの聖なる木　246
占い棒　12
ウルズの泉　5
運動失調　143, 146
運動領域　37
運筆　166
運命の木　11
枝　42, 43, 45
　　——先直　190, 191, 192, 194, 227, 302
　　——十字　38
　　——樹冠　172, 215, 232
　　——の十字交差　219
　　——の主日　12
　　——バウム　58
　　一線——　63, 64, 65, 67, 68, 72, 74, 75, 76, 111, 112, 118, 121, 124, 177, 194, 196, 293, 306
　　管状——　178, 179, 180, 182, 184, 185, 192, 276, 278, 288, 296, 300
　　暗く塗られた——　69, 211
　　後退させられた——　227
　　先太りの——　168
　　さまよった長すぎる——　199
　　散在する——　183
　　地面まで描かれた——　306
　　成長方向に伸びる——　68

直線── 64, 65, 78, 79
低在── 81, 82, 157
長すぎる── 198, 199
ナナカマドの── 248
二線── 64, 73, 76, 111, 125, 178, 194, 196
開いた── 179, 180, 181, 182
平行な── 168, 169
エッダ 4, 257
エネルギー領域 37
エフェソの信徒への手紙 30
エルフの精霊 11, 246
円 20, 55, 56, 158, 170, 171
鉛樹 198
遠心性 176
円錐幹 155, 291, 294
黄金のりんご 257
横断的診断 49
大きさの比率 89
大きすぎる実 262
大きな風景 240, 242
多くの風景 239, 240, 242
丘や島に立つ幹 245
置きテスト 34
贈り物 248
　──の木 12
オーディン 4, 5

カ 行

カイ（χ） 29
解釈 148
回避 220
開放系 24
花冠 178
獲得徴候 45
過去 32, 135, 180
カサマツ 31
樫 10, 15, 16
　──の木 8, 9
果樹 11
カタ・ウパニシャッド 4
型の崩れ 187

語りかけるバウム 147
カール状樹冠 186
鑑賞 149
管状幹 192
管状枝 178, 179, 180, 182, 184, 185, 192, 276, 278, 288, 296, 300
鑑別診断 220
関連徴候 45, 49
奇形のひれ足 145
儀式の木 6
犠牲 31, 247, 248, 250
　──の柱 225
規則性 201, 202, 203, 205
拮抗形態 217
木の精 10
木の食べ物 250
木股 12, 13
逆向きの分枝 217
球形 285
　──樹冠 72, 75, 170, 172, 296, 302, 308
求心性 176
旧約聖書 30, 31
キュンケル派 276
教示 72
　──形式 147
業績曲線 36
鏡像表現 104
強迫神経症 128
キリスト教神秘主義 29
儀礼の木 7
杭 225, 226
空間
　──感覚領域 37
　──象徴 27, 34, 38, 39, 41, 288
　──図式 26, 42, 270
　──倒置 68, 80, 196, 270, 306
　空白の── 127, 133, 135, 143, 145, 201, 220, 231, 232, 288, 302
空中の実 88, 264
空白の空間 127, 133, 135, 143, 145, 201, 220, 231, 232, 288, 302
楔形 124, 125, 282

事項索引　357

愚者の船　11
クソアノン　2
具体的事物に縛られない線　115, 117, 186, 189
果物の木　58, 147, 156, 158
くびれ　166
雲　238, 243
暗く塗られた枝　69, 211
暗く塗られた実　88, 212
暗く塗られた幹　69, 88, 207
暗く塗られた幹や枝　69
暗く塗られた葉　212
暗く塗る　213
暗く塗ること　207, 232
グラフの読み　148, 149
グリームニルの歌　4
クリスマスツリー　11, 12, 158, 247, 248
黒　207, 208, 213
黒く塗られた実　111
クローバーの形　235
軽度発達遅滞　301
　　——者　71, 73, 100, 105, 306
元型　5, 39, 151, 158
現在　180
原始キリスト教象徴神学　30
原自己　3, 4
幻視痛　227
原人間　4
後期型　157
攻撃性　176
格子状の垣で育ったバウム　174
絞首台　246
後退させられた枝　227
交替指標　236
五月柱　10, 11, 248
　　冬の——　247, 248
五月の木　12
ゴシック様式　9
個性化　15
　　——過程　16
瘤　161, 162, 166
コルマールの歌謡筆写本　5
混合型　58

棍棒状の書字　168, 169

サ　行

催眠　21, 58, 68, 117, 125, 126, 232
サーガ　257
逆立ちした木　151
先太り　168
　　——の枝　168
柘榴　10
サディスト　129, 135, 138
サディズム　131
座標軸　40
さまよい　69, 198, 199, 200, 221
さまよった長すぎる枝　199
さまよって空間を埋める　121, 200
左右均等　219
左右の反転　224
サーンキヤ哲学　9
散在する枝　183
三次元　229, 230, 231
自画自賛　220
自我肥大（インフレーション）　240
自己　15, 16, 32, 39
思春期　83, 98, 120, 124, 164, 169, 177, 181, 183, 208, 212, 213, 218, 224, 228, 235, 240, 242, 244, 269, 280, 285, 288, 290, 291, 293, 305, 308, 309, 310
シーダー　31
字体　115
下の長さの強調　97
下へ落ちること　214, 215
七月柱　248
七月の木　11
支柱　225
湿疹　168
死と再生　6
シナノキ　19
指標　20, 148, 181, 291, 292, 306
詩篇　1
島　245, 246
地面線　63, 64, 121, 153, 239, 244, 279, 282, 284,

302
　　斜めの―― 244
　　幹の根元の上にある―― 244
　　幹の根元の下の―― 245
地面までの枝 306
霜の巨人の国 4, 5
斜十字 39
遮断 305
シャーマニズム 6
シャーマンの木 6
斜面 279
集合的無意識 39
十字 2, 14, 28, 30, 31, 32, 34, 39, 55, 56, 63, 67, 277
　　――架 2, 7, 30, 31, 32, 125
　　――型 29, 30, 68, 79, 80, 158, 306
　　――象徴 28
縦断的診断 49
樹冠 40, 41, 42, 43, 45, 64
　　――高 97, 102
　　――のない幹, 付属程度の短い枝のある幹 84
　　――幅 102
　　カール状―― 186
　　球形―― 72, 75, 170, 172, 296, 302, 308
　　平坦化した―― 232
　　風船型―― 111, 117
　　平板化した―― 232
　　放射状―― 78, 177
　　もつれた線の―― 187
守護樹木 10, 11
守護霊 17
主枝から分枝への移行 235
樹皮 162, 278
樹木崇拝 8, 9, 10, 225
樹霊 12
純粋な幼稚症 138
上縁はみ出し 237
象形文字 27
上向枝 65
象徴 20, 28, 29
　　――思考 18
商店員 72
小児神経症 46, 49

正面
　　――の枝の切断（目）231
　　三次元（――〔に突き出た〕枝）229
小妖精（エルフ）の精 11
初等学校 70, 73
白樺 11, 12
人格診断 149
神経過敏 163, 189, 278, 286, 297, 299
神経症 44, 48, 49, 50, 106, 107, 110, 270, 282, 297
　　――者 107, 125, 139, 295
　　――人格 125
神経症的 136, 138, 162, 189, 193, 205, 213, 224, 294
　　――傾向 49
箴言 31
人生線 35
身体図式 36, 270
診断 19, 21, 135, 149, 168, 214, 217, 238, 252, 271, 280, 287, 300, 302, 310
　　――学 228
　　――者 120, 280, 284
　　――図式 28
　　――的手がかり 120
　　――的補助手段 20, 21
神秘的融即 13
心理診断 19, 28, 149
水平枝 68, 78, 79, 306
　　一部―― 65
髄膜炎 301
スカルド 5
図式期 56
図式主義 63, 158, 195, 197, 202, 204, 306
図的表現 115, 120, 167, 181, 182
ステレオタイプ 69, 88, 194, 195, 202, 203, 204, 255, 306
ストレナエ 248
スノッリのエッダ 4
性格 198
整合性 189
　　意味のない―― 189
制止 305
整枝法 174, 175

聖書　1, 180
精神疾患　270
　——患者　269, 271
精神病質　50, 141, 142, 224, 282
　——者　187, 198, 217
精神分析　108
聖体顕示台　43, 178, 285, 286
成長方向に伸びる枝　68
成長方向に伸びた分枝　63
聖ベネディクトミッション　71
生命の木　1, 2, 7, 12, 13, 31, 157, 252, 256
生命の象徴　6
生命の若枝　11, 12, 248
西洋梨　11
　——の木　8, 156
聖ヨセフハイム　71
聖霊降誕祭　11
世界樹　3, 5, 6, 7
絶対的な木　151
切断枝　191, 227
セト　31
セレネ　29
線
　——の十字交差　219
　——のもつれ　200
　具体的事物に縛られない——　115, 117, 186, 189
　もつれた——　188
善悪を認識する木　256
全一線枝　291
全か無かの法則　50
前思春期　83, 226, 240
全体の印象　148, 150
全直交分枝　197
洗練　233
早期型　49, 57, 62, 68, 78, 104, 105, 110, 111, 112, 118, 120, 121, 125, 139, 157, 184, 195, 196, 197, 198, 206, 208, 217, 218, 242, 264, 303
早期指標　82, 205, 292
早期徴候　45, 297
創世記　1, 31, 256, 260
副え木　225, 226

村落テスト　33, 34, 35

タ　行

退行　57, 63, 74, 78, 81, 97, 107, 108, 109, 111, 112, 113, 118, 124, 126, 127, 133, 136, 137, 176, 177, 188, 194, 197, 203, 208, 210, 213, 214, 232, 240, 242, 264, 284, 290, 293, 307, 308
　——指標　112, 114
　——状態　108, 292, 310
　——徴候　45, 113
　——反応　113
対象の描写　41
第二学校　70, 73
太陽　238
対立物の結合　29
タウ（T）　14
多数の木を描くこと　69, 88
建て増し　194
　——型　69, 88
ダブルりんご　257
魂　10
　——の座　10, 252
短刀の形　235
智恵の木　1
地下の木　151
遅滞　193, 303
知的障害　142
チャーンドーギヤ・ウパニシャッド　3
中核徴候　45, 49
中心化　176
中等度発達遅滞者　71, 306
調和　189
直線　205
　——枝　64, 65, 78, 79
直交分枝　38, 63, 65, 67, 68, 78, 111, 124, 125, 138, 196, 198, 206, 302
　一部——　197
積み重ね型　69, 194
TAT　287
低在枝　81, 82, 157
　一部——　83, 84

哲学の木　13, 18, 256
デメーテル　257
転移　41
てんかん　301
投影　25, 26, 27, 270
　　──空間　36
　　──図式　33, 38, 39
導管　25
統合失調症　214, 217, 251, 270, 271, 302
　　──的精神病質　143
頭足人　56
倒置　217
時のしるし　180
とげの形　235
トネリコ　4, 5, 6, 7, 10
留め金　26
留め杭　225, 226
トラウマ　161, 227, 269
鳥　238
　　──の巣箱　51, 139, 140, 246
ドリュアス　14

ナ　行

長すぎる枝　198, 199
なぐり描き　55, 59, 62, 67, 187, 188, 190
　　──段階　63
ナナカマドの枝　248
斜めの地面線　244
ニヴルヘイム　4
ニオイアラセイトウ　238
二重弓形　183
ニーズヘグ　4
二線幹　64, 65, 67, 178
二線根　152, 153
二線枝　64, 72, 76, 111, 125, 178, 194, 196
日輪　56
　　──型や花型　81
人間の形にすること　238, 250, 251
認識の木　260
人相学　27
根　39, 42, 45, 69, 151

　　──の基部　40
　一線──　152
　二線──　152, 153
根元
　まっすぐな──　86, 121, 139, 232
　まっすぐな幹の──　69
　幹の──　154
　幹の──がまっすぐで幹下縁立　85
濃淡ショック　48

ハ　行

葉　42, 43, 212, 253, 254
　暗く塗られた実と──　212
配置　237
胚胞変性　142
胚胞膜　145
バウム診断　299
爆発性　183
梯子　248, 249
ハシバミ　12
発達障碍者　139
発達遅滞　301, 307
ハートの形　235
花　42, 43, 252, 253
　　──型　81
　　──の伝説　251
　日輪型や──型　81
花嫁のりんご　257
葉叢（はむら）　285
　　──冠　49, 67, 119, 232
　　──冠バウム　58
バルベーラの木　11, 248
半熟練工　72
半モミ型幹　137, 156, 157
ピカール　28
左側の強調　219
左利き　103, 104
左強調　288, 297
左へ流れること　221
左への傾斜　222
筆記体　27

事項索引　361

筆跡　44, 146, 148, 166, 169, 183, 201, 207, 215, 216, 222, 269, 306
筆相学　20, 28, 55, 95, 97, 98, 115, 117, 146, 149, 168, 169, 215, 222, 238, 268
表意文字　13, 14
描画表現　55
表現　18, 25, 26, 41, 104, 106, 115, 119, 120, 129, 139, 148, 181, 268, 270, 271
　　——の動き　27
　　——の科学　20
　　——の学問　18
　　——の原則　58
　　——の場　43
　　——運動　41
　　——学　27, 28, 122
　　——指標の二重性　7
描写　26, 55
標準児童　73
標準バウム　103
描線　165, 166, 171
開いた枝　179, 180, 181, 182
開いた形（管状枝）　134
開いた幹　183
広場恐怖　128
不安　128, 129
振戦　143
フヴェルゲルミル　5
風景　238, 285
　　大きな——　240, 242
　　多くの——　239, 240, 242
　　ほのめかされるだけの——　239, 240, 241, 242, 244, 308
風船型樹冠　111, 117
ふくらみ　166
プシー（Ψ, ψ）　14, 31
付属品　212, 246
二股木　12
不調和　189
船の精　11
部分的退行　83
部分的遅滞　83, 109, 110, 122, 295, 306
部分的幼稚症　140

冬の五月柱　247, 248
フライアー　257
不連続線　189
分化　240, 242, 244
分枝
　　一部直交——　197
　　逆向きの——　217
　　主枝から——への移行　235
　　成長方向に伸びた——　63
　　全直交——　197
　　直交——　38, 63, 65, 67, 68, 78, 111, 124, 125, 138, 196, 198, 206, 302
平行線で描かれた幹　121
平行な枝　168, 169
閉鎖系　25
平坦化した樹冠　232
凹み　127, 133, 161, 231
ヘスペリアのりんご　257
ヘリオス　29
ヘル　4, 5
ペルクーン　8
変質　133, 138, 141, 166, 302, 305
　　——型　141, 146
　　——した形　234
　　——徴候　140, 142, 146
便秘　168
平板化した樹冠　232
変法　147
ヘンルーダ　8
箒　12, 29
放射状樹冠　78, 177
豊穣の象徴　7, 13, 14, 256, 257, 267, 298
菩提樹　10, 11
ほのめかされる（だけの）風景　239, 240, 241, 242, 244, 308
本来の形ではない形　235

マ　行

魔女の木　258
マタイ伝7章15-20節　267
マタイによる福音書　1

まっすぐで角ばった形　205
まっすぐで平行な幹　204
まっすぐな根元　86, 121, 139, 232
真冬の木　11
丸い形　206
マルメロ　257
曼荼羅構造　39
曼荼羅象徴　56
実　42, 212, 249, 256, 267
　大きすぎる——　262
　空中の——　88, 264
　暗く塗られた——　88
　暗く塗られた——や葉　212
　黒く塗られた——　111
　落下した——　266
　落下中の——　266
幹　40, 41, 42, 43, 64
　——下縁立　45, 69, 85, 86, 291
　——／樹冠移行線　40
　——／樹冠の比率　93, 95, 100
　——上直　64, 68, 85, 121, 157, 179, 190, 192, 193, 194, 291, 302
　——の基部　39
　——の瘤や凹み　161
　——の中の葉や実　68
　——の根元　154
　——の根元がまっすぐで幹下縁立　69
　——の根元と根の始まりと地面線の融合　244
　——の根元の上にある地面線　244
　——の根元の下の地面線　245
　——の輪郭　160
　——一線　62, 63, 65, 68, 73, 75, 196, 306
　イルミンスールの——　247
　丘や島に立つ——　245
　管状——　192
　暗く塗られた——　88, 207
　暗く塗られた——と枝　68
　二線——　64, 65, 67, 178
　半モミ型——　137, 156, 157
　開いた——　183
　平行線で描かれた——　121
　まっすぐで平行な——　204

モミ型——　49, 64, 65, 106, 156, 157, 158, 160, 190, 273, 278, 306
　有刺鉄線に巻かれた——　250
幹高　97
右（側の）強調　219, 280, 284, 288, 290, 308, 309, 310
右利き　103, 104
右へ流れること　221
右への傾斜　222
ミママイドル　5
ミーミルの泉　5
未来　32, 135, 180, 181, 208
ミルテの花　10
無意識　15, 17, 33, 41, 97, 98, 109, 110, 112, 120, 122, 129, 153, 208, 242, 273, 300
芽　268
目隠し診断　149
メルクリウスの精霊　15, 16
朦朧状態の意識　9
黙示録　1
もつれた線　188
　——の樹冠　187
モミ　11
　——型　64, 78, 81
　——型幹　49, 64, 65, 106, 156, 157, 158, 160, 190, 273, 278, 306
　——の木　14, 158, 248
　半——型幹　137, 156, 157
森　15, 22, 23

ヤ　行

椰子の羽箒　12
ヤドリギ　11
夜尿症　133, 143
有刺鉄線に巻かれた幹　250
ユカギール族　14
ユングテスト　48
幼児キリスト　12
幼児的　139
幼稚症　114, 140, 301
　純粋な——　138

部分的―― 140
抑圧 220, 274, 300
抑うつ 213
ヨハネの黙示録22章2節 253

ラ 行

楽園 245
　　――の木 16, 158
　　――の死の木 7
落下した実 266
落下中の実 266
ララドルの木 5
リグ・ヴェーダ 4, 9
リトル病 306, 307
領域理論 29, 32

両端が開いた管 182
りんご 7, 11, 247, 257, 258
　　――の木 158, 250, 268
　　争いの―― 258
　　黄金の―― 257
　　ヘスペリアの―― 257
霊 10
　　――木 247
劣等感 231, 232, 233, 275, 305
老人性振戦 146
ロールシャッハテスト 48, 104, 149, 214, 217, 278, 282

ワ 行

歪曲 199, 201

訳者略歴

岸本寛史（きしもと・のりふみ）

1991 年	京都大学医学部卒業
2004 年	富山大学保健管理センター助教授
2007 年	京都大学医学部附属病院准教授
2012 年	高槻赤十字病院緩和ケア診療科部長
現　在	静岡県立総合病院副院長

著　書
『癌と心理療法』『緩和のこころ』『バウムテスト入門』『臨床バウム』（編）『がんと心理療法のこころみ』『せん妄の緩和ケア』誠信書房,『山中康裕著作集　全 6 巻』（編）岩崎学術出版社,『緩和ケアという物語』創元社,『バウムの心理臨床』（分担執筆）創元社, ほか

訳　書
ボスナック『クリストファーの夢』創元社, ブロンバーグ『関係するこころ』（共訳）誠信書房, エディンガー『心の解剖学』（共訳）新曜社, ほか

中島ナオミ（なかしま・なおみ）

1971 年	関西学院大学文学部心理学科卒業
	大阪府立公衆衛生研究所精神衛生部勤務
1998 年	大阪教育大学大学院精神・社会健康科学コース修了
2003 年	大阪府退職, 関西女子短期大学助教授
2005 年	甲子園大学大学院博士後期課程単位取得満期退学
2007 年	関西福祉科学大学准教授
2012 年	同大学教授

2014 年に同大学を退職し, 現在に至る。博士（人間文化学）・臨床心理士

著　書
『バウムテストを読み解く』誠信書房,『スタディガイド心理学』（分担執筆）ナカニシヤ出版,『投映法研究の基礎講座』（第 3 章：描画法　共著）遠見書房, ほか

宮崎忠男（みやざき・ただお）

1967 年	信州大学教育学部第 1 類（教育心理学科）卒業
1968 年	上松病院心理臨床室勤務（2004 年　退職）
1971 年	信州大学医学部精神医学教室研究生（1991 年まで）
現　在	宮崎カウンセリング所長, 臨床心理士

著　書
『内観法と吉本伊信』近代文芸社,『バウム・テスト事例解釈法』（分担執筆）日本文化科学社,『内観一筋・吉本伊信の生涯』（分担執筆）日本内観学会, ほか

訳　書
ケルナー『クレクソグラフィー』（共訳）星和書店, フランクル『意味による癒し』（共訳）春秋社, ほか

カール・コッホ
バウムテスト［第3版］
──心理的見立ての補助手段としてのバウム画研究

2010年9月5日　第1刷発行
2025年2月20日　第11刷発行

訳者　岸　本　寛　史
　　　中　島　ナオミ
　　　宮　崎　忠　男
発行者　柴　田　敏　樹
印刷者　日　岐　浩　和

発行所　株式会社　誠信書房
〒112-0012　東京都文京区大塚3-20-6
電話03（3946）5666
https://www.seishinshobo.co.jp/

中央印刷　協栄製本　　落丁・乱丁本はお取り替えいたします
検印省略　　　　　　　無断で本書の一部または全部の複写・複製を禁じます
ⒸSeishin Shobo, 2010　　　　　　　　　　　Printed in Japan
ISBN 978-4-414-41440-0 C3011

臨床バウム
治療的媒体としてのバウムテスト

岸本寛史編

バウムテストは，使い方によっては単なる心理テストを超えて，治療関係の醸成を促進し，新たなコミュニケーションの回路を開き，治療実践そのものを深めてくれる。本書では，そうした治療実践論を皮切りに，臨床事例の実際，さらには新たな展開の可能性をも視野に入れ，幅広い観点から論じている。

主要目次
第1部　バウムテストのエッセンス
　①バウムの治療実践論（山中康裕）／②バウムテストの根っこを探る（山　愛美）／③バウムテスト研究の可能性（佐渡忠洋）
第2部　バウムテストの実践
　④面接前に描かれるバウムテストの意味（岡村宏美）／⑤手足のしびれを訴える女子大学生との面接過程（倉西　宏）／⑥クリニックにおける心理療法とバウムテスト（小野けい子）／他
第3部　バウムテストの展開
　⑪急性期病棟におけるバウムというコミュニケーション（成田慶一）／⑭バウムテストと洞窟壁画（岸本寛史）／他

A5判上製　定価(本体3200円＋税)

バウムテストを読み解く
発達的側面を中心に

中島ナオミ著

長年コッホのバウムテスト研究に携わってきた心理臨床家が解釈理論の構築に貢献できる指標・樹型・樹種等の発達調査をまとめた労作。

目次
第Ⅰ章　はじめに
第Ⅱ章　バウムテストの体系化の過程
第Ⅲ章　実施法
第Ⅳ章　バウムの指標
第Ⅴ章　バウムの樹型
第Ⅵ章　バウムの幹と枝
第Ⅶ章　バウムの樹種
第Ⅷ章　教示の効果
第Ⅸ章　バウムテストの特性
第Ⅹ章　おわりに
資　料
　1　バウムテストと関連事項の年表
　2　國吉政一訳「カール・コッホの講演1957年3月」
　3　藤岡喜愛による「バウムのとりかた」
　4　教示の実態調査
　5　掲載バウムについて／他

A5判上製　定価(本体3600円＋税)